남북통일기반 조성과 민족전통체육

민족통일체육연구총서 4

남북통일기반 조성과 민족전통체육

간 행 사

그 동안 남북체육교류는 1963년 동경올림픽 단일팀 구성을 위한 남북체육회담으로부터 2004년 아테네올림픽에서의 남북 공동입장에 이르기까지 다양한 형태로 진행되면서 우리 민족의 동질성 회복과 상호 불신 해소의 가능성을 확인시켜 주었다. 남북체육교류는 남북의 민간교류·협력부문에서 새로운 물꼬를 텄고 남북 화해·협력의 첨병 역할을 해왔을 뿐만 아니라 당국간 대화가 교착 상태에 빠졌을 때에도 체육을 통한 교류·협력을 지속함으로써 한반도의 평화와 남북관계 개선에 크게 기여해 왔다.

6·15남북공동선언 이후 남북간에는 학술교류가 점차 다양화되는 추세를 보이고 있다. 학술교류는 정부 차원의 접촉이나 경제교류·협력의 한계를 벗어나 남북한 사회의 이질화를 극복하고 궁극적으로 하나의 공동체 문화를 형성할 수 있는 영역이라는 점에서 그 중요성이 높다. 무엇보다도 평화적인 남북한관계의 형성과 사회통합의 기초가 될 수 있고 사회·문화교류의 고리로 발전될 가능성을 지니고 있기 때문이다. 그럼에도 불구하고 남북체육학술교류는 지금까지 한 차례도 성사된 바가 없는데 양자간의 체육 이질화를 해소할 수 있는 객관적 방안의 마련에 있어서 필수적인 과정이라는 점을 고려하면 참으로 안타까운 일이다.

물론 우리 체육인들은 그 동안 일회성·단발성 행사 또는 북측의 갑

작스런 제동으로 회담이 무산되는 등 어려움이 있었지만 끊임없는 노력으로 다른 분야에 비해 훨씬 다양한 인적교류와 접촉을 가능케 했다. 한민족공동체로서의 국제대회 참여와 빈번하고 정례화된 상호간 교류 활성화라는 괄목할만한 성과를 거두었다. 따라서 이러한 인적교류가 급선무였기에 이론적·학문적 교류까지 발전시켜 나갈 여유나 역량이 부족했는지 모른다.

이제 남북체육교류는 2008년 북경올림픽 남북 단일팀 구성이라는 중요한 과제를 눈앞에 두고 있다. 그러나 스포츠경기를 통한 동질성을 담보하기 위해서는 학술적 뒷받침의 노력이 병행되어야 한다. 그래야만 서로에 대한 이해의 폭을 넓히고 상대방의 장점을 받아들이며 남북체육의 이질성을 극복해 가면서 체육의 미래지향적인 공동방안을 모색할 수 있다. 최근 체육학계에서 그 동안 등한시되어 왔던 남북 체육학술교류가 가지는 본질적 의미를 현실화하는 구체적 노력이 필요하다는 뜻에서 체육학술교류를 추진하기 위한 학회 활동이나 세미나가 활발히 진행되고 있고 북측 체육학자들이 참여할 수 있는 기회도 도모하고 있음은 무척 다행스런 일이다.

민족통일체육연구원도 이러한 과제를 해결해 나가는데 다소나마 도움이 되었으면 하는 바람에서 2001년에는 민족통일체육의 법적 과제와 정치적 과제를 주제로 한 학술회의를 개최했고, 2002년에는 남북통일기반 조성을 위한 한민족 체육학술대회의 기본 방향에 대해, 2003년에는 스포츠교류와 한반도 평화를 주제로 한 국제세미나와 민족통일 기반 조성을 위한 한민족 체육인의 역할을 주제로 학술회의를 개최했다. 그리고 2004년 9월에는 '조선민족 전통체육에 관한 토론회'를 개최했다. 특히 이 토론회에서는 남과 북, 중국 지역에 살고 있는 우리 민족의 체육학자들이 한자리에 모여 공통의 관심사에 대해서 토론함으로써 남북체육의 새 지평을 열어 나가는 역사적인 사건이 되기를 기대했었다. 그러나 북측 체육학자들이 참가하지 않아 아쉬웠다. 언젠가는 우리와 함께 할 기회가 오리라 믿고 이를 위해 최선의 노력을 다할 것을 다짐한다.

끝으로 이 책을 펴내는데 적극적으로 지원해 준 국민체육진흥공단 이종인 이사장과 후원단체 여러분에게 깊은 감사를 드린다. 그리고 옥고를 제출해 준 필자 여러분과 학술회의에 참석하여 열띤 토론을 해준 분들께도 감사를 드린다.

참고로 이 책은 2003년 9월 26일 개최한 '민족통일 기반조성을 위한 한민족 체육인의 역할' 세미나와 2004년 9월 9일 중국 연변대학교에서 열린 '조선민족 전통체육에 관한 토론회' 원고를 정리한 것임을 밝힌다.

2004년 11월

민족통일체육연구원 이사장 이학래

차 례

중국 조선족 민속그네의 전승과 발전과정에 대한
사적고찰 | 김영웅

택견의 유래와 경기방법 | 이승수

연변 조선족 체육운동 산생과 발전으로 본 남북체육교류의
필요성 | 리재호·김룡철

토론 정리

제2부 | '민족통일기반 조성을 위한 체육인의 역할' 세미나

민족통일기반 조성과 체육인의 역할 | 서병철

북·미관계 개선과 재미 체육인의 역할 | 양동자

토론 정리

전통민족놀이와 민족동질성 회복

이 진 수[*]

민족놀이라는 말은 일반적으로 민속놀이와 같은 의미로 사용되어 왔다. 민속놀이는 일상의 생활이 주조를 이루어 실시되었기 때문에 이것을 주제로 민족의 정체성이나 자각심을 고취시키기 위해서는 다시 한발 앞서야 한다는 약점을 갖고 있다. 다행히 최근 스포츠문화인류학의 발전은 민족놀이를 단순한 민속의 좁은 마당에서 벗어나게 하여 전 지구로 확대시켰으며 민족놀이를 특정의 민족 혹은 사회에서 옛날부터 지금까지 전승되어 오는 여러 가지 놀이로 규정했다. 오늘 우리의 민족놀이는 우리 민족의 정체성과 동질성을 회복시키는 학술용어로 정착되었다.

지구상의 민족놀이를 살펴보면 같은 유희라도 각국의 문화에 따라 특징이 있음을 알 수 있다. 독일이 나폴레옹의 지배하에 있던 1811년 얀(F. L. Jahn)이 베를린에서 창시한 트루넨은 독일의 전승유희를 핵심으로 하여 창건된 것으로 하나의 거대한 독일 민족정신의 고취가 되었다. 이 독일의 민족놀이는 영국 스타일의 스포츠가 지나친 경쟁심

* 한양대 체육학과 교수

을 촉발시키는 폐단을 방지하는 역할을 담당했으며 당시 세력을 확장하고 있던 영국식 스포츠와 대항하기 위해 각 지방에 민족놀이대회를 개최하기도 했다.

올림픽 스타디움에 동시 출장하는 대한민국과 조선민주주의인민공화국 선수들은 하나의 깃발을 든다. 남북을 함께 상징하는 우리들이 살고 있는 이 반도의 모습을 그린 깃발이다. 조선민주주의인민공화국은 평양을, 대한민국은 서울을 수도로 하여 국명을 지역 명(地域名)으로 삼고 있다. 우리가 사는 이 반도를 '대한반도'로 할 것이냐 '조선반도'로 할 것이냐는 정치적인 문제에 속하는 것이지 결코 학문세계에서는 문제될 것이 없다. 민속학이나 인류학에서는 지역 명을 우선하기 때문이다.

세계에 통용되는 영어로는 'Korea'인데 이것은 고려의 영어 발음이다. 해외의 우리 동포들도 중국, 소련에서는 '조선족'이라 하고 미국에서는 'Korean'이라 부른다. 일본인들은 우리를 '조센징(朝鮮人)'이라 부른다. 조선 사람이란 말인데 일본인이 이렇게 우리를 부르면 공연히 기분이 나쁘다. 그들이 우리를 침략하여 우리를 능멸했다는 역사를 우리가 잊어서는 안 된다.

우리의 현실은 우리가 살고 있는 이 반도의 명칭까지도 마음먹은 대로 부르지 못하게 한다. 그러나 남북이 이렇듯 고구려의 고토(故土)에서 함께 만났으니 참으로 기쁘다고 아니 할 수 없다. 우리 모두는 '우리 반도에 함께 사는 우리 민족'이다. 적어도 이 학회에서만큼은 지금부터라도 '남북한' '조선족' '한반도' '조선반도'라는 말 대신에 '우리 민족' '우리 반도'로 고쳐 부르기를 제안한다.

역사적으로 볼 때, 우리 민족은 이데올로기에 대단히 민감했음을 알 수 있다. 신라와 고려를 관통하는 불교, 조선왕조 500년을 지배한 주자학이 그렇다. 이데올로기는 사물 그 자체를 보는 우리의 안목을 흐리게 하는 단점을 갖는다. 이데올로기는 우리 민족으로 하여금 이데올로기의 색안경으로 사물을 보게 하는 어리석음을 안겨 주었다.

실제 있는 그대로의 사물을 보게 하는 리얼리즘의 세계를 우리는 우리 민족이 행한 고대의 제전에 관한 묘사에서 찾을 수 있다. 고대의 제전은 우리 민족이 개최한 국중대회였다. 이 국중대회는 지금도 전승되어 우리 반도의 각지에서 개최되고 있다. 고대의 제전은 다양한 현대의 축제와 다르지 않다. 주기적 행사인 점, 집단으로 행한다는 점, 참가자가 특유의 규칙에 의거해 행동하는 점, 사람들의 관심을 한 곳에 집중케 하는 심벌이 존재한다는 것, 심벌을 이용해서 참가자에게 비일상적인 의식을 만들어낸다는 사실이 그렇다(이승수, 2004; 17). 축제는 일상과는 다른 비일상(非日常)의 의식을 환기시킨다. 사람들이 모여서 펼치지만 이들을 축제로 끌어들이기 위해서는 일종의 핵심 형상(象徵), 즉 일상과 다른 비일상을 만들어 내는 핵이 있어야 한다. 이승수는 신(神)을 시작으로 종교적으로 성스러운 것을 결집 핵으로 하는 축제가 있다고 한다. 신을 위해 축제를 하기 때문에 여기서는 신이 사람들을 축제로 불러 모으는 핵이라는 것이다(이승수, 2004; 20).

우리가 오늘 고구려의 옛 땅에서 만나 '민족놀이'라는 주제로 모인 것은 우리 모두가 통일의 열망이란 심벌을 함께 공유하여 일상과는 다른 비일상을 만들어 내려고 하는 것이다. 이제 우리는 우리 민족의 고대적 제전인 국중대회로 들어가 보기로 한다.

'신난다'는 우리말이 의미하는 것처럼 우리 민족의 전통놀이는 신을 모시는 제례와 깊은 관계가 있어 고대로부터 오늘에 이르기까지 제례에서 전통놀이의 경연이 이루어졌다. 우리나라의 제천 의례에 관한 최초의 기록은 3세기경 중국인 진수(陳壽)에 의해 씌어진 『삼국지』 동이전(東夷傳)일 것이다. 한국 고대의 제천 의례로는 부여의 영고, 고구려의 동맹, 예의 무천, 삼한의 계절제 등이 있다(최광식, 1994; 141).

삼국지의 기록을 여기에 옮기면 다음과 같다.

부여의 영고 : 以殷正月祭天, 國中大會, 連日飮食歌舞, 名曰迎鼓
고구려의 동맹 : 以十月祭天, 國中大會, 名曰東盟
예의 무천 : 常用十月節祭天, 晝夜飮酒歌舞, 名之爲舞天. 又祭虎以爲神
삼한의 계절제 : 常以五月下種訖, 祭鬼神, 群聚歌舞, 飮酒晝夜無休 …
十月農功畢, 亦復如之

국중대회에서 행해진 민족놀이를 우리는 고구려의 고분벽화에서 생생하게 볼 수 있다. 19세기 영국의 인류학자 타일러(E. B. Tylor, 1832~1917)는 오늘날의 전통 놀이가 옛날에는 제의의 일부였던 것이 본래의 의미와 기능을 상실하고 놀이가 되었다고 주장했다. 물론 세상의 모든 놀이가 종교적인 의미를 갖는다고 확언할 수는 없어도 한국의 경우 추석이나 설 같은 명절을 기해 여러 가지 놀이가 집중적으로 실시되고 있음에 주목할 필요가 있다. 제전과 유희의 밀접한 관계를 상기시키기 때문이다.

1970년 길림성 문물공작대와 집안현 문물보관소에 의해 발굴된 중국 길림성 집안현의 장천1호 무덤을 보면 벽화 주제는 생활풍속과 장식 무늬이다. 벽화 가운데에는 백회가 떨어져 나가거나 습기로 말미암아 지워진 부분이 많다(전호태, 2000; 375)

벽면의 오른쪽 위에 자색의 큰 나무가 한 그루 있고 가지에는 과일이 주렁주렁 열려 있다. 나뭇잎은 자색의 침엽이거나 녹색의 활엽도 보인다. 한 마리의 봉황이 날개를 펴고 나뭇가지를 향해 날아오르는 것이 보인다. 이 나무는 봉황이 깃든다는 오동나무를 그린 것인지, 나무의 줄기에 목에 쇠고리를 채운 원숭이가 내려오고 있다. 몸은 황색이고 머리에는 흰 가면을 썼다. 가면은 누수 현상으로 인해 분명하지 않다. 다른 누런 원숭이가 나무 가장자리에 흰곰의 가면을 쓰고 왼쪽으로 머리를 조아리고 앉아 있다.

나무 아래에는 원숭이를 다루는 두 사람이 보인다. 한 사람은 나무 동체의 왼쪽에 앉아 있는데 녹색 바탕에 검은 꽃무늬의 허리를 졸라맨 저고리를 입고 꽃무늬 바지를 입었다. 그림의 박락(剝落)이 심하다. 다른 원숭이를 다루는 이는 여자로 나무 오른편에 있다. 여자는 녹색 바탕에 검은 꽃무늬가 있는 긴소매에 허리를 졸라맨 저고리와 누런 바탕에 검은 꽃무늬의 통바지를 입고 있다. 여인은 어깨 뒤로 긴 머리를 묶고 있는데 몸을 구부리고 팔을 펴고 있어 마치 등불을 들고 앞장서 걸어 나가는 모습이다.

나무의 왼쪽은 묘주(墓主)인데 박락되어 보이지 않는다. 다만 흑색의 관정과 황색의 높은 의자에 앉은 발의 모습이 보일 뿐이다. 흰 바탕에 검은 십자 무늬의 통바지를 입었으며 앞이 뾰족한 하얀 신발을 신었다. 신발과 바지 사이로 검은 바탕에 붉은 무늬의 행전이 보인다. 묘주의 앞쪽에 작은 상이 있고 그 뒤에 뿔 모양의 큰 잔이 보인다.

묘주의 뒤에 남녀 시중이 서 있다. 남자는 앞에서 두 손으로 우산을 들었는데 머리에 절풍을 썼다. 그리고 왼 옷섶의 허리를 동여맨 누런 바탕에 검은 꽃무늬의 저고리를 입었다. 통바지도 같은 색깔이다. 여자 시중은 왼팔에 하얀 수건을 걸치고 있다. 그녀는 짧은 머리를 목뒤에 잡아매었고 붉은 바탕에 왼 옷섶의 꽃무늬 저고리를 입었으며, 누런 바탕에 검은 꽃무늬가 있는 통바지를 입었다. 묘주 아래에는 누런 개가 앉아 있는데 목걸이를 하고 큰 나무를 향하고 있다. 황구의 뒤로 흰 바탕에 검은 꽃무늬의 옷을 입은 여자 시중이 큰 백마를 끌고 있다. 이 말은 붉은 색의 말고삐, 등에 꽃무늬 말안장을 장착했는데 손님의 말인 듯하다.

백마 뒤로 발등롱 위로 펼치고 앉은 이족(異族) 노인이 보인다. 턱수염의 노인은 머리에 녹색 채관을 쓰고 몸에는 흰 바탕에 검은 꽃무늬의 저고리와 바지를 입었다. 그는 놀란 표정으로 후방으로 질주하는 두 사람을 고개를 돌려 바라보고 있다.

이 형상은 특수한 내용을 보여주는데 질주하는 두 사람과 오른쪽의 광경이 연결되어 있다. 기마하여 질주하는 앞의 사람은 하얀 채관을 쓰고 모자 뒤에 붉은 영락을 달았으며 흰 바탕에 붉은 꽃무늬의 저고리와 흰 바탕에 검은 십자문이 장식된 꽃무늬 통바지를 입었다. 장비를 갖춘 말은 보무당당하게 활보하고 있다. 뒷사람 역시 절풍을 썼다. 누런 바탕에 검은 꽃무늬의 저고리, 녹색 바탕에 검은 꽃무늬의 바지를 입었다. 다리는 등자 위에 올려놓고 고삐를 왼손으로 잡고 누런 말을 타고 있다. 말을 타고 달려가는 두 사람을 따라 목걸이를 한 하얀 개가 달려가고 있다.

묘주의 손님은 큰 나무 오른 쪽에서 묘주와 마주보고 있다. 오른손은 왼팔 위에 올려놓고 백색의 높은 의자에 앉아 있는데 풍만한 얼굴에 턱수염이 있으며 새 깃털을 두 개 꽂은 절풍건을 쓰고 있다. 흰 바탕에 검은 꽃무늬 저고리를 입었으며 허리를 질끈 동여매었다. 그 옷에는 주황색의 깃이 달렸으며 그 가장자리에 흑색의 배자도 있다. 아래는 붉은 바탕에 검은 꽃무늬의 통바지를 입었다.

손님 자리 옆에 상이 하나 있다. 그 위에는 둥근 배에 밑바닥이 납작한 검은 호(壺)가 놓여 있다. 손님 뒤에 두 명의 남자 시중이 서 있다. 모두 오른손을 왼팔 위에 올려놓고 있으며 절풍건을 쓰고 있다. 앞사람은 녹색 스카프를 어깨에 두르고 녹색 바탕에 검은 꽃무늬의 저고리, 누런 바탕에 검은 꽃무늬의 바지를 입었다. 뒤의 사람은 누런 헝겊으로 어깨를 덮었다. 그는 누런 바탕에 검은 꽃무늬의 적삼을 입고 녹색 바탕에 검은 꽃무늬의 바지를 입었다.

춤추는 장면은 묘주가 생전에 좋아하던 장면을 그대로 옮긴 듯하다. 아래쪽 한편에 오른편을 향한 남자의 독무(獨舞)가 보인다. 독무자는 흰색 채관을 쓰고 흰 바탕에 붉은 십자 무늬의 허리를 잡아맨 긴소매의 저고리와 흰 바탕의 꽃무늬 바지를 입었다. 오른발은 땅을 딛고 왼발을 가볍게 들었다. 발바닥은 땅에 대고 있다. 오른팔은 옆으로 팽팽하게 펼치고 왼팔은 측면으로 돌려서 가슴 앞에 이르고 있다. 몸을 약간 앞으로 구부리고 팔 부분은 폈다.

독무자 앞에는 다리를 굽히고 앉아 금(琴)을 반주하는 여자가 있다. 머리에 나뭇잎형의 보요를 꽂았다. 흑색의 머플러를 어깨에 두르고 흰 바탕의 합임의 긴치마를 입었다. 치마 뒷자락 가까이 독무자를 향해 한 마리의 꽃뱀이 움직이고 있다.

남자 독무 장면 위쪽에 다른 한 무리의 그림이 있다. 한 명의 남자와 두 명의 여자이다. 남자의 왼 얼굴은 오른쪽을 향했고 오른팔은 자연스럽게 아래로 내리고 왼손에 꽃봉오리 하나를 들고 있다. 뒤의 얼굴은 붉은 영락이 달린 흰색 채관을 쓰고 있으며 흰 바탕에 능격(菱格)의 허리를 잡아맨 긴소매의 꽃 저고리를 입고 아래는 흰 바탕에 붉은색 사방격(斜方格)의 통바지를 입었다. 바지 끝에는 검은색의 가는 선한 줄이 그려져 있다.

앞에는 두 손을 배 앞에 모으고 화장을 한 여자가 두 줄의 머리를 양쪽 볼에 내리고 한 묶음의 짧은 머리는 뒤로 묶었다. 동시에 비둘기 꼬리 모양으로 크게 다리를 벌리고 있다. 얼굴에 백분을 바르고 입술에는 연지를 찍고 이마 중간에 붉은 점을 찍었고 볼에도 연지를 발랐다. 몸에는 검은색의 머플러를 두르고 엷은 황색의 허리를 졸라맨 합임의 치마를 입었다. 화장한 여자의 머리 양옆에는 연꽃 봉오리를 하나씩 꽂았는데 꽃줄기는 휘어 가슴 앞으로 기울어졌다. 그것은 하나의 도구로 보인다.

이 두 사람은 남녀 2인무를 추는 것 같다. 화장한 여자 뒤에서 거문고를 든 여인은 반주하는 여인이다. 반주자는 단발머리를 목뒤로 묶었다. 흰 바탕에 검은 점의 허리를 잡아맨 치마를 입고 왼손에 거문고을 들고 오른손으로 받치고 있다. 금(琴)의 윗면에 14줄의 현(弦)이 보인다. 상단의 5개의 금축으로 보아 오현금이다.

원숭이의 재롱과 춤추는 장면 외에 북벽 상부의 왼쪽 끝, 그 위와 오른쪽 위 구석에 기악(伎樂) 연주와 관계된 그림이 보인다. 오른쪽의 위 구석에 있는 두 사람은 모두 왼쪽을 향하고 있다. 그들은 각각 원숭이의 재롱과 손님, 그리고 시중드는 사람들 사이에 있다. 앞사람은 대나무 세우기(竿頭戲)를 하는 것 같다. 머리는 흩어졌으며 녹색 띠로 허리를 잡아맨 짧은 옷을 입었고 아래는 주황색 바지를 입었다. 녹색 끈으로 바지 자락을 발목에 묶었다. 오른팔은 들고 있으며 앞으로 내민 오른손이 박락되어 보이지 않는다.

대나무 위에 올려놓은 평판이 보이고 그 위에 4개의 둥근 공이 있다. 간두희를 하는 사람은 한 발은 구부리고 다른 한 발은 앞으로 내밀고 있어서 마치 왼손에 공을 들고 그것을 대나무 끝에 올려놓는 모습과 같다. 대나무 묘기를 하는 사람 뒤에 머리를 산발한 또 한 사람의 마술사가 허리가 짧은 흰옷을 입고 있다. 누런 바지를 입고 녹색 띠로 발목을 매고 검은색 신을 신었다. 그는 두 발을 약간 구부리고 있다. 머리는 쳐들고 오른손으로 곤봉 하나를 들고 춤을 추고 있는데 그것은 그의 앞에 놓여 있는 둥근 바퀴를 차단하려는 모습이다.

북벽 왼 모서리에 씨름 장면이 보인다. 건장한 두 사내 모두 머리를 이마 위에 묶었다. 윗도리를 벗고 맨발에 다만 짧은 잠방이를 입었다. 두 사내가 머리를 상대의 왼 겨드랑이 속에 넣고 두 손으로 상대방 뒤쪽의 잠방이 허리를 잡고 있다. 왼 다리는 상대방의 사타구니 아래에 넣어 기술을 걸고 있다.

씨름 그림의 오른쪽에 한 사람이 오른쪽을 향해 달려가고 있다. 달

22

려가는 사람은 흑색 채관을 쓰고 턱수염이 났으며 누런 바탕에 검은 점의 허리를 잡아맨 투두(套頭)의 꽃무늬의 짧은 저고리를 입고 아래는 흰 바탕에 검은 꽃무늬의 통바지를 입었다. 왼손에 채찍을 들고 도망자를 추격하는 양상이다. 도망자는 코가 큰 턱수염의 이족(異族)이다. 흰색의 짧은 저고리와 바지를 입고 맨발인데 두 손에 작은 짐승을 닮은 물체를 들고 뒤를 돌아보며 도망치는 중이다. 도둑질한 물건을 들고 쫓기는 듯하다. 씨름 그림 아래에 안장을 갖춘 백마가 한 필 보인다. 뒷다리를 약간 구부리고 왼 다리는 쳐들고 있다. 말이 성을 낸 것처럼 보인다.

키가 크고 턱수염을 기른 이족인(異族人) 한 사람은 짧은 저고리를 입고 누런 바탕에 검은 꽃무늬가 있는 좁은 바지를 입었으며 끝이 뾰족한 신발을 신었다. 그는 오른팔로 말의 목을 잡고 왼손에 말채찍을 들었다. 그는 이족인을 쳐다보면서 말을 안정시키려 노력하고 있다. 백마 뒤쪽의 이족인은 긴 머리에 턱수염이 있으며 누런 바탕에 검은 점의 왼 옷섶의 허리를 잡아맨 꽃무늬 저고리를 입고 있다. 아래는 흰 바탕에 검은 점의 통이 좁은 꽃 바지를 입었다. 그는 말꼬리를 빗질하는 사람 같다.

말꼬리를 빗질하는 이족인의 아래쪽에 코가 큰 이족인 남녀 한 쌍이 보인다. 남자는 왼쪽에 있고 머리에 절풍을 쓰고 녹색 바탕에 검은 점의 허리를 잡아매고 긴소매의 옷섶이 왼쪽인 짧은 저고리와 누런 바탕에 검은 점의 통 좁은 꽃 바지를 입었다. 오른손에 말채찍을 들어 흔들어 저고리 옷소매를 나부끼며 오른쪽으로 활보하고 있다. 오른쪽의 이족 여자는 짧은 머리를 목뒤에 잡아매었다. 그녀는 누런 바탕에 검은 꽃무늬 저고리와 녹색 바탕에 검은 점이 있는 통이 좁은 바지를 입었다. 신발이 오른쪽으로 향한 것은 몸을 돌려 왼쪽으로 가려는 것도 같다. 동시에 오른팔을 뻗어 몸 뒤편의 이족 남자와 접하고 있다.

북벽 아래쪽에는 사냥하는 그림이 보인다. 벽화가 대부분 박락되어 버렸다. 중앙과 오른쪽의 화면 역시 대부분 누수 되어 분명치는 않으나 전개되는 정황을 보아 형상을 판별할 수 있다.

전체 북벽 아래의 장면은 대규모의 수렵도이다. 화면의 왼쪽 끝에 자색의 동체를 가진 큰 나무가 보인다. 나무뿌리 아래에 커다란 황색의 나무 구멍이 뚫렸는데 그 구멍 안에 개 한 마리가 앉아 있고 녹색 나뭇잎 사이에 검은 곰이 보인다. 개가 곰은 둥지에서 내몬 상황이다. 그림의 오른쪽 끝에는 여러 개의 굴곡이 있는 자색의 넓은 띠 속에 산등성이 그려져 있다.

수렵도 장면은 세 부분으로 나뉜다. 제1부분은 좌향으로 추격하는 수렵대(狩獵隊)로 화면의 오른쪽 절반을 차지한다. 제2부분은 세 사람이 우향으로 몰이를 하는 장면으로 그곳은 좌단 나무 구멍의 옆이다. 제3부분은 수렵대와 몰이꾼 사이에 사냥하는 장면이다. 제 나름의 방식대로 들짐승을 공격하고 있다.

좌향으로 추격하는 수렵대는 3열 종대이다. 맨 위의 제1열은 세 명의 사냥꾼이다. 맨 앞에 나선 인물은 다른 인물들보다 크게 그렸다. 묘의 주인일 가능성이 높다. 머리에 절풍을 쓰고 허리를 동여맨 붉은색 저고리를 입고 왼 다리에 전통을 찼다. 등에는 화살이 보이고 백마를 탔다. 화살을 매겨 호랑이를 향해 쏘아 호랑이 목에 한 대의 화살이 꽂혀 있다. 호랑이는 놀라 입을 크게 벌리고 뒤를 돌아보며 도망을 치고 있다. 두 번째 사냥꾼도 절풍을 쓰고 누런 바탕에 검은 점의 허리를 잡아맨 꽃 저고리를 입었다. 이 사람도 백마를 타고 다리는 등자위에 놓여 있다. 세 번째 사냥꾼은 흐릿하다. 녹색의 말을 탔는데 누런 바탕에 검은 꽃무늬의 저고리를 입었다.

제2열 역시 세 명의 사냥꾼이다. 제1열과 나란히 달리고 있는데 첫번째가 바야흐로 활을 쏘려 하고 있다. 붉은색 저고리를 입고 누런 말을 타고 있다. 두 번째는 활을 쏘려고 준비하고 있다. 녹색말을 탔다. 녹색말 앞에 사냥매가 한 마리의 꿩을 추격하고 있다. 세 번째는 박락되어 분명치 않으나 백마를 타고 있다. 가장 아래의 제3열은 앞부분이 박락되어 분명하지 않다.

그림의 왼쪽 끝 나무 구멍 옆에 세 사람의 몰이꾼이 있다. 가장 위의 백마를 질주하며 아래로 몸을 구부린 사냥꾼은 머리에 절풍을 쓰고 그 위에 두 개의 새 깃털을 꽂았다. 흰 바탕에 검은 꽃무늬의 저고리와 통이 좁은 바지를 입었다. 오른쪽 다리에 화살이 담긴 전통을 찼다. 바로 화살을 장전해 두 마리의 노루를 겨냥하고 있다. 커다란 고라니 한 마리는 사냥꾼 앞에서 비명을 지르며 달려가고 한 마리의 작은 노루가 큰 고라니를 따라가는데 이미 다리에 화살을 맞았다.

노루를 추격하는 사냥꾼의 아래쪽에 백마를 탄 또 다른 사냥꾼은 맹렬히 덤비는 호랑이와 대적하고 있다. 호랑이는 입을 한껏 벌리고 덤벼들 자세를 취하고 있으나 머리에 화살이 박혀 있고 등에도 화살 하나가 꽂혀 있다. 달려드는 호랑이를 피해 백마를 달리며 사냥꾼은 완벽한 파르티안 숏을 구사하고 있다. 호랑이 아래쪽에 세 번째 사냥꾼을 그렸는데 이미 누수가 심해 분명치 않다. 누런 저고리를 입고 긴 창으로 오른쪽의 호랑이를 찌르려는 자세를 취하는 듯하다. 호랑이는 머리, 목, 앞다리의 일부만 보인다.

수렵도의 왼쪽 위 구석과 오른 쪽 위 구석 공간에 멧돼지, 노루, 매 사냥과 매가 꿩을 추격하는 장면을 그렸다. 멧돼지를 협공하는 몰이 사냥도가 왼 구석 위에 보인다. 녹색의 살찐 멧돼지 한 마리가 검은 털갈기를 세우고 눈을 부라리며 입을 크게 벌리고 있다. 다리에 화살이 꽂힌 채 왼쪽으로 돌진하고 있다. 백마를 탄 사냥꾼이 마상에서 가득 활을 당겨 바야흐로 손을 놓을 성싶다. 머리에 쓴 절풍, 그 위에 붉은 색 영락, 짧은 저고리와 통바지를 입고 다리에는 꽃무늬의 무릎 가리개, 왼쪽 다리에 걸친 궁낭(弓囊), 등에 매단 화살이 눈에 띈다.

멧돼지 전면에서 바로 몰이사냥이 시작되는데 좌단의 붉은 색 큰 나무 밑에 말을 타고 짐승을 추격하는 자들과 어울려 도보 사냥꾼도 보인다. 그는 긴 창으로 입을 벌리고 덤비는 멧돼지를 공격하고 있다. 머리에 새 깃털을 꽂은 절풍을 쓰고 있다. 붉은 바탕에 검은 점의 허리를 잡아맨 꽃무늬 저고리와 좁은 흰색 바지를 입었다. 꽃무늬 저고리의 가장자리에 두 조각의 무릎 가리개가 보인다.

숨어서 노루를 공격하는 사냥 장면의 아래에 한 그루의 작은 나무가 있고 그 옆에 두 마리의 자색 노루가 있다. 왼편 노루는 큰 머리를 쳐들고 오른편 노루는 고개를 숙이고 있다. 짧은 흰색 저고리를 입은 한 사냥꾼이 오른쪽 산 고개 뒤에서 몰래 활을 겨누고 있다.

매가 꿩을 추격하는 장면은 몰래 숨은 사람의 왼쪽, 몰이사냥 그림의 중간의 제1열 맨 앞사람 위에 있다. 사냥꾼은 두 나무 사이에 서 있는데 머리가 등을 덮었다. 누런 바탕에 검은 점의 토시, 꽃무늬 저고리와 녹색 바탕에 검은 점의 좁은 꽃무늬 바지를 입었다. 오른팔 위에 검은 바탕에 붉은 줄무늬의 활대를 올려놓았으며 매가 그 위에 앉아 있다. 그 앞에 또 다른 사냥매가 도망가는 꿩을 쫓고 있다(최무장, 1995; 598~609).

위의 벽화 속에서 우리는 기사(騎射), 사냥, 씨름, 곡예, 매 사냥, 마희(馬戲) 등을 볼 수 있다.

일제 말인 1941년 조선총독부가 조사한 『조선의 향토오락』은 한민족을 그들의 식민으로 만들려는 정책의 일환으로 5년 동안의 준비 기간을 거쳐 제공된 것이었다. 산골인 함경남도의 갑산은 물론 항구인 경상남도 통영에 이르는 우리 강토의 방방곡곡에 꽃핀 전통놀이를 모두 조사하여 그 연혁까지도 그들 나름으로 간단하게 설명하고 있다. 함경북도 청진에서 시행되는 윷놀이가 '사계절의 낮의 길고 짧음에'

따라 만들어진 것이라고 한 것이라든지, 서울의 것은 고려시대부터 전래된 것이라고 한 것이 그것이다(韓國古典開發學會編, 1970; 369.1).

조선총독부가 실시한 위의 조사는 중앙 관서에서 각 도지사에게 조사를 위촉하고 각 도지사는 이것을 도 소재의 초등학교에 의뢰하여 자료를 수집한 것이었기 때문에 학문적 고찰은 깊지 않은 단점이 그대로 노출된다. 그럼에도 불구하고 지금 우리가 이것을 거론하는 것은 그 동안 우리의 전통향토오락에 대한 체계적이고도 전반적인 조사가 아직 시행되지 못하고 있는 현실 때문이다.

1950년 이래 남북한이 서로 다른 체제로 갈라져 대립하는 기간이 길어졌기 때문이다. 한국에서는 지금 행해지고 있는 이북 지방의 놀이의 전개 상황을 알 수 없고 조선에서는 이남의 실태를 알지 못하는 상태가 계속되어 왔다. 이제 남한에서도 이학래 교수를 주축으로 하는 민족통일체육연구원이 창설되어 북한체육 연구가 활성화되고 전문가들이 북한체육에 관한 연구를 시작할 수 있게 된 것은 남북한 체육학의 발전을 위해 대단히 뜻있는 일이다.

20세기 초 우리나라의 방방곡곡에서 행해지고 있던 전통놀이 중에서도 가장 널리 분포되어 있던 것으로는 씨름, 그네, 널뛰기, 활쏘기를 들 수 있다. 그리고 이 전통놀이는 지금도 남한에서는 명절, 즉 정월, 단오, 추석을 맞아 지방마다 축제행사의 종목으로 대회를 치르고 있다. 그 대표적인 것이 강릉 단오제이다(崔喆, 1972; 103~159). 그 기원이나 축제의 내용은 다음과 같다.

대체로 3월 20일부터 5월 7일까지 약 50일간 전국의 부락제 가운데 가장 규모가 방대하며 굿당에서의 제의, 관노가면희, 농악, 씨름, 그네, 윷놀이 등 과거부터 전습되어 온 풍속과 경기 등을 진행한다. 『추강냉화(秋江冷話)』에 '嶺東民俗, 每於三四五月中, 擇日迎巫以祭山神, 富者駄載, 貧者負載, 陳於鬼席吹笙鼓瑟, 連三日醉飽, 然後下家'

라 적혀 있고, 1721~1724년 경종 때의『강릉지』에 '大關嶺山神, 塔
山記載, 王順式從高麗太祖南征時, 夢僧俗人,神率兵來覺而戰捷, 故祀
于大關至于致祭'라 쓰여 있다. 고려 태조 때라면 918~945년이므로
1000년 이상 계속되어 온 제례라고 할 수 있다.

남한에서는 1949년 진주 개천예술제가 개최되어 축제의 시작을 알
렸고 1958년 밀양 종합문화제가 개최되었다. 1970년대에는 경제성장
과 동시에 지방의 관광사업을 진흥하기 위한 일환으로 강릉 단오제가
개최되었으며 전국민속예술경연대회가 개최된다. 국가의 중요무형문
화재라는 국민문화가 등장하는 것도 이 시기이다.

2004년 6월 11~27일 강릉에서는 '2004강릉국제 관광민속제'라 하
여 한국의 38개 팀을 비롯해서 캐나다, 호주, 인도, 파라과이, 몽골 등
22개국의 68개 팀이 참가하는 대규모로 개최되었다. 1500년의 역사
를 자랑하며 세계문화유산으로 지정된 인도의 쿠티아탐, 1000년의 역
사를 지진 캄보디아 궁중무용 압싸라, 필리핀의 농경문화가 고스란히
반영된 후두후두송, 경극의 원류인 중국의 곤극 등이 선보였다. 강릉
단오제도 그 연혁은 1000년이 넘어 세계의 문화유산으로 인정을 받
아 곧 유네스코에 등록될 것이다.

조선에서는 1956년 이래 '민족경기대회'란 이름으로 전국 규모의
민족경기대회가 열려 씨름, 그네, 궁술의 3종목에 대한 경기대회가 개
최되고 있다. 1959년에는 보천보전투 승리 22주년을 기념하여 전국민
족경기대회가 열렸는데 위의 3개 종목 외에 널뛰기가 추가되었다. 궁
술경기는 그 후 사라져 보이지 않는데 제11차 전국민족경기대회 때에
는 '널뛰기, 그네뛰기, 줄당기기 같은 민족체육도 널리 장려하는 것이
좋다'는 당의 슬로건이 채택되어 나이 어린 선수들을 양성하게 된다.
1993년의 제29차 대회에서는 장기가, 1999년의 제35차 대회부터는
바둑이 포함되는 등 종목이 증가하여 오늘에 이르고 있다(민족통일체육

연구원, 2002; 528~535). 장기나 바둑이 민족경기로 채택된 것은 남한보다 빠른 시기에 이루어져 주목을 끈다.

이렇게 민족놀이의 본질을 우리가 직시하면 거기에는 우리의 눈을 가리는 이데올로기의 색안경은 사라지고 우리 민족의 동질성을 새삼 인식하게 된다. 남과 북의 우리 민족이 오늘 한 자리에서 만난 것은 우리 민족의 동질성인 민족놀이를 매개로 하여 이데올로기를 벗어난 리얼리즘의 세계로 되돌아가는 촉진제 역할을 하기 위함이다. 이제 우리들은 우리 민족이 항상 주인의식을 가지고 이 지구촌에서 우리 민족이 마음껏 자신의 나래를 펼치며 미래를 살아갈 수 있게 돕는 민족놀이라는 큰 자산을 우리 후손들에게 정당하게 물려주어야 한다.

참고문헌
민족통일체육연구원(2002). 북한체육자료해제집, 서울: 단국대학교출판부.
이승수(2004). 새로운 축제의 창조와 전통축제의 변용, 서울: 민속원.
전호태(2000). 고구려고분벽화연구, 서울: 사계절출판사.
최광식(1994). 고대한국의 국가와 제사, 서울: 한길사.
최무장(1995). 고구려고고학. 서울: 민음사.
崔喆(1972). 嶺東民俗志, 서울: 통문관.
韓國古典開發學會編 (1970). 朝鮮の鄕土娛樂.

씨름의 유래와 경기 방법

황 의 룡*

I. 서론

지구상에 있는 많은 나라에는 우리 민족의 '씨름'과 매우 흡사한 형태를 보이는 스포츠가 활발하게 행해지고 있다. 이러한 격투기는 인간의 본능으로서 서로 손과 발을 사용하여 상대를 붙잡고 때리던가 아니면 넘어뜨려 제압하는 원시적인 형태를 보이는 것이 대부분이다. 특히 먼 옛날부터 중국을 비롯한 한자문화권의 민족들은 거의 본능적으로 각력(角力) 또는 스모(相撲)와 같은 격투기를 통해서 자신의 힘을 자랑하거나 상대를 제압하려 했던 사실이 여러 고고학적 고분이나 자료를 통해서 전해져 내려오고 있다.

우리 씨름에 대한 기록은 4~5세기경으로 거슬러 올라간다. 묘주 부부의 가내 생활을 그린 것으로 전해지는 고구려 고분벽화인 각저총 (角抵塚)이 가장 오래된 기록으로 알려져 있다. 그 후 고구려 무덤에서 씨름 장면을 그려 놓은 고분이 여러 개 발견되었지만 백제나 신라의

* 경희대 체육대학 강사

무덤에서는 씨름에 관한 기록이 현재까지 존재하지 않는다. 이는 일반 서민들에게는 문자를 사용하여 기록으로 남기는 문화가 발달하지 못한 탓으로 당시의 기록이 발견되지 않고 있다고 보인다.

고려시대에 들어와서 처음으로 씨름에 대한 기록(角力 또는 角抵)이 나타나는데 고려시대의 정사인『고려사』에 보면 궁궐 안에서 왕과 신하가 씨름을 즐겼다는 기록이 전해지지만 일반 서민들의 씨름에 대한 기록은 발견되지 않고 있다.

조선시대에 들어오면서 씨름에 대한 기록이 현저히 증가하는데 역대 왕들의 치적과 궁궐의 생활상을 전해 주는『조선왕조실록』을 비롯하여 일반 서민들의 일상생활을 기록한『동국세시기(東國歲時記)』와 『경도잡지(京都雜誌)』등에 세시풍습으로서의 다양한 풍습과 놀이가 전해진다. 특히『동국세시기』에는 단오 날이나 중추 때에 서민들이 어디에서 어떻게 씨름을 즐겼는지를 자세하게 기록하고 있다. 또한 서민들의 생활상을 그린 풍속화에도 씨름 장면이 자세하게 그려져 있어 당시의 씨름 상황을 파악할 수 있다.

선진제국들의 침입을 받으면서 개항을 맞이한 19세기 후반부터 선진문화가 도입되면서 우리나라는 모든 사회제도가 급격한 변화의 물결에 휩싸인다. 그 중에서 제국주의 국가의 달성이라는 시대적 목적에 커다란 역할을 하게 되는 근대스포츠가 전파되면서 새로운 문물에 대한 동경심과 당시의 처해진 사회를 구하기 위한 방편으로 근대스포츠가 급속히 보급된다. 일본제국주의의 억압 및 전통문화의 말살정책과 더불어 새롭게 전해지는 서양 문물에 취해 우리 사회는 자신의 전통문화마저 비하하는 분위기가 팽배한 가운데 몇몇 사회 인사들의 노력으로 1927년에 들어와서 씨름의 전국적 조직이 탄생한다. 이를 계기로 씨름이라는 전통스포츠가 근대화하기 시작했고 전국적인 조직으로의 체계를 구축하는 밑거름이 되었다.

일제로부터의 해방과 더불어 세속적인 틀을 벗어나기 시작한 씨름 경기는 우리의 전통적 민속경기라는 배경을 등에 업고 본격적인 근대 경기화를 추진하지만 우리 사회의 근대화 운동과 맞물리며 엘리트스포츠세계에서 추락하여 비인기 종목으로 전락하고 만다. 그 후 아마추어 씨름경기는 기나긴 침체의 늪에서 헤어나지 못하던 중 88올림픽을 계기로 정치적 스포츠 장려책과 함께 민속문화의 선두주자로서의 지위를 확보하며 민속씨름이라는 이름으로 프로화를 단행하게 되었다. 초기의 민속씨름은 전통스포츠의 프로화라는 새로운 사회적 이슈에 편승하여 국민적 인기를 얻는데 성공했지만 20여 년이 지난 지금 국민들의 인기를 얻지 못하고 방황하고 있는 실정이다. 따라서 씨름 관계자들은 민속씨름의 활로를 개척하기 위해 민족적 전통을 고수할 것인가 아니면 철저한 상업화를 통한 사회적·경제적 지위를 확보할 것인가의 기로에 서 있다.

따라서 이 논고에서는 우리 민족의 역사적 전통과 함께 해 온 씨름 경기에 대해 전근대사회의 씨름의 유래와 경기방법, 근대사회에 접어들면서 전국적 조직의 창립을 통한 씨름경기의 근대화 및 경기방법의 확립, 해방 후 아마추어 씨름의 현황과 경기방법, 1980년대 프로화에 따른 민속씨름의 시대로 나누어 역사사회학적 변화과정을 중심으로 살펴보자.

Ⅱ. 씨름의 유래 및 발전과정

1. 씨름의 기원

우리나라의 씨름의 기원에 대해서는 아직 의견이 분분하다. 씨름의 기원을 알아보기 위해 우선 씨름이라는 명칭이 언제부터 사용되었는지를 역사적으로 검증해 보려고 해도 이를 밝혀내기가 매우 어려운 실정이다. 왜냐하면 20세기 초까지의 자료를 검토해 봐도 1920년대까지 각력(脚力, 角力) 또는 각저(角抵, 脚觝) 등의 한자가 주로 사용되었기 때문이다. 물론 이것은 일반 서민들이 사용하는 말과 기록문자가 다른 데서 오는 결과라 생각할 수밖에 없을 것이다.

씨름은 '각저'란 이름으로 선사시대부터 이미 한자문화권에 존재하고 있었다는 점(이진수, 1996; 206)은 사실로 밝혀졌다. 그러므로 여기서는 한자문화권에 속하는 우리나라와 중국, 일본이라는 세 나라의 경우를 중심으로 '각저' 또는 '각력'이라는 한자의 사용이 어떻게 변화하여 왔는지를 살펴보자.

우선 중국 고대시대의 각저란 격투기뿐만이 아니라 잡기를 포함한 관람 위주의 흥행물을 의미했다고 한다. 일본의 오카다가 번역한 『중국예능사(中國藝能史)』에 의하면 "현재의 하북성 일대에 일종의 민간 유희가 유행했다. 여기서는 뿔(角)을 붙인 가면을 쓰고 서로 무술이나 힘을 겨루었기 때문에 이를 보고 연기(演技) 또는 경기(競技)라고 불렀으며 당시 일반인들에게는 각저 또는 치우희라 불렸다. 그리고 전국시대에는 강무의 의례 또는 유희와 함께 서로를 과시했고 진(秦)나라 때에는 각저라고 칭했다. 하여튼 무회에 대한 형태에는 거의 모두 각력이라는 요소를 포함하고 있었다. 각저는 후에 솔교(摔跤)라는 대명사로 바뀌었으나 고대사회의 각저란 매우 넓은 의미를 가지고 있었고 솔교는 그 일부분에 지나지 않았다"고 한다. 또한 조은(鳥恩, 1995; 65~66)은 "옛날부터 솔교는 각력, 각저라고 칭했으며 이것은 북방 유목민들의 전통적인 스포츠의 하나였다. 각 민족에 따라 다른 형태의 솔교가 행해졌다"고 지적했다.

한편 하세가와(長谷川, 1993; 121)는 일본의 스모 또는 각력이라는 단

어의 의미를 증명하려면 고대 중국의 솔교에 대한 시대적 명칭 변화
를 살펴볼 필요가 있다고 하면서 다음과 같이 정리했다.

[夏·商·周] 角力, 手搏

[春秋戰國·秦·漢·三國] 角抵, 穀抵, 角力, 手搏

[兩晉·南北朝] 角抵, 角力, 相撲, 相扠, 相廜, 手搏, 相搏

[隋·唐·五代十國] 角抵, 角力, 相撲, 手搏, 相搏, 白打

[宋] 角抵, 角力, 相撲, 爭交, 手搏

[金·元] 角抵, 角力, 相撲, 摔跤, 相搏, 孛可, 跋里速

[明] 角抵, 角力, 摔跤

[淸] 角抵, 角力, 相撲, 摔跤, 貫交, 布庫, 布可, 跋里速, 摔脚, 撩脚, 貫跤

위에서 보듯이 "금(金)과 원(元)나라 이후 자주 보지 못한 단어가 나
오는 것은 몽고어와 여진족의 말이 포함되었기 때문이다. 그러나 가
장 오래 전부터 문헌에 나오는 단어는 각력과 각저이며 그 후 상박(相
撲)이 첨가되어 청나라 말기까지 사용되었지만 중국에서는 솔교가 일
반적인 호칭이라고 생각하면 될 것"이라고 지적했다.

한편 일본에서의 각력이나 각저(角抵, 角觝)에 대한 사전적 의미를
보면 각력이란 '힘을 겨루는 것 또는 스모를 가리킨다'(白川, 1997; 160)
'짐승의 뿔 형태를 만들어 쓰고 상대와 겨루는 것을 말하며 이를 각저
라 한다. 저(抵)란 힘을 모아 다른 사람과 부딪치는 것을 의미한다. 밀
어낸다는 의미를 포함한 글자이다. 저(觝)에는 머리를 낮게 하여 적에
게 덤벼드는 것을 말하며 저(抵)와 일맥상통한다'고 되어 있다(白川,
1997; 103). 이러한 의미를 포함하여 니이타(新田一郎, 1994; 29~30)는
"각력은 힘을 겨루는 경기, 角抵 또는 角觝는 힘찬 모습을 보여주는
곡예 및 기예를 겨루는 경기를 가리킬 때 사용한 말로 양쪽 모두 본래

34

의 의미는 특정한 양식을 가진 격투경기를 가리키는 것이 아니라 일반적 격투기 또는 기예를 의미하는 한자로 쓰였다"고 주장했다.

이와 같이 고대사회부터 중국이나 일본에서는 각력, 각저 등의 단어가 빈번하게 사용되었음을 알 수 있으며, 특히 일본에서는 19세기 말까지 스모 이외에 각력과 각저가 동의어로 사용되었다.

고대사회에 각력 및 각저 등의 뜻이 '격투'를 가리키는 이상, 다양한 운동형태의 격투기 또는 원시적인 잡기를 각력이라 할 수 있다. 따라서 전근대사회까지 동일하게 각력이라는 한자를 사용한 격투기는 반드시 그 형태가 동일한 것이라고 단정하기는 매우 어려운 점이 있다. 각력 또는 각저에 대한 중국과 일본어의 의미는 동일한 한자문화권인 우리나라에도 접목시킬 수 있기 때문에 조선시대까지의 사료에 각력, 각저(角抵, 角觝, 脚抵)라고 기록된 것은 양국과 동일하게 두 사람이 서로 힘을 겨루는 격투기를 지칭하는 말로 받아들여도 무방할 것이다.

그러면 우리만의 독특한 씨름이라는 말의 어원을 어디서 찾아야 할 것인가. 지금까지의 선행연구들을 살펴보면 씨름의 어원에 대하여 두 가지 설이 있다.

먼저 최상수(1988; 52)는 "씨름이라는 단어의 어원은 솔직히 우리나라의 용례에서 찾아보는 도리밖에 없다. 영남 지방의 말 중에서 서로 대항하여 힘을 겨루는 것을 보고 '씨룬다'란 타동사가 있는데 이것이 명사화하여 '씨룸' '씨름'으로 명사화된 말임이 분명하다고 본다. 경상도는 씨름이 굉장히 자주 열렸던 지방이기 때문에 이 지방의 말이 전국적으로 보급되어 씨름이라는 말이 정착하였다"고 주장했다.

두 번째로는 "우리나라 말 중에서 남자를 지칭할 때 성에 씨(氏)를 붙인다. 씨름의 '씨'는 한자의 씨에서 온 말로 씨란 남자의 성명 밑에 붙이는 존경어이므로 남자를 뜻하고 '름'은 겨룬다의 겨룸(름)의 름이

줄은 말일 것이니 남자들이 겨루는 것이라 하여 이러한 말이 형성된 것"이라고 했다(최상수, 1988; 53).

그러나 조선 초기에 세종대왕이 한글을 창조하였다 해도 이를 전 국민이 사용하기 시작한 것은 근대에 들어와서이고, 일제 강점기에도 한자를 혼용한 글을 써 온 우리 역사를 생각할 때 씨름의 어원을 이 두 설로 단정하기는 현재로써는 매우 어려운 실정이다. 따라서 씨름을 기록할 때는 '각저'나 '각력'으로 표기했고 말로 표현할 때는 '씨름'이라고 했던 것이 아니었을까 추측할 뿐이다.

지금까지 살펴본 바와 같이 각력이나 각저 등으로 불린 격투기가 인간의 힘을 겨루는 경기를 지칭했고 이는 한자문화권에 속한 중국이나 일본, 몽고 등에도 에로부터 존재했지만 지금과 같이 국경의 경계선이 그다지 확실하지 않았던 전근대사회에서는 사람의 왕래를 포함한 활발한 문화, 문물 교류를 통해 서로가 커다란 영향을 주며 발전했을 것이다. 그리고 이러한 내·외부의 영향을 받으면서 각국의 격투기는 자신들의 지역적 특성, 가치관, 사회적 이데올로기에 의해 변화, 정착하여 우리나라는 샅바를 사용하여 힘을 겨루는 씨름[1])으로 정착했으며 일본은 마와시(스모 선수들이 하체에 착용하는 광목)를 착용하고 서로 떨어져서 맞붙는 형태 등으로 변화했다고 보는 게 가장 무난할 것이다. 우리 씨름의 독특함을 보여주는 샅바에 대한 내용은 뒤에서 자세히 언급하기로 한다.

---

1) 예를 들어 조선시대까지 우리 민족의 입었던 의복의 옷감은 그다지 질기지 않았고 의복의 형태도 놀이나 유회를 하는 데 그다지 실용적이지 못하였다는 점을 생각했을 때 씨름과 같은 격렬한 격투기를 하면 옷이 자주 찢어지는 불상사가 발생하거나 행동에 불편을 느끼기도 했을 것이다. 따라서 예의를 중시하는 사회적 질서를 생각할 때 이러한 불상사를 막고 자유로운 신체 움직임을 위하여 옷을 대용할 물건이 필요했을 것이다. 지푸라기로 만든 끈 등이 대용품으로 쓰였지만 경기 중 끊어지는 일도 발생했을 것이다. 인간사회와 더불어 일상용품의 풍요에 따라 쉽게 구할 수 있게 된 광목이 씨름경기를 위한 대용품으로 쓰이기 시작하여 우리만의 독특한 격투기, 즉 샅바를 사용하는 씨름으로 변화하였을 가능성이 크다.

2. 전근대사회의 씨름

1) 삼국시대

삼국시대는 우리나라의 씨름에 관한 기록이 처음으로 나타나는 시기인데 고구려의 고분벽화인 각저총은 현재의 씨름과 아주 똑같은 형태로 그려져 있다. 이것이 현존하는 최고(最古)의 씨름 자료이다.

각저총은 오늘날의 씨름과 가장 유사하게 그려져 있는 것으로 유명하다. 널방 왼벽 오른편에 있는 씨름도는 두 사람의 역사(力士)와 이를 바라보는 지팡이 짚은 노인 한 사람, 왼편의 진찬도와 경계를 이루는 커다란 나무의 밑동의 곰과 호랑이, 나뭇가지에 깃든 검은 새 및 역사들과 노인 사이의 허공에 그려진 새 구름무늬로 구성되었다. 씨름에 열중하는 두 사람 가운데 한 사람은 보통의 고구려인의 얼굴 모양을 하고 있으나 다른 한 사람은 눈이 크고 코가 높은 서역계 인물로 묘사되어 있다(전호태, 1996; 15).

또한 장천1호 고분 벽화의 씨름도는 여러 사람들이 벌이는 곡예, 악사 등이 그려져 있는 북쪽 벽화 위편에 상투를 튼 두 사람이 오늘날의 씨름과 같은 자세로 서로 맞잡고 있는 것을 보면 고구려에서 씨름이 사회적으로 상당히 중요한 위치를 차지하고 있었으리라는 것을 이 벽화들로 알 수 있다.

씨름의 기원에 대해서는 각저총이 4~5세기에 그려진 것으로 알려져 왔기 때문에 이 시대를 씨름의 기원으로 봐야 한다는 주장이 대두되어 왔지만 이진수(1996; 206~207)는 『한국고대스포츠연구』에서 중국쪽 기록인 『후한서』에 "순제(順帝) 영화 원년(136) 부여 왕이 경사(京師)를 방문하였다. 황제가 내시로 하여금 북 치고 피리 불게 하였으며 각저희로 이들을 환영하였다"는 구절이 있음을 지적하고 "부여의 왕을 접대하기 위한 연회의 하나로 내시의 고취와 각저희가 등장하고 있다. 왜 이런 종목들이 부여 왕을 환영하는 종목으로 선택되었을까? … 이것은 중국 황제의 이름을 빌려 부여의 풍속을 간접적으로 표기한 것으로 이해하여야 할 것이다. 부여의 왕이 그 먼 낙양에까지 방문하였으므로 환영을 겸한 공통의 주제로 마련한 것이 바로 각저희인 것이다.… 만약 우리가 『후한서』의 이 대목을 부여 씨름의 이해를 위한 발판으로 삼는다면 고구려 씨름도 이것과 같은 계통 속에서 이해되어야 할 것이고 우리 씨름의 기원도 절대연도를 훨씬 낮추어 잡지 않으면 안 될 것"이라고 해석했다.

백제의 씨름에 대한 기록은 유감스럽게도 우리나라에서는 아직 발견되지 않고 있다. 그러나 『일본서기(日本書記)』에 보면 기록이 남아 있다. "황극(皇極) 천황 원년(642) 7월에 백제에서 온 사절단 지적(智積) 등을 맞이했을 때 궁정의 병사들에게 스모를 실시하게 했다"고 되어 있다(新田一郞, 1994; 29~30).[2]

이처럼 삼국시대의 씨름에 관한 자료는 많지 않지만 고구려와 동일한 언어와 문화를 공유했던 백제나 신라에도 남자들의 힘 겨루기인 씨름과 같은 격투기가 존재하였으리라고는 쉽게 짐작할 수 있을 것이며 이러한 신체적 문화는 중국, 일본 등과 빈번한 왕래를 통해 서로에게 많은 영향을 주고받았을 것이다.

---

2) 니이타는 이 기록을 보고 해석하기를 궁궐에서 백제의 사절단에 대한 향응의 하나로 해석하기 쉽지만 백제 사절단 대좌평(大佐平) 지적 등을 궁궐에서 맞이하여 향연을 베푸는 한편, 건아(健兒, 궁궐의 병사)들에게 명령하여 교기(翹岐, 당시 일본에 거주하고 있던 백제의 왕족 이름) 앞에서 스모를 하게 했다. 스모는 교기를 모시고 벌어졌으며 향연이 끝나고 지적이 교기에게 인사한 점으로 봐서 이 스모는 향연과는 다른 의미의 행사로 교기를 위한 스모였다고 보는 것이 타당하다. 실제로 교기는 5월 하순에 아들이 죽었기 때문에 교기에게 인사한 지적의 행동은 교기의 장례에 관한 백제의 습속과 관련된 것이었는지도 모른다. 이 점에 대하여 고고학자인 모리코이치(森浩一)는 고구려의 고분벽화에서 볼 수 있는 스모 벽화나 일본에서 발견되는 토우의 넓은 범위를 생각할 때 스모와 장례의례와는 밀접한 관련성을 가지고 있으며 이것은 동북아시아로부터 한반도를 거쳐 일본에 전해진 문화의 흐름에 따라 해석해야 한다고 추측하고 있다.

2) 고려시대

우리나라 문헌에 최초로 각저 또는 각희가 기술된 것은 『고려사』이다. 그 내용을 살펴보면 다음과 같다.

충혜왕조(忠惠王條) 충숙왕후(忠肅王後) 8년(1339) 3월조(三月條)에 '3월에 왕은 정무를 폐신인 배전과 주주 등에게 맡기고 날마다 내시와 더불어 씨름을 하여 위와 아래의 예가 없었다(三月 王 委機務於嬖臣佺裴朱柱等 日與內竪 爲角力戱 無上下禮)'고 했고, 세가(世家) 36권 충혜왕후(忠惠王後) 4년(1343) 2월조에는 '계미 4년의 봄 2월 갑진일에 왕이 용사를 거느리고 씨름놀이를 구경하였다(癸未四年 春二月甲辰 王率勇士 觀角觝戱)'고 적혀 있다. 또 세가 36권 충혜왕후 4년(1343) 5월조에 '신묘일에 공주가 연경궁으로 거처를 옮기니 왕이 주연을 베풀어 위로하여 주고 밤에는 씨름놀이를 구경하였다(辛卯 公主移御延慶宮 王置酒慰之 夜觀角觝戱)'고 했고, 세가36권 충혜왕후 4년(1343) 11월조에 '11월 병인날에 왕이 고용보와 더불어 시가의 누각에 좌정하여 격구와 씨름놀이를 구경하고 용사들에게 베를 수없이 하사하였다(十一月丙寅 王與高龍普 御市街樓 觀擊毬及 角觝戱 賜勇士布無算)'고 적혀 있다.

이와 같이 『고려사』에는 씨름에 관한 문헌이 4개가 있다. 3월과 2월의 기록은 연등회와 관계가 있으며, 5월의 기록은 단오, 11월의 기록은 팔관회와 밀접한 관련성을 가지고 있다(조성환, 1988; 434)는 주장이 대두되었다.

또한 이 기록을 놓고 씨름이 몽고에서 전파된 것이라는 주장이 대두되기도 했다. 즉, 당시 정치적으로 대륙을 손에 넣은 원나라의 힘에 눌려 고려는 원나라의 속국이 되었기 때문에 왕자가 태어나면 원나라의 궁궐에서 생활하거나 원나라 공주 또는 친척들과 결혼하는 일이 자주 일어났다. 이러한 정략적 결혼에 의해 몽고의 공주가 개성에서 살게 되면서 몽고의 의상이나 풍습이 일반 서민들에게까지 영향을 미처 한때 유행하기도 했다. 이러한 사회적 배경과 함께 충숙왕이나 충혜왕조에만 씨름 기록이 보이는 것은 몽고 씨름이 유행했기 때문이라고 해석하는 학자가 나타난 것이다.

그러나 여기서 우리가 잊어서는 안 되는 점이 있다. 『고려사』의 정사는 빈번한 전쟁으로 불타버렸고 현존하는 고려사는 조선왕조를 세운 개국공신들에 의해 다시 씌어진 것이기 때문에 이를 곧이곧대로 믿기는 어려울 것이다. 왜냐하면 어느 시대나 개국공신들이 자신들의 개혁을 정당화하기 위해서는 전 왕조 정치의 부패 행각을 부각시키고 있기 때문이다. 특히 고려말기의 사회적·정치적 부패현상을 부각시키려 했을 때 50여 년 전 충혜왕이나 충숙왕이 정사를 돌보지 않고 폐신들과 씨름 놀이만 했다는 점을 강조했다고 보는 것이 일리가 있지 않을까.

고려시대의 씨름에 관한 기록도 그다지 많지 않으며 그 경기방법을 파악하기란 매우 어렵지만 궁궐 내의 의상이나 풍습이 일반 서민들에게까지 번져 사회적으로 유행한 사실을 감안할 때 지배계급에 의한 오락이나 궁궐 내의 연회로 베풀어진 씨름이 일반 서민들 사이에서도 유행했으리라고 짐작하기란 어렵지 않을 것이다.

3) 조선시대

조선시대에 들어오면 씨름에 관한 기록이 눈에 띄게 많아진다. 일반적으로 이러한 현상은 시대적 거리가 짧고 비교적 많은 자료가 남아 전해졌기 때문일 것이다. 풍속 관련 기록으로는 조선 정조 때의 유학자인 홍석모(洪錫謨)가 지은 『동국세시기』와 조선 헌종 때의 실학자인 유득공(柳得恭)이 지은 『경도잡지』가 대표적이다. 그 내용을 살펴보면 다음과 같다.

『동국세시기』 5월 단오조(端午條)에는 "젊은이들이 남산의 왜성대

40

나 북악산의 신무문 뒤에 모여서 씨름을 하여 승부를 겨룬다. 씨름하는 방법은 두 사람이 서로 맞구부리고 각자 오른손으로 상대방의 허리를 잡고 왼손으로는 상대방의 오른쪽 다리를 잡고 일시에 일어나며 상대를 번쩍 들어 메친다. 그리하여 넘어지는 자가 진다. 안걸이, 바깥걸이, 둘러메치기 등 여러 가지 기술이 있다. 그 중에 힘이 세고 손이 민첩하여 재치 있게 구사하여 많이 이기는 사람을 판막음(都結局)이라고 한다. 중국 사람들이 우리 씨름을 본떠서 고려기(高麗技)라고도 하고 또는 요교(撩跤)라고도 한다. 단오 날 하는 씨름놀이는 매우 성하여 경향 각지에서 성행한다. … 장평자(張平子)가 지은 「서경부(西京賦)」에 각저의 묘기를 드러냈다는 구절이 있다. 이것으로 미루어 볼 때 각저는 한(漢)나라 때 이미 있었음을 알 수 있고 오늘날의 우리 씨름과 비슷한 것이다"라고 되어 있다(崔大林, 1989; 86~93). 7월 칠석조(七夕條)에도 "충청도 풍속에 15일에는 노소를 막론하고 거리에 나가 배불리 먹고 마시며 흥겹게 놀고 또 씨름놀이도 한다. 또한 월내(月內)에는 충청도 풍속에 16일에는 씨름판을 벌이고 술과 음식을 차려 먹고 즐긴다. 농한기를 맞아 그 동안의 노고를 풀고자 하는 것인데 해마다 이렇게 한다"고 되어 있다. 『경도잡지』[3]의 단오조에도 『동국세시기』와 동일한 문헌이 기록되어 있다.

한편 조선 전기에 씌어진 양반의 일기(李文楗, 1494~1567)에는 명종 16년(1561) 5월 단오 날에 "길(吉, 저자의 아들로 생각됨)이 씨름을 보고 매우 즐거워 껑충껑충 뛰어다녔다"고 기록된 문헌이 발견되기도 했다(이복규, 1999; 234~235).

『조선왕조실록』에 씨름에 관한 문헌이 많이 나오는데 대표적인 것

---

3) 이 책은 2권으로 분리했는데 제1권은 '풍속편'으로 우리나라의 의복, 음식, 주택, 서화 등 문물제도에 대해 19개 항목으로 분류 기술했고 제2권은 '세시편'으로 서울의 세시풍속을 19개 항목으로 분류 서술했다. 『동국세시기』보다 약 30년 정도 앞서 저술되었다. 그 내용에 있어 연원을 모두 중국의 풍속에서 찾고 있다는 점이 동일하다.

으로 세종실록(권31) 세종 8년(1426) 3월 25일조(條)에 "두 사신이 목 멱산(지금의 남산)에 올라 도성과 한강을 굽어보고 말하기를, 정말 좋은 땅이라 하며 활을 쏘고 역사들에게 씨름을 시켰다"는 대목이다. 중국 사신을 대접하기 위한 연회에서 이루어진 씨름경기를 가리킨다. 명종 실록(권26) 명종 15년(1560) 5월조에는 "단오 날에 동궁별감인 박천 환(朴千環)이 시강원(侍講院)에 와서 호소하기를 어제 원계검(元繼儉)의 집으로 심부름을 가던바 길에서 양반 행색을 한 유생이 씨름을 하자 고 강요하여 들어주지 않는다고 노하여 의복과 갓을 찢고 심지어 회 사하는 글까지 찢어버렸다고 고하자 임금께서 그 사람들을 추궁하였 는데 사실은 박천환이 먼저 유생들을 때리고 욕하고 씨름하자 하였으 니 이 무슨 풍속인가 하였다. 이 일로 사헌부에서는 씨름 금지령을 내 리기도 하였다"고 적혀 있다. 현종실록(권7) 5년(1664) 갑진년 정월조 에는 "광주 저자도(楮子島)에서 씨름을 하다가 이기지 못함에 노하여 칼로 찔러 죽였다"고 했다. 씨름경기가 너무 과열된 나머지 살인으로 까지 번진 사건이 발생하기도 한 것이다.

군사훈련이나 왕의 연회에서 벌어진 경기를 찾아보면 세종실록(3 권13) 13년(1431) 3월 병수조(丙戌條)에 "경회루 북쪽에 행차하여 종친 들의 활 쏘는 재주를 구경하고 역사 안사의(安思義) 등으로 하여금 씨 름을 하게 한 후 상을 주었는데 상에는 차등이 있었다"고 했다.

이순신 장군의 『난중일기』에도 씨름의 기록이 보이는데 임진왜란 도중 얼마간의 휴전기간에 즐긴 놀이가 씨름이며 일반 병사뿐만 아니 라 장수들까지도 씨름을 즐기면서 전쟁의 불안과 고통을 잊었던 기록 이다.

조선시대의 자료로는 씨름 장면을 그린 풍속화가 많이 전해지고 있 다. 고구려 고분벽화에 그려진 다리속곳과는 다르게 유숙의 대쾌도와 기산의 씨름도, 김홍도의 씨름도 등에 가느다란 끈을 다리에 걸치고 서로 맞잡고 하는 장면들이 그려져 있다. 그 후 1910년 일본인이 우리나라를 여행하며 그린 풍속화보집을 봐도 두 사람이 얇은 끈을 서로의 오른쪽 다리에 걸치고 씨름을 하고 있다(中村金城, 1910; 40). 이러한 여러 샅바 형태는 이후 근대스포츠로서 씨름경기의 근대화에 매우 중요한 요소로 등장하게 된다.

3. 씨름의 근대화 과정(1876~1945)

1) 조선씨름협회의 창립

문호개방 이후 우리 민족의 역사적 과제는 대내적으로는 봉건적 사회체제를 변혁하여 자강과 근대화를 추진하는 길이었고 대외적으로는 민족의 자주권을 수호하는 길이었다. 이러한 사회적 분위기에 편승하여 근대적 스포츠가 도입됨과 동시에 사회 속으로 급속하게 퍼져나갔다.

전통스포츠인 씨름이 근대식 학교에서 최초로 행해진 것은 1895년 5월 28일 관립외국어학교 연합운동회였다. 그 후 1912년 10월 7일 광무대와 단성사의 주인이던 박승필 등이 발기하여 조직한 유각권구락부 회원들이 서울 단성사에서 권투, 유도와 더불어 씨름대회를 열었다. 또한 1916년 6월 뚝섬에서 열렸던 씨름경기[4]는 민중적 운동으로서의 모습을 잘 보여주고 있다(이학래, 2000; 158~159).

이와 같이 근대식 학교교육과 일반 민중의 사회적 욕구에 의해 전통씨름은 근대적 씨름으로 탈바꿈하기 시작한다. 그 첫 번째 작업이 전국적인 조직을 만드는 것이었다. 씨름의 근대화작업의 일환으로 당

---

4) 每日申報, 1916년 6월 21일자. '지난 번 비 오기 전에 고양경찰서 관내 뚝섬에서는 매년 하던 예를 따라 동중의 발기로 강 언덕에 씨름판을 벌리고 고양 광주의 씨름꾼을 청하여 승부를 갖던 중 구경꾼이 원근을 물론하고 수천 명이 구름 모이듯 하고 싸움은 점점 무르익어 가서 흑승흑패로 좌중을 결하였다.'

시의 체육계 인사들을 중심으로 1927년 11월 27일 YMCA강당에서 조선씨름협회가 창립된다. 중등학교 체육 교사인 강진구(姜晉求), 강낙원(姜樂遠), 서상천(徐相天), 한진희(韓珍熙), 이병학(李丙學) 등과 YMCA의 장권(張權), 김동형(金東瀅) 등이 주축 멤버로 참가했는데 이들은 방학을 맞이하여 13개 도의 학생들에게 일정한 방법을 주어 씨름의 종류와 방법을 조사하게 했다(李克魯, 1941; 459).

그 결과 씨름의 경기방법에는 함경남북도, 평안남북도, 황해도, 경상남북도, 강원도, 충청남북도의 10개 도에서는 왼씨름을 하고, 경기도와 전라남북도의 3개 도에서는 오른씨름을 하는 것을 알게 되었다. 이를 근거로 가장 많이 하는 왼씨름을 공식 경기로 인정하게 되었고 이 방법이 오늘날의 씨름으로 발전하는 계기를 만들게 되었다. 이러한 조사 결과에 의해 경기규정이 작성되었는데 옷, 샅바(당시는 샅바로 씀), 시합 법, 심판원, 기록원 등을 두는 근대적 방법으로 통일했다(李克魯, 1941; 459). 전국적 씨름협회의 창립을 계기로 미래의 희망을 담은 격려의 글을 게재한 동아일보에는 "씨름은 조선에서 가장 오래된 경기이지만 새로운 문물을 좋아하는 일반 체육계의 추이는 우리 문화를 버리고 현대적이랄까 또는 과학적이라는 바다를 건너온 모든 경기를 즐기는 경향이 농후하다. 선조로부터 물려받은 씨름의 부활에 기대를 건다"(동아일보, 1927년 12월 9일자)는 논평을 내고 일반인들의 씨름에 거는 기대를 대변하고 있다.

2) 경기규칙의 통일작업
우리의 씨름 종류는 샅바를 매는 방법에 따라 왼씨름, 오른씨름, 띠씨름(허리씨름 또는 통씨름), 빠씨름 등이 있었다. 이러한 종류들은 지방에 따라 다르고 경기 상황에 따라 편의적으로 적용되는 등 통일된 규칙의 부재로 많은 문제점을 가지고 있었다.

앞에서도 지적한 바와 같이 씨름경기의 방법을 논할 때 가장 애매모호한 점은 샅바를 어느 다리에 매고 하느냐에 달려 있지만 전국적으로 통일된 규칙이 알려지지 못한 까닭에 전국대회를 치르는데 많은 곤혹을 치른다. 따라서 조선씨름협회에서는 하나로 통일된 씨름 방법을 왼씨름으로 결정하고 시행하려 했지만 10년 이상 오른씨름과 동시에 개최할 수밖에 없었다.

처음으로 YMCA가 1927년부터 사회인 대상으로 열기 시작한 전조선씨름대회를 보면 대회가 막을 내린 1937년까지 왼씨름과 오른씨름이 동시에 개최되거나 폐쇄하는 등 많은 시행착오를 거치게 된다. <표 1>은 10년 동안의 대회기록과 씨름방법을 정리한 것이다.

〈표 1〉 YMCA 주최 전조선씨름대회

대회	연도	입상자		비고
제1회	1927	정규씨름: 현명호(1위) 유혁종(2위) 통씨름: 신득윤(1위) 박억석(2위)		운동형태의 차이에 의해 기권자가 속출
제2회	1929	왼씨름: 엄동원(1위) 김병음(2위) 오른씨름: 신득윤(1위) 유원근(2위)		명칭이 정규씨름,통씨름에서 왼, 오른씨름으로 바뀜
제3회	1930	왼씨름: 이원배(1위) 오른씨름: 엄상열(1위)		동일
제4회	1931	왼씨름: 이종서(1위) 곽재술(2위) 오른씨름: 김윤성(1위) 안종현(2위)		동일
제5회	1932	왼씨름: 김윤근(1위) 지화용(2위) 오른씨름: 김윤근(1위) 선동선(2위)		동일
제6회	1933	왼씨름: 김윤근(1위) 이상붕(2위) 오른씨름: 김윤근(1위) 김동엽(2위)		동일
제7회	1934	왼씨름: 김윤근(1위) 김중원(2위) 오른씨름: 없음		왼씨름만 실시
제8회	1935	왼씨름: 김윤근(1위) 김여상(2위) 오른씨름: 없음		동일
제9회	1936	왼씨름: 엄한용(1위) 장기호(2위) 오른씨름: 없음		동일
제10회	1937	왼씨름: 라윤출(1위) 이성수(2위) 오른씨름: 현명호(1위) 박홍건(2위)		왼, 오른씨름이 동시 실시

또한 이 대회를 개최하면서 처음으로 경기에 필요한 규칙을 신문을 통해 발표했는데, 대회의 경기규정 및 참가 선수와 관전자의 주의사항에 대한 내용은 다음과 같다.

대회의 경기규정으로는 ①대회 개시 정각에 늦은 선수는 기권자로 한다 ②순서에 따라 자신의 경기시간으로부터 3분이 지나도 출전하지 않으면 기권으로 한다 ③선수가 음주를 했을 경우에는 퇴장을 명한다고 되어 있다. 참가 선수에 대한 주의사항으로는 ①선수는 규정 장소에서 대기할 것 ②싸움, 잡담 금지 ③예선에서 패배한 선수는 선수석에서 일반 관람석으로 옮길 것 ④규정씨름의 패자는 통씨름에 출전할 수 있다 ⑤경기순서 및 상대는 다음날 오후 4시부터 본회관 내에서 추첨으로 한다 ⑥이유를 막론하고 추첨에 참가하지 않은 선수는 출전할 수 없다 ⑦참가 선수도 입장료를 내야 한다. 단, 첫날 예선의 입상자는 다음날 무료로 출전할 수 있다 제2일째의 입상자는 제3일째에 무료로 입장한다 ⑧대회본부가 나눠준 번호표는 선수의 등에 부착할 것 ⑨본회가 나눠준 참가증은 추첨 당일에 반드시 지참할 것 등이다. 관중들의 관전 행동에 대한 주의사항으로는 ①음주자는 입장을 불허한다 ②응원단이나 관람자로서의 비신사적인 행동 및 언어 등이 다른 관람자에게 방해가 될 때에는 퇴장을 명한다 ③선수에 대하여 인신공격 및 비겁한 언사를 사용하지 않는다 ④응원은 박수로만 한다 ⑤흡연을 절대 금한다 등이다.

위에서 보는 바와 같이 조선씨름협회가 발족하고 열린 대회였지만 씨름 방법의 규정은 별로 없고 경기장에서 지켜야 할 선수들과 관중들의 주의사항이 대회규정의 거의 전부를 차지하고 있다.

이 대회에서 결정한 샅바 매는 법은 동아일보(1927년 12월 15일자)에 짧은 기사로 게재되어 있는데 "정규씨름(왼씨름)의 샅바는 왼 다리에 매고 통씨름(오른씨름)은 오른 다리에 맨다"고 기록하고 있다. 이것이 우리나라에서는 신문 지면을 통해 처음으로 샅바 매는 법을 규정, 성문화하였다는데 스포츠적 의의가 있지만 우리가 흔히 알고 있는 왼씨름과 오른씨름의 방법과는 반대로 규정되어 있다. 그러나 제2회 대회규정(1929년 6월 10일자)부터 "오른씨름이란 왼 다리에 샅바를 매고 오른손으로 샅바를 잡으며 서로 왼쪽 귀를 붙여서 잡는다. 왼씨름이란 오른씨름의 정반대로 잡는다. 지역마다 샅바 매는 법이 다르므로 선수는 각별한 주의를 요함"이라고 강조하여 오늘날의 씨름 형태를 공식화하기 시작한 대회로 주목해야 할 것이다.

학생들을 대상으로 한 학교 대항 전조선씨름대회는 조선체육회와 조선씨름협회의 공동주최로 1929년부터 1936년까지 휘문고등보통학교에서 개최되었다. 이 대회는 왼씨름만을 공식 씨름으로 채택하여 단체전과 개인전으로 실시되었다. 그 내용은 <표 2>와 같다.

〈표 2〉 학교대항 전조선씨름대회

대회	연도	참가팀 수	우승교
제1회	1929	7	단체전: 경신고등보통학교 개인전: 이도남
제2회	1930	6	단체전: 휘문고등보통학교 개인전: 김윤근
제3회	1931	6	단체전: 경신고등보통학교 개인전: 없음
제4회	1932	12	단체전: 보성고등보통학교 개인전: 없음
제5회	1933	미상	미상
제6회	1934	7	단체전: 경신고등보통학교 개인전: 없음

씨름경기의 형태에 가장 중요한 요소로 작용하는 샅바 매는 법과 잡는 법이 지방적 특색을 없애고 왼씨름으로 공식화하기 시작했다고 해도 여러 가지 문제점이 해결된 것은 아니었다. 즉, 샅바를 손으로

잡더라도 지금과 같이 손을 집어넣어 손목 쪽에서 한번 비틀어 잡는 것이 아니라 샅바를 팔꿈치까지 끼워서 들어올리는 선수가 많았기 때문에 정확한 샅바 규정이 정착되었다고는 보기 어렵다. 다시 말해서 전국적인 대회를 개최해 가면서 대두되는 문제점을 하나씩 해결해 가는 시기였다고 할 수 있다. 씨름경기의 근대스포츠로의 세속화 과정을 추구했던 시기였다고 보는 것이 타당할 것이다.

3) 직업적 씨름선수의 출현

당시 씨름은 전국적인 인기를 얻고 있었기 때문에 전국대회는 물론 지역 이벤트나 행사에 빠지지 않는 스포츠경기로 자리 잡았다. 각지에서 벌어지는 대회에 참가한 선수들은 여기에서 얻은 상품으로 생계를 꾸려 나갈 정도로 씨름경기는 각지에서 성황리에 벌어졌다.

1941년 조선총독부의 주도로 우리 민족의 풍속을 세세히 조사하여 출판한 『조선의 향토오락(朝鮮の鄕土娛樂)』[5]에 보면 "씨름은 체위 향상과 오락성이 주된 요인이지만 최근에 들어와 선수들의 직업화가 진행되고 있다(1941; 5)"고 지적할 정도로 씨름은 전국적인 지역 이벤트로 벌어졌으며 대회에서 제공하는 상품의 수와 양도 적지 않았던 것으로 생각된다.

여기서 씨름과 관련된 재미있는 실화를 하나 소개해 보자.

2차대전이 끝나고 일본의 프로레슬링계의 영웅으로 알려진 역도산(본명: 金信洛, 함경남도 홍원 출생)이 일본으로 건너가게 된 이유는 1938년 단오절을 기념하여 벌어진 고향의 씨름대회에 17세의 나이로 출전하여 좋은 성적을 거두었기 때문으로 알려져 있다. 가난한 집안의 셋째 아들로 태어난 역도산의 출전 목적은 단순히 상품(당시 대회의 상품

---

5) 1930년 9월 14일자 동아일보를 보면 안성출 군은 8년에 걸친 각 지역의 씨름대회에 참가하여 우승 상품으로 황소와 자전거, 광목 등을 수없이 받았다고 한다.

으로는 우승자에게는 황소 두 마리, 2위에게는 황소 한 마리, 3위에게는 광목 열 필이 주어졌다)을 타서 어려운 집안 생계에 조금이나마 보탬을 주고자 한 것뿐이었다. 타고난 신체를 자랑하던 집안 내력은 이미 역도산의 큰형이 직업적 씨름 선수로 그 이름을 전국에 널리 알릴 정도로 대단하였고 역도산과 같이 출전한 이 대회에서 우승했다. 집안의 반대를 무릅쓰고 출전한 역도산도 기라성 같은 선수들을 물리치고 3위에 입상하여 많은 상품을 받았다.

우연히 대회를 지켜보던 일본 스모의 스카우터는 역도산의 체격과 힘, 기술에 매료되어 역도산을 일본 스모계에 입문시키게 된다(李淳馹, 1998; 27~34). 씨름경기가 역도산의 생애를 바꾸고 사회적 명예를 가져다주는 커다란 계기가 되었던 것이다(당시 많은 씨름 선수들이 일본 스모계에 입문했다).

이와 같이 근대화 초기의 씨름경기는 전국적인 조직의 창립과 함께 규칙의 통일화를 추구하면서도 규칙에 대한 성문화가 이루어지지 않았지만 직업적 선수가 나올 정도로 우리 민족의 울분을 달래는 지역적 스포츠이벤트로서의 기능을 충실히 이행하면서 활발히 개최되는 과도기 과정을 겪고 있었다.

4. 해방 후의 씨름

1) 근대씨름의 정착기

1945년 해방이 된 후 씨름계는 조직의 부흥을 위해 노력했다. 1946년 11월 서상천이 3대 회장으로 취임하여 대한체육회의 열다섯 번째 가맹단체로 등록하면서 재건을 위해 새 출발을 하게 된다. 1947년 12월에는 조선씨름협회를 대한씨름협회로 개칭했다. 그러나 당시는 사회적 혼란기와 더불어 재정적으로 빈곤했기 때문에 전국대회를 개최하기가 힘들어 소자본을 투자한 지방대회가 이벤트 성격을 띠고 개최되는데 불과했다. 또한 경기 규칙도 제자리를 잡지 못하고 대회마다 규칙이 달라 경기에 혼란이 가중되는 실정이었다.

1950년대 학교씨름부와는 달리 일반 씨름부는 유명 선수들이 은퇴하고 생계 유지를 위해 만든 씨름도장에 소속되어 활동하는 시스템이 주를 이루었다. 즉, 대학이나 고등학교를 졸업하면 생계를 위해 씨름을 그만두던가 아니면 선배가 운영하는 씨름도장에 입문하여 운동을 계속할 수밖에 없는 현실적 어려움을 갖고 있었다.

당시의 씨름에 대한 사회적 인식은 매우 좋지 않았다. 1950년대 대한씨름협회의 고문이었던 정덕섭(鄭德燮)의 이야기를 빌리면 "내가 씨름을 시작한 것은 40년여 년 전으로 당시 가족들은 씨름 선수가 되는 것을 반대했다. 사회적으로도 씨름이라는 스포츠는 멸시 당하고 있어 나는 언제나 사람들의 눈을 피해서 연습하거나 시합에 나갔다. 사회와 양친의 눈을 피해서 대전, 대구 등에서 벌어지는 대회에 참가하여 약 30회 정도 우승했다. 30세 이후에는 후배 선수들의 양성을 위해 경상북도에서 약 170여 명의 역사를 길러냈다"(한국일보, 1959년 9월 9일자)고 하여 당시의 씨름에 대한 사회적 인식과 '씨름도장'의 존재를 밝혔다. 이마저 1960년대에 들어와 자연적으로 소멸되고 말았다.

씨름에 대한 상세한 규정이 제정된 것은 1960년대에 들어와서이다. 최상수(1988: 75)에 의하면 "씨름 규칙은 각 지역마다 다르고 규칙도 대회마다 내부 규정을 두어 결정했다. 최근에 와서야 비로소 일반경기와 같이 중지를 모아 규칙을 정하고 또 이를 성문화시켰으니 이는 한국 씨름경기의 근대화를 말하는 것"이라고 주장하며 1966년 대한씨름협회가 제정한 씨름 경기규칙을 정리했다.

처음으로 씨름경기장에 대해서 규정하였는데 그 내용을 보면 야외 경기장의 바닥은 모래로 설치하는 것을 원칙으로 하고 모래의 높이는

50센티미터 이상으로 한다. 너비는 직경 7미터의 원형으로 하며 위험이 있다고 인정될 때에는 경기장 밖 1미터 이상에 보조선을 둘 수도 있다. 실내경기장은 매트를 깔고 너비의 직경은 7미터의 원형으로 한다. 위험선은 야외경기장과 같다. 그리고 경기장을 시설할 때에는 경기장 밖 좌우편에 출입구를 표시해야 한다.

(1) 경기장

1967년 처음으로 성문화된 씨름경기장은 시대의 변화에 따라 1972년을 포함한 몇 번의 개정을 거쳐 현재에 이르고 있다. <그림 1>과 <그림 2>는 1972년도에 개정한 경기장 규격이며 <그림 3>과 <그림 4>는 2000년 아마추어 경기장의 규격을 나타낸 것이다.

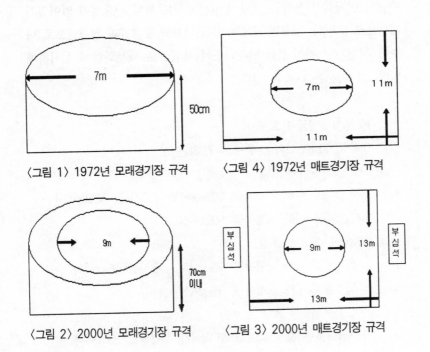

〈그림 1〉 1972년 모래경기장 규격

〈그림 4〉 1972년 매트경기장 규격

〈그림 2〉 2000년 모래경기장 규격

〈그림 3〉 2000년 매트경기장 규격

(2) 경기 용구

경기 용구에 있어서 고등부 이상의 샅바는 광목의 전폭을 사용하는데 길이 3m 20㎝ 이내로 하고 샅바 둘레의 크기는 허벅다리 둘레에 맞도록 신축성 있게 만들며, 소년부(초등학교 및 중등부) 샅바는 광목의 반폭을 사용하여 길이 2m 50㎝ 이내로 하고 둘레의 크기는 허벅다리 크기에 맞도록 신축성 있게 만든다.

(3) 체급별 경기방법

경기방법을 결정하는 것은 샅바를 매는 법에 달려 있다. 1967년에 제정한 규칙에는 샅바를 매는 법이 성문화되어 있지만 1972년의 개정에서는 샅바의 매는 법에 대한 조항이 빠져 있다. 이는 현재의 씨름 방법이 전국적인 통일을 보았기 때문에 성문화의 필요성이 없어졌기 때문으로 보인다. 체급별 제도는 1955년부터 중량급과 경량급으로 나누어 시행되던 것이 1967년부터 5개 체급으로 세분화하여 실시하게 된다. 그 내용은 다음과 같다.

○ 1955년도 체급과 호칭
　경량급: 71.3㎏이하　　중량급: 71.3㎏이상
○ 1967년도 체급과 호칭
　소장급: 60㎏이하　　청장급: 70.5㎏이하　　용사급: 82.5㎏이하
　역사급: 90㎏이하　　장사급: 90㎏이상
○ 1972년도 체급과 호칭
　소장급: 65㎏이하　　청장급: 75㎏이하　　용사급: 85㎏이하
　역사급: 90㎏이하　　장사급: 90㎏이상
○ 1991년도 체급과 호칭
　경장급: 75㎏이하　　소장급: 75㎏이하　　청장급: 85㎏이하

용장급: 90kg이하   용사급: 95kg이하   역사급: 105kg이하
장사급: 110kg이상

이상과 같이 급격한 경제성장과 함께 선수들의 체격도 현저하게 커지는 현상이 발생하여 체급은 점점 세분화되어 왔다(일양약품씨름연구소, 1991; 19).

(4) 경기시간과 심판법
1940년대까지는 경기시간의 제한이 없어 승패가 결정될 때까지 실시되었지만 1959년의 전국장사씨름대회부터 제한시간을 정하게 되었다. 옛날부터 씨름은 3전2선승제가 일반적이었기 때문에 이 방법을 택하여 왔다. 한 경기의 시간을 10분으로 잡고 승부가 나지 않을 때에는 3분간의 휴식 후에 5분간 연장전을 벌이도록 했다. 그래도 승부가 나지 않을 때에는 추첨으로 결정했다.

승패의 결정은 무릎 이상의 신체 부분이 지면에 먼저 닿는 선수를 패자로 한다. 승패 또는 경기장에서의 사건이 주심 단독으로 결정짓기가 어려울 때는 경기를 중단시키고 부심과 합의하여 결정할 수 있다. 경기의 시작 신호는 호각을 한 번 불고 종료 신호는 두 번 불며 샅바가 끊어지던가 풀어져도 경기를 중단시킨다.

1968년도부터는 경기시간을 5분간으로 하고 승부가 나지 않을 때에는 체중을 재서 가벼운 쪽이 이기는 것으로 개정했다. 또한 상대를 들어서 경기장 밖으로 나가는 행위는 무효(재시합)로 하지만 경기장에서 밀어내면 미는 쪽이 이기는 것으로 하였다. 특히 1972년에는 처음으로 씨름이 TV를 통해 중계된 관계로 전면적인 규칙 개정이 이루어졌다. 경기장의 높이를 30cm에서 50cm로 높였고 서로 샅바를 잡는 시간을 5분에서 2분으로 줄였으며 경기시간을 5분으로 결정하고 승

부가 나지 않을 때에는 3분간의 연장전, 시합 중에 밖으로 나가면 재경기를 하도록 개정했다. 이 규칙 개정의 배경에는 TV중계의 시작과 끝을 용이하게 하기 위한 조치로 보인다.

1977년부터는 상대방을 들어서 경기장을 나가거나 밀어내도 미는 선수가 이기는 것으로 결정했지만 1981년 개정에서는 경기장 밖으로 나가면 재경기를 하도록 했다.

〈표 3〉 경기시간과 휴식시간(2000년도)

구 분	경기시간	휴식시간	경기시간
초등부	1분	30초	1분
중·고·대학·일반부	2분	1분	2분

이와 같이 해방 후부터 민속씨름이 탄생하는 1980년대 초반까지 씨름경기는 자주 규칙을 개정해 가면서 발전하게 된다.

2) 민속(프로)씨름의 시대

1980년대에 들어와 우리 스포츠계는 커다란 전환기를 맞이하게 된다. 정치적 혼란 속에서도 88올림픽 유치가 결정되고 이를 성공적으로 개최하기 위해 체육부가 발족한다. 이러한 정치적 움직임은 프로 스포츠경기의 탄생에도 영향을 끼쳐 야구와 축구가 프로화를 실행한다. 씨름도 1981년부터 프로화를 추진하게 된다. 씨름협회 관계자와 KBS를 중심으로 20인의 발기인들은 특히 1972년부터 시작된 씨름의 TV중계에 따른 인기 부활을 예로 들며 대한씨름협회 내에 프로준비위원회를 발족시켜 프로화를 추진하기에 이른다. 프로준비위원회의 2년여의 준비 끝에 체육부의 승인을 얻어 1983년 한국민속씨름협회가 정식으로 발족하고 같은 해 4월 14일부터 제1회 민속씨름대회가 개최됨으로써 민속씨름의 프로시대가 열리게 된다.

창립 초기 민속씨름은 매일 약 8000명에 가까운 관중을 동원하고 TV중계가 높은 시청률을 올리는 대성황을 이룬다. 예를 들어 천하장사 결승전 시간이 연장되면서 9시 뉴스가 연기되는 전대미문의 소동을 일으켜 국민적 인기를 실감하게 했다. 이러한 인기를 등에 업고 매년 프로팀이 창단되는 전성기를 구가하게 되었고 선수들의 인기는 날로 증가하여 고액의 연봉 선수가 늘어나는 현상을 보였다.

민속씨름은 창립 초기에는 한국민속씨름위원회가 대한씨름협회로부터 독립하여 운영하는 시스템을 취했으나 운영방법과 권리에 대한 싸움으로 민속씨름위원회는 대한씨름협회로 귀속되는 운명을 맞이한다. 운영조직의 합병과 분리가 계속되는 가운데 1991년부터 대한씨름협회로부터 민속씨름협회는 프로씨름의 대표기구로 독립하여 오늘에 이르고 있다. 이러한 내분의 여파는 그대로 씨름 인기에 영향을 주어 프로씨름의 인기는 점점 쇠퇴하는 경향을 보여 19995년에는 11개의 프로 팀이 있었으나 1997년 IMF를 기점으로 많은 기업 팀이 해체되기 시작하여 현재 3개 팀이 그 명맥을 유지하고 있다.

1990년대 들어와 민속씨름의 대중적 인기는 바닥을 헤매게 되었고 이러한 인기 쇠퇴에 대한 만회책으로 한국씨름연맹는 전통문화성의 재구축을 위해 1996년 씨름문화발전위원회를 설치하고 전통성 구축에 박차를 가하게 되었다(한국민속씨름위원회, 1996; 5).

발전안 개요의 첫 장에는 "우리 민족의 고유의 문화유산인 씨름은 우리 철학(태극 및 음양오행)의 심오함을 기저로 하고 있는 5천년 민족혼이 담긴 스포츠이다. … 이제는 씨름을 그 본질의 토대 위에서 발전시켜냄으로써 씨름을 단순히 스포츠가 아닌 한민족과 맥을 같이 해온 진정한 국기로 정착시켜야 하며 나아가 씨름의 세계화에 일보를 내딛고자 한다"는 취지를 논하고 있다. 또한 민속씨름경기를 치를 때 현대식 식전행사로 치러지던 것을 전통성을 살린 행사 방향으로 전환하기 위해 다음과 같은 다섯 가지 항목으로 씨름의 정통성을 부각시키고 있다.

①씨름의 철학적 상징을 이루는 태극 및 음양오행의 의미가 전부분에 걸쳐 드러나도록 한다(태극 문양의 씨름판, 팔각천정 장식, 식전무, 선수 팡방도열 등) ②전통과 현대가 어우러진 우리 문화예술의 장이 되도록 한다 ③씨름 인구의 저변확대, 즉 관객층의 다양성을 도모한다 ④관객과의 상호 교감을 통한 공감대 형성을 도모한다 ⑤Entertainment 요소를 증대시킨다.

항목별 세부 내용으로는 ①의식무 ②제식무 ③선수 의식무(예식, 의식, 제식) ④고천무 ⑤봉춤 ⑥식중 공연 ⑦장사 탄생 축하무를 정해 민족적 의식을 고취시키고 전통스포츠의 의미를 고양하는데 역점을 두면서 <그림 5>와 같이 씨름의 전체적 이미지를 강화하는데 중점을 두고 노력했다.

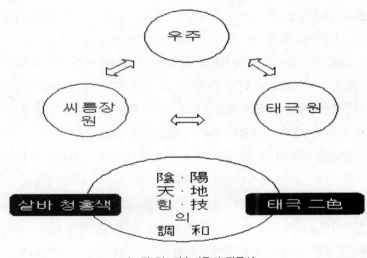

〈그림 5〉 민속씨름의 전통성

(1) 경기시설

민속씨름경기는 지방을 순회하면서 열리고 있다. 그 이유는 아직 전용경기장을 가지고 있지 않기 때문이기도 하지만 오히려 대도시보다는 지방에서 개최하는 것이 더 많은 관중을 끌어들이고 있기 때문이라고 한다.

경기장 시설은 <그림 6>에 나타낸 바와 같이 일반 체육관의 바닥에 우레탄 시트를 깔고 그 위에 청색과 홍색으로 반씩 나눈 원형 경기장을 만든다. 높이 70cm, 직경 8m 이내의 동그란 원을 만들어 그 속에 25~30cm 높이로 모래를 깔고 경기를 진행하고 있다.

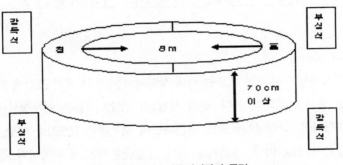

〈그림 6〉 민속씨름경기장의 규격

(2) 경기용구

샅바의 재질은 모두 광목으로 16수 전폭으로 만들어 사용한다. 샅바의 규격은 허벅지 둘레보다 길이를 20cm 크게 고리를 만들어 오른다리에 걸고 바는 허리에 둘러맨다. 예전에는 흑백으로 사용하던 샅바를 민속씨름이 출범하고 나서 1983년 4월 제1회 천하장사씨름대회 때부터 청홍으로 바꾸어 사용하고 있다.

샅바의 색상은 단순히 팀 및 선수 구분과 경기도구로서의 구분뿐만 아니라 우리 민족이 애용하던 태극 문양의 상징적 의미를 내포함으로써 씨름이 우리 민족의 전통경기라는 점을 부각시키는 의미도 포함되어 있다.

<표 4> 샅바의 규격

호수	총길이	폭	고리길이	사용범위
1	2m22cm	1m14cm	78cm이하	허벅지 둘레 + 20
2	2m27cm	1m14cm	82cm이하	허벅지 둘레 + 20
3	2m32cm	1m14cm	86cm이하	허벅지 둘레 + 20
4	2m37cm	1m14cm	90cm이하	허벅지 둘레 + 20
5	2m42cm	1m14cm	94cm이하	허벅지 둘레 + 20
6	2m47cm	1m14cm	98cm이하	허벅지 둘레 + 20
7	2m52cm	1m14cm	102cm이하	허벅지 둘레 + 20

(3) 체급별

민속씨름의 체급별 제도는 시대 상황과 선수들의 체격 조건에 따라 자주 통합 분리되어 왔다. 현재 시행되고 있는 체급은 백두장사급과 한라장사급, 금강장사급으로 구분하는데 백두급은 105.1kg 이상, 한라급은 90.1kg 이상~105.0kg 이하, 금강급은 90.0kg 이하이다. 정규대회에서는 각 체급별 장사를 선발하고 설날, 추석, 천하장사대회는 한라와 금강장사의 통합대회를 별도로 실시한다.

(4) 승패의 판정

원형의 모래판 위에 양 선수가 앉은 자세에서 서로의 샅바를 잡고 일어선 후 주심의 신호에 따라 경기를 시작한다. 승패는 무릎 이상의 부분이 모래에 먼저 닿는 선수가 지게 되며 경기장 밖으로 나가면 무효가 된다. 단 기술을 거는 선수의 발이 경기장 안에 있고 상대방이 기술이 걸린 상태에서 경기장 밖으로 넘어지면 유효하다. 한 판의 경기시간은 2분이며 휴식시간은 1분으로 한다.

경기방법은 단판제와 3판2승제, 5판3승제가 있다. ①단판제는 승패 없이 2분이 경과하면 경고나 주의를 받은 선수가 패자가 되며, 주의나 경고가 없으면 체중이 가벼운 선수가 승자가 된다. ②3판2선승제는 첫판을 이기고 둘째 판 승패 없이 2분이 경과하면 첫판을 이긴 선수가 승자가 된다. 첫판 승패 없이 2분이 경과 후 둘째 판에서 이긴 선수가 승자가 된다. 첫판 및 둘째 판 승패 없이 2분이 경과하면 경고나 주의를 받은 선수가 패자가 되며, 경고나 주의가 없으면 경체자(經體者)가 승자가 된다. 승패가 1대 1 동점일 때 셋째 판에서도 승패가 없으면 경고나 주의를 받은 선수가 패자가 되며, 경고나 주의가 없으면 경체자가 승자가 된다. ③5판3승제는 3승을 먼저 하는 선수가 승자가 된다. 셋 째판 경기 후 승부가 2대 0일 경우 뒤지고 있던 선수가 경고나 주의가 많을 때에는 앞서고 있던 선수가 승자가 된다. 넷째 판 경기 후 승부가 2대 1 또는 1대 0일 경우 뒤지고 있던 선수가 경고나 주의가 많을 때에는 앞서고 있던 선수가 승자가 된다. 다섯째 판 경기 후 승부가 1대 1 또는 2대 2이거나 무승부일 경우는 경고나 중의가 적은 선수가 승자가 된다. 다섯째 판 경기 후 승부가 가려지지 않고 경고, 주의가 동점일 경우에는 재경기를 하며 이때의 경기시간은 5분으로 한다. 단 재경기에서도 승부가 나지 않을 경우에는 경고, 주의가 적은 선수가 승자가 된다. 주의나 경고가 없을 경우 계체로 결정하되 체중이 같을 경우에는 재경기로 한다.

III. 맺음말

우리의 씨름경기는 우리 민족의 역사와 더불어 진보 발전되어 왔다. 고구려 고분벽화에서 보듯이 동북아시아의 여러 나라들과 잦은 왕래와 교류 속에서 장례의식의 일환으로 씨름경기가 행해졌다. 이후 인간에 대한 교육적 효과와 사회적 윤리관이 점점 강조되어 가면서 우리의 씨름은 농공의례의 하나 또는 여흥적 오락으로 자리 잡아간다. 씨름의 오락적 요소는 궁궐에서 임금이나 외국 사신을 접대하는 향연물로 또는 군사적 훈련을 목적으로 한 신체단련 방법으로까지 발전하여 우리 사회에 없어서는 안 될 신체놀이로 보편화되어 왔다.

고려사회의 정치적 치적을 전해주는 『고려사』에 씨름이 '각저'라는 단어로 기록되어 그 실체를 드러내게 되면서 우리 민족과의 관련성을 더욱 확실하게 해주었다. 특히 모든 서민의 일상생활이 농사와 관련되어 있던 전근대사회에서는 단오나 추석과 같은 명절에 수많은 사람들이 한데 어울려 남자들이 힘을 자랑하며 먹고 마시고 뛰노는 마을 축제에 씨름은 빠지지 않는 풍속으로 자리매김한다.

19세기말 세계열강에 의한 반강제적 근대사회의 태동으로 우리의 민족문화는 멸시받게 되면서 거의 대부분의 풍속은 역사 속으로 사라지게 된다. 이러한 사회적 분위기 속에서 씨름은 근대스포츠로의 전환을 모색하며 자생적 발전을 도모하게 된다. 민족적 자의식의 발로를 표출하는 민족문화의 성격은 조금씩 퇴색해 갔지만 전통스포츠로서의 대중적 인기는 매우 높아 지역의 이벤트성 행사에 빠지지 않는 신체활동으로 활발하게 행하여진다.

1920년 후반 바다를 건너온 근대스포츠를 견본으로 규칙의 성문화가 이루어지고 전국대회를 통해 경기방법이 각지로 보급되면서 현대적 스포츠의 하나로 탈바꿈한다.

2차 세계대전이 끝나고 씨름은 부활의 몸짓을 해 보지만 우선시되었던 사회의 근대화에 밀려 몇몇 동호인들과 학교의 운동부 활동으로 그 명맥을 유지했지만 공식적인 규칙의 성문화 작업과 경기장의 규격을 결정하는 등 다가올 미래에 대한 준비를 게을리 하지 않았다. 때마침 1970년대부터 불기 시작한 전통문화의 부흥운동과 TV의 보급으로 다시 한 번 씨름은 인기스포츠로 자리잡지만 이 명성도 오래가지 못하고 실추하고 만다.

1980년대 올림픽 유치와 더불어 스포츠의 활성화 정책에 편승하여 씨름의 프로화가 추진되고 1983년 제1회 민속씨름대회를 계기로 옛날의 명성을 되찾기 시작한다. 9시 황금시간대의 뉴스를 연기하면서까지 씨름 결승전을 중계할 정도로 그 인기는 하늘을 찌를 듯했고 이 여파는 프로팀의 창단 러시를 불러올 정도로 사회현상이 되다시피 했다. 그러나 이러한 인기에 안주한 씨름계의 안이함은 버블경제의 파괴로 이어져 1997년 IMF가 터졌을 때는 11개 팀 중 8개 팀이 씨름부를 해체하는 아픔을 맛보기도 했다.

이러한 아픔은 곧 씨름계의 자성으로 이어져 그 동안 민족적 전통성과는 전혀 다른 방향으로 질주하던 씨름이 다시금 전통적 문화요소를 강조한 우리만의 독특한 신체문화로 전환하는 계기가 되었다. 즉, 맹목적으로 근대(외래)스포츠만을 따라가는 것이 아니라 우리의 태극사상 및 음양오행의 전통철학을 바탕으로 씨름의 세계화를 추진하려는 발상의 전환을 가져다주었던 것이다.

바꾸어 말하면 전통성을 버리고 현대화(세속화)만을 추구하던 씨름이 거꾸로 전통적 문화요소를 전면에 내세우면서 우리만이 갖고 있는 문화적 장점에서 씨름의 뿌리를 찾으려는 발상의 전환이 꽃을 피우려하고 있다. 이제부터의 발전에 기대를 건다. 한마디 덧붙이면, 한반도에 사는 우리가 앞장서서 우리 것을 찾아 보존하지 않으면 세계에 흩어져 사는 동포도 우리 것을 잊어버리고 만다. 자신의 뿌리를 잃어버리면 미래도 없다. "우리만의 가장 전통적인 것이 가장 세계적인 상품이 된다"는 어느 카피라이터의 문구가 떠오른다.

참고문헌

金鍾鎬(1973). 한국의 씨름, 체육출판사, 190~203쪽.

라윤출(1958). 조선의 씨름, 평양: 국립출판사, 26~27쪽.

박용규(2000). 한권으로 읽는 고려왕조실록, 들녘출판사, 453~456쪽.

李克魯(1941). '씨름은 체육적 예술, 향토예술과 농촌오락의 진흥책, 三千里143
  호, 1941년 4월호, 459쪽.

이복규(1999). 묵재일기에 나타난 조선전기의 민속, 민속원, 234~235쪽.

이진수(1996). 한국고대스포츠연구, 교학연구사, 206쪽.

이학래(2000). 韓國體育百年史, 한국체육학회, 158~159쪽.

일양약품씨름연구소편(1991). 씨름교본, 정문사문화, 19쪽.

전호태(1996). 고구려 각저총 벽화 연구, 美術資料 제57호, 國立中央博物館,
  1996년 6월, 15쪽.

趙成煥(1988). 韓國 中世民俗놀이에 관한 연구, 한국문화연구원논총, 제53권,
  梨花女子大學校紀要, 434쪽.

최대림(1989). 新譯東國歲時記, 弘新문화사, 86~93, 104~105, 108~109, 23
  7~241쪽.

최상수(1988). 韓國의 씨름과 그네의 研究, 成文閣, 52~53쪽.

한국민속씨름위원회편(1996). 씨름대회문화 발전안 개요, 5쪽.

李興雨(1983). 흥겨운 民俗의 씨름판을 편다, 月刊朝鮮 제38호, 5월, 139~140쪽.

한양명(1997). 축제전통의 수용과 변용, 민속문화의 수용과 변용, 집문당, 103쪽.

韓永弼(1977). 太極思想과 韓國, 大光文化史, 25~37쪽.

홍장표(1997). 씨름총론, 홍경, 29쪽.

동아일보. 1927년 12월 5일, 1927년 12월 9일, 1928년 10월 3일, 1933년 8월
  13일, 1931년 6월 24일

조선일보. 1940년 4월 30일

http://www.ssirum.or.kr

池明觀(1979). 韓國文化史, 高麗書林, 438~439面.

宇佐美隆憲(1995). 中國朝鮮族シルムの持續と変容, 相撲の人類學, 大修館書店,
  65面.

傅起鳳・傅騰龍共著, 岡田陽一譯(1993). 中國芸能史, 三一書房, 20~22面.

鳥恩(1995). 中國古代北方民族のスポーツ,シルクロードとスポーツ. The Silk
  Roads Nara International Symposium95, 財なら·シルクロード博記念國
  際交流財団シルクロード學研究センター, 65~66面.

新田一郎(1994). 相撲の歷史, 山川出版社, 29~30面.

長谷川明(1993). 相撲の誕生, 新潮社, 121面.

白川靜(1997). 字通, 平凡社, 160面.

白川靜(1997). 字統, 平凡社, 103面.

寒川恒夫(1997). 葬礼相撲の系譜, 김선풍·寒川恒夫 外.「한·일 비교민속놀이
　　론, 민속원, 45~52面.

中村金城(1910). 朝鮮風俗書譜, 富里昇進堂, 40面.

村山智順編(1941). 朝鮮の鄕土娛樂, 朝鮮總督府, 5面.

李淳馹(1998). もう一人の力道山, 小學館書店(文庫版), 27~34面.

黃順姬(1999). 文化のなかのスポーツ, スポーツ文化を學ぶ人のために, 世界思
　　想社, 235~236面.

E·ボブズボウム, T·レンジャー著. 前川啓治他譯(1992). 創られた伝統, 紀伊國
　　書店, 120~150面.

黃義龍(2002). 韓國シルムの硏究, 日本体育大學大學院スポーツ文化·社會科學
　　系未刊行博士論文, 33~47, 52~55, 57~71, 84~107, 128~141, 149~
　　171面.

文化領地 속의 조선민족 씨름

윤 학 주*

Ⅰ. 서론

중국의 조선민족은 19세기 중엽으로부터 전쟁과 생활난, 그리고 봉
건폭정, 일본제국주의의 조선 침략 등 다종한 원인으로 많은 조선인
들이 중국 동북 변강의 일부 지역으로 육속 이주해 왔다. 그리고 정착
하면서 자기들의 삶의 길을 개척하는 동시에 점차적으로 조선반도와
분리되는 중국경내 또 하나의 민족공동체를 형성하여 나갔다. 이들은
이주 관계로 인해 조선반도의 국민들과는 다른 두 개 나라에 속하는
동일한 민족으로 그 혈통, 기질, 문화, 풍습, 심리자질들은 지금에 이
르기까지 많은 방면에서 의연히 동일성을 보존하고 있다. 그러나 이
공동체 가운데서 중국경내에 응집되고 있는 새로운 공동적 요인이 날
로 증가되여 가고 있었다. 하여 민족문화의 계승은 민족의 이주로 인
해 중단되지 않으며 이주 후 새로운 민족문화의 형성은 장기적인 역
사과정을 거치면서 전 민족의 생존과 발전에 의존되고 있다.[1]

* 연변대학교 체육학원 교수
1) 金東勛·金昌浩, 朝鮮族文化, 吉林教育出版社, 1986年 4月 1日.

조선민족의 전통 체육문화인 씨름, 그네, 널뛰기는 조선민족이 중국으로 이주하는 동시에 같이 중국으로 전해져 왔으며 또 중국이란 새로운 문화권 속에서 보급되고 발전하여 옛 전통성을 계승하는 반면 특색 있게 자기들의 전통 체육문화를 형성하고 발전해 나갔다.

옛적부터 지금까지 조선민족의 씨름, 그네, 널뛰기 등 민속놀이는 많은 아름다운 시가들을 창조해 왔다. 이것은 조선민족의 고유한 민속운동은 문화의 중요한 구성부분이기 때문이었다.

조선민족의 씨름 놀이는 단적으로 조선민족의 고유한 문화생활을 반영해 주었으며 또 조선민족 자체의 문화영지(文化領地) 속에 뿌리를 깊게 박아 세대를 지나 후세에 씨름기술을 전해 내려왔다. 조선민족의 씨름은 남자들의 용감한 기질을 보여주고 있으며 우리 민족의 투기(斗技) 가운데서 첫째로 꼽힐 수 있는 실용적이고도 흥미진진한 운동종목이다.

Ⅱ. 민족 생존위기 시기에 보여준 조선민족 씨름

역사를 돌이켜 보면 조선반도에서 자본주의 충격을 받아 외래 현대 축구 등 물결이 조선반도에 밀려들긴 하였지만 씨름운동은 우리 민족의 전통 체육문화를 형성하는 길에서 지속적인 발전을 하여 왔다. 1912년 좌우에 씨름은 고유한 민속놀이로부터 탈바꿈을 시작하여 경기의 움직임을 보였다. 1927년에는 조선씨름협회가 창립되었으며 1936년에는 전조선씨름선수권대회를 가지였다.

중국 동3성에 산재했거나 연변같이 조선민족이 집거한 지구에서는 자기들의 삶을 영위하는 한편, 국권회복을 위한 항일투쟁을 지속하면서도 복잡한 사회적인 환경 속에서도 조선민족 전통 체육종목인 씨름을 보존해 나갔으며 보급해 나갔다.

동북3성에 이주하고 있었던 조선민족의 씨름운동은 1920년 좌우에 들어서서 앙양된 반일구국투쟁과 밀접히 결합된 특색을 가지었다. 당시에 1년에 한번씩 있는 조선민족의 향락일인 단오절에 방방곳곳에서 씨름 등 민속대회를 개최하였다. 이럴 때마다 일부 애국자들의 고동 속에 씨름판은 곧 일제를 반대하는 장소로 변했으며 씨름운동은 민간에서 끈질기게 전파되였고 민족의 단합을 강화하는 수단으로 되였다. 이리하여 씨름판은 곧 민족해방투쟁의 격정을 담아 크게 민족의식을 자극하였다. 이렇게 조선민족의 전통 체육종목들은 민족의 생존 운명과 긴밀히 관계되였으며 위대한 생명력을 지니였다.

1926년 연변지구 화룡현 현장이였던 류조음(중국인)은 현지 시찰로 연변지구 화룡현 합회사 사상봉경에 나갔다가 한창 3000여 조선민족이 모인 조선민족씨름대회를 만났다. 그는 때를 놓칠세라 대중들에게 삼민주의(三民主義)를 강연하였다. 그는 중·조(中朝) 인민들의 보조를 일치하게 맞추어 국민혁명에 노력해야 한다고 강조하였다. 그는 발언 가운데서 일제를 반대하는 조선인민들의 애국투쟁을 동정하면서 조선민족 인민들의 씨름대회가 색 짙은 반일구국투쟁의 열기로 변하게 하였다(間島新報, 1929년 6월 25일).

1927년 단오날 연변지구 화룡현 구산에서 씨름대회가 열렸다. 반일구국투쟁이 농후한 이번 대회는 일본 영사관의 소위《마적》의 활동을 저지시킨다는 구실로 강제로 씨름대회를 페제시킨다.

1937년 6월 제6회 연길종합체육대회는 조·한·만족(朝·漢·滿族) 인민들이 모인 성대한 대회였다. 이 시기는 동3성에서 항일투쟁이 고조에 오른 때였으므로 가는 곳마다 일제의 통제가 가심해진 시기였다. 이번 대회에서는 축구, 륙상과 우리 민족의 씨름, 그네 등 민속운동이 결합된 대회였다. 이번 대회가 원만히 결속되자 일본인들은 이 대회는《민족협화(民族協和)》의 대회요 하면서 성공리에 진행된 민족련합대회를 자기들의 정치적 목적에 리용하려 하였다. 이에 격분한 각족 인민들은 일본 사람들을 비꼬아 주면서 각렬한 반대를 불러 일으켰다. 그러자 겁에 질린 일본인들은 경기장에서 뿔뿔이 도망쳐나갔다.

일본제국주의자들은 자기들의 전쟁 목적을 실현하기 위해 강제로 조선민족 백성들을 붙잡아 소위 근로봉사대를 꾸려 강압적인 노동을 강행하였다. 이렇게 간고한 역경 속에서도 흑룡강 근로봉사대의 조선 민족들은 단오절맞이 씨름대회를 가지였다.

민족성이 짙은 조선씨름은 긴 역사를 경과하면서 자기들의 전통성을 보존하고 민족의 문화사와 체육사를 엮어나간 동시에 필연적으로 생존과 생산력 발전과정을 반영하여 우리 민족의 문화유산으로 남겨놓았다. 현대체육인 축구와 육상, 그리고 우리 전통 체육종목인 씨름, 그네운동을 결합한 중국 조선민족의 전통 체육대회는 지금에 이르기까지 꾸준히 진행하여 우리 민족의 새로운 전통 체육문화를 형성하고 발전시켰다.

중국에 살고 있는 조선민족은 씨름의 우승자에게 황소를 상으로 주는 전통을 살려 나가고 있다. 이것은 씨름놀이가 생산과 아주 밀접히 결합되여 있었음을 말해주고 있다.

1931년 6월 20일부터 22일까지 용정 육안교 부근의 해란강 연안의 광장에서 단옷날 씨름대회를 열었다. 이번 대회는 씨름경기 역사상에서 볼 수 없었던 특별상을 걸었는데 1, 2, 3등에 각기 황소, 중소, 송아지를 내걸었다. 조선민족 씨름에서 황소를 상으로 내걸었다는 것은 조선민족 인민들이 씨름을 얼마나 중히 여겼다는 것을 보여준다.

중국에서 연변지구는 해방을 가장 빨리 받은 곳의 하나이다. 1948년 《8·15》해방경축 제1회 연변종합운동대회가 개최한 뒤를 이어 1949년 《8·15》해방경축 4주년 운동대회가 성황리에 연길에서 열렸다. 대회에서는 육상, 구기, 다채로운 민속체육종목경기를 진행하였는데 씨름, 그네, 널뛰기의 경기가 있다는 소문을 듣고 연변 각지에서 무려 2만여 명의 구경꾼이 모여들어 씨름판은 인산인해를 이루었다.

1951년 9월 4일부 연변일보 사설에는 《씨름》《그네》와 같이 군중이 좋아하는 운동을 전개하여 신민주주의 체육을 살려 인민의 건강을 돌보라고 하였다.

중국에서 조선민족 씨름운동의 고조가 이룬 것은 바로 1989년 8월 15일 전국조선민족체육초청경기가 연길에서 거행되였다. 처음으로 전국의 조선민족 겨레형제들이 모인 이번 대회 씨름경기에서 리용(연길), 김린산(연길), 최해민(심양), 김일권(목단강), 박창호(안도), 신경재(송화강지구) 등이 1등부터 6등을 하였으며 1등에는 황소를 기증받았다. 이번 대회를 통해 중국의 넓은 대지에서 우리 겨레들이 모인 대축제는 씨름운동의 민족정신을 남김없이 보였다.

Ⅲ. 해방 후 국제교류로 발전한 씨름운동

씨름은 옛날에 무예의 일종이였으므로 대중성이 가장 짙은 운동이였다. 해방 전후를 막론하고 농촌 혹은 도시에서 거행되는 운동대회마다 씨름경기는 빼놓을 수 없는 지정된 고정 종목이였다. 그리고 조선민족이 살고 있는 곳이면 어디에서나 다 씨름판이 벌어졌다.

1949년 10월 1일 새 중국이 탄생한 후 1953년 11월 8일부터 12일까지 천진(天津)시에서 건국 후 처음으로 전국민족형식체육종목의 경기대회를 가지였다. 이번 대회에서 조선민족의 씨름과 그네뛰기가 처음으로 전국에 선을 보였다.

조선민족체육운동은 국제간의 교류를 통하여 서로 경험을 교류하면서 발전해 나갔다. 연변조선족자치주 성립 40돐에 조선민주주의인민공화국에서는 그네와 널뛰기 팀을 보내여 표연을 하였으며 또 지방을 대표로 한 씨름 팀도 모범경기에 참여하였다. 1993년 10월 31일에는 한국민속씨름협회와 한국방송공사의 주최로 연길체육관에서 한국 93년 연변장사씨름대회를 거행하여 한국 프로씨름을 선보였다.

1996년 12월 26일 연변의 씨름운동을 활성화하고 씨름운동의 국제진출을 위해 씨름협회는 연변민속체육협회로부터 나와 단독적인 연변씨름협회로 탈바꿈하였다. 1997년 11월 연변씨름협회의 한 임원이 한국씨름협회를 방문하게 되었다. 이때를 계기로 연변씨름협회와 한국씨름협회 간에 현대씨름에 모를 박고 여러 차례나 되는 교류를 진행하였다. 이로써 우리는 연변 씨름운동에 과학적인 좋은 조건을 마련하게 되였다.

1998년 6월 대한씨름협회 부회장(윤권명)이 연변씨름협회를 방문하였다. 이후로 연변씨름협회는 과학적인 훈련방법과 경기운영에 대해 보다 깊은 요해를 하기 시작하였다.

1998년 9월과 2003년 7월 대한씨름협회의 초청으로 선후 10명 연변씨름협회 임원이 한국의 제주도와 남원에서 거행된 제79회 전국체육대회와 제84회 전국체육대회 씨름경기를 관람하게 되였다. 한국에서는 씨름운동에서 프로화를 실현한 좋은 경험을 갖고 있었으며 고등학교와 대학 씨름선수들의 씨름기술은 놀라운 발전을 가져왔다. 특히 다양한 씨름기술은 연변에서 볼 수 없는 높은 기술이어서 사람들을 감동시켰다. 씨름기술의 발전은 반드시 상응되는 심판법이 있어야 한다. 한국에서 제정한 씨름 심판법은 씨름선수들로 하여금 최대한으로 선수들의 기량을 발휘하게 짜여 있다.

1999년 4월 5일 한국제주도씨름협회는 용정씨름협회를 방문하였다. 2000년 3월 25일 연변지구의 용정씨름협회와 한국제주도씨름협회가 자매결연을 맺었으며 1999년 4월 15일 한국씨름협회에서는 씨름 지도자로서 한재혁 코치를 파견하여 용정시에서 조직한 18명 중학생씨름단을 지도하면서 새로운 씨름기술들을 전수하였다. 그때 유망주 10명 씨름선수에게 매달 장학금을 지불하면서 알심 들여 우수한 씨름선수들을 길러 내였다.

씨름운동은 심신 양면에서 좋은 단련적 가치를 가지고 있을 뿐만 아니라 국제적인 체육교류에서도 매우 큰 역할을 놀고 있다.

새 천년을 맞은 연변씨름협회에서는 조선민족 씨름이 국제 진출을 위해 2000년 7월 2일부터 12일까지 조선민주주의인민공화국 수도 평양을 방문하였다. 이번 방문에 연변씨름협회에서는 1년 남짓한 씨름 훈련에서 경험과 기술을 쌓은 5개 체중급 8명으로 조직된 용정 씨름선수들을 파견하였다. 이들은 15세부터 17세에 이르는 초급중학교 소년 선수들이였지만 90kg급에서 한영덕이 75kg급에서 채희철이 우승하는 놀라운 성적을 올렸다. 평양 방문을 통해 우리는 조선의 선수들은 평균 21~25세의 10년 씨름 훈련 경험을 가진 프로급 선수들이란 것을 알게 되였다. 조선반도에서 북-남 씨름기술과 심판법이 다소 차이가 있지만 연변 씨름이 첫 국제진출에서 얻은 성적과 지식은 아주 값진 것이였다. 우리의 교류와 협력을 통해 앞으로 샅바씨름은 더욱 보편적이고 과학화로 발전될 것이며 동3성 조선민족씨름경기의 규칙과 용어 및 기술 지도에 좋은 밑거름이 될 것이라 생각한다.

2000년 9월 1일 조선 평양씨름선수단이 연변을 방문하고 9월 3일 연길에서 조선민족씨름경기가 열렸다. 이는 연변의 씨름이 또 한 차례의 국제 진출에 박차를 가해 주었으며 또한 감명 깊게 씨름의 진가를 받아들이는 좋은 기회였다.

조선민족의 씨름운동을 활성화하기 위해서는 반드시 전국전통소수민족체육대회의 지정종목에 넣기에 노력해야 한다. 특히 조선민족 씨

름의 국내 진출을 위해 현 단계에서 이미 씨름용어, 씨름규칙, 씨름기
술에 대한 리론 연구가 진행되고 있지만 아직도 미흡한 점들이 많이
남아 있다.

　지금까지 중국-조선민족의 씨름경기는 무체급경기를 많이 진행해
왔다. 예를 들면 2000년 8월 18일과 19일, 2000년 연길 중국조선민족
민속관광박람회 씨름경기에서 황소를 상으로 대회를 진행하였다. 이
틀간 진행된 경기에서 15세 나 어린 용정시 중학생 한영덕이 황소를
탔다. 물론 전통민속운동이라 할지라도 체중이 무겁고 키 큰 선수가
유리하지만 왜소한 체력자는 불리한 것이다.

　이러한 부족점을 시정하기 위해 연변씨름협회는 목전 우리의 실제
상황에 근거하여 2002년 5월 12일 전연변《이건(李健)》컵 씨름경기
를 개최했는데 70kg이상급과 이하의 2개 체중급으로 나누어 경기를
진행하여 일정한 공평성과 씨름기술의 발전에 도모하였다. 우리 조선
민족의 씨름은 이미 국제교류를 통해 놀랍게도 상승 발전하는 새로운
단계를 맞게 되었다.

Ⅳ. 한·중 씨름 명칭의 변천과정에서 보인 씨름문화

　조선민족의 씨름을 애초에는 한자로 각저(角抵), 각저(角觝), 각력(角
力), 각희(角戱), 상박(相撲)이라고 썼다.《사기주해(史記註解)》에서는 각
(角)이란 재(材)요 저(抵)는 서로 닥치는 것이라 하였으며《한서주해》
에는 두 사람이 서로 맞서서 힘을 겨루고 기예와 활쏘기와 말달리기
를 겨루므로 이름을 角抵라고 하였으며, 시고(師古, 당나라 초기의 학자)
는 抵라는 것은 맞서는 것이요 저촉하는 것이 아니라 하였다.[2]

　또《문선서경부주해》에는 둘씩 서로 맞서서 씨름과 기예와 활쏘기

와 말달리기를 하므로 이름을 角觝 또는 角抵라 한다고 하였다.3) 이상에서 보는 바와 같이 각저는 다 달려들어 힘을 겨룬다는 뜻을 나타내는 말임에 틀림없다.

한국의《현대생활과 체육》씨름편에서는 씨름을 각력(角力), 각저(角抵), 각저(角觝), 상박(相撲), 치우희(蚩尤戲), 각지(角支), 쟁교(爭交), 료교(僚跤), 각저(殼抵), 각기(角技), 각희(脚戲) 등으로 표현한다고 하였다. 한국 영남대학교의 박승한 교수의 저서인《씨름》책자에《아득한 상고시대에는 씨름에 관한 재료들이나 문헌이 없었다. 다만 씨름에 관한 명칭 중 치우희는 상고시대 치우천황의 이름을 딴 것 같다》고 하였다. 박승한 교수는《중국쪽 기록(후한서)을 보면 중국의 한나라 왕은 부여의 왕이 자기 나라를 방문했을 때 환영행사로서 북 치고 피리 불고 각저희(角抵戲)를 하게 했다. 이 각저희가 씨름과 유사하다》고 했다. 이상 씨름의 한자 명칭은 대부분 중국 문헌에 중심을 둔 것으로 나타났다.

중국 씨름의 역사를 살펴보면 아래와 같은 씨름 자체 명사문화의 변혁과 발전과정을 볼 수 있다. 角力은 일종 고로(古老)한 군사체육종목이였다.《예기(禮記)·월령(月令)》에서 '孟冬之月天子乃命將帥講武習射御角力'이라 하였다. 춘추전국시기에 角力은 비교적 크게 발전하였는데 군사를 연마하고 오락과 결합된 것으로 나타나다가 진(秦)나라부터 角力을 角抵로 개칭하였다.《사기·이사부(李斯傳)》에서는 '在甘泉作角抵優俳之觀'이라 하였다.《사기집해(史記集解)》에서 응소(應劭)의 말을 인용하기를 "戰國之時稍增講武之禮以爲戲樂用相誇示而秦更名角抵. 角者角材也抵者相抵觸也." 角材는, 즉 무예를 비겼는데 角力은 전국시기에 무예의 비김을 망라한 표연성 체육종목으로 武威의

---

2) 崔常壽, 한국의 씨름과 그네의 연구, 한국민속학연구총서, 正東出版社, 1983년 4월.
3) 崔常壽, 上同.

72

성격을 띠였다. 도수로서의 박투가 한데 엉키여 角力으로 발전되다가 그 이름이 角抵로 개칭된 것이다. 위에서 보다시피 진2세(秦二世)는 감천궁(甘泉宮)에서 角抵와 광대놀이를 관상한 것이다. 또 角者 혹은 角材라고도 불렀는데 角材는 무예를 비꼈다는 것이다. 양한(兩漢)시기 角抵奇戲는 한나라의 위풍을 과시하는 데로 발전하였는데 무예를 충족하게 흡수하였을 뿐만 아니라 차경기, 달리기, 역기 따위의 기력 기술들이 포함되였다.

양한 이래 각저희의 내용과 형식은 모두 큰 발전을 가져왔다. 특히 각저희의 내용이 증가되면서 동한(東漢)에서는 '백희(百戲)'라고 부르기 시작하였다. 이는 고대에서 예술연기와 운동경기의 종합적인 표연 형식이였다. 백희의 발전은 어떤 경기종목이 군사적 기능의 속박으로부터 벗어나 오락 혹은 연기방향의 전변을 촉진시켰으며 관상적 운동 종목과 오락성적 운동종목 간에 날따라 현명한 차별을 나타나게 하였다. 양진남북조(兩晋南北朝) 시기, 남방지역의 角抵는 명절날 대중들속에서 널리 전개되였다. 양(梁)나라의 종름(宗懍)이 지은 《형초세시기》에서 '荊楚知人五月間相結伴爲相撲之戲(형초의 사람들은 5월에 서로 짝을 지어 각저지희를 하였다)'는 것이다. 相撲은 바로 角抵이다. 남송(南宋) 오자목(吳自牧)의 《몽량록(夢梁錄)·권20·角抵》에서 말하기를 '角抵者相撲之異名也又謂无爭交', 즉 각저는 딸로 상박이라 부르며 쟁교라고도 부른다. 일반적으로 북방에서는 각저라고 많이 부르고 남방에서는 많게는 상박이라 불렀다.

수당(隋唐) 시기 각저희는 사람들에게 애대를 받았다. 당대에 들어서서 각저는 각저대회(백희)로부터 점차 분리되여 하나의 독립적인 체육종목으로 되였다. 당대에서 角抵는 角力 혹은 相撲이라고도 불렀다. 송대의 相撲은 角抵 또는 爭交라고도 불렀다. 송나라의 고승(高承)이 쓴 《사물기원(事物紀原)·권9》에서 '角抵今相撲也'라 하였다. 그리고 내득옹(耐得翁)이 쓴 《도성기승(都城紀勝)》에서는 '相撲 爭交謂之 角抵之戱'. 이것은 송대의 相撲은 바로 당대의 角抵였다는 것이다. 송대의 相撲은 기술면에서 체중형과 민첩형으로 분리되였고 또 정식적인 규칙을 사용하였는데 이를 '사조(社條)'라 하고 그 집행자를 부서(部署)라 하였으며 경기장은 고대(高台)로서 노대(露台) 또는 각저대(角抵台)라 했다. 송대에 相撲의 저서인 《각력기(角力記)》가 출범되였다.

요·금나라 때에 角抵라 쓰고 相撲이라 쓰지 않았다. 요·금 시기 角抵는 연무(練武)의 수단으로 사용하였다. 원나라에 들어서서 몽고족은 씨름을 정식적인 연무의 수단으로 활쏘기와 함께 '남자3항(男子三項)' 경기로 하였다. 무릇 '나달모대회(那達慕大會)' 씨름경기의 우승자를 '국지용사(國之勇士)'란 칭호를 주었다.

원대의 솔교(摔跤)와 송대의 상박은 형식과 방법상에서 이미 허다한 부동점들이 있었다. 상박 자체는 오락성을 띠였기에 웃통을 벗은 몸통 자세였지만 솔교는 연무 성질을 띄워 옷을 입은 자세에서 경기를 진행하였다. 명대에서는 당·송 시기의 옛 씨름명사를 사용하여 오락 종목으로 角抵라 하였다. 청대에 이르러 또다시 솔교라는 명사로 홍기되였다. 솔교는 만어(滿語)로 포고(布庫)라 불렀으며 혹은 요각요교(撩脚撩跤), 관교(撱跤)라고도 불렀다. 교의(跤衣)를 입은 솔교는 비록 손재주가 있어야 했으나 요각(撩脚)은 발재간이 중요하다고 했다.

이상에서 보다시피 중국 씨름명사 자체는 부동한 역사를 지나면서 여러 가지로 불러왔다. 조선반도에서 불렀던 과거의 한자 씨름명사와 거의 흡사함을 볼 수 있는데 두 나라의 씨름문화가 서로 긴밀한 관계가 있었으며 또 과거 조선반도에서 한자를 쓰고 있었고 빈번한 문화적 교류 속에 서로 영향을 주었으리라 믿어진다. 그렇다하여 씨름기술과는 전혀 관계없음을 알 수 있다. 이것은 바로 조선반도의 씨름은 샅바씨름이란 특점을 갖고 있기 때문이다.

한·중(韓中) 씨름 명칭의 문화적 변천과정에서 보는 바와 같이 중국에서 솔교라는 명칭은 원·청 시기로부터 지금까지 쓰고 있지만 조선 반도에서 언제부터 씨름이라 불렸는데 그 문헌을 찾기는 어렵다. 대개 이조 시기 우리 한글이 산생된 이후의 일이란 의심할 바 없다.

V. 결론

조선족 씨름은 학생, 농민, 근로자, 기업, 사업일군을 가리지 않고 한데 모이면 경기를 진행할 수 있는 대중성적 운동이다. 우리의 씨름은 민족 고유의 운동으로 남녀노소를 막론하고 씨름을 즐겨 신체를 단련하고 우의를 증강해 주었다. 중국 조선민족은 우리의 씨름운동을 발전시키기 위해 많은 노력을 기울려 왔다.

1979년 연변조선족자치주 체육운동위원회에서는 조선에서 실시하는 씨름규칙을 참고로 하고 연변 지역에서 전행하는 경기방법에 근거하여 새로운 씨름경기규칙을 제정하였다. 이 규칙에서는 재삼 샅바씨름을 토대로 제정하였는데 결국 전 동3성에서 진행하는 지도서로 되었다. 1986년에는 동북조선족교육출판사에서 중국 조선민족소학교와 초급중학교수요강에 6%의 민족체육종목을 배정하고 또 체육교과서에 계통적으로 씨름기술을 전수하게 하였다.

조선민족 씨름은 힘과 기술을 합리하게 발휘하는 복합적인 연학원리를 이용하기 때문에 명석한 두뇌와 전면적인 신체 소양을 구비해야 한다. 조선민족의 씨름은 광범한 대중들이 소유한 운동이므로 무한한 발전 전망을 갖고 있다. 특히 씨름을 통해 민족의식을 고취해주며 지대한 생명력을 과시해 우리 민족 문화영지 속에서 깊게 뿌리를 박고 성장해 나갈 것이다.

활쏘기의 유래와 경기방법

손 환[*]

Ⅰ. 서론

한국에 있어 전통무예는 우리 민족의 혼과 얼이 깃든 자랑스러운
신체활동이다. 삼국시대에는 국민을 훈련시키는 방법으로 사용되어
이를 통해 국민정신을 함양하고 강인한 체력을 향상시킴으로써 우리
겨레의 패기와 활달한 기상을 유감없이 발휘했으며 고려시대와 조선
시대에 들어와서는 그 중요성이 더욱 강조되어 나라를 지키는 인재를
배출하는 무과의 필수과목으로 채택되었다.

그러나 이들 전통무예는 근대에 들어와 1876년 문호개방 이후 일
본과 구미로부터 근대적인 신문화와 함께 전래된 근대스포츠의 도입
에 의해 대부분이 자취를 감추거나 활동이 미약한 상태에 있다. 또한
지금까지 우리의 전통무예에 대한 역사적 규명도 그다지 행해지지 않
아 더욱 위축되어 가고 있는 실정이다. 따라서 이러한 문제를 해결하
기 위해서는 우선 우리의 전통무예에 대한 활발한 연구를 통해 점차

* 중앙대 체육교육과 교수

사라져 가는 전통무예를 제대로 파악하는 것이 필요하다고 생각한다.

이에 본 연구는 우리의 전통무예 중 특히 다양한 계층에서 행해진 활쏘기에 대해 검토하려고 한다. 왜냐하면 활쏘기에 대한 검토는 한국적 특색을 지닌 스포츠문화의 정립뿐만 아니라 우리의 전통문화를 창달하는데 많은 기여를 할 수 있다고 생각되기 때문이다. 따라서 본 연구에서는 우리 전통무예의 방향성을 모색하기 위한 일환으로서 활쏘기의 유래, 활쏘기의 발전과정, 활쏘기의 경기방법에 초점을 맞추어 그 실태를 파악하는데 목적이 있다.

Ⅱ. 활쏘기의 유래

활과 화살이 언제 어디서 사용되기 시작하였는지, 세계의 각지에서 독립되어 발달된 것인지, 그 기원이 한 지역에 있는 것인지에 대해서는 알 수 없으나 인류가 활을 사용한 것은 오래 전부터이고 고고학적 조사에 따르면 구석기시대에 이미 아시아의 각 민족 사이에서 사용되었다고 한다.

차일드의 저서 『문명의 기원』에는 인류가 창이나 활을 사용한 것은 구석기시대의 말, 즉 1～3만 년 전이라고 하지만, 일부 학자들은 약 10만 년 전부터 활을 사용해 왔다고 추정하기도 한다. 활과 화살의 발명은 불의 발견이나 언어의 발달과 함께 인류의 생존과 번영에 많은 영향을 미쳤는데, 이것은 인류의 역사에 있어 문화의 향상을 나타내는 것이라 할 수 있겠다. 활과 화살의 발명에 의해 동물을 사냥하는 기술이 비약적으로 발달하면서 인류는 만물의 우위에 서게 되었으며, 또한 활은 수렵뿐만 아니라 고대 인류의 전투무기로서도 없어서는 안 될 필수품의 하나가 되었다(大韓弓道協會, 1983; 15).

활이 공격무기로 위력을 발휘하자 고대인들은 타민족과의 패권 경쟁에서 승리하여 타민족을 지배하기 위해 활의 제작기술과 활을 다루는 솜씨를 발전시키는데 주력했다. 활이 중요 공격무기로 인정받은 고대에서는 타민족보다 기능이 우수한 활을 만들어 내고 이 활을 잘 다루는 부족이 지역패권을 차지했다. 그리하여 각 부족은 활 다루기에 힘을 기울였고 활은 민족과 지역별로 다양하게 개발되었다.

그러나 인류가 화약을 발명하고 화약 사용법을 바탕으로 각종 총포류를 개발하자 공격거리, 정확도, 위력, 속도 등 모든 면에서 월등히 앞서는 총포가 활을 압도하고 살상 공격무기의 중심에 위치해 활은 공격무기로서 퇴출당하기에 이르렀고 수렵에서도 더 이상 통용되지 못했다.

문명의 발달과 함께 활이 생활도구와 공격무기에서 퇴출되자 활쏘기는 스포츠화로 새로운 길을 열게 되었다. 활이 공격무기로 활용될 때부터 활은 지배계층의 무예로서 확실한 위치를 차지하고 있었다. 어느 사회에서든 가장 뛰어난 능력을 지닌 유능한 인재가 지도자의 위치에서 조직을 이끌게 마련인데, 지역패권을 둘러싸고 부족간의 무력충돌이 잦았던 고대사회에서 지도자의 품격을 가름하는 기준은 무술이었다. 무술이 뛰어난 인재가 부족사회의 지도자로 추대되었기 때문에 고대사회의 지배계층은 부족 리더십의 확보를 위해서는 무술에서 뛰어난 기량을 과시해야만 했다. 활이 중요한 공격무기로 활용된 고대사회에서는 궁술이 무술의 중핵일 수밖에 없어 고대인들은 궁술을 필수적인 소양으로서 갖추게 되었다(오도광. 2000; 24~25).

우리 민족의 경우 활쏘기는 고대로부터 주요한 무술의 하나로 사용되어 왔으며 사대부를 중심으로 기품 있는 운동 또는 놀이로서 광범위하게 전승되었다. 우리나라의 활은 시대에 따라 형태의 변화와 제작기술에 있어 꾸준한 진보가 있었는데, 그 종류를 보면 전시용, 수렵용, 연악용(宴樂用), 습사용 등으로 구분했다. 이에 따라 정량궁(正兩弓), 예궁(禮弓), 목궁(木弓), 철궁(鐵弓), 철태궁(鐵胎弓), 고궁(攷弓), 각궁(角 弓) 등 7종류가 있었으나 신식 무기의 발달로 습사용과 각궁만이 전할 뿐 모두 없어지고 말았다. 우리나라에서는 활을 가장 중요한 무기 중 의 하나로 여겼으며 궁술은 민중 속에 가장 널리 보급되었던 무예였 다(沈雨晟. 1996; 385~386).

Ⅲ. 활쏘기의 발전과정

옛날부터 중국은 우리 민족을 일컬어 동이족(東夷族)이라 하였다. '東夷'의 '夷'는 '大'와 '弓'의 합성어로서 동쪽의 활을 잘 쏘는 민족이 라는 뜻인데, 이는 우리 민족의 궁술이 뛰어났기 때문이었다. 궁술은 근대에 이르기까지 우리 민족에게 있어 가장 중요한 무기였으며, 또 한 가장 대중화된 무예였다. 이하 여기에서는 궁술이 각 시대에 어떻 게 행해지고 있었는지에 대해 알아보기로 한다.

1. 삼국시대 이전

문헌 및 유적에 의하면 우리 민족은 선사시대부터 궁시(弓矢)를 사 용했는데, 이는 우리나라 전역에서 출토된 타제 및 마제 석촉으로 보 아 분명한 사실이다.

우리 고대 부족국가의 궁시에 관한 기록은 중국의 고대 기록에서 찾아볼 수 있다. 그 중에서 3세기에 진수(陳壽)가 편찬한 『삼국지 위 지 동이전(三國志魏志東夷傳)』을 보면 부여는 궁시와 칼, 창으로 병기를 삼으니 집집마다 갑옷과 무기가 있었다고 해 궁시가 부여에서 중요한 무기였음을 보여주고 있다. 그리고 예는 창을 만드니 길이가 삼장이라 하여 이것을 여러 사람이 함께 들고 보전(步戰)에 사용했으며 낙랑단궁(樂浪檀弓)이 여기서 나온다고 했고 환제(후한의 10대 황제) 때에는 예의 사신이 와서 단궁과 표범가죽, 과하마(果下馬), 바다표범을 바쳤다고 하여 일찍부터 활이 유명했음을 알 수 있다. 또한 마한은 궁과 순(楯), 노(櫓)를 잘 사용했으며, 진한은 국명을 방(邦), 궁을 호(弧)라 하고 보전에 능숙하며 병장이 마한과 같다고 해 삼한에 활이 있었음을 알 수 있다(김후. 2002: 243). 이와 같이 우리의 고대 부족국가인 부여, 예, 삼한 등에서는 궁시의 사용이 활발했다고 생각된다.

2. 삼국시대

삼국시대의 활쏘기는 국민을 훈련시키는 무예로서, 인재를 등용하는 방법으로서 또는 경기대회와 놀이의 성격으로 널리 행해졌다.

1) 고구려

활쏘기는 선사 이래 매우 중요시된 무예였는데, 이는 고구려 건국 신화를 비롯한 많은 전설이나 중국의 여러 사서를 통해 확인할 수 있다. 그 예로 주몽이 비류국의 송양왕과 활쏘기로 재주를 겨루어 그를 복속시켰다는 『삼국사기』의 기사는 이런 사정을 잘 보여주는 것이라 하겠다(三國史記 권13, 高句麗本紀 1). 『양서(梁書)』에서도 고구려인들이 활과 화살을 잘 다룬다고 했는데(梁書 권54, 列傳 48) 이는 활쏘기가 고구려의 중요한 무예의 하나였음을 나타낸다.

당시 활쏘기는 말을 타고 활을 쏘는 마사희(馬射戱)도 행해졌는데 고구려 고분벽화 가운데 경기대회로서 마사희를 보여주는 벽화가 있다. 그 대표적인 사례가 408년에 조성된 덕흥리 고분이다.

현실 서쪽 벽에는 표적 다섯 개, 말을 탄 무인 네 명, 평복 차림의 인물 세 명이 그려져 있다. 평복을 입은 인물 세 명 중 한 명은 붓과 책을 들고 서 있다. 이 인물 왼쪽에 사회주기인(射戲注記人)이라는 새 김글이 있는데 이것으로 보아 붓을 든 인물은 참가자들의 성적을 기록하는 기록관, 그 옆의 두 사람은 심판원으로 보인다. 기록관 옆에 말을 타고 있는 사람은 경기감독관으로 추정된다. 이처럼 사회(射戲)라고 새겨져 있어 놀이로서의 성격도 있지만 활쏘기가 무예훈련으로 행해졌다는 사실을 고려하면 이 벽화는 활쏘기의 무예적인 성격도 지니고 있었다고 할 수 있다.

그런데, 마사회는 말을 다루는 기술이 중요하기 때문에 말을 소유할 수 있는 경제력은 물론 기마술을 연마할 수 있는 시간적 여유가 있는 귀족이나 부호들 사이에서 행해졌던 것으로 보인다. 반면에 일반 서민들은 생업에 종사해야 했기 때문에 마사회를 할 여유가 없었다고 생각한다.

2) 백제

백제는 비류왕 때 대궐 서쪽에 사대(射臺)를 만들어 매월 초하루와 보름에 활쏘기를 연마하게 했으며 이에 앞서 다루왕은 횡악산에서 사슴 두 마리를 연이어 맞혔고 고이왕은 서해의 대도에서 사슴 마흔 마리를 잡았다는 기록이 있다. 또한 아산왕 때에도 서울 사람들에게 사대에서 활쏘기를 익히게 했다(三國史記 권24, 百濟本紀2).

당시 활쏘기는 말을 타고 쏘는 기사(騎射)로도 행해졌는데 『주서(周書)』와 『수서(隋書)』에는 백제는 말을 타고 활을 쏘는 것을 중히 여기는 습속이 있다고 했다(三國史記 권40, 雜志9). 이것으로 보아 백제는 활쏘기에 주력하였음을 알 수 있고 이러한 풍속은 백제 전역에 걸쳐 성행되었다고 할 수 있다.

3) 신라

신라는 개국 초기부터 음력 8월 15일을 가배라고 하여 명절로 즐기는 풍습이 있었는데 이러한 사실은 "왕이 8월 15일에 풍악을 베풀고 관인(官人)들로 하여금 활을 쏘게 하여 말과 베를 상으로 준다"(北史 권94, 列傳82)는 기록을 통해서 알 수 있다.

이처럼 신라에서는 활쏘기가 8월 15일 한가위 때 행해졌는데, 여기에는 왕과 관인 등 귀족들이 참가해 상으로 말과 베를 주었다는 기록에서 이날의 활쏘기가 경기대회로 행해졌음을 알 수 있다. 따라서 신라의 귀족들은 주로 명절에 활쏘기를 즐겼던 것으로 생각된다. 또한 7세기 초에는 하서주(河西州)와 한산주(漢山州)에 이궁(二弓)이라는 활부대를 별도로 편성해서 배치할 정도로 활쏘기를 중시했으며(三國史記 권40, 雜志9), 나아가 인재등용의 수단으로 활용하기도 했다(三國史記 권10, 新羅本紀10).

3. 고려시대

우리 전통의 무예인 활쏘기는 고려시대에 들어와서도 무예로서 뿐만 아니라 놀이로서도 행해졌다.

활쏘기의 전국적인 장려에 대한 기록으로『고려사』를 보면 "각 주(州)와 진(鎭)은 농한기에는 매달 여섯 위일(衛日)에 활과 노(弩)를 연습하게 하여 계관(界官), 행수원(行首員), 색원(色員)이 이를 감독하게 했다. 활은 40보, 노는 50보에 표적을 두고 열 번 쏘아서 다섯 번 맞춘 자와 계속 맞춘 자 중 양경(兩京)의 직사원(職事員)은 녹(祿)과 연한(年限)을 올려주거나 다른 좋은 직으로 옮기고 산직(散職)인 동반(東班)과 남반(南班)이면 내외직에 올리고 인리(人吏)는 원하는 바에 따라 직을 주고 산직 장상(將相)이면 연한을 올려서 다른 좋은 직을 주며 별

다른 직책이 없으면 적당한 자리에 올렸다"(高麗史 권82, 志36)라고 하여 활쏘기를 관직의 임용에까지 확대하고 있음을 알 수 있다.

또한 무관뿐만 아니라 문관에게까지 활쏘기를 시켰는데, 현종 20년에 처음으로 문관 4품 이상 60세 미만 자에게 매번 한가한 날에 동서 교외에서 활을 쏘게 했다는 것과, 문종 4년 왕총지의 상소문에 나라에서는 중추를 맞을 때마다 동남반의 원리들을 교외에 불러 모아 활쏘기와 말 타기를 가르치고 배우게 했다는 것을 볼 수 있다(高麗史 권81, 志35).

이상과 같이 무예 훈련의 일환으로서 활쏘기를 장려하고 있음을 엿볼 수 있다. 한편으로 경기적인 요소가 내포된 활쏘기도 행해지고 있었다. 이에 대한 기록을 보면 다음과 같다.

선종 8년 호부(戶部)의 남랑(南廊)에 활터를 설치하여 군대의 병사와 일반인으로 활쏘기를 배우고자 하는 사람이 여기에 모여서 연습하게 하되 과녁을 맞히는 사람이 있으면 은완접(銀碗楪)을 상으로 주었으니 이는 국도(國都), 즉 중앙의 사풍(射風)을 격려한 시초이다(李重華, 1929; 46). 이것은 활쏘기의 연습을 위한 공식 활터를 최초로 열어 일반인에게도 공개하고 성적에 따라 상을 주는 경기로서 행해지고 있음을 보여주는 것으로 그 이후로는 상을 건 활쏘기에 대한 기록을 자주 볼 수 있다. 숙종 7년에는 회복루(會福樓)와 장경사(長慶寺)에서 대회를 하고 상품으로는 말과 비단을, 그리고 숙종 8년과 10년에는 각각 동지(東池)와 창화문(昌化門)에서 대회를 열었다. 의종 21년에는 장단현(長湍縣) 응덕정(應德亭)에서 연회를 가지며 왕이 직접 촛불을 맞히는 솜씨를 보이고 있다. 또한 고려사 형법금령에 활쏘기로서 무예를 익히며 도박하는 자는 돈을 걸어도 무죄라고 하여 매우 경쟁적으로 활쏘기를 하고 도박의 범죄에서도 예외로 하고 있음을 알 수 있다(高麗史 권85, 志39).

이러한 사실로 미루어 보아 평소에 활쏘기를 널리 장려한 것은 국난에 대비하여 국방력의 강화라는 차원에서 커다란 의미가 있었다고 생각된다. 그러나 선종시대에 활터를 설치하고 일반인들에게 공개하여 상을 내린 점이나 여러 기록에 나타나는 활쏘기대회의 장소가 일정한 병영과 같은 곳이 아니고 교외의 경치가 좋은 계곡이나 물가에서 치러진 점으로 보아 그곳에서의 활쏘기는 군사적 목적 이외에 경기적 성격을 지닌 것이라 하겠다.

더욱이 의종시대에 보이는 응덕정은 조선시대에 많이 나타나는 사정의 명칭과 그 맥락을 같이 하고 있다. 또한 문치주의 귀족 사회였던 고려사회에서 군자는 육예(六藝)의 덕목을 갖추어야 했는데 육예에는 활쏘기가 포함되어 있어 활 쏘는 것을 보고 그 사람의 덕의 유무를 판단하였다. 따라서 활터에 정자를 짓고 이름을 관덕정(觀德亭) 또는 응덕정과 같은 명칭을 붙이고 예를 갖추어 활쏘기를 연마했던 것이다. 이러한 점을 감안하면 최초에 무예에서 출발한 활쏘기가 경기적 측면으로 발전되어 갔다는 것을 알 수 있다.

4. 조선시대

활쏘기는 조선시대에 들어와서 보다 체계화되었다. 국가 차원에서 군사들의 활쏘기 훈련을 적극 권장하기 위해 서울에 8곳의 사정(射亭)과 궁궐 안에 2곳의 사정을 설치했다(世宗實錄17年 正月). 특히 유교적 예법질서와 윤리규범이 강조되면서 활쏘기가 소양 교육의 일환으로 장려되었다. 일례로 성종 때 사림(士林)들은 향사례(鄕射禮)를 통해 유교적 통치질서와 향촌질서를 세우고자 했다. 이처럼 예법질서의 확립을 위해 활쏘기가 강조되자 임진왜란 직후에는 서울에만 사정이 30여 개소나 설치되었다. 이는 그만큼 활쏘기가 성행했음을 단적으로 보여

주는 것이라 할 수 있겠다. 활쏘기가 성행함에 따라 활쏘기는 그 자체에 그치지 않고 사정끼리 승부를 겨루는 경기대회로 발전했다. 이것이 바로 편사(便射)이다. 편사는 5인 이상으로 조직된 단체나 각 사정을 대표하는 궁수들이 모여 승부를 가리는 시합이었다(安自山, 1979; 68~69). 이처럼 원래 무예인 활쏘기는 고려시대 때에 와서 점차 놀이적 모습을 보이다가 조선시대에 와서는 전문적인 단체와 경기규칙을 갖춘 경기대회로 발전하게 되었다.

한편 조선시대에는 무사를 선발하는 각종 무과시험제도가 마련되었는데 활쏘기도 그 일환으로 행해졌다. 무과의 시험방법은 초시(初試), 복시(覆試), 전시(殿試)의 3단계가 있었다. 무과의 정원은 초시에 230명, 복시에 28명, 전시에 28명이었으며 시험과목은 활쏘기, 마술, 총술, 강서(講書)로 나누어졌다. 자세한 내용은 <표 1>과 같다.

<표 1>에 나타난 시험과목 중 활쏘기에 관련된 내용을 살펴보면 (이학래 외, 1994; 119~120), 목전(木箭)은 240보 밖에서 보사(步射)용 목적 3발을 쏘게 하여 그 기능을 채점한다. 철전(鐵箭)은 6냥 무게의 철전으로 80보 밖에서 세 발을 쏘게 하여 그 기능을 채점한다. 편전(便箭)은 130보 밖에서 편전 세 발을 쏘게 하여 채점한다. 기사(騎射)는 말을 타고 달리며 35보 거리로 배열된 표적(직경 1척, 높이 1척5촌) 다섯 개를 연속적으로 쏘게 하여 채점한다. 유엽전(柳葉箭)은 120보 거리에 있는 표적판(길이 6척6촌, 넓이 4척6촌)에 8돈 무게의 화살 다섯 발을 쏘게 하여 채점하는 것이다.

무과 시취제도의 활쏘기 배점을 보면 장전은 240보, 180보, 80보로 세분화하고 배점도 240보에 더 많이 부과했으며 240보를 넘어도 점수를 부과했다. 이는 장전이 원거리였기 때문에 명중률보다는 사거리(射距離)에 중점을 둔 것으로서 그만큼 더 많은 점수를 얻기 위해서는 팔의 근력을 강하게 해야 했다. 이에 대해 180보와 80보는 명중했을

<표 1> 조선시대의 무과시험 내용

시험	장소	선발인원	수험자격	수험과목
初試	院試	70		大箭, 鐵箭, 片箭, 騎射, 騎槍, 擊毬, 鳥銃, 革便, 貫革
	鄕試	경상 70 충청·전라 각 25 강원·황해·함경·평안 각 10		
覆試	兵曹	28	初試 합격자	四書五經 중 1책 武經七書 중 1책 通鑑, 兵要, 將鑑, 博議, 小學 중 1책 經國大典 木箭, 鐵箭, 片箭, 騎射, 騎槍, 擊毬
殿試		갑과 3 을과 5 병과 20	覆試 합격자	論語, 孟子 중 1책 五經 중 1책 通鑑, 將鑑, 博議, 兵要, 孫子書 중 1책 騎擊毬, 步擊毬
都試	중앙 지방	臨時稟旨		論語, 孟子 중 1책 五經 중 1책 通鑑, 將鑑, 博議, 兵要, 孫子書 중 1책

* 출처: 이학래 외(1994). 한국체육사, 지식산업사, 119쪽.

경우에만 점수를 주었다. 이처럼 거리별로 점수를 다르게 배정하거나 짧은 거리에서 명중률을 우선했다는 것은 무기의 전술적 효과를 극대화하기 위한 조치로 여겨진다.

5. 구한말 및 일제시대

이 시기에는 서구의 근대스포츠 도입과 일제의 민족혼 말살정책으로 사정 수가 현저히 줄어들면서 활쏘기도 쇠퇴했으나 활쏘기를 애호하던 자들에 의해 여러 단체가 결성되었다.

1908년 9월 당시 무관학교 교장이었던 이희두와 학무국장인 윤치오에 의해 '무도기계체육부'가 결성되었는데 이에 대해 당시의 황성신문을 보면(皇城新聞. 1908. 9. 4), "무관학교장의 이희두와 학무국장의 윤치오 양씨가 발기해서 교육계 청년과 일반 국민의 체육을 발전시키기 위해서 체육부를 설립할 것에 협의하고 위치는 군인구락부로 정하고 의친왕 전하가 설비한 기계를 사용하기로 협정했는데 체육에 관한 조항은 습사, 승마, 유술, 격검 등이다"라고 되어있다. 이와 같이 이 단체에서는 활쏘기를 비롯해 승마, 유술, 격검 등의 활동을 행했는데, 특히 활쏘기는 지금까지와는 달리 교육계 청년과 일반 국민에게 보급하기 위해서 군인구락부에 그 시설을 갖추어 활동을 전개했다.

이듬해인 1909년 7월 15일에는 이상필과 이용문에 의해 사궁회가 결성되었는데 그 목적은 우리의 전통스포츠로서 행해져 온 활쏘기에 대한 새로운 인식과 보급을 도모하는데 있었다(大韓民報. 1909. 8 .20). 이 단체는 당시 국권상실이라는 위기 하에서 민족 고유의 활쏘기운동을 유지하고 존속시키기 위해서 노력했다.

그 후 일제시대에 들어와 활쏘기는 1916년 4월 30일 조선궁술연합대회의 개최, 1922년 7월 조선궁술연구회의 조직, 1928년 7월 전조선궁술대회의 개최를 통해 널리 행해지게 되었다. 여기서 이 시기에 전국적으로 행해진 활쏘기의 현황을 살펴보면 <표 2>와 같다.

<표 2> 일제시대의 전국 활쏘기 현황

지역	지방	시기	대상	내용
경기도	경성	봄~가을	상류층 남자	사정거리를 144m로 하여 가로 2.4m, 세로 3.6m 크기의 과녁을 세우고 사정에서 순서대로 화살을 활에 걸어 과녁을 행해 쏜다. 다섯 발을 쏘는 것을 한 시합으로 한다. 대개 회원을 조직해 사정을 유지하는데 봄·가을에는 한 사정 내에서 편을 갈라 경기하며 다른 사정과의 시합 혹은 전국적인 대회를 개최하기도 한다. 활쏘기모임이나 시합에는 기생을 불러서 승리

지역	지방	시기	대상	내용
경기도	개성	봄·가을	부유층 남자	를 축하하는 노래를 부르게 한다. 무인정신의 단련에 목적이 있는 것이 아니라 오락적이다. 예쁜 기생을 불러 주연을 겸한다.
	고양	수시	유한계급, 유지	사정거리 120보 정도, 화살은 각자 5발씩을 쏘며 적중률이 높은 사람이 이긴다.
	광주	봄·가을	유림	경성 지방과 같다.
	양주	겨울 이외	부유층 남자	경기도의 다른 지방과 같다. 경주용 활쏘기를 할 때에는 주연을 베풀고 기생을 불러 성원하는 경우도 있다.
	연천	수시	남자	약 150m 거리에 있는 표적에 다섯 발의 활을 쏘아 맞히는 경기.
	포천	〃	〃	
	가평	가을	부유층 남자	
	양평	수시	청장년 남자	경기도의 다른 지방과 같다.
	이천	여름	중류층 이상 남자	
	용인	봄·여름	남자	
	안성	수시	〃	
	수원	〃	〃	
	시흥	〃	유림, 일반 남자	
	부천	봄·가을	일반 취미있는 자	편사라고도 한다. 마을마다 선수를 출전시켜 활쏘기대회를 여는 일도 있다.
	김포	수시	남자	
	파주	봄	일반 남자	
	장단	봄·여름	일반	
	개풍	봄·가을	남자	개성 지방과 같다.
충청북도	청주	수시	일반	
	옥천	봄·가을	어린이	
	괴산	수시	중류 이상 남자	
	충주	〃	부유층	경기도 지방과 같다.
	제천	〃	남자, 어린이	충주 지방과 같다.
충청남도	대덕	봄·가을	부유층	
	논산	수시	유림	
	아산	봄·가을	〃	경기도 지방과 같다.
	천안	〃	남자	
	전주	겨울 외	남자	
	완주	수시		

지역	지방	시기	대상	내용
전라북도	무주	봄·가을	부유층	※ 다른 지방의 놀이법과 같다
	장수	봄~가을	남자(어른)	
	임실	수시	남자	
	남원	〃	부유층	
	정읍	봄·가을	양반	
	고창	수시	상류층	
	부안	〃	유림	
	군산	봄·여름	부유층	
	김제	수시	남자	
	옥구	〃	상류층	
	익산		남자	
전라남도	광주	봄~가을	남자	※ 다른 지방의 놀이법과 같다
	곡성	봄·가을	〃	
	구례	수시	일반	
	광양	〃	남자	
	여수	〃	유림	
	순천	〃	남자	
	고흥	봄·가을	〃	
	보성	수시	일반	
	화순	〃	남자	
	장흥	〃	〃	
	목포	〃	〃	
	담양	〃	〃	
	장성	〃	〃	
	해남	〃	유림	
	영암	〃	남자	
	나주	봄·가을	〃	
	함평	수시		
경상북도	대구	3월 혹은 수시	상류층	기생들이 궁사들의 뒤에 줄지어 서서 노래로 사기를 북돋운다. 화살이 적중하면 지화자를 부르며 춤춘다.
	경주	수시	부유층,기생	
	성주	〃	〃	
	예천	봄~가을	장·노년	
	봉화	봄·겨울	남자	
경상남도	진양	수시	일반	
	의령	〃	청장년 남자	
	함안	〃	무인	
	밀양	〃	남자	
	울산	〃	〃	
	김해	〃	일반,유림	

지역	지방	시기	대상	내용
경상남도	동래 창원 통영 사천 남해 하동 산청 함양	수시 봄·가을 수시 〃 〃 〃 〃 〃	남녀애호가 청장년 남자, 여자 〃 남자 상류층 남자 〃 일반 남여	※ 다른 지방의 놀이법과 같다
황해도	연백 금천 평산 옹진 은율 안악 황주 봉산	봄·가을 〃 수시 〃 정월 수시 〃 〃	남자 〃 〃 〃 〃 〃 〃 〃	※ 다른 지방의 놀이법과 같다
강원도	춘천 회양 양양 강릉 정선 평창 영월 원주 평강 이천	가을·겨울 수시(명절) 수시 〃 봄·가을 수시 〃 〃 〃 〃	일반 〃 남자 유림 부유층 자제 일반 남자 유림 일반 남자	일정 거리에 과녁을 설치하고 활을 쏴서 맞힌다.
평안북도	철산	단오	농민	50m 정도의 거리에 과녁을 두고 겨누어서 쏜다.
함경북도	정평 고원 북청	봄·가을 가을 추석	어린이 남자 〃	뜰에 과녁을 만들어 놓고 활로 맞히든가 공중 높이 이것을 쏘아 날리며 즐긴다.
함경남도	경성, 나남 명천 무산 청진	봄·가을 봄~가을 4월초파일 단오,추석	농민 남자 〃 중노인	활터를 만들고 활쏘기 경연을 한다. 옛날에는 각면을 사(社)라고 했는데, 각 사에는 사계가 있어 궁술연습을 했다.

※ 출처 : 村山智順編, 朴銓烈譯(1992). 朝鮮의 鄕土娛樂, 集文堂을 참고로 작성.

<표 2>를 보면 일제시대에 있어 활쏘기는 전국적으로 다양한 계

층의 남녀노소 사이에서 행해졌는데, 특히 충청북도의 옥천과 제천, 함경북도의 정평에서는 어린이들이 활쏘기를 하고 있음을 알 수 있다. 그리고 경상북도 경주와 성주, 경상남도의 통영과 사천에서는 다른 지방과는 달리 여자들이 활쏘기를 하고 있는데, 그 중에서도 경주와 성주에서는 기생들이 활쏘기를 하고 있다는 것이 특징적이다. 주로 기생들은 경기도의 개성과 양주, 경상북도 대구에서 부유층이나 상류층이 활쏘기를 할 때 주연을 담당하고 있었다.

6. 대한궁도협회의 창립과 활동

대한궁도협회는 궁도경기를 국민에게 널리 보급하여 국민 체력 향상을 도모하고 아마추어 궁도경기인 및 단체를 통괄 지도하며 우수한 경기자를 양성하여 국위 선양은 물론 민족문화 발전에 이바지함을 목적으로 설립되었다. 그 연혁을 보면(大韓弓道協會, 1986; 27~28) 1922년 7월 11일 서울 종로구 사직동 산 1번지의 황학정에서 발기인 35명으로 당시 황학정 사두(射頭)였던 성문영의 주재 아래 대한궁도협회의 전신인 '조선궁술연구회'가 결성되었으며 1926년 5월 20일에는 조선궁술연구회를 '조선궁도회'로 개칭했다. 일제하에서 점차 위축되어 겨우 명맥만을 유지해 온 조선궁도회는 광복이 되자 이듬해인 1946년 2월 10일 '조선궁도협회'로 개칭하여 임원을 선출했다. 1948년 8월 25일 조선궁도협회를 대한궁도협회로 개칭하고 동년 10월 6일 협회 헌장을 제정했다. 1954년 3월 16일 대한궁도협회는 대한체육회의 가맹단체로 가입했고 1962년에는 양궁을 도입해 각급 학교에 보급시키고 이듬해 국제궁도연맹에 정식 회원국으로 가입했다.

1983년 3월 기존의 양궁을 대한양궁협회로 분리시킨 뒤 현재 본협회는 우리 전통의 궁도인 국궁만을 전담하고 있다. 2004년 현재 16개시·도 지부 및 해외지부 1개(아르헨티나)가 있고 산하에는 320여 개의 사정이 등록되어 있으며 등록 선수는 1만8000명에 이르고 있다. 현재 대한궁도협회에서 주최하고 있는 각종 대회는 다음과 같다(大韓弓道協會, 1986; 33~34).

①이충무공 탄신기념 대통령하사기쟁탈 전국시·도대항궁도대회 : 시·도 대항전으로 3순 경기이며 매년 4월 28일 온양 현충사에서 개최한다.

②전국남녀궁도선수권대회 : 매년 봄에 개최되는 대회로 종전에는 시·도 대항전, 정대항전, 유단자 개인전, 남녀개인전을 실시했으나 1987년부터 대회의 질적 향상을 위해 유단자와 여자개인전 3순 경기만을 실시하고 정대항전은 별도로 개최하고 있다.

③회장기쟁탈 전국정대항궁도대회 : 사정 단위의 단체팀을 활성화하기 위해 1987년부터 처음 실시한 대회이다.

④전국남녀중고등학교궁도대회 : 우리 민족의 전통무예인 궁도를 중·고등학교 학생들에게 보급시킴으로써 궁도인구의 저변 확대에 기여함은 물론 젊은 층에게 조상의 얼이 깃든 궁도의 국기적 가치를 일깨워주기 위해 1987년부터 신설된 대회이다.

⑤전국궁도종합선수권대회 : 유단자만이 참가할 수 있는 개인전 경기로서 예선과 본선이 실시된다. 예선은 초단에서 4단까지의 유단자가 참가하는 3순 기록경기이고, 본선은 예선을 통과한 유단자 및 5단 이상의 명궁, 각 명궁칭호 보유자가 참가하는 5순 경기이다. 또한 본선 입상자에게는 다음과 같은 명궁칭호를 부여한다. 1위는 '태극명궁', 2위는 '충무명궁', 3위는 '화랑명궁'이다.

⑥전국체육대회 : 단체 및 개인전을 실시하는 5순 경기로서 시·도별 종합득점은 전국체육대회 채점내규에 따라 채점된다.

⑦이외에도 본 협회 승인 아래 각종 지방문화제 행사의 일환으로

개최되고 있는 다수의 각종 대회가 있다. 즉, 여수진남제전 전국남녀궁도대회, 남원춘향제기념 전국남녀궁도대회, 신라문화제기념 전국남녀궁도대회, 백제문화제기념 전국남녀궁도대회, 칠백의사순의추모 전국남녀궁도대회, 전주대사습놀이 전국남녀궁도대회, 진주개천예술제경축 전국남녀궁도대회, 인천시민의 날 및 9·15인천상륙작전기념 전국남녀궁도대회, 광주관덕정 주최 전국남녀궁도대회, 구례곡우제 전국남녀궁도대회, 행주대첩기념제전 전국남녀궁도대회 등이다.

Ⅳ. 활쏘기의 경기방법

1. 용구

활쏘기 대회에 참가하는 선수의 궁시(弓矢)는 대회마다 약간의 차이가 있는데 활은 대한궁도협회에서 공인한 각궁(角弓)과 FRP궁(양궁의 재료인 글래스파이바를 각궁 형태로 만든 것)만을 사용하며, 시·도 대항전 및 종합선수권대회에서는 각궁만을 사용한다. 그리고 화살은 죽시(竹矢)만 사용할 수 있고 활에는 조준기 등과 같은 인위적인 기계장치를 부착시킬 수 없다(大韓弓道協會, 1986; 33). 여기서는 활쏘기의 용구를 그 제작과정과 전국의 공급분포, 제작량에 대해 알아보기로 한다.

1) 제작방법

조선시대까지 사용하던 활은 여러 종류가 있었으나 현재까지 전해오면서 사용되고 있는 것은 각궁뿐이다. 각궁은 흑각이라는 명칭을 가진 물소 뿔을 사용하기 때문에 나온 말이다. 각궁은 서울을 비롯하여 경기도 부천, 경북 예천과 경주, 충남 전의, 경남 마산과 진해 등 여러 곳에서 제작되고 있는데 제작과정은 거의 비슷하다. 제작에 필요한 재료와 그 과정을 보면 다음과 같다(권창훈, 2004; 61~62).

(1) 재료

물소 뿔은 각궁을 만드는데 가장 중요한 재료로서 활의 표면에 뿔을 사용한다고 해서 각궁이라고 한다. 태국, 중국, 인도 등 동남아시아에서 수입하며 원각을 재단(50~60㎝)하여 불에 구워서 평평하게 바로잡은 후 다듬어서 민어부레처리를 한다.

뽕나무는 심산에서 생육한 재래종 뽕나무를 사용한다. 뽕나무는 부드러우면서 강한 성질을 가지고 있어 활의 양쪽 부분에 사용한다. 그리고 참나무는 활의 손잡이를 만드는데 쓰이며 깊은 산중의 굴참나무(떡갈나무)가 좋다. 적당한 길이(20㎝ 정도)로 잘라 물에 삶거나 불에 구워 알맞게 휘게 한다. 또 대나무는 진주, 담양 등지의 산죽을 사용하는데 지름이 35㎝이상(넓이 5㎝정도, 길이 90㎝)이어야 하며 숯불 처리를 한다.

소 힘줄은 소의 등에서 채취하여 지방질을 제거한 후 가늘게 올을 내어 민어부레를 흡착시켜 활의 안쪽 대나무 부분에 붙인다. 여기서 민어부레는 민어의 공기집으로 지방질을 제거하고 말린 다음 끓이면 접착액이 형성된다. 천연 접착제로서 활 제작의 중요한 재료이다.

화피(벗나무껍질)는 한대지방(북한, 중국, 소련 등)에서 서식하는 산 벗나무 껍질을 활의 소심부의에 입히는데, 습기 방지와 미적 효과를 위해서 필요한 재료이다. 물에 삶거나 그대로 사용해도 무방하다.

활줄은 면사를 사용하고 활의 길이에 따라 시위의 길이를 조절하여 꿀을 칠하고 시위의 양쪽 끝은 소 힘줄을 사용한다.

좀(쥠)통피는 활의 손잡이 부분에 쓰이는 섬유로서 주로 삼베를 사용한다. 소모품이며 활을 쏠 때 손의 땀을 제거시킨다.

(2) 제작과정

각궁의 제작기간은 하나의 각궁을 만드는데 약 100일 정도의 기간이 소요되며 부레풀을 사용해 재료들을 접합시켜야 하기 때문에 여름에는 작업을 할 수 없다. 이러한 이유로 인해 장인들은 1년에 두 번밖에는 활을 만들지 않는다.

활을 만드는 과정은 뽕나무를 잘 다듬어 대나무와 접합시킨 후, 이것을 깎아가며 다시 그 위에 물소의 뿔을 붙인다. 이때 접합제로 사용하는 것이 민어의 부레를 끓여 만든 부레풀이다. 그 다음에는 심놓이 작업을 하는데, 이것은 부레풀을 이용해서 참빗으로 빗어 사용할 정도로 가늘게 뽑은 소 힘줄을 붙이는 작업이다. 네 차례 반복하는 이 심놓이 작업에 의해 활의 성능이 영향을 받기 때문에 한 겹을 올리고는 7~8일 충분히 건조시킨 후에 다음 겹을 올리는 작업을 반복한다. 심놓이가 끝나면 해궁 작업을 한다. 이것은 쏘는 사람에게 맞게 활의 강도를 조절하고 활의 양쪽 균형을 맞추고 뒤틀림을 교정하는 작업이다. 해궁이 끝나고 나서 화피 단장에 들어간다. 이 작업은 활을 습기로부터 보호하기 위해 벗나무의 껍질을 가늘게 벗겨 활을 싸는 것을 말한다. 여기에 가는 면사 100가닥 정도를 꼬아서 만든 활줄, 시위를 만들어 건 다음 마무리 작업을 해서 활을 완성하는 것이다. 장인들이 가볍고 탄력이 좋은 활을 만들기 위해 재료의 선택에서 마무리까지 그들이 들이는 노력은 엄청나다(김후, 2002; 256~257).

2) 전국의 각궁공급 분포 및 연간 제작량

각궁을 제작하는 궁장의 상황에 따라 변동이 있기 때문에 고정적인 각궁 제작은 제대로 파악할 수 없는 실정이다. <표 3>은 궁장들의 증언을 토대로 지금까지 각궁 공급의 분포와 연간 제작량에 대해서 알아본 것이다.

궁장장	공급시기	공급지역	제작량(연)	총제작량	비고
권선복	1920~1930	영남, 경기이북	50여장	약 600장	일제시대
권중현	1920~1970	영남, 호남	50여장	약 800장	1933~54 제작중단
권태전	1930~1970	영남, 경기	60여장	약 600장	〃
석계수	〃	영남, 강원	50여장	약 1500장	〃
권선출	1930~1980	영남, 호남	50여장	약 700장	〃
권우갑	〃	전국	200여장	약 7500~ 8000장	〃
권영록	〃	영남, 경기	70여장	약 2000장	〃
김형준	〃	영남	50여장	약 500장	
이치우	1965~1980	영남	50여장	약 600장	
권인수	〃	영남	40여장	약 500장	
권영호	1960~1990	영남, 호남	40여장	약 500장	
권영학	1960~2004	전국	100여장	약 2000장	
권영구	〃	영남, 충청	50여장	약 1500장	
김봉원	〃	영남	60여장	약 2000장	
권오수	1970~2004	경남, 호남	50~100여장	약 2000장	
권영우	〃	영남, 경기, 강원	50여장	약 1500장	
박극환	〃	영남	50여장	약 1500장	
권영무	1980~2004	충청	50~100여장	약 1300장	
김박영	1990~2004	서울, 경기	100여장	약 1000장	경기 김장한에게 전수, 독립

※ 출처 : 권창훈(2004). 경북예천궁도가 한국궁도의 발전에 미친 영향, 중앙대 석사논문, 67~68쪽.

2. 시설

1) 경기장

현재 대한궁도협회에서는 각종경기대회를 개최하고 있으며, 또한 본 협회에서는 각종 지방문화제 행사의 일환으로서 많은 전국대회를 승인해서 개최하고 있다. 이들 각종 경기대회는 전국의 각 사정에서 행해지고 있는데 그 현황을 보면 <표 4>와 같다.

서울	부산	대구	인천	광주	대전	울산	경기	강원	충북	충남	전북	전남	경북	경남	제주	합계
10	4	2	9	4	4	8	68	27	16	26	15	41	23	50	6	313

※ 출처 : http://www.goongdo.or.kr

　〈표 4〉와 같이 현재 우리나라에는 313곳의 사정이 있는데 이 중에서 역사와 전통이 있으며 대표적인 사정이라고 할 수 있는 서울의 황학정(黃鶴亭)을 일례로 들어 알아보기로 한다.

　1894년 갑오경장으로 활과 노를 우리나라 군대의 무기에서 해제하게 되자 무과를 지망하여 활쏘기를 했던 젊은이들은 민간사정에서 대거 이탈하고 활쏘기는 개화를 위해 배척당하게 되었다. 이로 인해 각 지방의 사정들은 모두 폐쇄되고 도시의 민간사정들도 차례로 문을 닫아 폐허화되었다. 서울 장안에 48개나 되던 민간사정도 모두 폐허화되고 몇몇 노인 궁사들이 백호정(白虎亭)의 후신인 풍소정(風嘯亭)에 모여 겨우 명맥을 유지하고 있을 때인 1899년 고종황제의 지시로 황학정이 건립되었다. 황학정이 건립되어 우리의 전통무예인 활쏘기는 소멸 직전에 되살아난 것이다. 이것은 임진왜란이 끝난 직후 선조가 경복궁 안에 오운정(五雲亭)을 만들어 남녀노소 모든 국민들에게 활쏘기를 권장한 지 300년이 되는 시점이었다.

　고종황제가 활이 비록 조선군대의 무기에서 해제되었어도 국민들의 심신단련을 위한 궁술은 장려해야 한다는 취지의 윤음을 내린 이유는 1899년 6월 9일부터 20일까지 독일의 국왕이 고종을 방문해 조선에 고유한 무술이 있으면 구경을 시켜달라고 간청을 했다. 그래서 고종은 조선에는 예로부터 궁술이 전해온다고 해 궁술을 보여주기로 했다. 6명의 명궁이 경복궁에서 독일 국왕에게 활쏘기 시범을 보여주게 되었는데, 독일 국왕은 활쏘기를 반나절이나 보면서 즐거워했다.

이에 고종은 매우 기뻐하며 거의 없어지려고 하는 활을 다시금 장려하게 되었는데 그때 궁술을 장려하는 칙령이 내렸다고 한다. 활쏘기를 장려하는 칙령이 내려진 초기에는 내시와 조관들이 덕수궁 모서리에 터를 잡고 활을 쏘았다. 그러다가 경희궁 북쪽 기슭에 사정을 새로 지어서 황학정이라 하고 민간에게 개방을 했던 것이다.

황학정이라는 명칭은 학처럼 머나먼 거리를 함께 날아가는 의리와 사후(射侯)의 황색 정곡(正鵠)을 맞히자는 뜻을 담고 있으나, 일반시민들 사이에서 내려오는 전설은 고종황제가 황색의 곤룡포를 입고 활을 쏘는 모습이 마치 황색의 학이 춤을 추는 것 같다고 해서 황학정이라는 이름이 나왔다는 것이다(黃鶴亭, 2001; 28~31).

이와 같이 황학정은 문호개방 이후 서구의 신문화가 전래되면서 우리의 전통무예인 활쏘기가 사라져 가는 위기에 직면했을 때 고종이 독일 국왕에게 우리 고유의 궁술을 보여준 것이 계기가 되어 건립되었다. 현재 황학정은 무인들이 궁도를 익히는 연습장으로 또한 사정으로 지금도 많은 대회가 이곳에서 개최되고 있어 옛 무인의 기개를 보여주고 있다.

2) 경기장의 구조

경기장의 구조는 사대 중심점에서 관저 중심까지의 거리는 145m로 되어 있으며, 과녁과 과녁 사이의 거리는 5m 이상의 간격을 두고 있다. 과녁은 두께 5~6㎝의 육송으로 된 사각 모양으로 폭 2m(6척6촌), 높이 2m66.7㎝(8척8촌)의 크기로 되어 있으며, 전면부에는 화살의 보호를 위해 고무판(두께 0.5㎝ 이상)이 씌어져 있다. 또한 과녁은 수직으로부터 후방 15도의 경사각으로 설치되어 있고 사대와 과녁은 수평선상에 위치하며 2m의 편차를 허용하고 있다. 운시대는 지형적 여건을 감안하여 좌우에 하나씩 설치하는데 부득이한 경우에는 한곳이라도 설치해야 한다. 그리고 사정은 사대로부터 5m의 거리를 두고 설치하며 사대 폭은 선수 간의 간격을 80cm로 하고 관과 관 사이의 사대 폭은 1m이상을 확보해야 한다.

경기 진행석은 사대 1m後方 40cm이상의 높이에 설치하며 과녁 및 선수의 행동반경을 판별하기에 용이하도록 한다. 관중석은 사대전방, 좌우 측방위치 운시대 밖에 설치하며 경기에 지장이 없도록 한다 (http://kungdo.sports.or.kr).

3. 경기방법 및 규칙

1) 경기방법

현재 궁도경기는 단체전과 개인전으로 크게 나눌 수 있는데 단체전은 시·도 대표 7명이 출전해 상위 5명의 기록 합계로 순위를 정하는 시·도 대항전과, 정(亭) 대표 5명이 출전하는 정대항전이 있다. 개인전은 남자개인전과 여자개인전이 있다.

경기방식 및 진행은 각 대회에 따라 약간의 차이가 있지만 보통 시·도 대항전인 경우 각 시·도 대표 1명씩을 1개조로, 정대항전인 경우 같은 사정에서 출전한 5명을 1개조로, 개인전의 경우는 참가신청의 순서에 따라 7명을 1개조로 하여 대(사대에 같이 서서 한 과녁을 향해 쏘는 1개조)를 편성하는데, 각 대는 교대로 나와 1순(한발씩 돌아가면서 쏘아 전체가 모두 다섯 발씩을 쏘는 것)씩 쏘아 전체의 기록합계로 순위를 결정한다(http://kungdo.sports.or.kr).

2) 경기규칙

궁도의 경기종목은 시·도 대항전, 정대항전, 개인전 등으로 한다. 단체전의 대전방법은 추첨에 따른 것이 원칙이나 사정에 따라 주최

측에 대진표 작성을 위촉할 수 있다. 모든 경기는 기록을 원칙으로 하여 승부를 결정하는데 시·도 대항전은 시·도 대표 7명이 참가해서 상위 5명의 기록 합계로 순위를 결정하며, 동점 시에는 상위자 5명으로 비교전을 실시해서 순위를 결정한다. 단체전 및 개인전은 등위가 결정될 때가지 실시하는데, 비교 시에는 초순은 다섯 발로 하고 동점 시에는 한 발 순으로 한다. 단체전이나 개인전의 경우 비교를 쏘지 않고 양보의사를 표시할 때 원 경기득점을 무효로 한다.

각 선수는 화살의 번호 기입 순서에 따라 발사하는데 경기자의 발사 제한시간은 발시 구령으로부터 30초를 초과하지 못한다. 화살이 발사된 것으로 간주되지 않은 경우(발사 후 사대 전면 낙하선 1m 내에 떨어진 화살, 심판이 발사되지 않음을 판정한 경우, 선수가 사대에 서있는 동안 장비 교체가 필수적인 경우) 이외에는 어느 누구로부터 말이나 다른 방법으로 정보나 보조를 받지 못한다. 화살이 과녁을 적중하여 통관하거나 박히거나 또는 과녁을 맞히어 촉이 15도 후부경사로 과녁 후부 수직선 상에 걸린 것만을 관중으로 인정한다(15시 15중은 만점이므로 공동우승으로 함). 경기진행 중 지정된 심판 이외에는 수하를 막론하고 무겁에 들어가는 것을 금한다. 경기에 참가한 선수가 대회 경기부의 허가를 득한 경우를 제외하고 자불할 경우 향후 1년간 모든 대회에 참가할 수 없다. 각종 경기에 참가하는 선수는 본 협회가 지정한 복장, 즉 흰색 상·하의와 흰색운동화를 착용해야 한다(http://kungdo.sports.or.kr).

V. 결론

이상과 같이 우리 전통무예의 방향성을 모색하기 위한 일환으로서 활쏘기의 유래, 활쏘기의 발전과정, 활쏘기의 경기방법에 초점을 맞추어 검토한 결과 다음과 같은 결론을 얻었다.

첫째, 활쏘기는 언제, 어디에서 시작되었는지 확실히 알 수 없으나 인류의 시작과 더불어 생활의 수단으로, 자신과 종족을 보호하기 위한 수단으로 사용되었는데 화약의 발명으로 인해 심신단련을 위한 무술로서 활용하게 되었다.

둘째, 활쏘기는 고려시대까지 전쟁의 무기로서 국민의 심신단련을 위한 무예로서, 놀이의 성격으로서 널리 행해졌으며, 조선시대에 들어와서는 경기대회와 인재를 등용하는 방법으로 사용되었다. 그러나 구한말과 일제시대에는 서구의 근대스포츠의 도입과 일제의 민족혼 말살정책으로 쇠퇴하는 위기를 맞이했으나 무도기계체육부와 사궁회의 결성과 활동, 조선궁술연구회의 조직, 전조선궁술대회의 개최를 통해 전국의 남녀노소에게 널리 보급하게 되었다.

셋째, 현재 대한궁도협회에는 약 1만8000명의 선수가 등록되어 있으며 단체전(시·도 대항전과 정대항전)과 개인전(남자와 여자)의 각종 경기대회를 개최하고 있는데 이들 대회는 전국의 약 320개의 사정에서 행해지고 있다. 용구는 각궁과 죽시만 사용할 수 있으며 이들 용구는 서울을 비롯하여 경기도 부천, 경북 예천과 경주, 충남 전의, 경남 마산과 진해 등에서 제작, 판매되고 있다. 제작과정은 천연재료를 사용하기 때문에 기온과 기후에 따라 수공으로 단계별로 작업을 하는데 하나의 각궁을 만드는데 약 100일 정도의 기간이 걸린다.

이와 같이 우리의 전통무예인 활쏘기는 고대에서부터 시작되어 현대에 이르기까지 각 시대에 따라 그 사용 목적은 다르지만 지금까지 이어지고 있다. 그러나 현재 근대스포츠의 활발한 활동에 비해 활쏘기는 매우 미약한 실정에 있다. 앞으로 활쏘기를 비롯한 우리의 전통무예를 발전시키기 위해서는 여러 방법이 있겠지만 남측과 북측이 공동으로 이것들을 발굴해서 활성화하는 것이 하나의 좋은 방법이라고 생각한다. 그래서 이를 계기로 한민족의 주체성 확립과 동질성을 회복하는 기회를 마련해야 한다고 생각한다.

이러한 제안을 뒷받침할 수 있는 것은 21세기에 들어와 스포츠문화에 대한 전환의 움직임이 일어나고 있는데, 즉 근대스포츠의 중심에서 민족스포츠, 전통적인 신체관에 입각한 스포츠, 뉴스포츠로의 이행을 엿볼 수 있다. 특히 그 중에서 민족스포츠에 대한 관심은 근대스포츠에 의해 스포츠문화의 전체를 일원화한 흐름에의 저항과 반성이라는 의미, 탈유럽 중심주의라는 의미도 포함되어 있다. 따라서 이러한 역사의 흐름에 따라 우리도 우리의 민족스포츠인 전통무예를 발굴하고 보존해나가는 것이 필요하다.

참고문헌
皇城新聞 1908년 9월 4일.
大韓民報 1909년 8월 20일.
일제시대 활쏘기 그림엽서.
金慶大(1988). 東洋弓의 體育思想的 考察. 동아대 석사학위논문.
이훈영(1994). 궁도의 스포츠화과정에 관한 연구. 한국교원대 석사학위논문.
李炳珉(2000). 韓國의 弓道에 관한 研究. 동아대 석사학위논문.
李重華(1929). 朝鮮의 弓術. 朝鮮弓術研究會.
安自山(1974). 朝鮮武士英雄傳. 正音社.
崔常壽(1985). 韓國 民俗놀이의 研究. 成文閣.
大韓弓道協會(1986). 韓國의 弓道.
曹秉宅(1986). 韓國의 弓道. 第一文化社.
朴銓烈譯(1992). 朝鮮의 鄕土娛樂. 集文堂.
이학래외(1994). 한국체육사. 지식산업사.
沈雨晟(1996). 우리나라 민속놀이. 東文選.
이진수(1996). 한국고대스포츠사연구. 교학연구사.
정진명(1996). 우리 활 이야기. 학민사.
충북국궁사편찬위원회(1997). 충북국궁사. 충청북도궁도협회.
경상남도궁도사편찬위원회(1999). 경남궁도사. 경상남도궁도협회.

정진명(1999). 한국의 활쏘기. 학민사.

정진명(2000). 이야기 활 풍속사. 학민사.

오도광(2000). 퍼펙트골드로의 長征. 국민체육진흥공단.

이이화(2001). 놀이와 풍속의 사회사. 한길사.

黃鶴亭(2001). 黃鶴亭 百年史.

김후(2002). 활이 바꾼 세계사. 가람기획.

이학래(2003). 한국체육사연구. 국학자료원.

김광언(2004). 동아시아의 놀이. 민속원.

그네뛰기 및 널뛰기의 유래와 경기방법

김 동 선*

Ⅰ. 들어가는 말

우리 민족은 예로부터 자연을 정복하고 사회적 부를 창조하는 과정에서 해마다 철 따라 여러 명절을 맞이했으며 다채로운 민속놀이를 진행했다. 이러한 명절을 '세사' '속절'(민간의 명절)이라고 하였는데 이는 대체로 서민들의 노동활동과의 연관 속에서 발생한 풍습이 주를 이루었고 명절이 시발된 이래 장구한 역사와 함께 계승되고 있으며 때로는 그 세월의 흐름 안에서 명절의 이름과 명절맞이의 구체적 내용들이 부단히 달라지고 풍부해졌다.

많은 명절 가운데 정초의 설, 여름철의 단오, 가을철의 추석 등은 우리 민족이 가장 성대하게 쇠던 민속명절이다. 이러한 명절에 하는 민속놀이에는 활쏘기, 칼 쓰기, 창 쓰기, 수박희, 석전, 말타기 등의 무술연마놀이와 씨름, 격구, 타구, 장치기, 그네뛰기, 널뛰기, 줄다리기를 비롯한 여러 가지 체력단련놀이, 윷, 쌍윷, 장기, 바둑과 같은 지능겨

---

* 경기대 체육학부 교수

루기놀이, 농악놀이, 탈놀이, 꼭두각시놀이, 불꽃놀이, 등놀이, 화전놀이, 강강술래 등의 가무놀이, 길쌈놀이, 삼삼이 등의 생산 활동과 관련한 놀이, 그리고 어린이들이 하는 연놀이, 팽이치기, 썰매타기, 줄넘기, 바람개비놀이, 숨바꼭질, 공기놀이, 실뜨기놀이, 수박따기, 풀싸움, 꽃싸움 등 여러 가지 독특한 놀이가 있다.

무술연마놀이와 체력단련놀이는 일상적으로 몸과 마음을 단련하며 노동과 나라의 방위를 위하는 유익한 측면이 많았으므로 고래로부터 널리 진행되어 왔다.

지능겨루기놀이는 주로 실내에서 승부를 다투며 즐길 수 있는 놀이이므로 정월 명절 때에는 물론 여러 명절 때에 가족 혹은 친구들이 모여 앉아 다정하게 진행한 놀이였다. 뿐만 아니라 날씨가 춥지 않은 계절에는 밖이나 쉴 짬에도 손쉽게 놀 수 있는 것이어서 일상적으로 널리 유행된 놀이였으며 삼국시대에도 이미 행해지던 것으로 미루어 보아 그 역사적 유래는 꽤 오래 전으로 거슬러 올라간다.

가무놀이는 말 그대로 노래를 부르고 춤을 추면서 즐기는 놀이로써 이들 가운데서 가장 흥겨운 놀이라고 할 수 있다. 이 가운데 농악놀이는 농민들의 생산노동과 직접 결합되어 있으며 길쌈놀이와 삼삼이를 비롯한 적지 않은 놀이들은 여성들의 생산 활동과 관련된 놀이였다. 특히 강강술래는 임진왜란 때 남해안 일대의 부녀자들이 왜적들의 침입을 감시하기 위해 바닷가에서 강강술래 노래를 부르면서 춤을 춘 것이 그 역사적 배경으로 전해지고 있는 애국적인 내용을 담고 있는 놀이이다.

연날리기, 팽이치기, 썰매타기, 줄넘기, 숨바꼭질 등 어린이들의 놀이도 대체로 그들의 몸을 단련하고 투지와 담력, 인내력을 키우며 지능을 발전시키는데 도움을 주는 것들이다.

절기별로 볼 때, 묵은해를 보내고 새해의 첫날을 기념하여 쇠는 정월 명절 설맞이에는 사람들이 새 옷을 차려입고 떡국을 비롯한 다양한 음식을 마련하고 세배를 하며 그네뛰기와 널뛰기, 그리고 윷놀이 등을 비롯한 다채로운 민속놀이를 즐겼다.

단오는 봄씨붙임을 끝낸 기쁨으로 한데 모여 즐겁게 놀면서 고된 농사일의 피곤을 풀고 다가오는 새로운 농사일을 준비하는 명절이었다. 이날에는 새로 돋아나는 수리취나 쑥을 뜯어 떡을 해먹으며 그네뛰기나 씨름을 비롯한 즐거운 놀이를 하면서 지냈다(한국정신문화연구원 편, 1988; 162). 오랜 세월을 힘겹게 살아 온 우리 민족이지만 지금까지 전해 오는 놀이 형태가 다종다양하고, 그 대부분이 건전하고 낙천적인 문화적인 놀이를 통해서 끈기와 인내로 버티고 이겨 온 우리 민족 내력의 바탕을 짐작하게 한다.

우리의 전승 놀이는 부족국가시대에 남녀가 모야(暮夜)에 떼를 지어 노래하고 춤추었다는 동맹(東盟), 영고(迎鼓), 무천(舞天) 등의 집단적인 가무희(歌舞戱)로 미루어 알 수 있듯이 그 시작은 종교적이었고 단체적인 것에 특징을 두고 있다 할 수 있다. 그러나 사회정치의 변화와 문화발전으로 말미암아 집단적인 것에서 개인적, 그리고 남녀노소의 분리와 사회계층 간의 차이와 변모를 낳게 했다. 예컨대 씨름은 겨룸놀이 가운데 가장 오랫동안 일반적인 호감을 얻고 있는 남성 경기로 국기(國技)로 일컬어질 만하다. 이 씨름이 남성의 대표적인 놀이라면 그네뛰기는 여성의 대표적인 놀이이다. 하지만 당초에는 그네뛰기를 남녀가 함께 즐겼다.

5월 5일 단오절, 즉 수릿날 즐거운 명절이었기에 모두들 새 옷을 갈아입었다. 연둣빛 고운 수리치떡을 빚어 이웃과 나누어 먹었으며 아침에는 이슬 맺힌 싱싱한 창포(菖蒲)를 송두리째 캐다가 잎은 삶아서 머리를 감고, 빗고 목욕도 했다. 뿌리는 깎아서 주사(朱砂) 빨간 칠로 아름답게 빛내어 머리에 꽂아 사악을 물리치는 표적을 삼았으며 액세서리이기도 했다.

날아갈듯이 녹의홍상(綠衣紅裳) 눈부시게 치장한 여자들이 삼삼오오 짝을 지어 그네 터로 모여들었다. 한번 그네를 타고 하늘 위로 솟구치면 녹사장에서는 상의를 벗은 우람한 총각들이 샅바를 움켜잡고 씨름하는 광경을 엿볼 수 있어 좋았고 씨름판에는 허공으로 불쑥 불쑥 치솟는 젊은 여인들의 부풀어 오른 연분홍 치마폭과 나부끼는 연두저고리 고름이며 펄렁거리는 빨간 댕기꼬리가 보였다가 사라졌다가 남정네들에 간장을 녹여주는 아쉬움이 있었다. 또한 마치 새장에서 갓 풀려 나온 한 마리의 새처럼 하늘 높이 몸을 날리는 의지는 진취성과 개방성의 활달한 표현이기도 하다. 굳센 체력, 고도의 긴장감, 기민성, 그리고 박진감 등으로 말해지는 그네뛰기는 곱상함과는 거리가 먼 발랄한 젊음의 구가이기도 하다.

한편 널뛰기는 지렛대의 원리를 이용한 디딜방아에서 유래되어 삼국시대부터 민속놀이로 설날, 단오, 추석에 여자들이 즐기는 한 폭의 그림처럼 아름다운 우리나라의 풍습과 멋을 지녔다. 조선후기 유교적 사상으로 여성 나들이가 금기되었으나 처녀 시절에 널을 뛰지 않으면 시집가서 애를 낳지 못한다 하여 힘차게 널뛰기를 시켜 시집을 보냈다. 이는 여성놀이의 대표적인 것으로 전국 각지에서 성행해왔다.

그러나 오랜 세월 동안 맥을 이어 온 전통놀이문화가 현대사회의 급속한 발전과 그에 따른 생활환경의 변화로 말미암아 변화를 겪고 있다. 과거 여러 명이 모여서 하는 단체놀이에서 벗어나 현대인들에게는 컴퓨터 또는 다른 오락기기를 이용한 개인적 놀이의 활용이 보편화되었으며, 그 결과 이전부터 전해내려 오던 이들 민속놀이가 다양한 장점을 가지고 있음에도 불구하고 점차 소외되고 있는 실정이다. 단지 몇몇 지방의 놀이공원이나 박물관 등에서 그네뛰기와 널뛰기놀이가 벌어지는 정도이며 그저 옛 조상들의 놀이의 한 형태로만 인식

할 뿐이다.

　이러한 놀이문화가 개발 전승되는데 저해되는 더욱 더 근본적인 문제의 일례로, 그네뛰기와 널뛰기는 남측이나 북측, 그리고 중국 조선족 등 우리 한민족이라면 누구나 다 알고 있는 오랜 전통의 민속놀이지만 의외로 이들의 유래와 놀이방법에 대해서 정확하게 알고 있는 사람이 많지 않다. 또한 한민족의 공통된 전통놀이문화의 계승 및 발전은 통일 이후의 우리 민족 성원간의 이질감을 가장 쉽게 용해시킬 수 있는 핵심이 될 수도 있다. 그러므로 이러한 무관심에서 벗어나 민속놀이를 문화유산으로 가꾸고, 적극 장려하여 장기적인 관점으로는 이를 통해 주체성을 함양한다는 의미로 볼 때 민속놀이를 제대로 알고 즐기기 위해 이들 놀이의 유래와 경기방법에 대해 알아보는 것은 매우 필요하다고 생각한다.

　이러한 필요성에 비추어 다음의 목적을 갖는다. 첫째, 일반 사람들이 잘 모르고 있는 그네뛰기와 널뛰기의 유래와 경기방법을 알아봄으로써 이의 대중화에 기여할 뿐만 아니라 이에 대한 새로운 인식과 발전을 꾀한다. 둘째, 남측과 북측, 중국의 조선족들이 하고 있는 이들 종목간의 차이점과 공통점이 무엇인가를 규명해 본다. 셋째, 이들 종목의 공통점을 찾아 남북 민속놀이 교류에 일조한다.

Ⅱ. 그네뛰기의 유래

　그네는 부녀자들이 주로 5월 단옷날에 타고 노는 놀이로 '추천(鞦韆)'이라고도 한다(한국민속사전편찬회, 1998). 즉, 그네는 우리말이고 '추천'이란 한자로 된 말이다. 먼저 이 두 명사에 대해 그 어원부터 살펴보고자 한다.

'추천'에 대해 『고금예술도(古今藝術圖)』에는 '鞦韆—云作秋千字 本 出漢宮祝壽詞 後世誤倒讀爲秋千耳'라 하여 '鞦韆을 秋千이라고도 쓰 는데 본래 그 글자는 한나라 궁중에서 축수(祝壽)할 때 쓰던 것을 후 세에 거꾸로 잘못 읽어서 추천이 되었다'고 했다. 송나라의 고승(高丞) 이 찬한 『사물기원(事物紀原)』에도 거의 같은 말이 있다. 즉, '一云正 作秋千字爲秋遷 非也'라 하여 秋千을 秋遷이라 한 것은 그릇된 것이 라고 했다. 또 당나라 고무제(高無際)의 한무제 후정(後庭) 추천부(鞦韆 賦)의 서(序)에는 '鞦韆은 궁중 축수의 말인 千秋가 거꾸로 되어 秋千 이 된 것이라 하고 한무제의 수(壽)를 기원한 고로 후궁에서 이것을 숭상하니라' 했다. 서현(徐鉉)은 이 뜻을 받아서 그의 『설문신수자의 (說文新修字義)』에 '지금 사용하는 글자가 혁(革)을 쫓고 또 천(千)이 천 (遷)으로 변함은 부당하다'고 했다.

이와 같이 한궁축수(漢宮祝壽)의 사(詞)인 천추(千秋)에서 나와 후세 에 전도되어 추천(秋千)이 되었다는 등의 설은 한때 어용학자들의 견 강부회에 지나지 않는다고 봐야 할 것이다(최상수, 1988, 201).

한편 그네는 지방에 따라 '근데, 군데, 근듸, 군듸, 근의, 군의, 그리, 구리' 등 여러 방언이 있다. 조선 정조 때 이만영(李晩永)이 쓴 『재물보 (才物譜)』[1]에는 천(韆)을 '근의'라 했고 최세진(崔世珍)의 『훈몽자회』[2]

---

1) 고려 후기 학자 이만영의 유서(類書), 1789년(정조 22) 김정견이 쓴 서문에 편찬 목적 및 유래, 내용과 인용서가 나와 있다. 삼재(三才)와 만물의 옛 이름 및 별칭 등을 쓴 책으로 경사자집(經史子集)을 근본으로 하고 일일이 주를 달았으며 간간이 한글 풀 이도 했다. 권1은 태극·천보(天譜)·지보(地譜), 권2～5는 인보(人譜), 권6～8은 물보 (物譜) 등으로 구성되어 있다. 천보에는 자연현상의 명칭과 기능, 별칭, 인간에게 미 치는 영향, 지보에는 조선의 지도, 행정구역, 주변 국가의 명칭 및 조선과의 관계와 산·바다 등, 인보에는 사람의 신체구조와 각 부위의 명칭 및 기능, 인륜 관계, 생활에 관한 사항, 물보에는 물체·수·재화·동식물 등에 관한 항목이 수록되어 있다. 특징은 일종의 백과사전, 박물학사전, 물명고(物名考) 같은 성격을 지니고 있고 인용 서목이 방대하며 해석에 있어 일일이 출전을 밝히고 있다. 또한 이본이 많아 명저임이 방증 되고 있다. 8권 4책, 필사본, 규장각도서, 장서각도서, 국립중앙도서도서관 소장.
2) 1527년(중종 22) 최세진이 어린이들의 한자 학습을 위해 지은 책. 원본은 전하지 않고

에는 추(鞦)를 '글위 츄', 천(韆)을 '글위 쳔'이라 하여 '글위'라고 했다. 『두시언해』3)에도 '만리추천습속동(萬里鞦韆習俗同)을 만리 옛 글위 쁘긴 습속이 흔가지로다'라 하여 역시 '글위'라 했다. 또 『악장가사(樂章歌詞)』4)와 『한림별곡(翰林別曲)』5)에도 '홍(紅)실로 홍 글위 민요이다'

1613년(광해군 5) 간행된 것이 가장 오래된 책이다. 예전에 한자 학습을 위해 쓰였던 『천자문』『유합(類合)』 등의 내용이 일상생활과 거리가 멀고 추상적이어서 학습하기에 불편함이 많아 구체적인 사물을 통해 한자의 음과 뜻을 쉽게 익혀 배울 수 있도록 만들어졌다. 상·중·하 3권으로 나누고 4자 유취(類聚) 33항의 물목(物目)으로 갈라 배열했으며 한글로 음과 뜻을 달았다. 상권에 천문·지리·화품(花品) 등 16문, 중권에 인류·궁택(宮宅)·관아 등 16문으로 주로 전실자(全實字)를 수록했고 하권에 잡어(雜語)라 하여 반실반허자(半實半虛字)를 실어 각권 1120자씩 총 3360자를 실었다. 생활주변에 흔히 볼 수 있는 사물을 다루어 국문을 보급하는데 기여했으며 또한 한자를 국역해 놓아 16세기 초 중세 국어어휘 연구에 귀중한 문헌이다. 특히 상권 책머리의 범례에 '훈민정음'을 언문·반절이라 부르고 언문자모(諺文字母)라 하여 당시 한글체계와 용법에 대한 간단한 설명을 해놓았는데, 자수는 27자(훈민정음 28자 가운데 ᅙ이 빠진 체계)이고 자모의 명칭과 순서가 오늘날과 같다. 3권 1책. 인본.

3) 중국 당나라 때 두보(杜甫)의 시 1647편과 다른 사람의 작품 16편을 52부로 분류하여 한글로 번역한 책. 1443년(세종 25) 유윤겸·유휴복·조위 등이 왕명을 받들어 주해했고 성종 때 조위와 승려 의침 등이 한글로 번역, 풀어서 81년(성종 12)에 간행한 한국 최초의 번역시집이다. 원나라 때 엮어진 『찬주분류두시(纂註分類杜詩)』를 바탕으로 삼아 이에 주석을 붙이고 풀이했으며 초간(初刊) 두시언해는 원명이 『분류두공부시언해(分類杜工部詩諺解)』, 속칭 『두시언해』이다. 전 25권 17책이 활자본으로 간행되었으나, 임진왜란 때 소실되어 전질이 전하지 않고 5~10권과 15~25권의 17권만이 전하는데 그 중 7·8·20·22·25 등 5권이 1954~55년에 통문관에서 영인 간행되었다. 『중간(重刊)두시언해』는 경상감사 오숙이 주관하고 대구부사 김상복이 주역하여 『두시언해』 초간본을 기본으로 다시 개각(改刻)한 것이며 목판본으로 전 25권이다. 초간본을 거의 그대로 옮겨 놓은 듯하나 초간본과는 150년의 연대차가 있어 각 시대의 어음이 반영된 흔적이 보인다. 초간은 연철(連綴), ㅿ·ㆁ의 사용, 방점의 사용, 자음접변 현상이 뚜렷하지 않고 구개음화 현상이 일어나지 않은데 비해, 중간(重刊)은 간혹 분철, ㅿ·ㆁ이 ㅇ으로 바뀌고 방점을 사용하지 않았으며 일부는 자음접변 현상에 따라 표기가 달리지고 상이 나타난다. 이러한 어음의 반영으로 초간본과 중간본은 음운의 변천을 고찰하는데 좋은 자료가 된다. 내용은 기행, 술회, 질병, 회고, 시사, 문장, 서화, 음악, 기용(器用), 식물(食物), 조수(鳥獸), 충어(蟲魚), 화초, 잡부(雜賦) 등 52부로 분류했다.

4) 고려시대와 조선 초기의 악장(樂章), 속악(俗樂)을 모아서 엮은 책. 『국조사장(國朝詞章)』『국조악장(國朝樂章)』『속악가사(俗樂歌詞)』 등으로도 불린다. 편자와 편찬 연대는 알 수 없으나 조선 중종 때 박준이 편찬하였다는 설이 있다. 내용은 속악가사상, 아악가사, 가사상으로 나뉘어 있다. 가사상에는 고려·조선시대의 가사 24편, 즉 여민락(與民樂), 보허자(步虛子), 감군은(感君恩), 정석가(鄭石歌), 청산별곡(靑山別曲), 서경별곡(西京別曲), 사모곡(思母曲), 능엄찬(楞嚴讚), 영산회상(靈山會相), 쌍화

110

하여 모두 '글위'라 했다. 숙종 때 신이행(愼以行), 김경준(金敬俊) 등이 지은 『역어유해(譯語類解)』6)에는 '그릐'라 했고 현문항(玄文恒)의 『동문유해(同文類解)』7)에는 추천을 '그리', 타추천(他鞦韆)을 '그리쯱다' 하

점(雙花店), 이상곡(履霜曲), 가시리 유림가(儒林歌), 신도가(新都歌), 풍입송(風入松), 야심사(夜深詞), 한림별곡(翰林別曲), 처용가(處容歌), 만전춘별사(滿殿春別詞), 화산별곡(華山別曲), 오륜가(五倫歌), 연형제곡(宴兄弟曲), 상대별곡(霜臺別曲), 어부가(漁父歌) 등이 수록되어 있다. 현재 전해지는 가집으로는 가장 오랜 것으로『악학궤범』『시용향악보』와 더불어 고려가요를 연구하는 데 중요한 자료가 되고 있다. 목활자본 규장각 도서, 장서각도서.

5) 고려 고종 때 한림의 유자(儒者)들이 합작한 경기체가. 1215～16년 제작된 것으로 추정되며 경기체가의 효시로 알려져 있다. 당시 무사들이 정권을 잡자 벼슬에서 물러난 문인들이 풍류적이며 도락적인 생활감정을 현실도피적으로 읊은 노래이다. 작자는 유원순·이인로·이공로·이규보·진화·유충기·민광균·김양경 등이며 모두 8장으로 구성되어 있다. 1장은 문인과 그들의 장기(長技), 2장은 서적, 3장은 서체와 명필, 4장은 술, 5장은 꽃, 6장은 악기와 그에 능한 사람들, 7장은 산과 누각, 8장은 그네 등의 순서로 1장 1경씩 읊어 처음 3장까지만 당시 문인들의 수양과 학문에 연관이 있고, 나머지 5장은 풍류라기보다 극단의 도락적인 내용으로 되어 있다. 각각의 연마다 끝이 '…경 긔엇더ᄒ니잇고'로 되어 있어 경기체가라는 호칭이 붙었으며 가사속에 나오는 사람들이 자신의 이름이 노래로 불리는 데 흥미를 느낀 데다 읊을 때위나 당당당 당추자와 같은 음조가 흥을 돋구어 당시 지식인들 사이에서 널리 유행되었다.『악학궤범』과『악장가사』에는 국한문으로,『고려사』악지(樂志)에는 한문과 이두로 실려 전한다.

6) 조선시대 사역원(司譯院)에서 신이행 등이 만든 중국어 어휘사전. 각 어휘를 문항별로 배열하고 그 어휘의 중국어 발음과 뜻을 한글로 적은 유별사서(類別辭書)로서 1690년 간행되었다. 체제는 상하 2단으로 나누어 한자로 중국어의 표제어를 쓰고 매자 아래의 좌우 양편에 한글로 중국어 발음을 표기했다. 왼편에는 운서의 규정음을 적고 오른편에는 교정음을 적었다. 교정음은 사역원 역학서의 외국어 발음 표기방식에 따라 기록했다. 그리고 바로 밑에 우리말 뜻을 적었으며 표제어와 우리말 뜻 사이는 원(圓)으로써 구별했다. 대체로 상·하권에 4800개 정도의 어휘가 62개 문항별로 나누어 배열되었다. 1974년 아세아문화사에서 영인했다.

7) 1748년(영조 24) 현문항이 편찬한 만주어 어휘집. 청어(淸語)역관들의 학습용으로 사역원에서 간행했다. 안명열의 발문에 의하면 이 책을 간행하기 이전에 만주어 어휘를 기록한『물명(物名)』이라는 소책자가 있었으나 오류가 많아서 뒤에 사역원 훈장인 저자가 당시 중국의 만주어사전과 어휘집『청문감(淸文鑑)』『대청전서(大淸全書)』『동문광휘(同文廣彙)』등을 참고하여 6년여 동안 정·편찬했다고 한다. 편제는 어휘를 항목별로 분류하여 상권에는 천문, 시령(時令), 인류, 인품 등 26류에 2448개, 하권에는 전농(田農), 미곡, 채소, 과품(果品), 질병 등 29류 2352개로 총 55류 4800개의 어휘를 수록했다. 어휘 항목은 중국어, 한국어, 만주어 순서이며, 중국어는 한자로 한국어는 한글로 기술했고 중국어와 한국어가 동일할 경우 한국어 어휘를 중국어 한자 수효에 해당하는 짧은 선으로 대치하였다. 2권 2책. 목판본.

여 '그리'라 했다(崔南善, 朝鮮常識 風俗篇 鞦韆條). 그리고 조선시대의 소
설『춘향전』에도 '이애 향단아 근듸 바람이 독하기로 정신이 어찔하
다, 근듸줄 부뜰어라' 하여 '근듸'라 했다(심우성, 1996; 17).

육당 최남선은『조선상식』8)에서 우리말 '그네'의 어의에 대해 다음
과 같이 풀이하면서 그네를 '근', 곧 끈의 놀이라고 했다.

추천(鞦韆)은 일(一)에 추천(秋千)이라고 하니 본디 북방새외(北方塞外) 민
족의 경첩(輕捷)을 연습하는 유희로서 춘추시대에 제(齊)를 거쳐 지나(支
那)로 유입하였다고 한다.『오잡조(五雜俎)』9)에 '남방호괴뢰(南方好傀儡)
북방호추천(北方好鞦韆) 연개호희야(然皆胡戱也)'라 하였다. 당 고무제의
추천부서(鞦韆賦序)에는 일설을 별립하여 가로되 '추천은 궁중기수(宮中祈
壽)의 어(語)인 천추(千秋)가 뒤집혀 추천이 된 것이니 한무제 일천추(一
千秋) 수(壽)를 기원한 고로 후궁에서 이것을 숭상하니라' 하고 서현(徐鉉)
의『설문신수자의(說文新修字義)』에 이 의(意)를 받아서 금자(今字)가 초
(草)를 종(從)하고 또 천(千)이 천(遷)으로 변함의 부당함을 논하였다. 그
러나 추천이 지나에서 한대 이래 궁중후정(宮中後庭)의 숭상이 되어 당에

---

8) 한국의 역사 및 전통문화를 다룬 책. 최남선이 매일신보 학예면에 연재했던 것으로서
    상식적인 사항들을 열거하고 있다. 1948년 동명사(東明社)에서 풍속편, 지리편, 제도
    편의 3권으로 분류하여 간행했다. 풍속편에서는 한국 전통민속을 문헌학적 고증과
    민속학적 비교방법을 동원하여 사전식으로 논술하고 있다. 지리편에서는 국토의 전
    반적 현상을 과학적·역사적 검증을 기초로 하여 설명하고 있으며 제도편에서는 한국
    의 역사용어 및 관직, 선거, 행정에 관한 항목을 그 근원을 밝혀 체계적으로 설명하고
    있다. 53년 국문사(國文社)에서 3권을 1책으로 합본하여 발행하기도 했다. 국학연구
    자료로 그 가치가 높다. 3책. 502쪽.
9   중국 명나라 때의 수필집. 사조제가 지은 책으로, 전체를 천(天), 지(地), 인(人), 물(物),
    사(事)로 나누고 자연현상과 인사(人事)의 매우 광범위한 주제에 대해서 저자의 견문
    과 의견을 항목별로 정리한 책이다. 당시 유행했던 단편수필인 소품(小品)에 가까운
    형식을 취했으며 전체적으로는 문인취향적인 영역을 벗어나지 못했다. 그러나 음양,
    풍수 등 미신사상을 부정하는 합리적 안목으로 그 무렵의 사회가 안고 있던 모순을
    예리하게 파헤친 면도 있어 명나라 때의 정치·사회·문화에 관한 귀중한 자료가 되고
    있다. 16권.

있어도 역연하고 일면 한식(寒食)의 절속(節俗)으로 민간에 행해 오되 치우쳐 여자의 희(戲)로 생각함이 통례이다. 당의 반선희(半仙戲)의 칭(稱)이 있고 개원유사(開元遺事) 근세에는 유선희(遊仙戲)라고도 일컬었다(한국민속대관, 2538).

한편 그네라는 우리말을 한자어로는 추천이라고 표기하는데 최상수(최상수, 1988; 108~110)는 다음과 같이 기록하고 있다.

추천(鞦韆)이 새외민족의 풍속이라면 그 이름도 그 민족이 사용하던 말로써 들어왔을 가능성이 많고 글자 또한 특이하므로 이 말은 말소리로 표한데 지나지 않는 것으로 보인다. 추측컨대 추천이라는 말은 원래 새외민족의 말을 음시(音示)한 것으로써 또한 그 뜻을 표의(表意)한 것으로 추측된다. 추(鞦)는 추(推)와 뜻이 같으니 곧 '밀어 끈다'는 뜻이요 천(韆)은 천(遷)과 같은 뜻이니 곧 '밀어 옮겨간다'는 뜻인 것 같다. 또한 글자에 가죽혁(革)변을 쓴 것을 보면 이는 처음 북방의 새외민족이 가죽으로 그넷줄을 만들었던 것으로 여겨진다.

최상수는 그네의 어원을 '근의'로 보고 역시 끈의 희(戲)가 분명하다고 하여 최남선의 설을 지지하고 있다. 이와 달리 양주동은 그네의 본딧말은 '그네, 군듸, 굴위' 등 수십 종의 방언이 현존하나 그것의 원형은 '글위' 또는 '굴위'이고 그 어원은 '발을 구르다'의 '구르'에서 왔다고 했다.

1. 고려시대

그네뛰기가 오늘날에 와서 우리나라 고유의 풍속으로 되어 있으나

113

중국에서 전래되었는지 아니면 스스로 발생했는지의 유래에 관해서는 정확하게 추단할 수 없다(한국민속대관, 2453). 그러나 '추천'에 대하여 가장 오랜 문헌으로는 『형초세시기』[10] 외에 『수서(隋書)』의 예문지(藝文志) 소재(所載)의 『고금예술도』를 들 수 있다. 문헌에 따르면 추천은 육조시대에 제나라를 거쳐 중국으로 들어왔고 후일 우리나라에 들어와 하나의 풍속을 이루었다. 『형초세시기』에는 다음과 같은 내용이 있다(최상수, 1988; 197).

북방새외민족이 한식날 그네뛰기를 하여 가볍고 날랜 몸가짐을 익혔다. 그 후 이것을 중국 여자들이 배웠다. 나무 등을 세우고 그 위에 나뭇가지를 가로질러 맨 다음 물감들인 줄을 그곳에 매달고 선비와 부인들이 줄에 앉거나 서서 밀고 잡아당기며 놀았다. 이 놀이를 추천이라 일컬었다.

중국의 『송사(宋史)』[11]에는 고려 현종 때 조파사(朝派使) 곽원(郭元)의 소언(所言)에 '단오유추천(端午有鞦韆)'이라 하여 고려에서 단옷날에 그네뛰기를 즐겼다는 기록이 있다. 그네뛰기 풍속이 우리나라 문헌에 최초로 보이는 것은 『고려사』[12]인데 그 내용을 보면 다음과 같다.

---

10) 중국 육조시대 후난성과 후베이성을 중심으로 하는 형초 지방의 풍속을 기록한 연중 세시기. 6세기 무렵 양나라 종름이 지은 『형초기』 10권을 7세기초 수나라 두공섬이 주를 달아 한권으로 엮은 것이다. 현존하는 중국의 세시기 가운데 가장 오래된 것으로 민간의 풍속뿐 아니라 4월 관불회(灌佛會), 7월 우란분회(盂蘭盆會), 12월의 추나(追儺) 등 불교적인 행사를 포함하고 있다. 유교적인 수식 없이 순수하게 민중의 생활을 묘사한 중국 민속연구의 귀중한 자료이다.

11) 중국 송나라에 관한 기전체(紀傳體)의 역사서. 정사의 하나로, 원나라의 탈탈(脫脫) 등이 칙명으로 지었다. 남송이 멸망한 뒤 원나라가 수집한 송나라 국사, 실록, 일력 등을 바탕으로 다른 자료도 보태어 1345년에 완성했다. 사료 중 흩어져서 일부가 없어진 것, 자료로서 불충분한 것, 빠진 것은 다른 자료로 보충하거나 삭제하여 충실하지는 못하다. 예컨대 『송회요(宋會要)』『속자치통감장편(續資治通鑑長篇)』『건염이래계년요록(建炎以來繫年要錄)』등에 비해 못한 면이 있으나 이들에는 없는 것도 포함된 송나라 때의 집약적 사서로서 가치가 크다. 496권.

12) 고려 국사의 편찬은 고려말기 이제현, 안축, 이인복 등이 시도한 『국사』에서부터 시

단옷날에 권신 최충헌이 백정동궁에서 그네뛰기를 베풀고 문무 4품 이상의 선비를 초청하여 삼일 동안 놀았다 하고(129권 열전 제42, 최충헌전), 또 최이는 종실(宗室) 및 사공(司空) 이상의 선비들을 초청하여 놀 때 채붕을

작된 것이나 완본이라 할 만한 것은 없었다. 조선시대에 와서 태조의 명에 따라 정도전 등이 편찬을 시작했고, 그 뒤 여러 차례 개수되어 1451년(문종 1)에 『고려사』가 간행되기까지 60년이라는 세월이 걸렸다. 1396년 완성한 정도전의 『고려국사』는 조선 건국의 합리화 내지 논리적 근거를 찾기 위해 고려말기의 사실(史實)에 많은 곡필을 가했으며 또 사사롭게 자기의 정적들을 깎아 내렸다. 그리고 조선의 국시인 사대주의의 명분을 내세우기 위해 고려의 주체적·자주적 사실과 그 왕실외교 등의 용어까지 삭제했다. 『고려국사』는 37권의 분량이지만 사서로는 무가치한 것이 되었다. 게다가 단시일에 편찬되고 개국공신들의 주관이 개입되었다 하여 비판의 대상이 되었을 뿐만 아니라 태종이 즉위한 뒤로는 조선 건국과정에 대한 기록이 부실하다는 문제성이 제기되었다. 그 뒤 세종은 1419년(세종 1) 9월에 유관, 변계량 등에게 개수를 명했으나 변계량은 고려 원종 이전의 여러 왕의 묘호(廟號)를 참칭이라 하여 삭제했고 또 『고려실록』에 나타난 고려의 왕실용어 등을 개서했다. 이에 세종은 23년(세종 5)에 유관과 윤회에게 명하여 제2차 개수작업에서 문제되었던 대로 직서(直敍)하도록 했다. 이리하여 윤회는 『수교고려사』를 완성하였는데 이 책도 내용이 소홀함이 많아 다시 권제 등에게 명하여 『고려사전문』의 간행을 보았다. 이것도 권제가 자기 조상에 대한 기술을 사실과 다르게 기록했고 또 남의 청탁을 받고 고쳐 쓰는 등 공정성이 결여되어 반포가 중지되었다. 1449년(세종 31) 세종은 김종서, 정인지 등에 명하여 다시 수정작업을 시작했는데 이때에는 전부터 논의되었던 사체(史體)의 문제가 제기되어 종래의 편년체에서 기전체로 편찬하기로 결정했다. 이리하여 대대적인 편찬작업에 들어가 1451년(문종 1) 8월 김종서 등에 의하여 세가(世家) 46권, 지(志) 39권, 연표 2권, 열전 50권, 목록 2권 총139권의 『고려사』가 편찬되었다. 완성된 뒤 김종서, 허후, 박팽년, 유성원 등은 세조에게 죽임을 당하여 찬자의 이름에서 삭제되고 정인지만 남게 되었다. 『고려사』의 완성은 세종의 힘이 아니었다면 불가능한 작업이었다. 『고려사』는 139권의 기전체 사서로, 고려에 관한 사서 중 편년체의 『고려사절요』와 함께 종합적이고도 기본적인 사료가 된다. 여러 번의 개찬과정을 통해 『고려사』는 내용이 크게 보완되었는데 고려시대의 실록 자료가 빠짐없이 이용되었고 『고려국사』 이래의 편찬과정에서 크게 문제되었던 인물 평가에 대하여도 객관적인 서술로 개서되었다. 『고려사』는 각편 중 지(志)와 열전(列傳)이 그 중심을 이루고 있다. 지는 12지로 분류되어 있고 각 지에는 고려의 문물, 제도, 풍속이 상세하게 거의 망라, 정비되어 있는데 중앙집권적 체제에 대한 지배계급의 관료주의 제도도 잘 정비되었다. 그러나 이들 지 전부가 완벽하다는 말은 아니고 단순히 자료 나열, 자료 수집에 그친 부분도 없지 않다. 다음 이 책의 열전 50권에는 후비, 종실, 제신(諸臣), 양리(良吏), 충의(忠義), 효우(孝友), 열녀, 방기(方技), 환자(宦者), 혹리(酷吏), 폐행(嬖幸), 간신, 반역 등의 항목으로 나누었는데 이 열전을 가장 중시했고 힘을 기울였다. 그러나 열전 전부가 공정하게 기술되어 있다고 볼 수는 없고, 곡필이 많이 보인다. 이러한 편견은 사실 당시 인물 평전에서 흔히 보이는 것이기는 하나 의식적인 혹평은 정치 현실에서 온 것이라 볼 수 있고 어떤 인물의 행적 등을 미미하게 다룬 것은 유교적 평가에서 온 것이라 볼 수 있다.

설하여 산과 같이 만들고 그 둘레에 갖가지 수를 놓은 장막과 휘장을 둘러치고 그 안 가운데에는 비단과 꽃으로 꾸민 그네를 매달았다. 또한 은과 자개로 무늬를 놓은 큰 동이 네 개에는 얼음덩이를 담고 큰 술잔 4개에 꽃 10여 송이를 꽂아 사람들의 눈을 현란하게 하였다. 그리고 팔방상공인(八坊廂工人) 1350여 명이 뜰에서 연주하는 현가(絃歌)와 고취(鼓吹)의 소리가 천지를 진동시켰다. 최이는 팔공상공인들에게 각각 백금 3근을 주고 영관(伶官)과 기생과 재인에게도 금과 비단을 내리고 그네뛰기를 하였다. 우왕(禑王)은 수창관에서 임치등과 함께 그네뛰기를 하였다(129권 열전 제42, 최이전).

위의 사실을 미루어 볼 때 중국의 그네뛰기가 북방에서 시작되어 점차 남쪽으로 전해졌고 고려시대의 그네뛰기는 왕궁을 중심으로 한 귀족사회에서도 호화롭게 성행되었음을 보여주고 있다. 고려 말에는 임금도 그네뛰기를 했다. 우왕이 거리를 돈 뒤 수창궁에 가서 임치등과 그네를 뛰었다는 내용이 그것이다. 그러나 고종은 1216년과 1246년에 단오 그네와 풍악을 금지시켰고 충숙왕(1314년 5월)도 그네뛰기와 격구를 금지했으며 충렬왕도 같은 명령을 내렸다(1322년 5월). 이것은 지나친 사치가 주요 원인이었을 것이다(김광언, 2004; 81).

『문헌통고』[13]에도 고구려 사람들이 단오 때 그네를 뛰었다는 기록이 있다. 13세기 초 이규보(李奎報)는 『동국이상국집』[14]에서 그네뛰

---

13) 중국 송나라 말기, 원나라 초기의 마단림(馬端臨)의 저서. 당나라 두우(杜佑)의 『통전(通典)』과 송나라 정초(鄭樵)의 『통지(通志)』와 함께 삼통(三通)이라고 한다. 『통전』은 예(禮)에 자세하고 『통지』는 기전(紀傳)이 대부분을 차지하는 데 비해, 이 책은 전적으로 경제, 제도를 다루었다. 또 앞의 두 작품은 당나라까지의 기술인 데 비해 이 책은 남송의 영종대까지 기술하고 있어 당·송의 변혁기를 포함하고 있다는 점이 중요하다. 그 속편으로서 청나라 건륭제 흠정(欽定)의 『속문헌통고』 및 명나라 왕기(王圻)의 『속문헌통고』, 청나라 유금조(劉錦藻)의 『황조속문헌통고』가 있다. 348권.
14) 고려 중기 문인 이규보의 문집. 저자가 사망한 해인 1241년(고종 24)에 간각에 착수했으나 생전에 완성을 보지 못하고 죽은 이후에 아들 함(涵)이 완성했다. 총 53권으로

기의 정경을 다음과 같이 기록하고 있다.

오를 제는 달나라로 가는 듯싶더니
돌아올 젠 사뿐히 선녀 내리는 듯
줄을 차며 솟을 때 손에 땀을 쥐지만
삽시간에 표연히 돌아오누나

2. 조선시대

조선시대에는 그네 터에서 남녀의 눈이 자주 맞았다. 『성종실록』[15]에 "하급 관리가 남대문 밖에서 그네 뛰던 여자와 정을 통하였다"는 기록이 있다(1479년 10월 18일). 양반 부인의 그네뛰기를 큰 흉으로 안 것도 이와 연관이 깊다. 성종도 "제안(齊安)의 아내가 스스로 그네를 뛰고 비자(婢子) 등과 동침하였다면 실행과 다름없다"고 했다(성종실록, 13년 6월 20일). 다음은 성종 24년 사헌부와 사간원에서 도총관(都摠管) 등에게 죄를 줄 것을 청한 내용이다.

된 전후집의 내용을 보면 문집서(文集序)와 연보서(年譜序)에 이어 제1권에는 외부(畏賦), 춘망부(春望賦) 등 고부(古賦) 6수와 고율시(古律詩) 36수, 제2권에는 고율시, 제3권에는 동명왕을 노래한 장편서사시를 필두로 초당삼영(草堂三詠) 죽천인(竹天人) 등, 제4권은 당명황(唐明皇)의 사적에서 취재한 개원천보영사시(開元天寶詠史詩) 43수가 주된 것이고, 제5권은 저화오동각(著和吳東閣) 백운시 3수, 제6권은 남유시(南遊詩) 90여 수, 제7~8권에도 고율시로 되어 있다. 나머지 제31권에서 41권까지는 표장(表狀), 교서(敎書), 관고(官誥), 비명, 묘지, 애사(哀詞), 제문(祭文), 소(疏) 등을 망라했다. 후집 12권은 대부분이 고율시이다. 이 문집은 현존하는 몇 개 안 되는 고려시대의 문집으로 그 양과 질에 있어서 일세를 풍미하던 당대의 대문장가와 저자의 면모를 살필 수 있는 중요한 자료이다. 53권 14책. 인본도서, 규장각.

15) 조선 제9대 왕 성종 연간(1469~94)의 역사를 기록한 책. 원명은 『성종강정대왕실록(成宗康靖大王實錄)』이다. 1495년(연산군 1) 4월 영의정 노사신 등의 건의에 따라 편찬에 착수했다. 1499년 3월 인쇄까지 완료하고 4사고(史庫)에 봉안했다. 이 실록의 편찬에는 영의정 신승선과 성준 이하 낭청 편년체 활자 우.

단오에 부자 상인과 시정 무리가 종루 뒤에서 그네를 매고 남북으로 나누어 겨루었습니다. 그 호화로움이 채붕과 같고 서울의 사녀(士女)가 구름처럼 모여들었습니다. 부녀자 둘은 가마를 타고 옆의 기녀 집으로 가 구경하였습니다. 이는 놀이가 아니라 아름다운 계집을 모아 벌인 음란 행위입니다. 풍속을 어지럽혔으니 국문에 붙여야 합니다.

그러나 왕이 듣지 않았던 것을 보면(성종실록, 24년 5월 24일) 그네에 대한 이해가 깊었던 것 같다. 더욱이 성종은 홍문관에 술을 내리며 그네를 비롯하여 '선정전 이른 아침(宣政殿早朝)'과 '서정했던 원수가 머리를 바치다(西師獻馘)'라는 제목의 율시 세 편을 지어 올리라고도 했다(성종실록, 23년 4월 19일). 또한 성종 때의 성현도 『용재총화』16) 제2권에 다음과 같이 기록하고 있다.

서울 거리에 긴 장대에 맨 그네에 올라 곱게 차린 계집아이들이 떠들며 채색 줄을 잡고 다투어 뛰자 젊은 남자들이 몰려와 줄을 밀고 끄는 등 음란한 장난이 그치지 않았다. 조정의 금지령으로 지금은 줄었다.

이처럼 조정에서 금지했다고 하지만 사라진 것은 아니다. 또한 지평(持平) 이의형(李義亨)과 헌납(獻納) 이종윤(李從允)이 이기(李驥)와 이난(李瀾)의 석방이 이르다고 아뢰자 성종은 다음과 같이 말했다.

16) 조선 중기 학자 성현(成俔)이 지은 필기잡록. 1525년(중종 20) 경주에서 간행되어 3권 3책의 필사본으로 전해져 오다가 1909년 조선고서간행회에서 간행한 『대동야승(大東野乘)』에 채록되었다. 이 책은 고려시대부터 조선 성종 때까지의 풍속, 지리, 역사, 문물, 제도, 음악, 문학, 인물, 설화 등 문화 전반을 다루고 있다. 각 권은 편차 없이 서술되어 있고, 권별의 구분도 내용과는 무관하다. 내용 서술상의 특징은 신분과 지위의 높낮이를 가리지 않고 인정세태를 생생하게 유려한 문장으로 구사한 점이다. 특히 잔치음식의 종류와 맛의 특징, 나례(儺禮)와 처용무 등의 절차를 수록하고 있으며 유명인의 일화, 일반 대중이나 천인들의 소화(笑話) 등 다양한 설화를 수록하고 있어서 민족학 및 구비문학 연구의 중요한 자료로서 이용되고 있다. 10권.

경연(經筵)에 나아갔다. 강하기를 마치자 지평 이의형과 헌납 이종윤이 아뢰기를, 이기와 이난을 석방할 수는 없습니다 하니 임금이 말하기를 "죄를 받은 지 이미 3년이 되었고 이제 또 은혜를 베풀기 때문에 석방하는 것이다" 하였다. 이어서 좌우에게 물으니, 영사(領事) 정창손(鄭昌孫)이 대답하기를 "종친들은 법을 범하기가 쉽습니다. 이제 석방을 너무 빨리 하면 징계하는 뜻이 없어지니 아직은 석방해 주지 말고 징계하는 것이 좋을 듯합니다" 하고 지사(知事) 이극증(李克增)은 아뢰기를 "대간(臺諫)의 말이 옳습니다. 그러나 수산수(守山守)는 남대문 밖에서 그네뛰기(鞦韆)하는 것을 만나 간통하였으니 실지로 알지 못하였습니다" 하니 임금이 말하기를 "방산수(方山守)는 서로 간통한 지가 오래 되었으니 어찌 알지 못하였겠느냐? 그러나 수산수는 '그러한 사실을' 알지 못하였음이 분명하다. 또한 어을우동(於乙宇同)과 간통한 자들을 모두 석방하였으니 수산수도 석방하라"고 하였다(조선왕조실록, 성종 13년, 1482년).

다음은 16세기 후반 허난설헌이 읊은 쌍그네의 모습이다.

이웃집 처녀들
짝지어 그네 뛰네
허리 잘록 동인 모습
선녀인 듯 곱구나
그넷줄 바람 타고
하늘 높이 올라가니
패물 부딪는 소리
숲 위로 들려오네

조선시대에 와서는 서민층의 놀이로 널리 퍼져나갔는데 반해 왕족이나 귀족은 그네뛰기를 멀리했다. 이는 당시 상류층의 봉건적 윤리 규범이 여성의 활달한 몸 움직임을 꺼려했기 때문으로 볼 수 있다.

『경도잡지(京都雜誌)』[17]의 단오조(端午條)에 "항간의 부녀들이 추천희(秋千戱)를 매우 성하게 한다"고 기록되어 있고, 『열양세시기(洌陽歲時記)』[18]의 단오조에도 "남녀로서 연소한 자들은 그네뛰기 놀이를 한다. 서울이나 시골이나 다 같지만 평안도 지방이 더욱 심하여 고운 옷과 고운 음식으로 서로 모여 즐기는 것이 설날과 대략 같다"고 했는바, 이를 미루어 보아 남쪽보다는 북쪽 지방에서 그네뛰기가 성행한 것으로 보인다(오장현, 1995; 30). 『송경지(松京誌)』 권2 풍속편에는 "음력 5월 5일 단옷날에 나이 어린 여자들은 그네를 뛰고 남자들은 씨름을 한다"고 했고 『개성지(開城誌)』 권4 풍속편에도 "단옷날 성장한 여자들이 경덕궁에 모여 그네를 뛰고 남자들은 만월대에 모여 씨름을 한다"고 했다.

---

17) 조선 후기 실학자 유득공(柳得恭)이 쓴 세시풍속지. 완성 연대는 내용으로 보아 정조 때인 것으로 판단된다. 따라서 같은 세시기인 『열양세시기』『동국세시기』보다 먼저 집필된 것이다. 내용은 제1권 풍속에 건복(巾服), 주식(酒食), 다연(茶烟), 과과(果瓜), 제택(第宅), 마려(馬驢), 기집(器什), 문방, 화훼, 발합, 유상(遊賞), 성기(聲妓), 도희(賭戱), 시포(市捕), 시문, 서화, 혼의(婚議), 유가(遊街), 가도(呵導) 등 주로 당시의 여러 문물제도를 19항목으로 나누어 약술하고 그 유래나 비판을 덧붙였다. 제2권 세시에는 원일(元日), 해일(亥日), 자일(子日), 사일(巳日), 인일(人日), 입춘, 상원(上元), 2월 초일일, 한식, 중삼(重三), 4월 파일, 단오, 6월15일, 복, 중원(中元), 중추, 중구(重九), 10월 오일(午日), 동지, 납평(臘平), 제석(除夕) 등 한양의 세시를 19항목으로 분류하여 약술하고 있다. 특히 제2권은 『동국세시기』의 모태가 된 듯한데 『동국세시기』의 체재가 대체로 이 책과 같으며 이 책에서 잘못된 것이 그대로 전재되어 있어 제2권 세시편을 토대로 기술하면서 부연, 첨가, 정리한 것으로 판단된다. 2권 1책. 필사본.

18) 1819년(순조 19) 김매순(金邁淳)이 한양의 연중행사를 기록한 책. 열양은 한양을 뜻한다. 한양의 세시풍속 80여 종류를 월별로 구분, 해당 절후와 그에 따른 풍속을 간략히 적었다. 정월에 입춘 원일(元日), 인일(人日), 상해일(上亥白), 상원(上元), 2월에 삭일(朔日)과 육일(六日), 3월에 한식 삼일(三日)과 곡우, 4월에 초파일, 5월에 단오 십일(十日), 6월에 보름과 복일(伏日), 7월에 중원(中元), 8월에 중추(中秋), 9~10월에 이십일(二十日), 11월에 동지, 12월에 납일(臘日)과 제석(除夕)의 세시풍속을 쓰고 있다. 한양의 세시풍속을 전해주는 한편 실학사상의 맥락과 연결되면서 개화기의 국학연구에 도움을 준다. 1권 인본(印本).

이와 같이 여인네들의 단오놀이로 널리 퍼져 나갔던 그네뛰기는 서울을 비롯하여 평양, 개성, 사리원, 수원, 남원, 전주 등의 도회지에서도 크게 성행되어 왔다.

그러나 조선시대에는 고려시대와는 달리 상류층 여인네들에게는 그네뛰기를 못하게 했다. 이는 유교적인 윤리관을 내세운 양반들은 많은 사람들이 모여서 보는 가운데 젊은 여자들이 전신을 공중에 드러내고 안간힘을 쓰는 일이 점잔과 체통을 지켜야 하는 그들의 비위에 거슬려 딸이나 부인들에게 경원하도록 했다. 또한 여인네들을 엄격하게 통제하였던 당시의 공소(公疏)하고 메마른 봉건적 윤리규범에 의한 결과인 것이다. 따라서 그네뛰기는 주로 서민층의 젊은 여성들의 가장 큰 놀이가 되었다.

조선 중기 개성 송악산의 다섯 신당에서 단오 굿을 벌일 때 대왕부인이 그네를 뛴다고 하여 대왕당의 목상을 들어내어 그네 뛰는 시늉을 내었다. 이것은 대왕의 신이 내렸다는 어떤 박수가 홀아비로 지내기 적적하니 부인을 붙여달라고 하여 대왕상 옆에 둔 것이다. 그네는 대왕부인뿐 아니라 대왕도 뛰고 둘을 묶어 쌍그네도 시켰다. 또 이들에 이어 그네를 뛰면 부부가 화합하고 아이를 낳으며 무병장수도 누린다는 소문이 퍼져서 구름처럼 모여든 많은 남녀들이 다투어 올랐다. 명종 때 열 살 난 왕세자를 관례 시키고 세자빈을 뽑기에 앞서 상궁을 이곳에 보내 치성을 드렸고 상궁이 대리로 그네를 뛰기도 했다. 개성의 송악산은 송도의 진산인 데다가 조선 초 도읍을 옮기기 전 팔도성황에 벼슬을 내릴 때 진국공(鎭國公)이 된 탓에 송악산의 그네가 널리 알려진 것이다.

황해도 평산 지방의 소놀이굿에서는 무당이 그네 밑씻개에 칼날을 세워 놓고 그네를 탔다. 이것이 작두그네이다. 이밖에 한 그네에 셋이 3층 무동을 한 채 뛰기도 했다(김광원, 2004).

3. 근·현대

1900년을 전후한 격변기에는 다른 민속놀이와 같이 그네뛰기도 점차 빛을 잃기 시작했고 일제 강점기에는 일본인들의 민족의식 말살정책에 의해 그네뛰기도 일시 자취를 감추게 되었다. 그러다가 1937년 중일전쟁 이후 일제는 전쟁 수행상 국가총동원을 하는 때에 그네뛰기대회와 같은 한가한 민속놀이를 할 수 없다고 금지시켰다.

1945년 8월 15일 해방 이후 전국 곳곳으로 부활되어 단오놀이로 성행되었다. 서울에서는 남산, 장충단공원, 그리고 사직공원에서 대대적인 그네뛰기대회가 민간단체에 의해서 며칠 동안 계속되었다. 서울에서의 그네뛰기는 시골 농촌에서 보는 바와 같이 큰 나뭇가지에 줄을 매어서 그네를 뛰는 것이 아니라 '땅그네'라 하여 넓은 광장에 채색 헝겊을 감은 기다란 통나무를 양쪽에 세우고 그 위에 통나무를 가로질러 묶은 다음 그넷줄을 매어 즐겼다. 그러나 6·25전쟁으로 인해 쇠퇴되었다.

1956년 6월에는 특별히 이승만 대통령 82회 탄생기념 축하로 대한씨름협회에서 그네뛰기대회를 서울 창경원 특설경기장에서 개최하기도 했다. 이때 일반은 개인전을, 여자 중고등학생은 단체전을 하여 대성황을 이루었다.

1970년대에 들어와서는 주부클럽연합회에서 신사임당 기념행사의 하나로 해마다 5월에 경복궁에서 그네뛰기대회를 거행하여 자못 활기를 띠었다. 지방에서도 강릉 단오제, 밀양 아낭제, 남원 춘향제 때에 그네뛰기가 거행되고 있다(한국민속대관, 2452). 1982년 5월 5일부터 대한민속그네협회가 잊혀져 가는 '우리 민속놀이를 찾아 아끼고 가꾸는 정신을 새롭게 하자'는 취지 하에 그네를 보급함으로써 그 맥을 이어가고 있다.

III. 그네뛰기의 경기방법

1. 종류

그네뛰기는 대개 4월 초파일을 전후하여 매어놓고 5월 단오절에 이르는 약 한 달 동안 계속되는데, 특히 단옷날에는 가설 그네 터에서 경연대회를 여는 것이 통례이다.

그네놀이에는 한 사람이 혼자 뛰는 외그네뛰기, 두 사람이 짝이 되어 함께 마주보고 뛰는 쌍그네뛰기(맞그네뛰기), 꽈배기뛰기 등이 있다. 경연에는 높이뛰기와 방울차기가 있다. 그네를 허공 높이 구르기 위해서는 온몸의 탄력을 이용해야 하는데, 특히 팔과 다리에 힘이 있어야 하고 그것을 잘 발휘해야 한다. 따라서 그네뛰기는 체력과 민첩성, 고도의 긴장감이 따르는 체육적 의의를 갖는 놀이라 할 수 있다.

1) 외그네뛰기

발판에 올라서서 양팔을 넓혔다 좁혔다를 되풀이 한다. 동시에 발을 밀어차서 그네가 올라가도록 한다.

2) 쌍그네뛰기

쌍그네뛰기는 두 사람의 호흡과 힘이 잘 조화되어야 한다. 발판에 한 사람은 앉고 다른 한 사람은 일어선다. 둘이 호흡을 맞춰 그네를 밀어 올린다. 그네높이띄우기 외 그네뛰기와 쌍그네뛰기를 여럿이 할 때 승부를 가리는 놀이이다.

3) 꽈배기뛰기

외그네, 쌍그네로 그네를 탈 때 몸을 비틀어 줄을 꼬이게 한 다음

누가 가장 오랫동안 풀리는지 겨루는 놀이다.

4) 높이뛰기
그네를 굴러 얼마나 높이 올라갈 수 있는가를 겨루는 놀이다. 높이를 재는 방법은 그네 앞 장대에 매단 방울을 발로 차서 소리를 울리는 것으로 높이를 잰다.

5) 방울차기
장대에 매단 여러 개의 방울 중 한 개를 정하여 누가 제일 많이 방울 소리를 내는가를 계산하여 승부를 가린다. 그네 앞에 장대를 세워 놓는다. 높이에 따라 방울을 매달아 놓고 뛰어 올린 그네의 높낮음을 재면 된다. 또는 방울을 하나만 달아놓고 그네를 뛰어서 누가 방울 소리를 더 크게 울리는가에 따라 승부를 가리기도 한다.

2. 시설

1) 그네
그네는 대개 마을 어귀나 동네 마당에 있는 큰 느티나무나 버드나무 등의 굵은 가지에 매달기도 하고 마땅한 나무가 없을 때는 인공적으로 그네를 가설하기도 한다. 또한 모래벌판 등 넓은 터에 긴 통나무 두 개를 높다랗게 세우고 그 위에 가로질러 묶은 통나무에 그네를 달기도 한다. 이들 통나무에는 색 헝겊을 둘러 장식하여 경기 분위기를 화려하게 한다. 그네 발판은 장방형의 두꺼운 널판을 사용하고 부드러운 무명으로 안전줄(줄을 잡은 두 손을 그넷줄에 고정시키기 위해 만든 고리모양의 띠)을 대어 그네를 뛰는 사람이 마음 놓고 구를 수 있게 한다.
요컨대 동리 어귀의 느티나무에 매단 그네는 동리 여인들의 여흥장

이었다면 인공(人工) 그네 터는 경연대회가 벌어지는 본격적인 겨룸판
이었다(오장현 외, 1995; 3032).

2) 그넷줄

그넷줄의 길이는 89m 정도로 하는 것이 적합하다. 지나치게 길면
타는 사람의 힘이 그네를 이겨내지 못하고, 지나치게 짧으면 힘을 충
분히 발휘할 수 없어 뛸 맛이 덜하게 된다. 그넷줄 굵기는 재료에 따
라서 일정하지 않다. 대개 굵은 새끼줄로 만드는 것이 보통이나 색실
이나 노끈을 꼬아 만든 동아줄을 사용하기도 한다. 그러나 반드시 손
안에 들어갈 수 있는 정도의 굵기로 만들어야 한다.

3) 장대와 방울

그네 앞 적당한 거리에 긴 장대를 세우고 장대 끝 부분에 방울을
몇 개 차례로 매단다. 고등학생을 표준으로 하면 그넷줄 높이는 89m
정도, 장대 높이는 10m정도, 방울 사이의 간격은 30㎝ 정도가 적당
하다.

3. 경기방법

그네뛰기 경기를 할 때 그네의 높이를 재는 방법에는 두 가지가 있
다. 첫째는 높이 올라가는 것으로 승부를 결정하는데, 그네가 앞으로
나가는 자리에 높이를 재는 장대를 세우고 때로는 그 위에 방울을 매
달아 놓아 뛰는 사람의 발이 방울을 차서 울리도록 해서 그 방울소리
의 도수(度數)로써 승부를 결정한다. 또 하나의 방법으로는 그네의 발
판에 줄자를 매달아 그네가 높이 올라가는 척수(尺數)를 재어 승부를
결정한다. 상품으로는 대개 여성의 노리개인 금가락지 등이 수여되는

데 이는 씨름에 황소를 상품으로 내는 것과 좋은 대조를 이룬다(한국
민속대관, 2539).

Ⅳ. 널뛰기의 유래

널뛰기는 그네뛰기와 더불어 우리나라 여성의 대표적인 놀이로 음
력 정월 초를 비롯하여 5월 단오, 8월 추석 등 큰 명절에 성행되어
왔다. 유래에 대해서는 별로 알려진 바가 없으나 그 놀이의 성격으로
미루어 보아 고려 이전의 시대부터 전승되어온 것으로 추측된다. 이
에 관해 최남선(朝鮮常識問答, 널뛰기 跳板條)은 "남자의 윷놀이에 대하
여 여자의 세수(歲首)에 있는 대표적인 유희는 널뛰기라 할 것인데, 활
발용약(活潑勇躍)으로 표현을 삼는 이 유희는 유교적인 유한정정(幽閑
貞靜)을 강요하던 시대에서 비롯된 것이 아니라, 기마격구(騎馬擊毬)라
도 자유롭게 하던 고려시대 이전부터 있었던 고유 민속이다"라고 보
았다(오장현, 1995; 3435). 따라서 널뛰기는 말 타기나 격구 같은 활발한
놀이를 했던 고려 이전의 여성들에서 유래된 것이고, 서양의 시소와
다른 우리 고유의 민속놀이로 그 특징이 있다.

널뛰기는 이름 그대로 널판 위에서 뛴다는 뜻이다. '초판희(超板戲),
판무희(板舞戲), 도판희(蹈板戲)'는 우리말을 한자어로 옮긴 것이다.

널뛰기의 유래에 대해 민간에 전해 오는 재미있는 이야기가 있다.
널뛰기는 여자들이 지금처럼 자유롭게 밖으로 돌아다니지 못하던 시
절에 생겼던 놀이라고 한다. 옥에 갇혀 있는 남편들을 보고 싶어 여자
들이 짜고 옥의 담장 옆에 널판을 갖다 놓고 팔짝팔짝 오르면서 남편
들의 얼굴을 번갈아 가면서 보았다고 한다. 또 비슷한 이야기지만 담
장 밖의 총각들이 보고 싶을 때 널을 뛰면서 살짝살짝 보기 위해서

널뛰기가 시작되었다는 설도 있다. 즉, 널뛰기는 옛날 유교사회의 도덕적 구속으로 말미암아 출입을 마음대로 할 수 없었던 여인네들이 제한된 공간 안에서나마 바깥 세상에 대한 동경과 호기심으로 담장 곁에 널을 놓고 뛰면서 밖을 내다볼 수 있게 만들어진 놀이라는 설도 있다.

널뛰기에 관한 옛날 속담으로는 '널뛰기를 하면 그해에는 발바닥에 가시가 들지 않는다'라든가 '처녀 시절에 널을 뛰지 않으면 시집을 가서 아기를 낳지 못한다'라는 말이 있는데 이는 모두 문 밖 나들이가 거의 없었던 시절에 운동 부족으로 인한 부녀자들의 건강과 관련지어 생겨난 것으로 볼 수 있다(양재연 외, 1970).

『송경지』에도 "정월 초하루에 여자 어린이들이 널을 뛴다(蹴板戱)"고 했다. 안동 지방에서 전해지고 있는 다음의 구전민요에도 널뛰기가 여인들의 대표적인 놀이로 묘사되어 있다.

규중 생장 우리 몸은
설 놀음이 널뛰기라
널뛰기를 마친 후에
떡국놀이 가자세라
(후렴) 널뛰자 널뛰자
　　　 새해맞이 널뛰자

1. 널뛰기와 유구의 판무희

조선 헌종 때 이규경(李圭景)[19]은 『오주연문장전산고(五洲衍文長箋散稿)』[20]에서 "청나라 주황(周煌) 상서(尙書)가 지은 『유구국지략(琉球國

志略)』을 보면 그곳 여자 아이들 놀이에 판무(板舞)라는 것이 있다. 우리 풍속의 놀이와 심히 같으므로 대강 기록한다"고 한 뒤『유구국지략』에 있는 말을 인용하기를 "서보광(徐葆光)이 말하되 정월 16일에 남녀가 다 같이 성묘하고 이 달에 여자가 모두 모여 격구하고 널뛰기 놀이를 한다. 판무라는 것은 널판을 나무 등상 위에 가로놓고 양편 머리에 마주서서 한 쪽이 올라가면 다른 한 쪽은 떨어진다. 뛰는 높이는 4~5척 가량이나 오르되 떨어지거나 미끄러지거나 기울어지지 아니한다"고 했다. 그는 다음과 같은 서보광의 '작답화번사(鵲踏花翻詞)'를 인용했는데, 이것은 서보광이 유구국의 판무희를 보고 지은 것이다.

19) 조선 후기 실학자. 자는 백규(伯揆), 호는 오주(五洲), 소운거사(嘯雲居士). 본관은 전주. 일생 동안 벼슬하지 않고 조부 이덕무(李德懋)가 이룩한 실학을 계승하여 그 위에 청나라 실학의 영향을 받아 조선 후기 실학을 집대성하였다. 특히 조선과 중국의 서적을 두루 탐독하여 정밀한 고증으로 천문, 역사, 지리, 문학, 종교, 서화, 병사(兵事), 초목, 어조(魚鳥) 등 모든 학문을 1400여 항목에 걸쳐 고정변증(考訂辨證)한『오주연문장전산고』60권을 집대성했다. 이 책의 인체내외치상변증설에서는 인체의 구조와 기능을 논하고 있는데, 서양 의술에 관한 내용을 기록한 최초의 저술 중 하나로 평가된다. 종두변증설에는 1854년(철종 5) 평안도 지방에서 처음으로 종두를 실시했다는 내용이 수록되어 있다. 또 경제에도 깊은 관심을 보여 매점매석의 금지를 주장하고 이익(李瀷)의 폐전책(廢錢策)을 지지했으며 대외적인 상행위에 있어서도 개시(開市)와 교역의 필요성을 강조했다. 농정에 관한 대책을 제시한『백운필(白雲筆)』, 신지식을 제시하여 혁신적인 기운을 조성한『오주서종박물고변(五洲書種博物攷辨)』 등이 있다.
20) 조선 후기 실학자 이규경의 백과사전식 저서. 한국, 중국 및 기타 외국의 고금사물에 대해 1400여 항목에 걸쳐 고증했다. 천문, 역법, 수리, 시령, 종족, 역사, 지리, 경제, 문학, 문자, 음운, 금석, 고기(古器), 전적, 서학(西學), 서교(西敎), 도교, 불교, 서화, 의약, 음양오행, 술수(術數), 상서(祥瑞), 재이(災異), 제도, 습속, 예제(禮制), 복식, 유희, 주거(舟車), 교량, 야금, 도요, 병학(兵學), 무기, 기구, 양전(量田), 양조(釀造), 종축(種畜), 외래물종, 초목, 어충(魚蟲), 조수(鳥獸), 광물, 금속 및 전고(典故)에 이르기까지 의심나는 것이나 고증이 필요한 것을 고정변증한 것이다. 그리고 부록으로 오주서종(五洲書種), 오주서종박물고변(五洲書種博物考辨), 오주서종박물고변이국(五洲書種博物考辨二局) 등이 수록되어 있다. 저자가 쓴 서문에 제작 동기가 밝혀져 있다. 이 책은 저자가 평생 벼슬하지 않고 수시, 수처에서 생각나고 쓰이는 대로 모아 정리한 대작으로서 경학, 사학, 문학, 자연과학 등 다방면에 걸쳐 서술되어 관계분야 연구에 좋은 자료가 된다. 1959년 동국문화사에서 상·하 2책으로 영인 간행하고 부록으로 오주서종을 수록했고 민족문화추진위원회에서도 국역 간행했다. 60권 60책, 필사본, 규장각 도서.

널판 하나를 가로놓고 양쪽에서 쌍쌍이 올라갔다 떨어지니
얼른 보면 신선이 나는 듯하고 민첩하기가 제비 같구나
가벼운 몸으로 형세를 빌어 낮았다 높았다 하니
봄바람이 소매에 부딪치면서 다투어 올라가고 내려오는 도다
한쪽에서 잠깐 밟으니 까치가 가지를 치듯
또 한 쪽에선 벌써 디디니 까마귀가 마른나무에서 나는 듯하구나
나패(那覇) 고을 정월에 채색 무지개가 일제히 뻗치니
놀란 기러기도 따를 수 없고 그네를 뛰는 듯
비록 평지이지만 6척에 가벼운 뗏목에 탄 듯하도다
지나가는 행객도 오히려 머물러 서서
저 가는 다리가 공중에 오르고 물결 차는 듯 하는 것을 부러워하니
가히 배우자면 응당 값이 없겠도다 그 곱고 묘한 형상을 알겠구나.

이로 미루어 유구국의 판무회가 우리의 널뛰기와 같은 것임을 알
수 있다. 이규경은 다음과 같이 말했다.

우리나라 여자도 정월 초하루부터 보름 후까지 고운 단장과 좋은 옷으로
차려입고 이 놀이를 한다. 이름을 널뛰기라 하는데 유구는 바다를 수만
리 격하여 서로 미치지 못하는 땅에서도 그 여자아이들의 놀이가 대강
서로 같으니 심히 이상하다.

19세기 유득공의 『경도잡지』 세시원일조(歲時元日條)에도 널뛰기에
대해 자세히 기록되어 있다(심우성, 1996; 35).

여염집 부녀자들이 흰 널판을 짚단 위에 가로로 걸쳐놓고 양끝에 갈라서
서 굴러 뛰는데 그 높이가 몇 자씩이나 올라간다. 그때마다 패물이 쟁쟁

하게 울리고 지쳐 떨어져 나가는 것으로 재미를 삼으니 도판희라 한다.

이규경은 "주황(周煌)의 유구국지략에 그곳의 부녀자들이 널판 위에서 춤을 추는데 이것을 판무라 한다. 이것은 우리의 널뛰기와 비슷하니 이는 조선 초 유구국 사신이 조선에 들어올 때 우리 것을 본받아 전한 것이다"라고 하여 유구국의 판무희까지 언급했다.

조선과 유구국 사이에 이러한 비슷한 풍속이 있게 된 것은 고려 말부터 조선 중종 때까지 유구국의 사신과 상인의 내왕이 잦았으며, 한편으로는 망명객이나 표류민이 우리나라에서 여러 해 머물다 간 사실이 있기 때문에 이러한 양국의 교류에 의해 우리나라의 널뛰기가 유구국에 전파된 것이라고 보았다(심우성, 1996; 3536).

우리 민간에는 이 널뛰기를 할 때 부르는 민요 또한 적지 않음을 본다. 그 중에서 다음의 민요는 함흥 지방에서 구전되는 것이다. 여기서 '허누자 척실루'라는 것은 맨 처음 두 사람이 널판 위에 마주서서 잘 겨누어 어느 한 쪽이 먼저 철썩하고 널을 굴려 뛰는 것을 말하고 '늬 머리 흔들 내 다리 삽작'이란 널을 굴려 뛸 때 상대의 땋은 긴 머리가 흔들거리고 널을 굴려 뛰다가 내려올 때 자기 다리가 살푼 내딛는 것을 나타낸 말이다. '늬 당기 욜랑 내 치마 랑럭'이란 널을 굴려 뛰니 그 때 솟아오른 상대의 댕기가 펄렁거리는 모양을 말한다.

허누자 척실루
네 머리 흔들 내 다리 삽작
허누자 척실루
네 댕기 팔랑 내 치마 낭녁
허누자 척실루
네 눈이 휘휘 내 발이 알알

그러나 1960년대 후반부터 오랜 세월 동안 우리 민족의 사랑 속에 전승되어 왔고 우리의 가슴속에 은근한 그리움을 안겨주며 어린 시절 향수까지 불러오는 널뛰기를 설날에도 거의 볼 수가 없다. TV의 자료 화면이나 민속행사 등에서 간간이 볼 수 있다.

널을 밟으면서 나비처럼 사뿐히 공중으로 치솟으며 설레는 가슴에 모닥불을 지피기도 했고 담 너머로 마주친 옆집 총각 눈동자, 처녀들의 숨결은 더욱 차오르고 가슴은 쿵더쿵 쿵더쿵 널뛰기 소리와 같았지만 홍조 띈 얼굴도, 두근거리는 가슴도 이제는 모두 널을 뛰어 그러했다고 세월 속에 묻고 살아가고 있다. 널뛰기 민요를 적어본다.

묵은해는 지나가고 새해를 맞이했네
널뛰자 널뛰자 새해맞이 널뛰자
앞집의 숫개야 네 왔느냐 뒷집의 순이야 너도 왔니
널뛰자 널뛰자 새해맞이 널뛰자
만복무량 소원성취 금년신수가 좋을시구
널뛰자 널뛰자 새해맞이 널뛰자
서제도령 공치기가 널뛰기만 못하이라
널뛰자 널뛰자 새해맞이 널뛰자
중생장 우리 몸은 설 놀음이 널뛰기라
널뛰자 널뛰자 새해맞이 널뛰자
널뛰기를 마친 후에 떡국놀이를 가자스라
널뛰자 널뛰자 새해맞이 널뛰자

2. 널뛰기 민속과 시가

조선 순조 때 낙하(洛下) 이학규의 시집 『낙하집(洛下集)』에 여인들의 널뛰는 정경을 '답판사(踏板詞)'라는 시로 이렇게 읊고 있다.

뜰 앞 2월 널뛰기 마당에서
널머리에 서서 서로 내려갔다 올라갔다 하는데
형세에 따라 한번 뛰면 세 길 남짓이 된다
치마를 걷고 허리에 띠를 묶고 서로 대항한다
몸을 떨쳐 솟구치니 담 밖에까지 나오는구나
담이 연달아 있고 지붕이 맞닿아 서 있기 어려운 곳에
어찌하여 부끄럽지 아니한가 여자의 곁에만 섰는고
서로 자줏빛 옷을 입고 발을 걷고 앞방에서 나오니
보건대 여자는 기름 바른 머리에 얼굴이 환하다
보는 것만이 충만한 것을 누구든지 한하리로다

또한 간송(澗松) 유만공(柳晚恭)의 『세시풍요(歲時風謠)』에는 다음과
같은 시가 있다.

널뛰는 아가씨들 울긋불긋 차렸구나. 뛰고 굴리어 서로 높이 오르려고 담
넘어 얼굴 뵈는 것 부끄러운 줄 모르네.

최영년은 '도판희'에서 널뛰기의 광경을 다음과 같이 읊조렸다.

봄날 덜컥 덜컥 널뛰는 소리
붉은 단장 젊은 여인 힘든 줄 모르네
비단 치마 쌍 날개처럼 펄럭이는데
제비 한 마리 내려오면 또 한 마리 올라간다

132

Ⅴ. 널뛰기의 경기방법

1. 시설

1) 널
길이 2~2.5m, 너비 30㎝, 두께 5㎝ 가량의 널빤지.

2) 널받침
널빤지 가운데를 괴는 짚단이나 가마니를 말아서 괸다. 지방에 따라 방법이 약간씩 다르나 널판이 닿는 끝 부분의 땅을 파서 구름이 강하게 하기도 한다. 널이 움직이지 않도록 하기 위해서 널 가운데 사람이 앉아 있기도 한다. 이때 몸무게가 비슷한 사람끼리 뛰게 되면 널을 같은 길이로 차지하게 되지만 몸무게가 차이가 날 때에는 몸무게가 적은 사람에게 널을 많이 주어 균형을 이루도록 한다. 이것을 '밥을 준다'라고 표현하기도 한다.

3) 손잡이 줄
널을 뛸 때 몸의 중심을 바로 잡기 위해 널판 옆에 빨랫줄처럼 긴 줄을 가설하고 한 손으로 이 줄을 쥐고 뛴다. 줄을 놓고 뛸 수 있을 때까지 널뛰기를 익히는 데 유용하게 사용할 수 있다.

2. 종류

널뛰기에는 높이뛰기와 오래뛰기가 있다. 높이뛰기는 높이 올라가는 것을 겨루는 것으로 뛰어올라 한바퀴 돌아서 내려오기도 하고 발을 앞으로 쑥 폈다가 내려오기도 한다. 두 발을 양옆으로 폈다가 내려오기도 하는 데사리와 허리를 뒤로 한번 굽혔다가 내려오는 중등꺾기가 있다(민속학연구실, 1998). 이밖에 높이 뛰어올라 발을 앞으로 쭉 폈다가 내려오기, 양옆으로 폈다가 다시 모으면서 내려오기, 뛰어올라 빨랫줄을 잡고 몸을 곧추세웠다가 내려오기 등이 있다. 오래뛰기는 끝까지 남는 쪽이 이긴다(김광언, 2004; 695).

3. 경기규칙

우선 널을 뛸 사람의 신체 크기에 따라 적당한 널판을 준비하고 널판을 괼 수 있는 짚 뭉치나 가마니를 베개 모양으로 만든 후 널판 한가운데에 괴어 널을 준비한다. 준비된 널판 양끝 위에 한사람씩 올라가서 번갈아 뛰었다 내리면 반동으로 서로의 몸이 하늘 위로 올랐다 내렸다 한다. 이때 널 중간에 사람이 앉아 흔들리는 널을 고정시키기고 몸의 중심을 잡고 널에서 떨어지지 않도록 양쪽에 사람을 두어 손을 잡고 널을 뛰기도 한다.

널의 평형이 이루어진 뒤에 비로소 널을 뛰게 되는데 한 사람이 뛰어 올랐다가 내려디디면 그 힘의 반동으로 상대방이 뛰게 되며 이러한 동작을 서로 번갈아 반복하면서 놀이를 하게 된다. 놀이의 승부는 한쪽이 힘껏 굴러서 상대편의 발이 널빤지에서 떨어지게 되면 떨어진 쪽이 지게 되는 것이다.

이 놀이는 두 사람이 뛰며 즐기는 놀이지만 여러 사람들이 편을 나눠 겨루기를 하기도 한다. 널뛰기 자체가 힘겨운 만큼 오랫동안 서서 버티기 어려우므로 뛰었다 쉬었다 하게 되는데 이렇게 함으로써 교체가 잦아 활기 넘치게 되는 것이 널뛰기의 재미이기도 하다.

널뛰기의 효과는 전신운동으로 민첩성을 기르고 높이뛰기의 힘을 기르며 조상들의 생활모습을 엿볼 수 있다.

VI. 나가는 말

조상의 슬기와 얼이 담긴 그네뛰기와 널뛰기는 한 폭의 그림같이 아름답고 심신을 연마하는 효능이 탁월하여 예술사진이나 동양화로 또는 학술연구 면에서도 여성 놀이의 으뜸으로 전통민속놀이 보존의 중요성을 지니고 있다. 그러나 현대에는 청·장년층뿐만 아니라 노년층에도 관심을 끌지 못하고 지방의 놀이공원이나 박물관 등에서 겨우 민속놀이로써 그 명맥을 유지하고 있는 실정이다.

이에 대한 가장 큰 요인은 그네뛰기와 널뛰기의 유경험자가 50세 이상으로 일제의 말살정책으로 뇌쇄되어 전통 계승의 힘이 약화되었고 전통적인 그네뛰기와 널뛰기 기구가 운동장 시설에 불합리하며 또한 경제적인 부담과 안전사고의 우려로 안일했기 때문이다.

그러나 그네뛰기와 널뛰기는 협응력에 의해 뛰는 것으로 상호 협동하고 예절을 지키는 사교의 놀이이고 알맞은 운동량을 갖고 있기 때문에 모든 체육공간에 설치하여 국민 체력향상에 이바지 할 수 있어 생활체육으로 진흥 발전시킬 필요가 있다. 또한 문화유산으로 보존할 만큼 중요성을 갖고 있고 태권도와 같이 세계적인 운동으로 승격시킬 가치가 있다고 본다. 무엇보다도 남측, 북측, 중국 조선족들이 하고 있는 이들 놀이가 서로 공통점을 가질 수 있는 시설과 경기방법의 공통점을 찾아 추후 남북 민속놀이 교류에 일조할 수 있도록 해야 할 필요성이 제기된다. 특히 올림픽을 비롯하여 각종 큰 규모의 국제대회 및 행사를 치르고 '한국 방문의 해'와 '국악의 해'와 같은 행사를 통해 우리나라를 세계에 적극적으로 알리면서 전통민속놀이의 발굴과 공개가 활발해짐에 따라 이러한 놀이문화에 대한 자료 수집 및 연구 개발이 시급하다고 하겠다.

직접적인 발전 방안의 일환으로는 우리의 얼을 찾는 명분 있는 전통 체육기구를 운동장에 설치하고 각종 학교교육과정에도 도입하고 보급해야 할 것이다. 그리고 민속놀이를 즐기는 저변 인구의 확대를 위해서는 우선적으로 전통 놀이기구를 현대 감각에 맞게 개발하고 각종 운동장에 사용하기 편하고 안전도를 유지하며 어린이와 어른들이 놀이를 수시로 이용할 수 있도록 개량하는 것이 요구된다. 또한 뛰는 멋과 다양한 소품으로 몸동작을 연출하여 공연장 무대나 마당놀이에서 시연할 수 있는 안무도 개발하고 발표하여 각 성원들이 자주 접하고 쉽게 참여할 수 있는 기회와 장을 적극 마련해야 할 것이다.

참고문헌

김광언(2004). 동아시아의 놀이, 서울 민속원.

김종만(1993). 아이들 민속놀이 백가지, 우리교육.

리재선(1995). 우리나라 민속놀이(1), 평양: 과학백과사전종합출판사.

양재연 외(1970). 한국의 풍속, 문화재관리국.

민속학연구실(1988). 조선의 민속놀이, 서울: 푸른숲.

민속학회(1994). 한국민속학의 이해, 문학아카데미.

박전렬 역(1992). 조선의 향토오락, 서울: 집문당.

박주홍(1983). 한국민속학개론, 서울: 형설출판사.

심우성(1990). 한국의 민속놀이, 서울: 대광문화사.

심우성(1996). 우리나라 민속놀이, 서울: 동문선.

오장현 외 2인(1995). 민속놀이 지도자료, 서울: 대광문화사.

이이화(2001). 놀이와 풍속의 사회사, 서울: 도서출판 한길사.

임동권 외 2인(1989). 민속론, 서울: 집문당.

崔常壽(1986). 한국의 세시풍속, 서울: 성문각.

崔常壽(1988). 한국 민속놀이의 연구, 서울: 성문각.

崔常壽(1988). 한국의 씨름과 그네의 연구, 서울: 성문각.

한국민속사전편찬회(1998). 한국민속대사전, 서울: 민중서관.

한국정신문화연구원편(1988). 한국민속문화대백과사전, 한국정신문화연구원.

한성겸(1994), 재미있는 민속놀이. 평양: 금성청년출판사.

http://seoul600.visitseoul.net/seoul-history/sidaesa/txt/6-1

http://seoul600.visitseoul.net/seoul-history/minsok/txt/gall

〈부록〉 그네뛰기와 널뛰기의 지역별 실시 현황

지역	지방	시기	대상	비고
	서울	단오 정월	청소년 남녀 젊은 부녀자	
경기도	개성	주로 단오 (경덕궁 내) 정월	중년 이하의 부녀자 부녀자	개성 부녀자들이 가장 기대하는 놀이
	고양	단오·추석 정월	여자, 어린이 여자	
	광주	단오 전후 정월·추석	부녀자 〃	동부면에서는 4월 초파일부터 단옷날까지 실시
	양주	4월초파일~단오 정월	청소년 남녀 부녀자	은현에서는 낮에 농사일로 바쁘 면 달밤에도 탔고 덕소에서는 남 자는 낮에, 여자는 밤에 탐 덕소에서는 타지 않는 처녀는 시 집가도 아이를 가지 못한다고 함
	연천	4월초파일~단오 정월	청소년 남녀 젊은 여자	
	포천	단오 전후 정월	청소년 남녀 여자	
	가평	정월	여자	
	양평	단오 정월	부녀자 여자	
	여주	단오 정월	부녀자·어린이 여자	
	이천	단오 정월	주로 부녀자 부녀자	
	용인	단오 정월	일반 부녀자 여자	그네 타면 한여름에 모기에 물리 지 않고 더위 타지 않는다고 함
	안성	단오 정월	일반 부녀자 〃	
	진위	단오 정월	남녀 일반 여자	
	수원	단오 정월	여자, 어린이 부녀자	
	시흥	4월초파일·단오	일반 여자	

137

지역	지방	시기	대상	비고
경기도	시흥	정월	여자	
	부천	단오 정월	청소년 남녀 여자, 어린이	
	김포	단오 정월	일반 여자· 어린이 여자	
	강화	단오 정월	일반 일반 여자	
	파주	4월초파일~단오 정월	부녀자 일반 여자	
	장단	단오 정월	부녀자 일반 여자	
	개풍	단오 정월	부녀자 여자	
충청북도	청주	단오 정월	여자 〃	
	보은	단오 정월	여자 일반	
	옥천	봄 정월	소년소녀 여자	
	영동	단오 정월	여자 〃	
	진천	단오 정월	여자 〃	
	괴산	단오 정월	여자 〃	
	음성	단오 정월	여자 〃	
	충주	단오 전후 정월	청소년 남녀 여자	
	제천	단오 정월	여자 〃	
	단양	단오 정월	여자 〃	
충청남도	대덕	단오 정월	일반 여자	
	연기	단오 정월	청소년 남녀 여자	
	공주	단오	젊은 남녀	

138

지역	지방	시기	대상	비고
충청남도	공주	정월	여자	
	논산	단오 정월·8월	일반 여자 여자	
	부여	단오 정월	남녀 여자	
	서천	단오 정월	남녀 여자	
	보령	단오 정월	여자 〃	
	홍성	단오 정월·추석	여자, 청년 여자	
	청양	단오 정월	여자 〃	
	예산	단오 정월·백중	부인 여자	
	서산	단오 정월·추석	여자 〃	
	당진	정월보름 등	여자	정월 16~17일, 2월1~3일, 추석
	아산	단오·추석 정월·8월	여자, 어린이 여자	
	천안	단오 정월, 각절기	청년 남녀 여자	
전라북도	전주 완주	단오 정월	여자 〃	
	진안	단오 정월·단오·추석	여자 〃	
	금산	단오 정월·추석	청소년 남녀 여자	
	무주	단오 정월·추석	여자 〃	
	장수	5월 정월·추석	일반 여자	
	임실	5월 정월·추석	주로 여자 여자	
	남원	단오 정월	여자 소녀	
	순창	단오 정월	여자 〃	
	정읍	단오	여자	

지역	지방	시기	대상	비고
전라북도	정읍	정월·추석	여자	
	고창	단오 정월·추석	여자 〃	
	부안	단오 정월·봄	여자 〃	
	군산	단오 정월·추석	청소년 남녀 여자	
	김제	단오 정월·8월	여자 〃	
	옥구	단오·추석 정월·추석	여자 〃	
	익산	단오 정월	여자 〃	
전라북도	광주	단오 정월	여자 〃	
	곡성	단오 정월	여자 〃	
	구례	단오 정월	여자 일반	
	광양	단오 정월	여자 〃	
	여수	단오 정월	여자 〃	
	순천	단오·추석 정월	여자 〃	
	고흥	단오 정월·8월	여자·어린이 여자	
	보성	단오 정월	여자 〃	
	화순	단오·추석 정월·추석	여자 〃	(구전민요) 좀묵지말게 뛰어라 칙간밑에 꽂꼽아노코 꿍꿍뛰여라 형내집서콩 한내를 어더다가 심엇드니 콩한되가 되엿내 한되를 심엇드니 한말이되엿내 한말을심엇드니 한섬이되엿내
	장흥	정월·단오·추석 정월	여자 〃	
	강진	단오·추석 정월·추석	여자 〃	

지역	지방	시기	대상	비고
전라북도	목포	정월·추석	여자	
	담양	정월·단오·추석 정월	여자 〃	
	장성	단오 정월	여자 〃	
	해남	정월·추석 정월	여자 〃	
	영암	단오 정월·추석	여자 〃	
	무안	단오 정월	여자 〃	
	나주	단오 정월	여자 여자·어린이	
	함평	단오·추석 정월·추석	여자 〃	
	영광	단오 정월·추석	여자 〃	
	완도	단오 정월	여자 〃	
경상북도	대구	단오 정월	청년 남녀 부녀자	큰 버드나무가지에 끈을 매달아 그네를 만들어놓았다
	달성	4월초파일·단오 정월·추석	부녀자 〃	
	군위	정월	부녀자	
	의성	단오 정월	부녀자 〃	
	안동	단오	일반	
	청송	단오 정월	부녀자 여자	
	영양	단오 정월·8월	부녀자 〃	
	영덕	단오 정월	부녀자 일반	
	영일	단오 정월 보름	여자 〃	
	경주	단오 정월·추석	여자 〃	
	영천	단오	여자	

지역	지방	시기	대상	비고
경상북도	영천	정월·단오·추석	여자	
	경산	정월	부녀자	
	청도	추석 정월	여자 부녀자	
	고령	단오 정월·기타 명절	부녀자 〃	
	성주	단오 정월·추석	여자 〃	
	칠곡	정월	부녀자	
	김천	단오 정월·추석	부녀자, 일반 부녀자	
	선산	단오 정월	여자 부녀자	
	상주	단오 정월·추석	여자 부녀자	
	문경	단오 정월	부녀자,어린이 여자	
	예천	단오 정월	부녀자 〃	
	영주	단오 정월 전후	부녀자 여자	
	봉화	단오 정월 보름	여자 〃	
	울릉도			놀이가 있었다고 하나 자세한 기록은 없다
경상남도	진양	단오·9월 정월	일반 여자, 어린이	
	의령	단오 정월	여자 〃	
	함안	단오·추석 정월	여자 젊은 여자	
	창녕	단오 정월	일반 여자	
	밀양	단오 정월·8월	일반 여자	
	양산	봄·가을 봄	소녀 부녀자	
	울산	단오 정월	여자 부녀자	

지역	지방	시기	대상	비고
경상남도	김해	단오 정월·8월	청소년 남녀 부녀자	
	동래	정월·추석	여자 일반	한가운데 흙을 모아 도톰하게 쌓아놓고 그 위에 길이 2m 정도의 널판을 얹어 놓고 널을 뛰었다
	창원	단오 정월	청소년 남녀 일반 여자	
	통영	단오 정월	여자 〃	
	고성	단오 정월 초순	여자 〃	
	사천	단오 정월	부녀자, 남자 어린이 여자	
	남해	단오 정월	청소년 청소년 여자	
	하동	단오	여자	
	산청	단오 정월	여자 〃	
	함양	단오 정월	소녀 여자	
	거창	여름 정월	일반남녀 여자	
	합천	단오·추석 정월	부녀자 일반 〃	
황해도	연백	단오 정월	여자 〃	
	금천	단오 정월	여자 〃	
	평산	단오 정월	여자 〃	
	신계	단오 정월	여자 부녀자	
	옹진	단오 정월	여자 소녀	
	장연	단오 겨울	여자 〃	
	송화	단오 정월	여자 소녀	

지역	지방	시기	대상	비고
황해도	은율	단오·추석 정월·봄	여자 〃	
	안악	단오 겨울	여자 〃	
	신천	단오 추석	여자 〃	
	재령	단오 추석 전후	일반 여자 여자	
	황주	단오 정월	여자 여자 어린이	
	봉산	단오 정월	여자 〃	
	서흥	단오 겨울, 특히 정월	여자 부녀자	
	수안	단오 정월 초순	부녀자 〃	
	곡산	단오 정월 초~보름	여자 부녀자	
	해주	단오 정월	부녀자 여자 어린이	그네 타는데 진폭이 보다 큰 쪽이 이긴다. 매우 성행했다 널빤지를 모래, 짚, 당밀 등으로 메워 별로 딱딱하지 않게 만든 배게 위에 올려놓고 뛰었다
강원도	춘천	단오 전후 정월	일반 부녀자	
	인제	단오 정월	젊은 부인 부녀자	(여자 어린이 포함)
	양구	단오 정월	청년 남녀 여자	
	회양	단오 명절	일반여자 여자	
	통천	단오	여자	
	고성	단오 전후 정월	일반 여자	
	양양	단오 정월보름	부녀자 여자	
	강릉	6월 정월	여자 〃	
	삼척	단오	부녀자	(중년 아래임)

144

지역	지방	시기	대상	비고
강원도	삼척	정월	부녀자	
	정선	단오 겨울	청소년 남녀 여자	
	평창	단오 추석	일반 여자	
	영월	단오 정월	부녀자,어린이 부녀자	
	원주	단오 정월	여자 〃	옛날 강릉에 문무가 뛰어난 위인이 살고 있었는데, 밤이면 파리, 모기 따위의 벌레가 모여 귀찮게 굴기 때문에 생각 끝에 그네를 만들어 그 위에 타고 왔다 갔다 하면서 벌레를 쫓았다고 한다
	횡성	단오 정월	남자 여자	
	홍천	단오 정월	여자 〃	
	화천	칠석 정월	여자 부녀자	
	금화	단오 정월	부녀자 여자	
	철원	단오 정월	일반 부녀자	
	평강	단오 정월	여자 〃	
	이천	단오 정월	여자 일반 여자	
평안남도	평양	단오 정월	남녀 여자	시민운동회 때는 대대적으로 상금을 걸고 실시
	진남포	단오 정월	부녀자 여자	
	대동	단오 추석	부녀자 여자	
	순천	단오 정월중순	부녀자 〃	
	맹산	단오 정월	부녀자 여자	
	양덕	여름	여자	

지역	지방	시기	대상	비고
평안남도	양덕	수시	여자	
	성천	단오 정월	여자 〃	
	강동	단오 정월	일반 여자 여자	
	중화	단오 정월·추석	부녀자 일반 부녀자	
	용강	단오 정월	여자 〃	
	강서	단오 정월보름 전후	부녀자 〃	
	평원	단오 정월	부녀자 소녀	
	안주	칠석 정월보름	여자 〃	
	개천	단오 추석 전후	부녀자 〃	
	덕천	단오 정월	부녀자 〃	
	영원	단오 정월	부녀자 여자	
평안북도	의주	단오 정월	여자 부녀자	
	구성	단오 정월보름	여자 부녀자	
	태천	단오 정월	부녀자 여자	
	운산	단오 정월·2월	부녀자 〃	
	희천	단오 정월	부녀자 여자	
	영변	단오 정월보름 전후	부녀자 여자	
	박천	단오 정월	그네 소녀	
	정주	단오 정월보름	부녀자 〃	
	선천	단오 정월보름. 전후	부녀자 여자	

지역	지방	시기	대상	비고
평안북도	철산	단오 정월	유림, 부녀자 어린이	
	용천	단오 정월	부녀자 소녀	
	삭주	단오 정월	부녀자 여자	
	창성	단오	부녀자	
	벽동	정월	부녀자	
	초산	단오 정월	여자 〃	
	위원	단오 정월	부녀자 일반 여자	
	강계	단오 정월	부녀자 〃	
	자성	단오 정월	여자 부녀자	
함경남도	원산	단오 정월	부녀자 〃	
	함주	늦은 봄, 초여름 겨울	부녀자,어린이 부녀자	
	정평	단오 겨울, 봄	주로 여자 주로 처녀	
	영흥	정초	부녀자	
	고원	단오 전후 정월	부녀자 〃	
	문천	단오·추석 정월	여자 〃	
	덕원	4월 초파일·단오 정월	여자 부녀자	
	안변	정월	부녀자	
	홍원	단오 정월	남녀 일반 여자	
	북청	단오 정월·한식·단오· 추석	일반 여자	이곡면에서는 홀기라고도 한다
	이원	단오 정월	부녀자 〃	
	단천	봄·여름 정월	청년 남녀 부녀자	

지역	지방	시기	대상	비고
함경남도	신흥	단오 정월	청소년 부녀자	
	장진	단오 정월	여자 〃	
	풍산	단오 단오	부녀자 여자	
	갑산	단오 정월	여자 〃	
함경북도	경성 나남	단오 단오·추석	일반 부녀자 〃	
	명천	단오·추석 봄·가을의 명절	부녀자 〃	
	길주	봄·가을 연중	부녀자 〃	
	성진	단오·추석 한식·추석	부녀자 〃	
	부령	단오·추석 정월	청소년 여자	
	무산	단오 정월	부녀자 〃	
	회령	단오 정월·단오	여자 〃	
	종성	단오 전후	부녀자	
	온성	단오 전후 정월	부녀자 〃	
	경원	단오 전후 정월보름	부녀자 〃	
	경흥	단오 겨울·여름	일반 여자	
	청진	수시 정월	부녀자 부인	

※ 출처: 그네뛰기와 널뛰기의 지역별 실시상황(박전열 역, 1992).

중국 조선족 민속그네의 전승과 발전과정에 대한 사적 고찰

김 영 웅[*]

Ⅰ. 들어가며

중국에서의 소수민족 전통체육은 중화민족의 유구한 문화유산으로써 사회주의체육사업의 중요한 구성부분으로 인정되고 있다. 수천 년의 수렵, 농경, 전쟁과 문화오락 등 활동을 통해 생성 발전해 온 민족전통체육은 역사의 흐름에서 흥성과 쇠퇴를 반복하면서 오늘날에까지 전해져 왔다. 중국은 다민족국가로서 민속체육 내용이 풍요로울 뿐만 아니라 형식이 다양하고 짙은 민족지역적 특색을 가지고 있다.

중화인민공화국 헌법에는 《민족자치지방의 자치기관은 자주적으로 본지방의 교육, 과학, 문화, 위생, 체육사업을 관리하며 민족의 문화유산을 보호하고 정리하며 민족의 문화를 발전 번영시켜야 한다》[1] 라고 명백히 규정되었다. 중화민족의 일원인 조선민족은 자고로부터 능가선무(能歌善舞)하는 활달한 민족으로써 다채로운 민속놀이들로 농

---

* 중국 연변대 체육학원 교수
1) 중화인민공화국헌법 119조, 1981년 12월 제5기 전국인민대표대회 제5차회의 통과.

경의 여가를 즐겨 왔다. 더욱이 중국공산당이 새 중국을 창립한(1949) 뒤 사회의 전반 분야에서 공산당의 민족정책이 전면적으로 관철됨에 따라 연변의 민속체육은 새로운 전기를 맞이했다.

민족전통체육이란 특정한 민족이 보편적으로 행해지고 즐기는 놀이 또는 운동으로 그 민족의 특유한 문화를 대표적으로 그릴 수 있는 신체운동문화이다. 개혁개방 정책을 실시하면서부터 중국국가체육운동위원회(국가체육총국)와 국가민족사무위원회에서 민족전통체육의 발전을 위해《적극적으로 제창하며 영도를 강화하여 개혁 제고하는 기초 위에서 온당한 발전을 이룩하여 한다》[2]는 방침을 내세우고 민족전통체육종목에 대해 발굴·정리·제고·발전사업을 다그치었다.

조선민족의 전통체육인 그네는 이러한 환경에서 대외로는 자기 민족의 전통체육을 홍보하고 경기화함에 커다란 성과를 이룩했고 시대의 발전과 더불어 날로 쇠퇴해지고 있는 우리 민족의 문화유산을 현대스포츠와의 접목을 시도한 전형적인 사례로 볼 수 있다.

근대스포츠는《보다 빨리, 보다 높이, 보다 강하게》를 좌우명으로 하는 근대올림픽경기를 방불케 하면서《경쟁원리》에 의존하여《과학》을 구사하면서 초인간적인 힘을 본보기로 보여 왔다. 그러나 최근에는 도핑 문제에서 뚜렷하게 나타나듯이 육체적인 가능성 개발이 드디어 한계에 임박하므로 이른바 신체에 대한《난개발(亂開發)》로 변용되여 가고 있다. 이러한 현실에서 민속전통체육의 스포츠화로 인해 민족문화의 전통성과 민족(민속)문화의 보편성을 전승, 확보하고 있는지를 검토해 볼 필요가 있다.

필자는 중국조선족의 전통민속놀이인 그네의 전승과 발전 역사를 돌이켜 봄과 동시에 중국 소수민족전통체육대회의 정식 경기종목으

---

2) 민족전통체육의 발전에 관한 방침과 정책 http://www.seac.gov.cn/

로 채택된 경위 및 민속체육운동의 경화화로 인한 전통체육의 보존과
발전의 타당성 여부를 살펴보려고 한다.

Ⅱ. 민속놀이 그네의 유래

놀이란 인간의 생존과 관련된 활동이나 《일》에 해당하는 것을 제
외한 모든 신체적·정신적 활동을 가리킨다. 인류의 탄생 이래 모든
민족, 모든 개별 인간은 누구나 놀이를 즐겨 왔고 우리 선조 또한 생
활 속에서 독특한 놀이문화를 계승 발전시켜 왔다.

민속은 한 문화권 내에서 다수가 향유하는 전통적이고 보편적인 문
화이다. 여기에는 사상, 종교, 철학, 예술, 구전물, 풍속, 놀이, 축제 등
의 정신문화와 의식주를 포함한 각종 문화재, 생산양식과 생산도구,
경제체계 등의 물질문화도 포함된다. 민속놀이는 인간의 여러 행위와
놀이 중에서 민간에서 발생하여 민간에 전해 내려오고 있는 놀이를
말한다. 이러한 민속놀이는 일정한 때와 특정한 장소라는 제약성을
지니며, 특정 민속놀이는 세시와는 관계없이 계절의 운행을 반영하기
도 하지만 특정 지역을 중심으로 하는 지역성을 갖는다.

그네는 아시아 전역에 분포된 유희이며 스포츠였다. 기원전 5세기
희랍의 꽃병에는 그네를 뛰는 그림이 그려져 있을 뿐만 아니라 북구
의 에스토니아 지방에서는 지금도 하짓날 그네를 즐긴다고 한다. 중
국의 운남과 티베트에서는 동짓날 그네를 뛰며 중원 일대에서는 한식
날 그네를 뛰고, 태국에서는 동짓날 왕실 주술사가 동서 방향으로 의
례적인 그네를 뛴다고 한다. 인도에서는 힌두교 예식으로 옛날부터
그네를 뛰었으며 태양의 힘이 가장 약해지는 동짓날, 생식력이 왕성
한 여인으로 하여금 그네를 뛰게 해 그 여인이 태양에 가깝게 접근하

도록 함으로써 태양의 힘을 불러일으킬 것으로 믿고 있다고 한다.

그네는 북방 기마민족들이 성새(城塞)를 뛰어 넘기 위해 몸을 날렵하게 하는 무술에서 비롯된 것으로 전해지고 있으나 《동국세시기》에는 북방의 오랑캐들이 몸을 날쌔게 하기 위해 한식날 그네놀이를 즐긴 것으로 알려지고 있다. 그러나 한편에서는 제(濟)나라의 환공(桓公)이 북쪽 오랑캐를 치고 돌아오면서부터 전래되었다고 하며, 당나라 현종 때 양귀비는 궁궐 안에 그네를 매고 뛰어 밖에 있는 안녹산과 담 너머로 만나보고 그리운 정을 주고받았다는 속설도 있다.3)

우리 민족의 문헌상 그네가 처음 등장하는 것은 고려 무신정권시대이다. 최충헌이 단옷날 백정동궁에 그네를 매고 문무 4품 이상의 높은 벼슬아치들을 모두 모아 사흘 동안이나 그네경기를 베푼 것으로 기록돼 있다. 또한 고려 마지막 임금인 우왕(禑王)은 그네타기를 좋아해 수창궁에 어용 그네를 매어 여가만 나면 중신들과 더불어 그네타기를 겨루었던 것으로 전해지고 있다.

우리 민족 그네경기는 장정그네(성년남자 그네), 당기그네(처녀 그네), 때때 그네(어린이 그네)로 나누어 높이뛰기, 방울차기, 쌍그네로 겨루기도 했다. 특히 방울차기 경기에서 높이 매어둔 방울을 찰 때는 당시의 기녀(妓女)들이 지화자를 외치며 너울너울 춤을 추기도 했다. 이 경기에서 뽑힌 최우수 남자는 장사(壯士)라고 했고 여자의 우승자는 장녀(壯女)라고 했는데 이들은 미리 마련한 꽃바구니에 태워져 공중 높이 서서히 떠올려지기도 했다고 한다.

우리 민족은 고려시대의 상류층에서 추천희가 행하여졌고 조선시대의 중기 이후에 일반화되었으며, 그네 뛰는 여자의 치마가 활짝 펼쳐져서 펄럭이는 광경을 사내 녀석들이 밑에서 쳐다보는 꼴이 어쩌면

3) 조완묵, 우리 민족의 놀이문화, 정신세계사, 1996, 126면.

음란하다 하여 한때 금지한 일도 있었으나 단오, 추석 같은 명절에는 여자들의 놀이로써 계승되어 오늘날에 이르기까지 전해지고 있다.

단오의 그네뛰기놀이는 조선시기에 더욱 성행했으며 대규모 경기로까지 발전했다.《성종실록》에 따르면 15세기에 서울 시민들은 단오 명절에 서울 한복판인 종로 네거리 뒷골목에 화려하게 그네 터를 설치하고 서울 시내의 남북 두 팀을 나누어 내기를 했는데 그런 때에는 서울 안의 부녀자들이 모여들어 인산인해를 이루었다.4) 이처럼 조선민족은 그네타기를 단순한 오락으로만이 아니라 일찍부터 개인 및 단체경기로 진행되었고 그것 또한 벌써 15세기경에 여성들의 대규모적인 경기로 시행되었다는 점들이 주목되는 바이다.

하지만 남녀노소가 더불어 겨루고 또한 어울려 함께 즐기던 우리의 전통 민속놀이 그네뛰기는 바이킹, 쟈이로드롭, 혼들의자, 청룡열차, 나르는 융단 등 그네 이상의 스릴을 만끽하는 각종 놀이기구가 우리 주변을 파고들며 서서히 퇴색되어 이제 어린이 놀이터나 놀이공원 등에 간간이 설치돼 일부 사람들의 무료함을 달래기 위한 놀이기구로 전락하며 우리의 전통 민속놀이로서의 자리마저 상실한 채 우리의 곁에서 사라지고 있다.

III. 중국 조선족 그네의 전승과 변천과정

1. 전승과 도입단계

중국 조선민족의 전통 민속놀이인 그네, 씨름, 널뛰기는 중국 조선

---

4) 도유호 외, 조선의 민속놀이, 푸른숲, 1999, 135면.

족들이 중국에 이주해서 줄곧 전승해 오던 민속놀이다. 예로부터 단오는 5월 초닷새이며 양(陽)이 가장 왕성한 날이어서 최대의 명절로 삼았다. 다른 명칭으로 《수리, 천중절, 중오절, 단양, 수릿날》이라고도 했고 수리는 고·상·신(高·上·神)을 뜻하는 옛말로 《신의 날》《최고의 날》이라는 뜻이다. 이날은 수리떡, 취떡 등을 해먹고 창포물에 머리를 감으며 여자들은 그네를 뛰고 남자들은 씨름을 했다.

이러한 한민족의 전통적인 습속은 일제 통치 시기에도 연변 지역에서는 단오 또는 추석에는 민속놀이를 경기의 형태로 진행하여 왔다. 1930년 5월 14일에 중국 조선족의 여성단체인 용정근우회(龍井槿友會)의 발기로 6월 2일(음력 단오 날)에 용정 대성중학교 운동장에서 중국 조선족 최초의 그네뛰기경기가 열리었다. 그날 비가 내림으로 하여 결승은 다음날로 미루었지만 수많은 관람객들이 몰려 왔다. 용정의 김정숙(25세)이 1등을 하고, 동흥촌의 박련숙(28세)이 2등을 했다.[5] 또한 다른 기록에 따르면 1935년 9월 7일에 있었던 연길운동대회의 그네경기에서는 김봉순이 38.1자의 높이로 1등을, 1937년 6월 12일 제6회 연길운동대회에서는 채영숙이 55.5자의 높이로 그네의 1등을 했다는 기록이 있다.[6] 이러한 경기성적의 비교는 당시의 경기규칙과 기자재의 비정규화로 하여 비교의 가치가 미약하다. 그러나 이러한 민속 전통놀이와 축제들을 통해 망국의 설움을 달래고 다민족이 더불어 살아가야만 하는 새로운 환경에서 민족의 정체성과 동질성을 확인하며 지역적 친목을 돈독히 함에 있어서 큰 의미를 가지고 있었다.

광복 이후 1948년 연변 제1회 운동대회를 계기로 조선민족의 전통민속체육이 경기종목으로 채택되었다. 이러한 민속체육종목경기는 8·15광복 기념일을 택하여 행하여지다가 1952년 9월 3일 연변조선족자

---

5) 간도신보, 1930년 6월 15일자.
6) 중국소수민족 문화사 대계, 체육사, 민족출판사, 1998.

치주가 성립됨에 따라 해마다 《9·3》자치주 성립 기념일을 중국 조선민족의 최대 축제로 삼고 여러 가지 운동경기와 민속체육경기를 진행하여 왔다.

1952년 중국공산당의 연변 지역에 대한 민족자치권한 부여로 하여 연변 조선민족은 정치, 경제, 문화의 주체가 되었다. 중국의 헌법에는 민족자치지역의 자치정부는 자주적으로 자치지역의 교육, 과학, 문화, 위생, 체육사업을 관리하고 자기 민족의 문화유산들을 보호 정리하여 민족문화를 발전 번영시켜야 한다고 규정되어 있다. 중국공산당의 민족문화 보호정책으로 연변 지역의 민족문화와 민속체육은 새로운 발전의 전기를 맞이했다. 어려운 생산, 생활여건에서도 자기 민족의 전통문화와 풍속은 여전히 지켜 내려 왔다.

조선민족의 전통놀이인 씨름, 그네, 널뛰기 등은 연변조선족자치주 뿐만 아니라 중국의 조선족 산거(散居) 지역에서도 단오와 추석을 맞으면 흔히 행해지는 놀이들이다. 흑룡강조선족운동대회, 요령성조선족운동대회, 북경시, 하얼빈, 심양시 등 대도시와 더불어 향촌의 부락에서도 민속전통체육종목들이 활발히 진행되었다. 이러한 민속운동대회에는 주변의 타민족들의 흥미를 자아내기도 했다. 연변 지역의 민족전통체육종목경기는 씨름의 경우는 한족(漢族) 선수들이 참가한 사례도 있고 또한 우승을 한 기록도 있지만 단지 그네와 널뛰기에는 한족 여성들이 참가하고 입상한 기록들이 없다. 그 원인은 연변의 민속전통체육경기대회에 참가하는 모든 여성 선수는 한복을 입고 출전하는 것 때문이 아니었는가 추측된다.

2. 민속놀이로부터 체육종목으로의 형성단계

그네는 놀이로써 그 어느 나라든가 민족들에게서 보편적으로 찾아

볼 수 있다. 중국 조선족의 그네는 조선반도의 전통적인 그네의 형식과 방법을 그대로 전승하여 왔었고 중국이라고 하는 특정한 사회환경에서 민속놀이로부터 오늘의 중국 소수민족전통체육운동대회의 정식 경기종목에 채택되기에 이르렀다.

1953년 10월 8일 중국 천진시에서 전국민족형식체육표현대회를 성대한 규모로 개최함으로써 중국 소수민족 체육연구에 대한 발굴의 장을 열었다. 중국의 소수민족정책의 책임부서인 국가민족사무위원회에서는 국가체육운동위원회와 공동으로 중국 소수민족의 민속전통체육종목경기를 통한 민족단합과 민족체육문화 재발굴과 정리사업을 시작했다. 그러나 이러한 시도는 중국이 건국 초기에 경제상황이 악화되고 정치적인 동란(문화혁명)으로 하여 중단되었다.

1981년 9월 21일부터 28일까지 국가체육운동위원회와 소수민족사무위원회에서는 연합으로 전국의 각 성·시·자치구의 소수민족 사무 관련자들의 모임을 가지여 중국 소수민족 전통체육의 방침과 정책으로 제정함과 동시에 1982년 9월에 제2회 전국소수민족전통체육대회를 개최함으로 중국 소수민족 전통체육에 대한 발굴과 정리사업의 본격화가 시작되었다.

국가민족사무위원회와 체육위원회는 매 4년 1회의 전국소수민족전통체육대회를 개최하기로 했고 소수민족 전통체육을 경기화함에 있어서 경기규칙의 규범화, 공정성 작업을 착수하면서 소수민족 전통체육종목들의 타민족간의 교류와 보급을 시도했다. 이러한 정부 차원의 민족체육에 대한 통합적인 경기화 방안으로 하여 연변 조선족의 전통체육종목인 그네와 널뛰기는 국가 유관부분의 위탁으로 정규적이고도 통일된 경기규칙 창출에 몰입되게 되었다.

1999년 제6회 중국 소수민족전통체육운동대회에는 그네 종목에서만 5개의 금메달이 설정됨으로 경기 참여자가 동북3성의 조선족뿐만 아니라 신강 위구르족, 운남의 백족(白族), 이족(彝族), 호남의 토가족 (土家族) 등 기타 소수민족이 모두 참여하는 경기로 발전되었고 경기에서 조선족의 여성들이 타민족 여성들의 치열한 도전을 받아야 했다.

3. 그네 경기화와 민속문화의 충돌단계

그네가 정식 경기종목으로 선정됨에 따라 전국 각 지방의 소수민족 관련 부서와 체육위원회에서는 그네경기 참가를 위한 타지방과 타민족의 그네 관련 인원들을 연변에 보내어 그네타기의 기술과 훈련방법을 연수받도록 했고 또한 연변 조선족 그네 코치인 박철호는 우리 민족의 놀이를 널리 보급하려는 마음으로 아낌없이 다년간 연구 개발한 경험과 방법들을 전수하여 주었다. 이러한 결과 끈질긴 의지로 방울을 차서 이겨 오던 조선족 여성들은 신장과 체중이 훨씬 월등한 신강 위글족 여성들에게 제패를 당하게 되었다. 제3회 경기에서는 연변 조선족들은 금메달을 하나도 따지 못하였고 5회에는 신강 위구르족에게 단체우승의 자리까지 내주게 되었다.

그네경기에서의 연변 조선족 여성들의 부진으로 인해 관련 정부 부서에서는 집중적으로 투자하여 그네, 널뛰기 선수 양성을 위해 전용 체육관을 만들고 정규적인 전문훈련에 들어갔다. 4년 후의 전국소수민족전통체육대회를 위하여 합숙을 하며 매일 그네를 타야 하는 여중학생들이 나타났다. 제6차 전국소수민족 전통체육운동대회에 참가한 연변 팀은 금메달 하나에 선수에게 상금 1만원(인민폐), 코치에게 5000원이라는 포상제를 실시했고 다른 성에서는 더욱 큰 포상을 걸었다. 소수민족체육의 경기화와 그네종목에서의 금메달 수의 증가로 하여 경쟁이 갈수록 치열하고 전문화되고 있다. 국경 50돌을 맞는 1999년 9월말 북경에서 열린 제6차 전국소수민족 전통체육운동대회에서 연변 조선족 여학생으로 구성된 길림성 그네 팀은 그네경기의 5개 금메달 중 금 4, 은 4를 기록하여 연변 조선민족에게 기쁨을 주었을 뿐만 아니라 길림성 민족사무위원회와 체육운동위원회의 관계자들에게 영광을 돌렸다.

조선족 그네의 전국소수민족 전통체육대회에서의 정식종목 채택은 그네를 스포츠화함에 있어서 과학성과 공정성에 크게 접근한 반면에 전통적인 민족문화의 요소들이 점점 빈약해지고 있지 않느냐 하는 문제 제기를 해 볼 필요가 있다. 조선민족 그네는 여성들의 전용 놀이로 명절날에 행해졌고 아름다운 민족 복장인 치마저고리는 그네 타는 여인들의 모습을 더욱 황홀하게 단장해 주었으며 그네 터의 아낙네들의 지화자 소리와 씨름 터의 소 방울 소리는 서로 조화를 이루면서 조선민족의 고유한 놀이(체육)문화의 특징을 일목요연하게 보여주었다.

중국민족사무위원회와 체육운동위원회(현재 국가체육총국)의 민족전통체육의 연구와 발굴의 주된 목적은, 첫째는 민속체육의 보존과 보급이고 둘째는 각 민족의 화합과 단결을 도모하려는데 주안점을 두고 있다고 사료된다. 그러나 연변 조선족의 전통적인 민속체육인 그네의 경향은 점차적으로 탈대중화한 전문화의 방향으로 급속히 발전하며 민족문화와 지역적인 요소들을 소외하고 있는 현황이다.

IV. 맺으면서

문화의 계승과 발전에 있어서 단지 문화적 관심에서 비롯되는 것뿐만 아니라 그 민족이 존속되어있는 구체적인 역사과정과 사회환경이 밀접히 관련되어 있다. 때문에 중국 조선민족의 전통놀이인 그네의 전승 발전과정에서 중국조선족이라는 역사적인 현실과 주변환경의 영향 및 주체자의 자율적인 필요성과 시대적인 요청을 부인할 수 없는 것이다. 그네라는 우리 민족의 전통놀이가 중국 사회현실에서의 전승과 발전과정에 다음과 같은 사실들이 밝혀졌다.

① 민속놀이의 체계화, 규범화, 스포츠화를 실현했다.

② 사회 여건의 변화로 민속놀이의 본연의 모습과 보편성이 흔들림을 받고 있다.

③ 민속전통체육의 보존과 발전에 있어서 민족자치정부 차원의 관리에 역점을 두어야 한다.

④ 민속체육의 발굴, 정리와 규범화(과학화)의 관계를 재조명할 필요를 보여준다.

민속체육은 체육문화의 복합적인 구성요소의 일부분임으로 발굴과 정리에 있어서 특정 놀이의 성격을 보존함이 더욱 중요하다. 즉, 특정 민족의 체육문화의 향토성, 민족성, 예술성, 제의성을 배제하고 과학적이고 규범화된 서양 근대스포츠의 틀을 기준으로 한다면 그 자체는 스포츠문화의 다양성에 대한 말살과 민속스포츠의 이변을 초래할 우려가 높다. 때문에 민족전통체육의 발굴과 본존에 있어서 스포츠문화적 관점과 민속학적 관점에 입각하여 사회 전반에서 민속운동이 대중화로 발전할 수 있는 실질적인 대안을 마련해야 한다. 4년에 1회씩 열리는 전국소수민족대회에서 전문화한 선수 몇 명으로 금메달 획득하기보다 전반 조선민족이 보편적으로 즐길 수 있고 다방면으로 전면발전할 수 있는 터전을 마련해야 한다.

택견의 유래와 경기방법

이 승 수*

I. 머리말

오늘날 우리나라에는 많은 전통적 무예들이 전승되고 있다. 예를 들면 택견, 화랑도, 선무도, 검도, 활쏘기 등이 그러한 무예에 속한다. 이러한 무예들 중에는 오랜 역사를 유지하며 전승되어 온 무예가 있는 반면 근대에 와서 새롭게 창조된 무예들도 많다.

이 연구의 대상으로 논의되는 택견의 유래와 경기방법은 창조라는 형태로 나타남을 가리킨다. 환언하면 어느 시기에 택견을 원래의 모습으로 창조하려고 지향하고 있다는 점이다. 그 시기는 택견 역사상의 중간 지점으로서의 인식보다는 역사적 시원이라는 점에서 논해지고 있다고 할 수 있다.

택견에 관한 역사적 사료(史料)만으로 해석하려는 것이 아니라 택견 역사의 시점을 언제부터로 정했는가 하는 물음은 역사로의 의지를 명확히 하려는 것이라 할 수 있다. 역사로서의 의지란 택견을 단순히

* 중앙대 민속학과 교수

역사상에 생긴 일이라고 논하는 것이 아니라 택견이라는 무예를 계승하는 전승자가 택견의 역사를 어떻게 해석하려고 하는가 하는 그들의 의지를 말한다. 그러한 의지에는 전승자가 입각한 현대라는 대상을 배제하고는 결정지을 수 없는 것이다. 말하자면 오늘날에 창조된 역사적 산물임에는 틀림없다는 것이다. 결과적으로 오늘날의 택견의 역사가 어떻게 전해져 오고 있는가를 논하는 것은 한국 문화의 현 모습을 비춰주고 있다고 할 수 있다. 오늘날 택견의 역사적 시원을 언제로 정하고 창조하려고 했는가, 그리고 그 경기방법이 어떠한 형식으로 전해져왔으며 나아가 어느 시기에 택견의 경기방법이 다시 창조되어 변해갔는지를 논함으로써 한국 문화의 한 단면을 고찰 가능하리라 생각한다.

그리하여 이 연구에서는 오늘날의 택견이 역사적으로 어떻게 전승되어 왔으며 그 역사적 시원을 언제로 보는가를 보다 명확하게 구별하기 위해 근대 이전과 이후의 택견이 과거에 있어 어떠한 형태로 전승되어 왔으며 또 어떠한 의미가 부여되었는지를 논하고자 한다. 택견의 역사에 있어 그 의미가 근대 이전, 이후로 단순한 이분법적 구조를 띤다고는 단언할 수 없지만 오늘날의 한국사회에 있어서 갑오개혁과 일제식민지시대의 영향을 감안한다면 이것을 전환점으로 해서 논리를 전개해 나가는 작업이 타당하리라 생각한다.

따라서 택견의 역사를 서술하기 위해서는 앞서 언급한 바와 같이 먼저 시대적 구분이 요구된다. 그러나 택견의 역사에 적용될 수 있는 이렇다할 시대구분 방법이 아직 정해져 있지 않은 상황이므로 여기서는 편의상 체육사의 시대구분 양식을 따르기로 한다. 즉, 갑오개혁과 일제식민지시대를 기준으로 크게 근대 이전과 이후로 나누고, 근대 이전은 왕조 중심의 역사 서술방식을, 근대 이후는 갑오개혁 이후의 시기적인 특징을 기준으로 논하고자 한다.

근대 이후의 시기적 특징을 중심으로 시대구분을 할 경우 광복이 중요한 분기점이 될 것이다. 특히 광복 이후부터 한국의 무예가 질적·양적으로 발전하기 시작했다는 점에서 택견의 현대사에 해당하는 이 부분이 언급될 것이다. 그리고 80년대 후반 많은 전통무예의 등장은 한국의 무예에 있어 또 하나의 중요한 분기점이라고 할 수 있다. 따라서 각 시대별 상황 속에서 우리나라의 무예가 어떠한 양상으로 나타나며, 특히 택견과는 어떠한 상관성을 띠고 있는지 살펴보고자 한다.

이러한 택견의 유래 및 경기방법을 논하는데 있어 가장 중점을 두고자 하는 것은 객관성이다. 지금까지 통사 형태로 서술된 택견의 역사 기술들이 대개 전통성 혹은 정당성을 강조하는 데에만 편중되어 있어 그 한계를 보이고 있다. 이 연구에서는 그러한 부분에 객관성을 유지할 수 있도록 할 것이다. 그렇게 함으로써 오늘날 문제시되고 있는 택견의 유래 및 경기방법에 대한 이해를 높이는데 기여할 수 있으리라 생각된다.

II. 택견의 유래

1. 근대 이전

1) 삼국시대 전후

고조선, 고구려, 부여 등 고대 부족국가 사회에서는 집집마다 제각기 병기와 갑옷을 가지고 있었으며 유사시에 모든 백성이 싸움에 나서야만 했다. 이러한 국민개병제에 따라 백성들은 전투원의 역할을 할 수 있어야 했기에 무예는 당시인의 삶과 밀접한 관련성을 가지고 있었다고 볼 수 있다.

한편 이러한 부족국가 사회는 수렵과 농경을 주로 하는 사회였다. 특히 한반도의 중부 이남에서 농사를 지으며 생계를 꾸려나간 농경민족에게는 파종과 수확이 가장 큰 행사였다. 파종과 수확을 할 때는 모든 사람들이 하늘에 제사를 지내는 제천 행사가 벌어진다. 부여의 영고(迎鼓), 동예의 무천(舞天), 신라의 가배(嘉俳) 등이 제천 행사의 일종이었다. 우리 조상들은 5월 파종과 10월 추수 후에 하늘에 제사 지내고 밤낮으로 음주가무하며 놀았다는 제천 행사는 신에게 감사와 기도를 드리는 제의 그 자체였다.

신채호(申采浩)는 이러한 제천 행사에 대해 "선비를 '신수두' 단전(壇前)의 경기회에서 뽑아 수박, 격검, 사예, 기마, 덕견이, 깨금질, 씰흠 등 각종 기예를 하며 원근산천에 탐험하며 시가와 음악을 익히며 공동으로 일처에 숙식하며"라고 하여 각종 무예가 실시되었음을 언급하고 있다.

이러한 제천행사에서의 시범적인 경기회가 어떠한 모습이었는지는 가름할 수 없으나 그것이 무예를 통한 유희적인 행사였을 것이라는 사실은 미루어 짐작할 수 있다. 한편 10월에 제사 지내는 제천 행사는 한 해의 풍농에 대해 신에게 제사를 드리는 농경 제의였다. 이러한 것은 '부여의 영고에 군신이 동락하고 주몽과 대소태자가 수렵을 떠났다'는 사실에서도 추측할 수 있다.

삼국은 4세기 중엽부터 고구려와 백제의 충돌로 본격적인 항쟁을 본격화하였다. 특히 신라가 한반도의 중앙지대로 진출을 시작하면서 고구려와 백제를 모두 적으로 하는 정책을 피게 되는 상황이 전개된다. 중국은 남북조시대가 끝나고 수·당의 통일로 우리에 대한 압력이 가중되기 시작하였다. 수나라의 113만 대군을 을지문덕이 살수대첩에서 무찌름으로써 수나라는 멸망하고 말았고 당나라는 태종이 직접 2회에 걸쳐 침입했으나 고구려의 완강한 대항으로 실패하고 말았다.

이러한 대규모의 전쟁으로 고구려의 세력이 축소되면서 신라와 당나라의 연합군이 나당 연합전선을 구축하여 신라는 660년 백제를 물리쳐서 함락시키고 668년에는 고구려를 물리쳐서 굴복시켰다. 그러나 당은 신라와의 협정을 깨고 한반도의 지역에 계속 머무르자 신라는 당나라의 간섭을 배제하기 위해 당과의 전면전쟁을 일으켜서 그들을 물리쳤다. 그렇지만 신라는 고구려의 땅을 모두 차지하지 못하고 대동강과 원산만 이남의 지역을 확보하는 불완전한 삼국통일을 이룩하게 된다.

(1) 삼국의 무예교육

삼국의 항쟁은 치열하였다. 『삼국사기』 열전에 수록된 인물 87명 중 60명이 무사였다는 점은 당시의 시대적 상황에서 필요로 하는 인재로서 국가의 지도자는 특히 무적 능력이 있는 사람이었음을 알 수 있다. 『삼국사기』(1145)와 『삼국유사』(1281~1283)에는 신라와 고구려를 막론하고 당시의 왕들의 신체가 아주 크고 특이했다는 표현이 곳곳에 보인다.[1] 특히 탈해왕은 신장이 9척7촌으로 키가 2m 이상이 될 정도로 아주 컸다. 국가는 군사적인 편제를 토대로 우수한 무적 능력을 지닌 사람을 지휘관으로 하여 전 국민을 군사조직으로 체계화시키고 이를 위한 무사 교육체계를 조직해 나갔다. 또한 인재 등용은 무사 수련의 성과에 따라 결정되었다.

이러한 체제를 운영키 위해 귀족 지배층에게 부과되는 무사 수련은

---

1) 三國史記 卷 第一 新羅本紀 第一, 脫解尼師今, 身長九尺 風神秀朗, 三國遺事 卷一 第四, 脫解王 身骨長 九尺七寸, 三國史記 卷 第一 新羅本紀 第一, 南解次次雄 身長大, 三國史記 卷 第二 新羅本紀 第二 阿達羅尼師今, 身長七尺, 三國史記 卷 第三 新羅本紀 第三 實聖尼師今, 身長七尺五寸, 三國史記 卷 第四 新羅本紀 第四 眞平王, 生有奇相 身體長大, 三國史記 卷 第五 新羅本紀 第五 眞德王 勝曼安質豊麗 長七尺 垂手過膝, 三國史記 卷 第十八 高句麗本紀 第六 長壽王, 體貌魁傑 志氣豪邁.

보다 조직화되고 발전된 형태로서 나타난다. 고구려의 경당과 신라의 화랑도의 체제가 이러한 형태의 체제였다.

결혼 전의 청년들이 모여서 밤낮으로 독서하고 활쏘기를 연습하는 장소로서의 경당은 어떠한 조직과 체계로 이루어졌는지는 자세히 알 수가 없다. 그러나 고구려의 청년들이 그들의 혈기를 독서와 활쏘기에 바쳤다면 신라의 화랑제도와 유사한 모습을 띄었을 것이라는 점은 충분히 추측할 수 있다.

백제의 경우도 신라의 화랑이나 고구려의 경당과 같은 제도가 있었을 것이다. 그러나 아직까지 어떠한 이름과 모습으로 존재하였는지는 알 수가 없다. 다만 비류왕(304~344)의 경우 320년에 궁 서쪽에 사대(射臺)를 만들고 매달 초하루와 보름에 활쏘기 연습을 했다는 기록이 나와 있는 것을 보면 백제에도 무사들을 위한 수련 장소로서 활터를 만들고 그들을 교육시켰을 것이라는 사실을 짐작할 수 있다.

신라의 경우에는 화랑제도가 있다. 화랑들은 삼국통일의 주역이었다. 이들은 6세기 전후로부터 10세기까지 존재한 청소년 수련단체로 평시에는 심신을 단련하고 교양을 쌓으며 사회생활의 규범을 배우고 국가비상시에는 전투원으로써 사회의 중심인물을 양성하는 집단이었다. 사학자 신채호는 화랑을 '소도제단(蘇塗祭壇)의 무사'로 정의했다. 화랑에 대한 체육학적 연구 중 주목할 만한 연구는 이진수(李鎭洙)의 「화랑의 체육에 관한 연구」(1986)가 있다.

화랑도는 일명 국선도(國仙徒), 풍월도(風月徒), 풍류도(風流徒), 원화도(源花徒)라고도 불려졌다. 신채호는 "국선 화랑은 고구려의 선비제도를 닮은 것이며 선사(仙史)는 곧 신라 이전 단군 이래 고구려, 백제까지의 유명한 선비를 적은 것이며, 국선이라 함은 고구려의 선인(仙人)과 구별하기 위해 선(仙)자 위에 국(國)자를 덧붙인 것이고, 신라의 선비는 화장을 시키기 때문에 화랑이라 했다는 것이다"라고 그 차이에 대해 말하고 있다. 이러한 화랑과 같은 청소년단체의 활동은 고구려, 백제에도 전파되었을 것이나 신라에서 유독 활발하게 드러난 것으로 보인다.

화랑의 조직은 6세기 전후인 진흥왕(540~575) 때에 체계화된 것으로 15~18세의 귀족 자제 진골(眞骨)로 이루어졌다. 화랑의 구성은 귀족 출신의 화랑과 양가의 미혼 자제인 낭도로 되어 있었으며 조정에는 화랑조직을 통괄하는 화주(花主)가 있었다. 화랑은 300여 명에서 수천 명까지의 조직을 통솔했다.

화랑들의 훈련방법은 '도의(道義)로써 서로 닦고 가락(歌樂)으로써 서로 기뻐하고 혹은 산수에서 즐거이 놀되 멀리 이르지 않는 곳이 없는[2]' 단체생활을 통해 심신을 연마하는 것이었다.

화랑들의 교육내용에는 신체 고행, 동기(冬期)의 계(契), 단독 입산수행 등이 포함되고 있었다. 화랑의 수련 목적은 신체의 수련 및 활동을 통해 전인적 인간을 육성하는데 있었다. 그들의 놀이적 운동에는 가무, 편력(遍歷), 축국(蹴鞠), 수렵 등이 있었다. 이러한 놀이를 통해 화랑도들은 보다 폭넓은 인간으로 형성되어 갔다. 또 화랑의 무예에는 검술, 기창술, 궁술, 기마술 등이 있었다. 이것들은 당시의 시대상황을 반영하고 있으며 국방을 위해 필요불가결한 것이었다.

(2) 고구려 고분벽화에 보이는 무예

고구려 고분은 만주의 길림성 통구(通構)와 평양 부근의 용강군, 대동군, 강서군 등지에 걸쳐 50여기가 잔존하고 있다. 이들 고분들은 낙랑을 매체로 하여 중국 한대의 양식에서 영향을 받은 흔적들이 나타나고 있다.

---

2) 三國史記, 新羅本紀 第四 眞興王條, 相磨以道義 或相悅以歌樂 遊娛山水 無遠不止

고구려의 초기의 고분은 4~5세기에 축조된 것으로 풍속화적인 요소와 약간의 불교적 요소가 가미되었다. 예를 들면 안악3호 고분(357년), 덕흥리 고분(408년), 약수리 고분 등이 있다. 그리고 중기의 고분은 5~6세기에 축조된 것으로 불교적 색채가 강하고 도교적 요소가 나타난다. 예를 들면 무용총, 각저총, 수산리 고분, 장천1호 고분 등이 있다. 마지막으로 후기의 고분은 7세기경으로 도교적 색채가 강하고 색채가 선명하다. 예를 들어 강서 우현리 고분, 통구사신총 등이 있다.

  고구려 고분벽화에 보이는 무예의 모습은 수렵도, 기마도, 각저도 등에서 찾아 볼 수 있다. 또 어떤 벽화보다도 수렵도가 많이 그려져 있다. 이는 고구려에서 수렵의 의미가 차지하는 비중이 높았음을 의미한다.

  약수리 고분, 덕흥리 고분, 안악3호 고분 등에는 수렵도와 기마도가 나타나 있는데 아마도 고분의 주인공이 생전에 사냥하는 모습과 말을 타고 행차하는 웅장한 모습을 그리고 있는 것 같다. 이들 고분에서는 당시 사람들의 승마 자세와 활, 칼, 창, 복장 등의 모습도 어느 정도 추측할 수 있다. 한편 기마행렬도에는 기마행렬과 함께 잡색들로 보이는 사람들에 의한 여러 가지 형태의 잡희와 농환(弄丸), 죽마, 마상재(馬上才) 등의 잡희(雜戱)의 모습이 잘 나타나 있다.

  각저총의 각저도(角抵圖)는 오늘날의 씨름과 유사한 형태의 자세를 취하고 있고 심판까지 옆에 서 있는 모습을 그리고 있다. 각저(角抵)는 두 사람이 서로 맞잡고 힘을 겨루는 경기로 '각지(角支), 각력(角力), 각희(角戱), 상박(相撲), 쟁교' 등으로 불린다.

  무용총과 안악3호 고분에도 무예를 겨루는 듯한 벽화가 그려져 있다. 이 벽화는 두 사람이 일정한 거리를 떨어져서 서로 겨루고 있는 자세를 그리고 있다. 이들의 자세를 보면 벽화에 보이는 세 손이 모두 주먹을 쥐지 않고 손을 편 상태로 동작을 취하고 있고 무릎을 상당히 구부리고서 한 걸음 이상의 거리를 띄고 있는 것으로 보아 공격을 위한 가격이나 방어를 위한 꺾기 등의 기술을 함께 할 수 있는 맨손과 발을 이용한 격투기술이라고 보아야 할 것이다.

그 동안 택견의 정통성을 주장하는 전승자들[3]이나 혹은 연구자들[4]은(특히 권법에 있어서) 427~520년 사이로 추정되는 무용총 현실 벽화의 수박도와 18세기 말엽에 작성된 『무예도보통지』의 그림을 비교하여 이들 그림의 동일성 내지는 유사성을 주장하고 있다. 그리고 하나의 추론으로 이러한 벽화의 그림이 전설상의 인도의 달마(達摩) 대사가 중국에 무술을 전한 550년보다 앞서 있기 때문에 우리의 택견이 더욱 오래되고 정통성을 갖는다고 주장하거나, 고구려의 무예가 중국에 전해지고 중국에 전해진 그 무예가 중국에서 1000여 년간 정통 무예의 지위를 누리다가 우리의 24반 무예의 형성 과정에서 다시 재수입된 것이 아닌가라는 가설을 제시하고 있다.

또한 『무예도보통지』 권법보(拳法譜)의 해설이 전부 중국의 무술을 인용했고 그 품세도 오늘날의 태권도와 차이가 있지만 오랜 역사를 거치면서 중국과 조선의 문화교류 과정에서 우리의 전통무예인 수박이나 택견이 중국 권법의 영향을 어느 정도 받았을 것이라는 가능성을 말하고, 오늘날의 태권도가 주로 발을 사용하는데 비해 권법은 주로 손을 사용하고 있어 좋은 대조를 보이고 있다고 지적하면서 오늘날의 태권도는 우리 전래 고유의 무예인 택견에 중국 권법의 극히 일부가 도입됐음을 알 수 있다고 주장하기도 한다.

이처럼 이 벽화의 모습 속에서 권법에 대한 뿌리의 논쟁과 해석의 문제가 크게 부각되고 있다. 그러나 이 벽화에 나타나고 있는 모습이 오늘날 어떤 특정한 무예만의 뿌리라고 주장하는 것은 논리의 한계가

---

3) 정경화, 이용복, 도기현 등.
4) 오장환, 조완묵, 예용해 등.

있다. 왜냐하면 벽화는 분명한 역사적 사실로서 그 당시의 무예의 모습을 나타낼 뿐이며, 더욱이 벽화 속 무예의 편린이 오늘날 다양해진 무예의 어떤 특정한 부분과 분명한 인과관계가 있다고 말하기는 곤란하기 때문이다. 그것은 1500여 년이란 시간의 흐름 속에서도 당시대의 사람들이 이해되고 알고 있던 무예의 모습을 나타낸 것일 뿐이지 오늘날의 택견의 시원이라고 말하고 있지는 않다. 오히려 택견이 한국 무예의 원형이라고 합리화시켜 해석하고 있을 뿐이다. 그리하여 이러한 문제는 차후에 택견의 시원을 증명할 수 있는 객관적 사료가 충분히 제시되었을 때 해결 가능하리라 생각한다.

이어서 고려 및 조선시대에 있어 택견의 기원을 살펴보겠는데, 그에 앞서 검토되어야 할 과제로 택견의 기원을 후술하는 수박(手搏, 手拍) 또는 권법 등에서 그 원류를 찾는 것이 과연 논리적으로 타당한가 하는 문제점이다. 그 이유는 택견과 관련된 직접적인 문헌 기록은 조선말에 등장하고 있기 때문이다. 즉, 조선시대 전기에서 후기로 이어지는 택견의 역사적 공백은 그 원류를 찾는데 있어 상당한 한계성을 지니고 있다. 따라서 택견의 역사적 유래를 살펴보기 위해 수박 및 권법 등과 택견의 역사적 연관성을 명확히 밝히지 못하면 현재의 자료로서는 택견은 조선말부터 시작된 무예로 볼 수밖에 없다고 생각되어진다.

2) 고려시대

중세국가 고려는 문치주의를 표방하고 중국식으로 관제를 정비하였으며 군사적 행정체제를 갖추고 있었다. 무장은 주어진 의무를 수행하는 무적 기술인의 성격을 가진 순수 군인이었다. 이러한 고려시대 무인들은 힘이 뛰어난 사람들로 표현되고 있다.[5]

삼국통일 이후 유학에 바탕을 둔 문치주의 통치방식이 정착, 무예보다는 문예에 의한 인재등용 방식을 선호했지만 이 당시의 무사를 선발하는 기준은 수박희와 같은 무예였다.

이 시기에 무인정권이 들어서게 된다. 그 계기가 된 사건 중의 하나가 바로 오문(五門) 사건인데 오병수박희(五兵手搏戱)로부터 연유된다. 오병수박희에 대한 내용은 의종(1146~1170) 때에 문신들은 국왕의 은총을 받고 고귀한 지위를 독차지했고 무신은 모욕과 멸시뿐 아니라 왕을 호종하는 자들까지도 제대로 대접을 받지 못하고 있던 형편이었다. 이에 의종은 무신의 불만을 알고 후의로서 이들을 위로하고자 하던 차에 보현원으로 가던 중 오문전에 이르러 그곳에서 무신들로 하여금 오병수박희를 하게 하였다. 이때 무관이며 나이가 많은 대장군 이소응(李紹膺)이 한사람과 더불어 수박을 함에 이기지 못하고 도망가자 한뢰(韓賴)가 급히 나아가 이소응의 뺨을 쳐 계단 밑으로 떨어지게 했다. 왕과 군신이 손뼉을 치고 크게 웃었고 무신들은 크게 불만을 가졌다. 당시 대장군 이소응은 나이가 60세이고 관(官)이 3품이었다. 왕과 문신들은 무신들의 수박희를 관람하고 젊은 문신 한뢰가 늙은 무신 이소응을 업신여기는 지경에서 무신들의 원한은 크게 확대되었다. 이전부터 무관이 문관들로부터 심한 박대를 당하던 터라 이 사건과 함께 문신이 무신의 수염을 태우는 모욕적인 사건을 계기로 젊은 무신들이 문신들을 대량 학살하고 정권을 잡기에 이르러 이후 60여 년간 무신정권이 이루어지게 된다. 이에 관한 사항은 『고려사』세가 의종과 정중부전에 나온다.

무인집권기 당시 최고 권력자인 최충헌은 손님을 초청하여 연회를 베풀고 중방의 힘이 강한 자들로 하여금 수박희를 시켜 이긴 사람에게 즉시 교위나 대정의 직을 상으로 주었다.6) 이는 수박희가 군인으

---

5) 고려사 제95권 열전, 제100권 열전, 제113권 열전 참조
6) 고려사 열전42, 반역 최충헌전, 열전41반역 이의민전.

로서의 보직 또는 계급의 승진과 직접 관계되는 무재로서 그 기능을 인정받고 있음을 말해주는 것이다.

또한 『고려사』 열전 이의민전(李義旼傳)에는 이의민이 수박희를 잘 하여 의종은 그를 대정에서 별장으로 진급을 시켜주었다는 기록이 나온다. 고려사 열전의 이의민전과 두경승전(杜景升傳)과 정중부전(鄭仲夫傳)에도 이와 유사한 내용이 나온다.

"어느 날 이의민이 두경승과 더불어 중서성에 같이 앉아 자랑하기를 모인(某人)이 스스로 용력을 자랑하기에 내가 쳐 넘어뜨리기 이같이 행하였다고 주먹으로 기둥을 치니 서까래가 움직였고, 경승이 말하기를 어느 때 일인데 내가 빈주먹으로 떨쳐 치니 뭇사람들이 달아나 흩어졌다 하고 주먹으로 벽을 치니 주먹이 벽을 뚫고 들어갔다"고[7] 한다. 이러한 표현은 어느 정도 과장된 것이겠지만 이들의 실력이 주먹으로 쳐서 서까래가 흔들릴 정도이며 벽을 뚫고 들어갔을 정도라면 그 위력과 기술이 상당한 수준에 있었음을 짐작할 수 있다.

특히 변안열전(邊安烈傳)에는 변안열이 임견미(林堅味), 염흥방(廉興邦) 등과 더불어 재상들의 연회석에서 수박희로 승부를 겨루었고 그 결과로 밀직부사에서 지밀직사라로 승진했다는 내용이 나온다. 지밀직사사는 종2품의 고관인데 이러한 고관을 발탁함에 있어 수박희의 승부가 참고가 되었음을 알 수 있다.

지금까지 살펴 본 수박희 외에 고려시대에 홍행했던 것으로 씨름과 격구(擊毬)를 들 수 있다. 씨름은 '각저, 각력, 상박, 각지, 각희, 각회' 등으로 불렸다. 고려사 충혜왕(1330~1332, 1339~1344)조에 "왕이 기무를 총신에게 맡기고 날마다 내시와 더불어 각력희를 하니 상하의 예가 없다" "충혜왕이 용사를 거느리고 각력희를 관람하였다" "왕이 고

---

7) 고려사 열전42,반역 최충헌전, 열전41반역 이의민전.

용보(高龍普)와 더불어 시가에 거동하여 각력희를 관람할 새 용사에게 하사한 포가 헤아릴 수 없었다"고 하여 특히 충혜왕은 씨름을 좋아했다. 고려의 씨름에 대하여 『경도잡지(京都雜誌)』는 "씨름은 고려 때부터 민속으로 내려왔기 때문에 중국인들이 고려기(高麗技) 또는 요족교(燎足交)라 부른다"고 하여 우리의 씨름이 중국과는 다른 형태의 무예로 발전하였음을 알 수 있다. 『고려사』에는 전기에는 씨름에 대한 기록이 거의 보이지 않고 있다. 그러나 여말 충혜왕에 이르러서는 상당히 활성화된 듯하다.

한편 고려시대의 격구의 기능은 하나는 무사들의 연무 수단으로 행해진 것이고, 다른 하나는 왕과 조신들의 유희 오락의 수단으로 행해진 것이다. 격구는 궁정이나 절 앞의 언덕, 그리고 시전 등에서 성행하였는데 매년 단오 날에 길 양편에 비단으로 만든 장막을 둘러치고 국왕 및 백관이 임석하고 도하의 자제들은 사치스러운 복장을 하고 다투어 이에 참가했으며 우수한 자에게는 사물이 내려졌다. 이때 구경꾼들이 인산인해를 이루었다.

격구는 고려 초기에는 기사, 기창, 기검 등의 기본적인 말타기 훈련의 수단으로 행하여졌고 시대가 변천하면서 왕과 조신 및 일반 서민에게까지 파급되어 여말에는 대중적인 스포츠로써 전파되었고 왕과 귀족이 직접 참여했던 운동경기였으나 건전한 대중스포츠로 승화되지 못하고 사치에 흘러 버리고 말았다.

3) 조선시대

조선시대는 고려 말부터 내려오는 전통적인 사회적 기반과 유교적 이념 위에 이루어진 신분사회로서 신분이 어느 정도 세습되었고 귀천의 구별이 엄격하게 지켜졌다. 그 중 양반은 문반과 무반을 지칭하는 개념으로 지배신분층을 말한다. 양반이란 용어는 관제상의 문·무반을 통칭하는 개념으로 쓰였으나 양반 관료체제가 점차 정비되어감에 따라 관직을 가진 사람뿐만 아니라 그 가족 가문까지도 양반으로 불리게 되었다.

무반이 문반보다 상대적으로 열등하다 하더라도 조선사회는 양반사회로서 무반에 대한 사회적 위치와 대우는 결코 낮지 않았다. 결국 무사들이 관리가 되기 위해 노력하는 과정은 쉽지 않았으며 그들이 무학교육에 바친 준비 과정은 결코 짧았다고 보기 어렵다.

당시의 무사들은 관직에 나가거나 보다 상위직에 나가기 위해 또는 특별근무일수를 더 받기 위해 아니면 파면 당하지 않기 위해 무예훈련을 열심히 하지 않을 수 없었다.

또 당시의 양인 이상의 국민은 16세 이상 60세에 이르기까지 누구나 군역의 의무를 가졌다. 양인은 대부분 농민들로 평상시 농업에 종사하다가 일단 징발이 되면 정병으로 서울에 번상하거나 지방의 제진에 부방했다. 병농일치제도와 국민개병제에 따라 모든 국민은 각종 무예를 익혀야만 했다. 그리고 국민들은 평상시에도 무예를 습득하도록 강요되었고 병장기 휴대를 국민의 의무로 정하고 있었다.

이처럼 조선조의 국방정책은 지역 자체의 방위체제이면서 무예를 항시 익혀야만 하는 상무정신을 토대로 한 국민개병제였다. 그러나 이러한 상무정신을 토대로 한 국민개병제는 실효를 거두지 못했음이 후기에 들어와 드러난다. 국민개병제를 통한 병농일치라는 이상적 제도로서는 전투능력을 갖춘 군사를 얻는데 미흡하였기에 조선 후기에 들어와서는 군사의 정예화를 꾀하고자 하는 새로운 방책을 생각했다. 즉, 임진왜란을 계기로 병농일치의 국방정책은 실효를 거두지 못하고 정예한 무사들을 양성하는 국방정책의 변화를 맞게 된다.

과거제도와 관련하여 문과는 성균관과 향교라는 학교제도와 연계되어 있었으나 무과는 그러하지 못했다. 무학 교육기관으로 인정할만한 훈련원이 있었으나 이는 학교로서의 역할을 수행하지 못했다. 관학으로서의 훈련원이 성균관과 같은 역할을 하지 못함으로써 무사들은 과거 준비교육기관이 필요로 했을 것이다. 현 단계로서는 자료의 빈곤으로 교육기관의 유무를 정확히 알 수 없으나 활쏘기를 하는 사정(射亭)이 그 역할을 수행했으리라 생각된다.

사정은 무사 양성을 위한 교육기관 내지는 제도적 장치로서 그 역할을 수행했으리라 생각한다. 그러나 사정이 학교의 범주에 넣을 수 있느냐는 해석의 문제는 차지하고라도 무사를 양성하는 공간으로서의 역할을 했다는 점에서는 이론의 여지가 없으리라 생각한다.

원래 무과는 문무를 겸비한 인재의 선발을 목적으로 시행되었기 때문에 무과의 고시과목에 무예와 병서를 시험 보았다. 그러나 당시의 무예 연습은 연재(鍊才)를 빼놓고는 즉흥적인 면이 있었던 것 같다. 세종이 종친과 군사, 그리고 시위하는 군사들에게 즉흥적으로 각종 무예를 연습시키고 있는 세종 16년 3월 신축조와 세종 27년 5월 무술조의 기사에게서 그러한 면모를 엿볼 수 있다.

"임금이 왕세자를 거느리고 모화관에 거동하여 먼저 세 대군과 여러 종친들로 하여금 기사(騎射)를 하게하고 다음에 군사들을 시켜 격구와 200보의 보사(步射)를 하게하고 또 기사하게 하였으며, 다음에 시위대들로 하여금 장(杖)을 연습하게 하고 또 달리기를 경쟁하게 하였다"(세종 16년 3월 신축조). "세자가 모화관에 나아가 총통군을 시험하고자 하여 보갑사(步甲士), 근장(近杖), 방패(防牌), 육십(六十) 및 자모인(自募人)으로 하여금 300보를 달리게 하고 또 모래주머니 150근을 들고 50보를 가게 하여 능한 자 여덟 사람에게 각각 환도를 주었다"(세종 27년 5월 무술조). 이로 미루어 당시의 무예교육은 궁마나 병서를 익히기 쉬운 환경에 있던 사람들에 의한 부자지간의 전수로 이루어진 것이며 체계적이라기보다는 즉흥적 혹은 시험을 앞두고 이루어지는 비체계적인 것이었음을 알 수 있다.

그러면 앞서 언급한 오늘날의 택견과 관련하여 조선시대에 나타나는 수박(手搏), 수박(手拍), 수박희가 어떠한 의미를 지니고 있었는지에 대해 『조선왕조실록』을 통해 살펴보도록 하자. 『조선왕조실록』에서 가장 먼저 수박 관련 기록이 나타나는 것은 『태종실록』 권19 태종10년(1410) 1월 21일자 기록이다.

① 『태종실록』권19 태종 10년(1410) 1월 21일자

병조(兵曹)와 의흥부(義興府)에서 수박희(手搏戲)로 사람을 시험하여 방패군(防牌軍)을 보충하였는데 세 사람을 이긴 자로 방패군에 보충하였다.

② 『태종실록』권21 태종 11년(1411) 6월 10일

갑사(甲士)를 선발하였다. 봄부터 여름에 이르기까지 의흥부와 병조에서 무사(武士)를 홍인문 안에 모아 기사(騎射), 보사(步射)를 시험하여 갑사에 충당하였는데 이때에 이르러 능하지 못한 자를 삼군부(三軍府)에 모아 놓고 주보(走步), 수박(手搏)을 시험하여 3인 이상 이긴 자를 모두 취하고 능하지 못한 자는 모두 도태시켰다.

③ 『태종실록』권32 태종 16년(1416) 7월 1일

임금이 상왕(上王)을 경회루에서 받들어 맞이하여 헌수(獻壽)하고 노래 부르고 화답하여 지극히 즐기었으니 상왕의 탄신(誕辰)인 때문이었다. 세자와 여러 종친이 모두 시연(侍宴)하였다. 이어서 입직한 대소 신료에게 술을 주고 갑사와 방패군으로 하여금 막대(挺)로 각투(角鬪)하게 하고 또 수박희를 하게하고 이를 구경하였다.

④ 『태종실록』권32 태종 16년(1416) 7월 18일

경복궁에 거둥하여 상왕을 봉영(奉迎)하여 경회루에서 술자리를 베풀었는데 세자, 종친이 시연하였다. 갑사와 방패로 하여금 막대기(挺)를 가지고 서로 싸워 방패가 이기지 못하였고 또 혹은 수박하고 혹은 경주(爭走)

하고 혹은 말 타고 쏘도록 명하여 능하고 능하지 못한 것을 보아서 정포 (正布), 면포(綿布), 저화(楮貨)로 차등 있게 상을 주었다. 이어서 재보(宰輔) 여러 신하에게 잔치하니 다투어 연귀(聯句)를 바치어 심히 즐기었다. 노성(老成)한 사람을 버릴 수 없다는 데 말이 미치자 충녕대군(忠寧大君)이 "서경(書經)에 이르기를 '기수준(耆壽俊)이 궐복(厥服)에 있다'고 하였습니다" 하니 임금이 그 학문이 방향을 통한 것을 감탄하고 세자를 돌아보며 "너는 학문이 어째서 이만 못하냐?"하였다. 대가(大駕)를 따르는 신료에게 술을 내려주고 어두워지자 곧 파하였다.

⑤『태종실록』권32 태종 16년(1416) 8월 3일

경복궁에 거둥하여 상왕을 봉영하여 경회루에 술자리를 베풀었는데 세자와 종친이 시연하였다. 갑사와 방패군 중에 힘 있는 자를 모집하여 수박희를 하게 하여 사직(司直) 윤인부(尹仁富)에게 쌀, 콩 각각 다섯 석을 주었으니 수박을 잘하였기 때문이었다.

⑥『태종실록』권32 태종 16년(1416) 8월 17일

정전(正殿)에 나아가 문무과의 방(榜)을 내걸었다. 문과는 중시(重試)가 5인이고 친시(親試)가 9인이었다. 무과도 또한 이 수(數)에 의하였다. 중시 문과 제1등 이조정랑(吏曹正郎) 김자를 직예문관(直藝文館)으로 삼고 제2등 예문검열(藝文檢閱) 김빈을 인녕부승(仁寧府丞)으로 삼고 제3등 성균학유(成均學諭) 정광원(鄭廣元)을 경승부승(敬承府丞)으로 삼고 제4등 종부판관(宗簿判官) 김타를 이조정랑으로 삼고 제5등 승문원 정자(承文院正字) 안지(安止)를 사헌감찰(司憲監察)로 삼았다. 친시 제1등 정지담(鄭之澹)을 우정언(右正言)으로 삼고 제2등 김자돈(金自敦)을 승문원 정자로 삼고 제3등 김구(金鉤)를 사온 직장으로 삼았다. 무과 중시 제1등 부사직(副司直) 주맹인(周孟仁)을 호군(護軍)으로 삼고 제2등 사복소윤(司僕少尹) 이징석(李澄石), 제3등 호군 오익생(吳益生)을 모두 대호군(大護軍)으로 삼고 친시 제1등 부사직(副司直) 이징옥(李澄玉)을 사복소윤으로 삼고 제2등

학생(學生) 허수강(許壽康)을 부사정(副司正)으로 삼고 제3등 부사정 배양덕(裵陽德)을 사정(司正)으로 삼았다. 또 윤인부(尹仁富)를 호군으로 삼았으니 수박을 잘하므로 상준 것이다.

⑦『태종실록』권34 태종 17년(1417) 7월 1일

임금이 경복궁에 가서 상왕을 봉영하고 경회루에서 헌수하니 세자와 여러 종친이 시연하였다. 어가를 따른 대소 신료에게 술을 주었다. 장사를 뽑아서 수박희를 구경하고 지극히 즐기다가 파하였으니 상왕의 탄신인 때문이었다. 전지(傳旨)하기를 "정조사(正朝使)의 근수(根隨)로서 장사하던 사람이 죄를 입은 연고를 내게 고하지 않고 상왕의 가전(駕前)에 호소하였으니 정상과 법에 죄주어야 하겠으나 오늘은 상왕의 탄신이니 특별히 상왕을 위하여 이를 용서한다" 하고 인하여 관가에 몰수한 단필(段匹)을 돌려주라고 명하였다.

⑧『세종실록』권4 세종 1년(1419) 6월 20일

노상왕이 모화루로 피서하니 상왕과 임금이 나아가 문안하였다. 미리 장사를 뽑아 모화루 아래에 수박희를 시키고 관람하였는데 해연(海衍)이라는 중이 힘이 세어 여러 사람에 뛰어나니, 명하여 머리를 길러 환속하게 하고 목면(木綿) 1필을 하사하였다. 진무(鎭撫) 김윤수(金允壽)가 8인을 이기니 또한 상을 주고 이에 잔치하니 대군(大君)과 2품 이상은 시연하고 임금이 노상왕에 헌수(獻壽)하니, 상왕이 말하기를 "형제가 이와 같이 있으니 주상은 다른 염려에 수고하지 말라" 하고 각각 차례로 술잔을 드려 극진히 즐겨하고 날이 저문 뒤에 환궁하였다.

⑨『세종실록』권4 세종 1년(1419) 7월 1일

노상왕의 탄일(誕日)이므로 상왕이 임금과 더불어 노상왕에게 청하여 경복궁에 행차하였다가 경회루에 나아가니 미리 수박을 잘하는 자 50여 명을 뽑았다가 누하(樓下)에서 승부를 겨루는 것을 관람하게 하니 갑사 최중기(崔仲奇)가 6인을 이겼으므로 정포(正布) 3필을 하사하고 한유(韓宥)

는 4인을 이기매 정포 2필을 하사하였다. 끝난 뒤에 헌수하니 종친 및 병조 당상. 대언 등이 잔치에 시연하여 각각 차례로 술잔을 돌리고 여러 신하들에게 명하여 연구를 짓게 하였다. 또 명하여 번갈아 춤추게 하니 양위 상왕도 또한 일어나 춤추었다. 날이 저물어서 파하였다.

⑩『세종실록』권12 세종 3년(1421) 5월 8일

임금이 상왕을 모시고 낙천정(樂天亭)에 거둥하여 오위(五衛)의 진(陣)을 크게 열병(閱兵)하였다. 이보다 앞서 상왕이 참찬 변계량에게 명하여, 옛날의 제도를 상고하여 진법(陣法)을 이룩하게 하고 임금이 대궐 안에서 또 그린 진법 한 축(軸)을 내어 주니 변계량이 참고해서 연구하여 오진법(五陣法)을 만들어 올리므로 훈련관(訓鍊觀)으로 하여금 이 진법에 의거하여 교습(敎習)하게 하더니 이때에 와서 삼군(三軍)이 변하여 오진(五陣)이 되었으나 차례로 잃은 병졸이 없었다. 이미 열병을 하고 나서, 인하여 손으로 서로 치는 수박희를 보고 술잔치를 베풀고 풍악을 연주하여 삼군의 장수를 위로하는데 종친, 부마, 의정부 당상 이화영, 연사종, 조말생, 김익정 등이 잔치에 배석하였다.

⑪『세종실록』권51 세종 13년(1431) 3월 28일

경회루 북쪽에 나아가 종친들의 활 쏘는 것과 역사(力士)의 수박(手拍)을 관람하였다.

⑫『세종실록』권102 세종 25년(1443) 11월 2일

의정부에서 병조의 첩정에 의거하여 아뢰기를 "대소의 행행(行幸) 때에 시위하는 보갑사(步甲士)를 항상 미리 가려 뽑지 않고 매양 임시하여 채워서 정하기 때문에 체모(體貌)의 장단(長短)이 한결같지 않고 또한 몸이 약하고 잔열하여 우러러보기에 합당하지 않은 자가 섞여 있어 근시(近侍)의 군용(軍容)이 정제(整齊)되지 않고 있습니다. 또 육전(六典)에 기병과 보병이 본래 구별되어 있는데도 이제 기병과 보병을 먼저 나누지 않고 기병으로 졸지에 보병의 임무를 정하게 하니 대체에 합하지 않습니다. 삼

가 육전을 상고하건대 이르기를 '갑옷을 입고 창을 잡고 능히 300보를 달리는 자가 상등이고, 200보를 달리는 자가 중등이며 또 수박의 기능이 능히 네 사람을 이기는 자가 상등이고 세 사람을 이기는 자가 중등이 된다' 하였으나 신장(身長)도 시험하지 않고 또 사어(射御)의 능하고 능하지 않은 것도 시험하지 않고서 한결같이 주력(走力)만으로 시험하여 취함은 타당하지 못하니, 청하건대 육전의 보갑사 취재(取才)의 법에 의하여 조금 증손(增損)을 가하되 신장이 8척 1촌 이상인 장용인(壯勇人)을 가려서 보사(步射)에는 180보로 쏘아 세 화살 중에 두 화살을 맞힌 자와, 기사(騎射)에는 세 번을 쏘아 한 번 이상 맞힌 자와, 또 100근의 무거운 물건을 들고 능히 300보를 달리는 자를 시험하여 600인을 뽑아서 정한 액수를 만들고 갑사를 6번(番)으로 나누어 붙이게 하소서" 하니 그대로 따랐다.

⑬ 『단종실록』권14 단종 3년(1455) 6월 19일

서교(西郊)에서 농사를 구경하고 길가의 농민에게 모두 술과 밥을 내려 주었다. 희우정(喜雨亭)에 이르러 수전(水戰)을 연습하는 것을 보고 또 시위군사(侍軍士)로 하여금 수박회를 하게 하고 상을 차등 있게 주었다.

⑭ 『세조실록』권9 세조 3년(1457) 9월 16일

의금부에서 아뢰기를 "중 혜명(惠明)이 중 의전(義田)을 고발하기를, 의전이 송경(宋經) 등 89인의 이름을 기록한 글을 가지고 와서 보였으며 또 말하기를 '장차 다시 민신(閔伸)의 난(亂)이 있을 것이다. 지금 가뭄이 심하여 상왕(上王)을 세우려는 자가 있다'고 하였습니다. 또 최한량(崔旱兩), 의전 등이 말하기를 '가뭄이 너무 심한데 상왕이 왕위에 오르면 벼농사가 무성하게 되리라'고 하였으며 또 담양(潭陽) 향리(鄕吏)와 관노(官奴) 등은 '나라에서 수박으로써 시재(試才)한다는 말을 듣고는 다투어 서로 모여서 수박회를 하면서 몰래 용사들을 뽑았습니다'고 하였습니다. 혜명이 본시 최한량, 의전과 틈이 있었는데 큰일을 일으키려고 꾀하였다는 거짓말을 꾸며 와서 고하였으니 그 죄는 능지처사(凌遲處死)에 재산을 적몰

(籍沒)하는데 해당하고 그 형인 중 해첨은 공신에게 주어 종으로 삼게 하소서" 하니 명하여 혜명은 참형(斬刑)에 처하고 해첨은 연좌(連坐)하지 말게 하였다.

⑮ 『세조실록』권17 세조 5년(1459) 9월 29일

모화관(慕華館)에 거동하니 왕세자 및 종친, 재추(宰樞)가 어가(御駕)를 수행하였다. 임금이 종친, 재추, 겸사복(兼司僕), 내금위(內禁衛)로 하여금 사후(射侯)하도록 했는데 신종정(新宗正) 이효백(李孝伯)과 최적(崔適)이 활을 잘 쏘았으므로 각기 1계급을 승진시켰다. 갑을창(甲乙槍), 방포(放砲), 사모구(射毛毬), 수박희를 구경하였다. 야인(野人) 유상동합(柳尙冬哈) 등 3인을 인견하고 유상동합에게 의복 및 안장을 갖춘 말(鞍具馬), 도자(刀子), 궁시(弓矢)를 내려 주고 어치거(於致巨), 소응대(所應大) 등에게 홍사대(紅絲帶), 도자, 채낭(綵囊)을 내려 주고 시위(侍衛)한 군사에게는 술을 내려 주었다.

⑯ 『세조실록』권43 세조 13년(1467) 7월 14일

승정원에서 교지(敎旨)를 받들어 이준(李浚)에게 치서(馳書)하기를 "지금 회계(會計)를 상고하니 함흥 이남 여러 고을의 군자미(軍資米)가 7만 4749석인데 4만 인의 4개월치 군량(軍糧)으로 계산된다. 전에 소비한 1개월치의 군량을 제외하더라도 아직도 3개월을 지탱할 수 있다. 그러나 회계가 유명무실하다면 속히 그 실제 숫자를 상고하여서 아뢰어라" 하고 또 여러 도의 관찰사에게 치서하기를 "여러 고을에 거주하는 사람들 가운데 혹시 달리기를 잘 하거나, 혹시 힘이 있거나, 혹시 수박을 잘 하거나, 한 가지 재주라도 취할 만한 것이 있는 자는 양천(良賤)을 논하지 말고 관에서 양식을 주어서 사람을 임명하여 압송(押送)하되 삼가 지체시키지 말라"하였다.

이상 조선 초기에서 중기에 걸쳐 『조선왕조실록』에 기록된 '수박

(手搏), 수박(手拍), 수박희'를 열거해 보았다. 이러한 기록들을 통해, 첫째 수박은 무사(방패군, 갑사 등)를 선발하는 시험 종목이었다는 점, 둘째 특별한 날, 즉 왕의 생일날에 펼쳐지는 연희석의 관람용 무예였다는 점, 셋째 왕을 친위하는 무사뿐만 아니라 향리나 승려, 일반 백성까지도 하는 무예였다는 점을 알 수 있다.

한편 조선 중기 이후에 간행된 무예서 중에서 첫째로 꼽히는 것은 『무예도보통지(武藝圖譜通志)』이다. 『무예도보통지』는 규장각의 이덕무, 박제가와 당시 실세 부대였던 장용영의 초관인 백동수와 장용영의 무사들과 함께 무예의 내용을 일일이 검토하여 1년여의 각고의 노력을 기울여 만든 작품이다. 24가지 무예가 실려 있는 『무예도보통지』는 선조 31년(1598) 한교(韓嶠)가 편찬한 6가지 무예로 이루어진 『무예제보(武藝諸譜)』와 영조 35년(1759)에 사도세자가 주도하여 편찬한 18가지 무예로 이루어진 『무예신보(武藝新譜)』를 모체로, 한·중·일 삼국의 서적 145종을 참고하여 1790년 완성된 종합무예서이다. 『무예도보통지』는 임진왜란 이후 창, 검, 권 등을 이용한 무예의 발달과정과 그 실체를 규명하는데 중요한 자료가 되고 있다.

『무예도보통지』는 그 동안 체육사나 무예사뿐만 아니라 국방사에 있어서까지 반드시 이해되어야 하는 저서로 알려져 왔다. 오늘날 많은 무예단체들은 대부분 그들 무예의 뿌리를 『무예도보통지』에 두고 있다고 말한다. 그러나 또 한편으로는 우리 민족의 문화유산이기도 한 『무예도보통지』에 대하여 중국 명나라 때의 서적인 『기효신서(紀效新書)』와 『무비지(武備志)』의 내용에 대한 차용 여부를 둘러싸고 많은 논란이 일고 있다.

오늘날 많은 무예단체들은 이러한 전통성 또는 정통성 시비에 휩싸여 있다. 택견을 교육하는 사람도 택견과 『무예도보통지』의 권법과의 관련성을 주장하기도 하고, 검도를 하는 사람 역시 『무예도보통지』의 본국검과 왜검 등을 자의적으로 해석하여 자기에게 편리하게 이용하고 있는 실정이다. 조선 중기(1499,『신동국여지승람』) 이후, 수박(手搏) 또는 수박(手拍)이란 용어가 재차 등장하는 것은 1790년 완성된『무예도보통지』권4 권법조(拳法條)에 보이는 수박(手搏)뿐이다. 약 300년이란 역사적 공백은 택견의 유래를 해석하는데 있어 문제점으로 남는다. 지면의 한계상 자세한 설명은 생략하겠지만 이러한 문제들은 모두『무예도보통지』에 대한 정확한 이해가 결여되었기 때문에 비롯되었다고 생각한다.

1895년 갑오개혁을 전후한 택견에 대한 기록이 많지 않아 당시 상황을 추론하기에는 어려운 점이 있다. 다만 정조(1777~1800) 때 이성지가 지은『재물보』의 탁견, 유숙(1827~1873)의 '대쾌도'에 나타난 그림, 후술하는 스튜어트 쿨린(Stewart Culin)의『Korean Games』(1895)에 보이는 'HTAIK-KYEN-HA-KI'의 설명, 그리고 1921년에 간행된 최영년의『해동죽지』에 보이는 기사정도이다(<표> 참조).[8]

2. 근대 이후

1) 일제 식민지시대의 택견

오늘날 우리가 일제시대의 택견에 대해 그 편린이나마 알 수 있는 것은 당대를 살아왔고 초대 택견 인간문화재였던 고(故) 송덕기의 구

---

8) <표 1>에서의『재물보』는 조선 후기에 쓰여진 백과전서. 1798년(정조 22) 이성지(李成之)가 지은『재물보(才物譜)』를 확대한 것이다. 편찬자 및 간행 연대 미상. 사물을 항목별로 분류하여 어휘를 배열하고 한글과 한문으로 배열한 어휘집으로, 1권에는 천(天), 지(地), 인(人), 인륜(人倫), 군(君), 서물(庶物), 문학, 2권에는 예절, 음악, 궁실(宮室), 의식(衣食), 기희(技戲), 3권에는 화(火), 금(金), 석(石), 초(草), 곡(穀), 채(菜), 옥(玉), 4권에는 목(木), 죽(竹), 과(果), 어(魚), 금(禽), 수(獸), 충(蟲) 등을 수록했다. 이 책은 방대한 한자 어휘를 수록했고 간헐적으로 한자 어휘를 풀이한 우리말 어휘는 19세기 후반에서 20세기 초의 언어적 특징을 가진 서울말로 당시의 차용어 및 외래어 연구에 귀중한 자료가 되고 있다. 4권 4책. 필사본.

	연대	용어	출처	특징	비고
삼국시대	고구려	각저·수박(?)	고분벽화		안악3호고분·덕흥리고분·약수리고분·무용총·각저총·수산리고분 등
	백제				
	신라	화랑도			
고려시대	1146~1170	수박희	고려사 95, 100, 113권	의종	
	1330~1332 1339~1344	각저·각력 상박·각지 각희	고려사	충혜왕이 씨름을 좋아함	
조선시대	1410. 1.21	수박회	태종실록	무사 선발시험	3인 이긴 자를 방패군에 보충
	1411. 6.10	〃	〃	〃	3인 이긴 자를 취함
	1416. 7. 1	〃	〃	연회석의 관람용	
	1416. 7.18	수박(手搏)	〃	〃	쟁주, 기사 등과 함께 펼쳐짐
	1416. 8. 3	수박회	〃	〃	상품 수여(쌀, 콩 등)
	1416. 8.17	수박(手搏)	〃	〃	시상
	1417. 7. 1	수박회	〃	〃	
	1419. 6.20	〃	세종실록	관람용	시상
	1419. 7. 1	수박(手搏)	〃	〃	상품 수여(점포)
	1421. 5. 8	수박회	〃	연회석의 관람용	
	1431. 3.28	수박(手拍)	〃	관람용	활쏘기
	1443. 11. 2	수박(手搏)	〃	무사 선발시험	4인 이긴 자는 상등 3인 이긴 자는 중등
	1455. 6.19	수박회	단종실록	연회석의 관람용	시상

	연대	용어	출처	특징	비고
조선시대	1457.9.16	수박회	세조실록	무사 선발시험	향리, 관노 등
	1459.9.29	〃	〃	관람용	활쏘기·갑을창·방포·사모구 등
	1464.5.19	〃	〃	유희용	승려
	1467.7.14	수박(手搏)	〃	무사 선발시험	양천(良賤)불문
	1499	〃	신동국여지승람		
	1598		무예제보(한교)	등패·장창·당파·낭선·곤봉·쌍수도(6기)	전쟁에 시급한 무예
	1604		권보	권법1기	무예제보에서 싣지 못한 단병무예
	1610		무예제보번역속집	권보·청룡언월도보·협도곤보·왜검보(4기)	전쟁에 대비한 무예
	1759		무예신보	죽장창·기창·예도·왜검·교전·월도·협도·쌍검·제독검·본국검·권법·편곤(12기)	전쟁을 대비하고 우리 나름대로 발전시킨 무예
	1790	수박(手搏)	무예도보통지 권4 권법조	기창·마상월도·마상쌍권·마상편곤·격구·마상재(6기)	기마전술을 수행하기 위한 무예
	1798	탁견	재물보(이성지)	정조 때 간행	
	1895	HITIK-KYEN-HA-KI	Korean Games (스튜어트 쿨린)		
식민지시대	1919	택견	조선무사영웅전(안확)	〃	유술(柔術)에 대한 설명 중에 나옴
	1921	托肩	해동죽지(최영년)	托肩戲	
	1921	택견=脚戲	조선어대사전(조선총독부)	한발로 서로 맞은편 사람 다리를 차서 넘어뜨리는 경기 또는 한발로 서로 넘어뜨리는 유희	
	1933	태견			맞춤법통일안 발효후

184

	연대	용어	출처	특징	비고
식민지시대	1933	태견			출간된 국어사전에는 태견으로 기술
	1935	착견	오가전집박타령 (리선유)	관람용	활쏘기
	1938	결련태견	조선어사전 (문세영)		
광복후	1946	덕견이	조선상고사 (신채호)		
	1965	탁견(卓見)	송덕기(71세)	발기술 위주	송덕기는 태견·택견이 아니라 탁견이요, 한자는 卓見이라 쓰며 택견을 하는 사람을 말할 때는 택견꾼이라 함
	1971	결련(結連)태	동아국어사전		
	1982	택견	무형문화재지정 보고서 제146호		무형문화재 지정 후 태견으로 명칭 통일

술(口述)과 몇 가지의 기록뿐이다. 송덕기의 증언에 의하면, "1912년경에 윗대패와 아랫대패의 택견꾼이 시합을 하는 것을 마지막으로 보았다"고 한다. 그리고 1919년 자산(自山) 안확(安廓)은 그의 저서『조선무사영웅전』의 무예고(武藝考)에서 유술을 설명하는 가운데 "근래에 청년이 씨름보다 소이(小異)한 박희(搏戱)를 행함이 있던 바, 소위 '택견'이라 하는 것이 그 종류다. 이 유도가 근일에 와서 퇴보한 형지(形止)에 이르렀으나 고려 때에는 크게 발달하여 매년 5월에는 연중행사로서 대시합을 행하였던 것이다"고9) 했다.

　여기서 검토해야 할 것은 안확이 '택견'을 오늘날의 '유도'로 이해하고 표기했다는 점이다. 즉, 택견=유도가 되는 셈이 되는데, 그러나 그가 왜 어떠한 의도로 '택견'을 '유도'라 표기했는지는 현재의 자료만으

---

9) 이종수, 조선무사영웅전, 성문당, 1947년, 63쪽(원제 朝鮮武士志).

로는 그 자세한 상황을 파악할 수가 없다. 한편 이용복은 그의 저서 속에서 택견의 역사를 설명하는데 있어 '국학자의 증언'이라는 소재를 달아 상기의 안확의 문장을 인용하면서 '유도'라 표기하지 않고 '이것이'로 바꿔치기를 해두었다.10) 바꾸어 말하면 이용복은 택견 역사의 정당성을 확보하기 위해 의도적으로 치환 작업을 했는지에 대한 검토가 과제로 남는다.

앞서 언급한 1921년 최영년이 지은 『해동죽지(海東竹枝)』에는 탁견희(托肩戲)가 칠언절구의 한시(漢詩)로 다음과 같이 묘사되어 있다.

백가지 신통한 비각술 가볍게 상투를 스치며 비녀를 채간다. 꽃을 두고 다투는 것도 풍류이니 단번에 미인을 빼앗으니 호걸의 의기일세.11)

이 시에는 주석이 있는데 "옛 풍속에 각술(脚術)이 있는데 서로 대하여 서서 서로 차서 거꾸러뜨린다. 이에는 세 가지 방법이 있는데 최하는 다리를 차고 잘 하는 자는 어깨를 차며 비각술자는 상투를 차서 떨어뜨린다. 이것으로 혹 원수도 갚고 혹은 좋아하는 여자를 내기하여 빼앗는다. 법관이 이를 금지하여 지금은 이것이 없어졌다. 이 놀이의 이름을 탁견이라 한다"고 했다. 이 시를 보면 탁견희는 경쾌하고 예리한 기예의 모습으로 그려졌으며 재주를 겨루는 활기찬 남성적 유희라는 점을 보여주고 있다.

같은 해에 조선총독부에서 발행된 『조선어대사전』에는 택견이 脚戲로 한자 표기되어 있는데 '한발로 서로 맞은 편 사람의 다리를 차서 넘어뜨리는 경기' 또는 '한쪽 발로 서로 넘어뜨리는 유희'라고 설명되어 있다.

---

10) 이용복(1990a;71, 1990b;71, 2002;71).
11) 百技神通飛脚術 輕輕掠過高 鬪花自是風流性 一奪貂蟬意氣豪.

곽형기는 전통적 체육의 하나인 무예가 우리나라 최초의 근대학교인 원산학사(1883)의 교육과정 속에 채택되고 중시되었다는 점은 근대라는 문명의 도전에 대한 우리의 대응 형태가 어떠했는가를 보여준다는 의미에서 이것이 한국체육사상 큰 의미가 있다고 말한다.12)

원산학사는 우리나라 최초의 근대 사립학교였다. 이 학교는 문사 양성을 위한 문예반 50명과 무사 양성을 위한 무예반 200명을 선발하였다고 한다. 최초의 근대학교에서 무예를 가르쳤다는 것은 전환기라는 시대 상황 속에서 무예가 지닌 어떤 성격을 말해주는 것이라고 생각된다. 그러나 1881년 근대적인 별기군(別技軍)이 창설되어 일본인 교관에 의한 훈련이 시작되자 1907년에는 구식 군대는 해산되고 이 기간 동안 일본 군인들에 의해 일본식 군제와 일본식 군대문화가 도입되게 된다. 그 후 1895년(高宗 32)에 일본식 격검(擊劍)이 도입되고 1908년에는 한일 양국간의 격검 시합이 개최되었다.

한일합방 이후 한국의 주권을 비롯한 모든 것이 일본의 영향 하에 들어가게 되면서부터 일본 문화가 차츰 뿌리를 내리기 시작하게 된다. 1914년 체조, 교련, 유희, 격검 및 유술이 포함된 '학교체조교수요목' 제정, 1932년 조선유도연합회 결성, 1937년 새로운 학교체조교수요목의 개정, 1937년 10월 검도를 기초로 제정한 황국신민체조 및 대일본 국민체조 등을 제정하여 여학생에게도 검도 동작을 익히게 했다. 그리고 1938년 조선교육령을 개정, 1941년 학제 개편을 통해 소학교를 국민학교로 개칭하고 체조과를 체련과로 고쳐 부르게 되었다. 체련과의 내용은 체조와 무도로 나뉘어져 초등과에 있어서는 남아에 대하여 검도 및 유도를 과하고 고등과에 있어서는 그 정도를 높여 과하고 여아에 대해서는 치도를 과했다. 초등과는 물론 고등과, 중등학교, 사범

---

12) 곽형기(1989), 近代學校體育의 展開樣相과 體育史的 意味, 서울대학교 박사학위논문, 119쪽.

학교에서도 무도를 필수로 실시하였다.

이처럼 일본 무도가 한국으로 도입되면서 일본의 군국주의와 제국주의에 의해 무도의 이념은 강요된 상태로 이식되게 되었고 무예라는 말은 점차 우리의 인식 속에서 사라져 갔다.

한편 자발적인 발전을 위한 노력도 있었다. 1908년 습사, 승마, 유술, 격검 등을 익히는 무도기계체육부 설립, 같은 해 9월에는 군인구락부에서 습사, 승마, 격검 등을 가르치기 시작하여 한국인의 유도 수련이 본격적으로 시작되었다. 그리고 1909년 활쏘기 운동단체인 사궁회가 조직, 1922년에는 조선궁술연구회가 결성되었다. 또한 1908년 YMCA 유도장 건립 및 유도반 설치, 1928년 유도의 술어 및 용어 번역과 더불어 전조선단체유도대회를 개최하여 독자적인 유도의 발전을 꾀하기도 했다.

그러나 일제식민지시대에 펼쳐진 무예교육은 궁술을 제외하면 대부분이 검도, 유도 등 근대식 일본 무도의 교육이라 해도 과언이 아니다. 앞서 언급한 원산학사에서의 무예교육도 그 빛을 발하지 못했으며 택견은 정규 교육과목 속에 포함되어 있지도 않았다.

2) 광복 이후의 택견

광복 이후, 택견이 세상에 알려지게 된 계기는 당시 한국일보 논설위원이며 문화재전문위원이었던 예용해에 의해서였다. 그는 1964년 5월 16일자 한국일보의 '속(續) 인간문화재를 찾아서'란 코너에 택견 및 송덕기에 대해 간단한 소개를 했다. 또한 송덕기는 1971년과 1973년에 대한태권도협회에 의해 발행된 계간 「태권도」라는 잡지에서도 태권도인으로서 간략하게 소개되었고 그의 택견 기법이 몇 가지 언급될 정도였다. 그 후 송덕기는 신한승과의 몇 번에 걸친 택견의 공개발표 (예를 들면 1974년 4월 9일 서울 YMCA체육관에서의 공개발표, 고려대학교, 충주

시 등)가 있었지만 1983년에 택견이 국가의 중요무형문화재로 지정되기 전까지는 그다지 일반인들의 주목을 끌지 못했다.

한편 1970년부터 송덕기를 찾아가 그로부터 택견을 사사받은 신한승은 택견을 체계화하는 과정에 있어 후술하는 경기방법뿐만 아니라 그 역사적 연원에 대해서도 1970년대에 접어들어 정리 작업을 하고 있었다. 그에 의해 1970년대 중반(혹은 1973년?)에 작성된 것으로 보이는 <자료 1> <자료 2>에 의하면 택견의 유래에 대해 다음과 같이 기술하고 있다.

<자료 1>

소상하게 나타난 기록은 없으나 약 1300년 전 삼국시대부터 신라의 화랑들이 심신을 단련하던 일종의 무술입니다. 단재 신채호 선생이 쓰신 조선상고사에는 택견, 씨름, 깨금질 여러 가지 무예를 제례행사로서 제단 앞에서 화랑들이 행했다고 쓰여 있습니다. 지금하고 있는 것 같은 택견은 일정한 法式에 의한 승패의 방법이 생긴 것은 조선조부터입니다. 民間戱(놀이)로서 단오를 전후로 해서 이웃마을과 手를 겨루었다고 합니다. 특히 윗마을(위대), 아랫마을(아래대)이 편쌈을 할 때 택견으로 승패를 결했다고 합니다. 택견은 씨름, 활과 같이 우리 조상 전래의 고유한 민속경기입니다. 약 60년 전만 해도 서울 근교에서 성행했던 무예를 일제의 탄압과 일본에서 건너온 권법에 밀려 소멸되어 가고 있었던 것을 원형을 보존하기 위하여 1973년 10월 3일 충주에 도장을 마련하여 전수하고 있습니다. 현재 工專에서 수련하고 있습니다.

<자료 2>

우리 문화의 발원인 무속에서 원시 택견이 생성(자기보존의 원시 투쟁법), 제단행사의 일환으로 행하여 전해 왔으며, 삼국시대에서는 불교문화와

더불어 들어 온 외래 무술을 원시 택견을 바탕으로 받아 들여 더욱 발전, 나아가서는 신라가 삼국통일을 이룩케 한 임(화랑들이 심신을 단련하든 무예)이 되었고 중세에는 중국 권법의 영향을 받아 체계 있게 발전, 手搏이라 하여 무인들 사이에 篤尙되여 무인들에 대한 試才의 대상으로까지 성행하는 무술이 이었던 것이 조선시대에 들어와서는 유교의 현저해진 尙文輕武의 思潮는 모든 무예를 쇠퇴시켜 그 자취를 감추게 하고 다만 要戲로서 그 시대에 적응한 씨름, 활, 근세 택견(택견은 품 밟기 및 활개치기 등을 발전시켜 위해가 있는 주먹 쓰기는 금지하고 일정한 법식으로 격식화)이 민간희(놀이)의 격식을 띄어 최근세까지 전하여 오든 것이 일제가 우리나라를 강점한 후, 서구 문명의 탈을 쓴 일제는 근세 택견을 야만의 풍습이라 구실로 금하여 택견희가 금하여 오든 중, 해방을 맞았으나 물결같이 밀어닥친 외래문명(서구)에 밀려 망각 속에 방치되어 왔으나 1960년대 후반, 전통문화가 학자 간에 논의되면서 다시 택견에 뜻을 가진 사람들의 손에 의해 택견이 재현을 보게 된 것입니다.

위의 두 자료를 살펴보면 신한승 자신도 택견의 유래에 대해 정확히 파악하지 못하고 있다는 것을 알 수 있다. 바꾸어 말하면 택견의 유래를 체계화시키는 과정에 있어 어떤 때는 삼국시대로 소급해서 그 시원을 찾으려 했고 또 어떤 때는 삼국 이전으로 소급해 얼마나 택견이 오래된 고유의 무예인가를 강조하려는 의도가 엿보인다.

지금까지 살펴본 문헌기록이나 신한승에 의해 쓰여진 택견 유래에 의하면 오늘날 우리가 택견으로 부르는 명칭은 '수박(手搏), 수박(手拍), 탁견(托肩), 각술(脚術), 각희(脚戲), 수박희(手搏戲), 덕견(이), 태견, 택견' 등으로 되어 있음을 알 수 있다.

고려나 조선조 초기의 수박(手搏) 또는 수박(手拍)이 손을 쓰는 명칭임에 비추어 후기의 탁견, 각술, 각희 등의 명칭은 다리를 사용한다는 뜻을 지니고 있다. 그렇다면 순수한 우리말로서의 택견이나 태견이란 용어는 언제 어떻게 생겨난 명칭일까.

대부분의 학자는 탁견(托肩)이라는 한자어 표기가 우리말화 되어서 택견 또는 태견이 되었고, 다리를 많이 쓴대서 각술 또는 각희란 말로 불린 것이라 했다. 그런가 하면 택견이 다리만 쓰는 게 아니라 손을 휘두르고 움직이는 데에서 수박(手搏) 또는 수박(手拍)이란 명칭이 생겨났으리라고도 한다.

무형문화재로 지정된 택견의 실제 기법을 보면 항상 몸이 유연하게 움직인다. 두 팔을 상하 좌우로 활개 치듯 움직이며 다리 역시 전후좌우로 품(品)자형을 밟으며 상대의 발이나 오금을 걸어 넘어뜨리거나 앞으로 차고 옆으로 후려차는 등 손발이 다함께 유연하게 사용된다. 이렇게 본다면 과거의 수박(手搏)이나 각술(脚術)이 오늘날의 택견과 같다고 하여 크게 틀린 말은 아닐 것 같다.

그러나 여기서 한 가지 짚고 넘어갈 것이 있다. 실제 무형문화재로 지정된 택견의 유래나 기법은 1964년 예용해에 의해 기술된 내용에 비해 엄청난 양적 증가를 보이고 있다. 예를 들어 기법에 있어 예용해가 송덕기가 보유하고 있는 택견 기술의 수는 좌우를 합하더라도 20수 정도인데 반해 신한승에 의해 체계화된 기술은 100여 수가 넘는다. 후에 추가적으로 조사 연구된 송덕기의 기술을 합한다 하더라도 신한승에 의해 체계화된 기술에 비하면 절반에 미치지 못하는 실정이다. 이것을 어떻게 설명할 것인가.

여하튼 신한승에 의해 체계화된 택견의 유래는 1982년 7월에 정부에 의해 정식으로 보고서(무형문화재조사보고서 제146호)를 작성하는데 있어 토대가 되었고 이듬 해 6월에는 택견이 국가의 중요무형문화재 제76호로 지정됨으로써 국민문화가 되었다.

III. 택견의 경기방법

1. 광복 이전의 택견 경기방법

오늘날 우리나라의 택견의 역사에 있어 광복 이전의 택견 경기방법에 대해 논할 경우, 시대적으로 어느 시기까지 소급시킬 것인가는 매우 어려운 문제이다. 기존의 택견 연구자나 혹은 택견 전승자들 사이에서도 그 논의가 통일된 양상을 보이고 있지 않기 때문이다. 앞서 언급한 송덕기의 증언에 의하면 택견의 경기방법은 다음과 같다.

택견은 일년 내내 하는 것이 아니라 단오 날 무렵에만 이웃 마을 택견패들과 수를 겨누며 노는 것이어서 단오를 앞둔 보름이나 열흘 동안 하는 것이 그때의 풍습이었다고 한다. 단옷날 달 밝은 밤 한 머리에서는 그네 뛰고 호각(胡角)을 불고, 다른 한 머리에서는 택견을 얼르는데 같은 마을 사람들과 겨루는 것이 아니라 다른 마을 사람들과 겨루는 일이 많았다. 그리고 택견은 낮에 겨루는 것이 아니라 언제나 밤에만 겨루기 마련이었다니 이는 법으로 금한 탓이 아니었던가 싶다. 일제 때에는 일인들이 택견을 엄하게 금하였으므로 택견을 하다가도 멀리 순사가 보이기만 하면 재빨리 피신을 해야지, 잡히면 치도곤을 맞았다고 한다. 택견의 복장은 특별한 것이 없고 고의적삼에 솜버선을 신고 버선발로 하기 마련이었지만 때로는 가죽신에 징(신의 가죽 창 밑에 박는 쇠로 된 못)을 박은 갓신을 신고 하는 일도 있었다. 위대태견, 아랫대태견 간에 선수들이 이기면 마을 사람들은 선수들을 영웅과 같이 환영하고 술과 밥과 떡으로 며칠간 선수들을 극진히 대접했다.

처음 택견을 배울 때는 사람을 상대로 하는 것이 아니라 나뭇가지에 짚으로 사람 형용을 한 것을 매달고 아랫도리는 헝겊으로 동여서 발질을 익혔다니까 웬만한 성의가 없이는 택견꾼이 되기도 쉽지 않았던 셈이다(예용해, 1965: 안휘웅, 1984; 149~150).

한편 쿨린의 저서 『GAMES OF THE ORIENT; Korea, China, Japan』에 의하면 'HTAIK-KYEN-HA-KI—KICKING(Fr. Savate)'라고 하여 택견 경기방법에 대한 기술이 다음과 같이 간략하게 보인다.

Htaik kyen-ha-ki is a combat between two players, chiefly with the feet. They take their positions with their feet apart, facing each other, and each endeavors to kick the other?s foot from under him. A player may take one step backward with either foot to a third place. One leads with a kick at one of his opponent?s legs. He moves that leg back and kicks in turn. A high kick is permitted, and is caught with the hands. The object is to throw the opponent. This game also occurs in Japan, but the Chinese laborers from Canton do not appear to be familiar with it.?(Stewart Culin(1958), GAMES OF THE ORIENT; Korea·China·Japan,[13] Charles E. Tuttle Company. p.39).

위의 내용에서 택견이 약간 떨어진 상태에서 두 사람이 주로 차는 기술로 경기를 하고 있는 것과, 승패는 상대편을 차서 넘어뜨리는 것으로 결정된다는 것을 알 수 있다. 그러나 구체적인 경기방법에 대해 기술된 내용이 없어 그 전모를 밝히기에는 일정한 한계가 있다.

2. 광복 이후 택견 경기방법의 체계화과정

1970년대에 접어들어 택견의 경기방법을 체계화시키려고 노력했

---

13) 원제 'Korean Games, with Notes on the Corresponding Games of China and Japan' the University of Pennsylvania, Philadelphia, 1895.

던 신한승은 경기방법은 각각 14~15명의 선수를 선발하여 이긴 사람은 그대로 남아 다른 사람과 계속 싸우는데, 한 사람을 이기면 한 마당, 두 사람을 이기면 두 마당이 되어 열두 마당을 최고로 쳤다. 한 마당을 이기면 경기장을 빙글빙글 돌면서 배를 내밀어 으스대는데 대개 서너 마당을 계속 이기면 더 이상 도전자가 나서지 않았다고 한다.

또한 택견 선수들의 복장은 연습복으로 여름에는 고의, 적삼을, 봄과 가을에는 겹바지에 저고리를 입게 하였다. 경기장 시설은 직사각형의 경기장에 경기시간은 옛날에는 30분 정도였으나 현대는 10분 이내로 할 것을 정해 놓고 있다. 그러나 신한승의 택견 경기방법은 택견이 무형문화재로 지정되기 전까지는 오늘날 근대스포츠에서 볼 수 있는 정형화된 것은 아니었다. 그의 택견 경기방법은 택견이 국가의 중요무형문화재로 지정된 이후에 한층 체계화된 형태로 나타난다.

3. 1983년 문화재 지정 이후 경기방법의 변화

택견이 국가의 중요무형문화재로 지정된 이후 공식적으로 경기가 개최된 것은 1985년 6월 30일의 일이다. 이때의 경기규칙과 기술은 앞서 언급한 구한말까지 전래된 택견의 경기방법이나 신한승이 체계화시킨 것과는 상이한 양상을 띠게 된다. 또한 그 후에도 경기방법은 택견을 계승하는 단체에 따라 차이를 보이게 되는데 이 점에 대해서는 후술하기로 하고 여기서는 참고로 1985년 당시 부산 구덕체육관에서 서울, 충주, 부산의 택견 전승자들이 리그 방식으로 경기를 치르기 위해 제정된 내용(택견 경기규정)을 사례로 살펴보고자 한다.

이하 내용은 약간 길지만 1985년 이후 택견 경기방법의 토대가 되고 있기 때문에 전문을 실기로 한다. 아울러 이 경기방법은 현 대한택견협회 부회장인 이용복이 초안을 작성한 것임을 부언해 둔다.

1. 경기장

가. 경기장은 평탄한 바닥에 사방 12m의 백색매트를 깔고 그 중앙에 9m 지름의 원을 5㎝ 넓이의 녹색 선으로 표시한다.

나. 원의 중심점을 기준으로 배심석을 향해 후방 1m 지점에 직경 10㎝의 녹색 원으로 주심의 위치를 표시하고 9m 정방형의 직각지점에 대각선상으로 부심의 간이의자를 놓는다.

다. 배심석은 12m 정방형의 한 변의 중간지점에 책상과 의자를 놓는다.

라. 계시원의 위치는 배심원석의 좌측 1m 지점에 의자를 놓는다.

마. 양편 선수는 경기장의 중심점에서 배심원석을 향하여 좌우로 각각 1m의 거리에 5㎝ 넓이의 20㎝ 길이로 된 녹색 선으로 표시하여 배심을 향하여 주심이 선 상태에서 우측을 청, 좌측을 백으로 정한다.

바. 단체전에서 양편의 주전선수는 자기 측 선수 후방의 12㎝ 정방형 2m 후방에 일렬횡대로 앉는다.

사. 코치석은 주전선수 횡대의 가운데 지점에서 50㎝ 앞에 의자를 놓는다.

(경기장의 9m원 전체를 녹색으로 할 수 있으며 이때 표시도 모두 노란색으로 한다).

2. 복장

가. 심판의 복장은 유색의 한복에 버선을 착용한다.

나. ① 선수의 복장은 광목으로 된 한복 바지저고리에 발등 쪽에 두께 0.5㎝의 스펀지 및 솜을 넣은 버선을 착용하며 필요에 따라 정강다리 보호대(고무제품) 착용을 허용할 수 있다. ② 선수는 청백의 편을 표시하기 위하여 청색과 순백색의 폭 20㎝의 천으로 된 띠를 착용하는데 오른쪽 환도뼈에 매듭을 두 끝이 아래로 30㎝ 이상 내려오게 한다.

다. 코치의 복장은 선수의 복장이나 평상복을 착용하되 문양 없는 백색 운동화를 착용한다. 심판의 복장은 필요에 따라 평상복에 흰 운동화를 착용하되 바지는 흑색, 웃옷은 흰색 셔츠에 짙은 청색 계통의 넥타이를 착용한다.

3. 경기의 구분

택견경기는 애기택견과 일반택견으로 나누되, 애기택견은 만15세미만, 일반택견은 만15세이상자로 하며 각각 단체전과 개인전으로 구분한다.

가. 단체전

① 단체전은 체급의 구분 없이 제출된 명단에 의해 선봉, 전위, 중견, 후위, 주장의 순으로 개인전으로 하여 많이 이긴 편을 승으로 한다.

② 청을 우대라 하고 백을 아랫대라 칭하는데 이것은 제비를 뽑아 정한다.

③ 한편마다 후보선수 1명을 두되 필요시에는 코치의 요청에 의하여 정선수 대신 출전케 한다. 다만 선수 명단이 제출된 이후라도 교체할 수 있으나 경기개시 전에 교체신청을 하여야 한다(경기 개시전이라 함은 양편 선수 중 접전이 1명도 없는 상태를 말한다).

④ 무승부의 경우는 양편 출전선수 인원의 4명이었을 때와 상대 패가 있었을 경우 발생할 수 있다.

⑤ 한편의 선수 인원이 4명 이하일 경우 그 편은 기권으로 한다.

나. 개인전

① 개인전은 체중에 따라 4체급으로 나누고 토너먼트와 리그 방식으로 할 수 있다.

② 무제한급 경기는 각 체급별 우승자가 리그전으로 순위를 정한다.

③ 토너먼트는 4인 이하, 리그전은 3인 이하일 때는 경기를 인정치 않는다.

4. 계체량

계체량은 참가팀의 대표자 입회 하에 지정된 장소, 시간에 개체위원에 의하여 경기 시작 4시간 전까지 완료한다.

5. 경기심판

가. 경기는 5분1회전으로 하고 승부가 나지 않을 때는 1분간 휴식 후 3분간

연장전을 실시하고 그래도 승부가 나지 않을 때는 부심의 채점표에 의하여
결정한다.

나. 애기택견은 3분1회전으로 하고 승부가 나지 않을 때는 1분간 휴식 후
2분간 연장전을 실시하고 그래도 승부가 나지 않을 때는 부심의 채점표에
의하여 결정한다. 채점표에 의하여 1대 1이 되었을 경우 주심이 결정한다.

6. 심판원

심판원은 택견을 습득한 자 중에서 소정의 심판교육을 이수한 자로서 배심
1명, 주심 1명, 부심 2명으로 구성한다.

가. 부심

① 부심은 주심의 경고 및 주의선언 등을 채점표에 기재한다.

② 부심은 연장전이 끝나는 즉시 채점표를 작성, 주심에게 갖다 준다.

③ 부심은 주심의 판정에 대한 자기의견을 진술한다.

나. 주심

① 주심은 경기의 주도권을 가지며 경고, 주의 등과 감점을 선언하고 판정
을 선언한다.

② 주심은 경기진행상 필요하다고 인정될 시에는 경기의 중단과 속행 등
을 임의로 할 수 있다.

③ 승부가 나지 않을 때는 부심의 채점에 따라 배심의 확인으로 승부를
선언한다.

④ 부심의 채점이 각각 다르게 나와 무승부가 되었을 경우 배심에게 자신
의 의사를 통고하고 승부를 선언한다.

⑤ 승부의 판단이 분명하지 않을 때는 부심의 의견을 청취하여 결정할 수
있다.

다. 배심

① 배심은 주심의 소견을 채점표에 기재하고 부심의 채점표와 함께 검토

하여 승부를 확정하여 주심에게 통고한다.

② 배심은 주심·부심의 판정에 현저한 오판이 발견되었을 경우 주·부심을
불러 의견을 진술하게 하고 판정을 조정할 수 있다.

7. 승패의 판정법

가. 손질과 발질로 상대 선수를 손을 땅에 짚게 하거나 무릎 이상의 부분이
바닥에 닿게 하면 이긴다.

나. 발질로 어깨 이상의 부분을 상당한 세력으로 상대의 품에 대하여 균형
을 잃게 했을 경우 이긴다.

다. 두 발이 공중에 뜬 상태(솟구치기로 찬 발질)로 몸통 부위를 강하게 차서
현저하게 균형을 잃게 하였을 경우 이긴다.

라. 전의를 잃은 상태에서 경기장 밖으로 나가거나 둘레를 돌면서 피하는
행위를 할 때는 지게 된다.

마. 연장전까지 위 4개항의 승부가 결정되지 않았을 때는 다음과 같은 채점
에 의하여 승부를 가린다.

① 손질, 발질로 상대의 균형을 현저하게 잃게 했을 때 1점.

② 접전으로 맹렬한 기세로 공격하여 상대를 후퇴케 했을 때 1점.

③ 효과적인 공격(3회 이상 연속)을 하였거나 상대 방어로 실패했을 때 1점.

④ 효과적인 방어로 상대의 균형을 무너뜨렸을 때 1점.

⑤ 승부를 낼 수 있는 유효한 공격을 하였으나 그로 인하여 자신이 넘어졌
을 때 1점.

⑥ 품밟기와 활갯짓이 우아할 때 1점.

바. 위의 가, 나, 다, 라항의 상태에서도 승리할 수 없는 경우는 다음과 같다.

① 공격 후 상대와 동시에 넘어졌을 경우, 다만 기술에 걸린 상대가 잡아
당겼을 경우는 제외

② 반칙행위에 연결된 공격

198

③ 공격에 의해서보다 상대가 실수로 인하여 넘어지는 비중이 더 컸을 때

사. 다음과 같은 경우에는 감점을 선언하는데 감점을 2회 받으면 반칙패가 된다.

① 낭심을 공격했을 때

② 주먹으로 명치 등의 급소부위를 공격하여 상대에게 심한 타격을 주었을 때

③ 5초 이상 상대를 붙잡았을 경우 멈추라는 주심 지시를 따르지 않을 때

④ 상대의 수족을 비틀어 꺾어서 타격을 주었을 때

⑤ 엄살을 심하게 부릴 때

⑥ 곧은 발질로 상대에게 심한 타격을 주었을 때

아. 위와 같은 감점이 되는 반칙행위에 의해서 상대가 혼절, 운동능력 상실, 심한 출혈을 하였을 때는 반칙패가 된다.

자. 다음과 같은 경우에는 경고나 주의를 준다.

① 5초 이상 붙들고 놓아주지 않을 때

② 고의로 상대의 옷을 당겨 찢었을 때

③ 등을 보이고 피하거나 고의로 넘어질 때

④ 경기장 밖으로 나가거나 둘레를 돌려 시간을 끄는 행위

⑤ 주심의 명령이나 지시를 따르지 않을 때

⑥ 품위를 잃는 행위

⑦ 같은편 선수, 코치, 응원단이 경기진행에 방해가 되는 행위를 하였을 때

⑧ 공격의 목적이 상대를 넘어지게 하거나 균형을 잃게 하려는 것이 아니라 타격을 목적으로 한다고 인정될 때

⑨ 경고는 0.5점의 감점이 되며 3회의 경고는 반칙패가 된다.

8. 채점방법

가. 채점표는 소정의 양식에 따른다.

나. 심판의 채점승패의 표시는 다음과 같은 부호로 한다.

① 득점, 감점은 1점을 1로, 2점을 ⑪로 표시하고 승부를 기록한다.

② 경고 1회는 1, 2회는 ⑪식으로 표시한다.

③ 승자 표시는 우대, 아랫대 글자에 크게 0을 그린다.

9. 판정의 종류

가. 한판승 : 제7조 가, 나, 다, 라 항의 경우를 말한다.

나. 우세승 : 채점에 의하여 승부가 났을 때

다. 반칙승 : 상대의 반칙패에 의한 승부

라. 기권승 : 상대가 부상, 전의 상실로 출전하지 않는 경우

마. 현격한 실력차이가 있거나 선수가 부상을 당하여 의사의 권유로 경기진행이 어렵다고 인정될 경우에는 주심 권한에 의해 한판승을 선언한다.

바. 쌍방패 : 1회의 감점행위에 의하여 운동능력의 감퇴를 이유로 주심의 속행명령에 불복하고 경기를 회피할 경우

10. 주심의 판정선언 및 경기진행방법

주심은 경기진행과 판정 선언 시 다음과 같은 형식으로 분명한 동작을 취해 보여야 한다.

가. 주심은 정위치에 바른 자세로 서서 양 선수에게 '차렷' '경례'의 명령으로 본부석에 예를 표하게 하고 '마주서고' '경례'의 명령으로 양 선수간에 서로 예를 하게 한다.

나. 주심은 자연스럽게 선 자세에서 '섰거라'하는 명령으로 양 선수를 원품의 자세를 취하게 한다.

다. 양 선수의 준비상태를 확인한 뒤 '섰다'하는 명령으로 양 선수를 원품의 자세를 취하게 한다.

라. 경기 중에 서로 붙잡는 상태가 5초가 경과되거나 다른 사유로 경기를

중단시켜야 할 경우 '멈춰라'하는 명령을 하는 것과 동시에 손으로 양 선수 사이를 갈라놓는다.

마. 경기가 중단된 후 주의를 줄 경우에는 멈춘 그 자리에서 주의해야 할 동작을 몸짓으로 보이고 손가락을 세워서 당해 선수에게 보인 후 즉시 '계속'이라고 말하며 양손으로 가운데로 모으는 시늉을 해 보인다.

바. 경고를 내릴 경우에는 해당 선수 가슴께를 손가락으로 가리키며 '우대 (혹은 아랫대)'하고 큰 소리로 지적한 후 몸짓으로 경고 내용을 표시하고 '경고'하고 당해 선수의 발끝 방향으로 손바닥을 아래로 펴서 대각선상으로 뻗친다.

사. 감점을 선언할 경우에는 두 선수를 정위치에 세운 뒤 당해 선수 가슴께를 손가락으로 가리키며 '우대'하고 지적한 뒤 감점 행위를 몸짓으로 표시하고 손바닥을 세워 머리높이로 뻗어 올린다.

아. 감점 선언 후에는 처음 시작과 같은 명령으로 '섰거라' '섰다'하여 경기를 속행시킨다.

자. 한편 선수가 공격에 성공하여 승부가 확인되는 순간 '그만'하는 명령으로 경기를 종료시키고 그 위치에서 손가락으로 이긴 선수의 위치(한편 선수가 정렬해 있는 곳)를 가리켜 '우대'하고 크게 소리친 후 손바닥을 세워 손을 높이 올렸다가 다시 이긴 선수편 쪽으로 비스듬히 손을 내리며 '승'하고 외친다(이때 손바닥은 하늘로 가게하고 앞으로 내민 다리는 굽힌다).

차. 단체전의 경우 최종선수의 승패가 끝나면 양 선수 모두를 배심석을 향하여 각각 일렬종대로 세우고 주심은 이긴 편 쪽의 자기 팔을 비스듬히 높이 들어올리며 '우대 승'하고 전체 판정을 선언한다.

카. 판정 승부를 내릴 경우 시간 종료 후 '그만'이라는 구령으로 경기를 그치게 하여 일단 자기편으로 돌아가게 하여 1분간 휴식을 취하게 한 후 다시 선수 위치로 불러 연장전을 속행한다. 이 경우에는 예는 생략하되 처음과 같은 방법으로 시작한다.

타. 연장전이 끝난 후에 판정 승부를 내릴 경우 두 선수를 정위치에 서게 한 후 부심으로부터 채점표를 수거하여 배심에게 제출하고 자신의 소견도 진술한다.

파. 판정선언은 이긴 쪽 선수의 편 쪽을 향하여 손바닥을 세워 손을 비스듬히 올리며 '우대 승'하고 선언한다.

하. 쌍방패를 선언할 경우 양 선수를 자기편 대열로 들어가게 한 후 두 손을 펴서 가슴 앞에 교차한 후 비스듬히 좌우로 펴서 내리며(손바닥이 아래로 향함) '우, 아랫대' '패'하고 선언한다.

11. 항의

모든 항의는 대표자가 항의 내용을 서면으로 경기부를 경유하여 본부에 제출하면 본부에서는 소청위원회를 구성하여 즉시 판정결의함을 원칙으로 한다. 결정 내용은 개별적으로 통지하지 않고 진행부가 공개적으로 발표한다.

　이상과 같은 택견의 경기방식은 1985년 이후 또 다시 변화를 보이기 시작한다. 무형문화재 지정 이후 새로 생겨난 단체의 성격에 따라 경기방법도 상이하게 나타나는데, 예를 들어 대한택견협회의 경우 1991년, 1996년, 1997년, 1998년, 1999년에 걸쳐 경기규칙 개정이 있었으며, 2002년 이후 택견이 대한체육회 준가맹단체 가입과 전국체전 시범종목이 될 가능성이 커짐에 따라 2급, 3급 택견심판교육과 개정된 경기규칙의 이해를 높이기 위한 자격시험을 치러 본격적인 택견의 대중화와 국내 정착화를 준비하는 형태로 택견의 경기규칙이 개정되어 갔다.

　1991년에 개최되었던 제2회 택견대회는 결련택견의 재현을 시도, 원형 복원에 접근하려고 노력한 대회로 평가되었다. 1990년대의 택견경기 재현의 가장 큰 특징은 상대방이 공격하기 쉽도록 한 걸음 정도의 가까운 지점에 한쪽 발을 내딛는 '대접'이라는 형식을 취한 점이다. 또한 경기의 규모가 커짐에 따라 타격에 의한 부상자가 속출하게 되어 발질은 모두 '는지르는 기법'을 사용하도록 경기규칙에 적용했다. 1991년 체육청소년부로부터 공익법인 인가를 받은 대한택견협회는 택견의 경기형태와 경기방식의 변화를 주도적으로 이끌어가게 된다.

결련택견계승회는 1996년 제1회 결련택견대회를 통해 결련택견의 시합방식(대한택견협회의 경기규정)을 채택했고 하체에 대한 타격발질과 얼굴에 대한 타격발질을 허용했다. 대한택견협회는 1997년 체급을 다른 격투기 체급의 구분과 마찬가지로 9체급으로 현대적 용어로 바꾸고 체중도 세분화했다. 또한 점수제에 의한 판정승 제도를 삭제하고 한판승으로 승패를 정했다. 1998년에는 '겻기' 제도를 도입하여 경기의 박진감을 확보하기 위한 경기규칙을 개정했다. 한국전통택견회는 1997년 제1회 전국택견대회를 통해 특별히 몸 전체 부위에 대해서 타격발질을 허용했으며 활게짓을 의무화하는 규정을 두었다. 또한 1999년 제1회 용인대학교 총장배 택견경기를 통해 경기규칙을 명문화했으며 공격거리에 들어왔을 때 활게짓을 하지 않으면 반칙인 강제규정을 개정하였다(무도연구회, 2003: 213~214).

Ⅳ. 맺는 말

이상 택견의 유래 및 경기방법에 대해 각 시대별 문헌자료와 구술자료를 토대로 살펴보았다.

먼저 택견의 유래에 있어 근대 이전에는 택견이라고 뚜렷하게 가름할 수 있는 기록은 보이지 않았으나 근대 이후에는 그 편린을 찾아볼 수 있었다. 그러나 이러한 기록도 오늘날 다양해진 택견의 신체활동을 통해 그 시원성이나 유사성을 도출해 내기에는 일정한 한계성을 지니고 있음을 알았다. 환언하면 택견이 국가의 중요무형문화재로 지정(1983)된 이후의 기술(신체활동)을 전(前)시대로 소급해서 비추어 볼 때 나타나는 유사성인지, 혹은 전시대의 기술이 변형된 형태인지, 혹은 변하지 않고 면면히 전승되어 왔는지를 가늠하기에는 자료상으로 부족한 점이 많다는 것이다. 즉, 그 동안 택견과 관련된 기록은 뚜렷한 연속성을 지니고 있지 못하며 택견의 전모에 대해 알 수 있는 자료라고 단언하기가 어렵다. 따라서 현 시점에서는 택견과 관련된 직·간접적 사료나 자료가 더욱 많이 발견되어야 좀더 택견의 유래에 대한 구체적인 논의가 가능하리라 생각한다.

한편 택견의 경기방법에 있어서도 사정은 마찬가지이다. 사료의 부족으로 인해 근대 이전에 있어 그 구체적 경기방법의 양상을 논하기에는 한계가 있음을 알았다. 그러나 광복 이후가 되면 몇몇 전승자들의 구술을 토대로 한 경기방법에 대한 기술을 통해 그 대략을 알 수 있었다. 오늘날의 택견 경기방법은 1960년대의 송덕기에 의한 구술과 그에게 택견을 사사받은 신한승에 의해 1970년대에 체계화된 경기방법이며 그후 1980년대에 들어와 택견이 국가의 중요무형문화재로 지정되면서 한층 체계화되었음을 알 수 있었다.

따라서 오늘날 한국의 택견의 유래 및 경기방법은 수차례에 걸친 개정을 통해 체계화된 것이며 그 역사는 그리 오래된 것이 못된다고 할 수 있다. 또한 택견의 시원을 삼국시대 이전으로 소급해서 택견과의 유사성을 지나치게 강조하거나 그 편린만으로 정당성을 논의하는 것은 무리가 있다.

참고문헌

고려사, 구당서(舊唐書), 무예도보통지, 삼국사기, 조선왕조실록 등.
강동원(1992), 韓國 中世 社會階層에 따른 武藝活動에 關한 研究, 명지대학

교 대학원 박사학위논문.

김상철, 박범남(1999), 택견에 내재된 문화적 성격의 이해, the 1999 Seoul International Sport Science Congress.

김정행, 김상철, 김창용(1997), 武道論, 서울:도서출판 대한미디어.

나영일(1994), 전통무예의 현황과 과제에 관한 연구, 한국체육학회지, 제33권 제2호, 64~86쪽.

나영일,(1997), 紀效新書,武藝諸譜,武藝圖譜通志比較硏究, 한국체육학회지, 제36권 제4호, 9~23쪽.

대한태권도협회(1973), 銀髮의 태권도人, 계간 태권도, 7호 합본호, 85쪽.

도기현(1995), 우리무예 택견의 이해.

예용해(1964), 續인간문화재를 찾아서, 한국일보, 1964년 5월 16일.

예용해(1973), 택견, 무형문화재조사보고서 14집 제102호, 서울: 문화재관리국, 376~412쪽.

예용해(1997), 태견 갈림길에 선 문화, 서울: 대원사, 396~397쪽.

민관식(1965), 大韓體育會史, 서울: 大韓體育會.

문화재관리국(1974), 문화재 8호, 208~209.

박재천(2000), 전통무예의 문화관광자원으로서 관광인지도 조사연구, 문화관광 연구2, 문화관광연구학회, 31~66쪽.

송덕기, 박종관(1983), 傳統武術 택견, 서울: 書林文化社.

신채호(1977), 조선상고사, 서울: 동서문화사.

안희웅(1984), 택견의 유래와 슬기; 한국전통무예재조명, 마당 35, 144~153쪽.

오장환(1991), 택견 전수교본, 서울: 영언문화사.

육태안(1990), 우리 武藝이야기 다시 찾은 수벽치기, 서울: 학민사.

이동권, 정삼현(1996), 韓國武道의 展開樣相硏究, 스포츠과학연구논문집, 동아 대학교부설 스포츠과학연구소, 3~11쪽.

이병익외(1998), 택견의변천과정에관한연구, 용인대무도연구소지9, 209~217쪽.

이보형(1984), 택견, 무형문화재전수실태조사④, 문화예술진흥원, 62~69쪽.

이용복(1989), 韓國武藝택견, 서울: 학민사.

이용복 엮음(1995), 민족무예 택견연구, 서울: 학민사.

이용복(1992), 위험할 때 호루라기 세 번, 서울: 대원사.

이용복(1993), 씨름과 택견의 민속학적비교, 중앙민속학 제5호, 중앙대학교한국 민속학연구소.

이용복(1995), 빛깔있는 책들 택견, 서울: 대원사.

이진수(1986), 화랑의 체육에 관한 연구, 일본: 쯔쿠바대학대학원박사학위논문.

이진수(1996), 한국고대스포츠연구, 서울: 교학연구사.

임동권(1982), 택견, 無形文化財調査報告書 제17집 제146호(114~161), 문화
    재관리국, 73~101쪽.

임동규(1991), 武藝史 연구, 서울: 학민사.

정삼현(1996), 韓國武道史 硏究, 韓國體育學會誌 제35권, 제4호, 9~26쪽.

조완묵(1991), 택견, 한국민족문화대백과사전 23, 106~115쪽.

조완묵(1996), 사료에 나타나는 택견의 민속성, 제2회 택견학술발표회발표논문.

최남선(1972), 조선상식문답-풍속편, 동명.

한국민속대사전(1991), 택견, 민족문화사, 1446~1447쪽.

황학정(2001), 근대 궁도의 종가 황학정 백년사, 서울: 黃鶴亭.

Stewart Culin(1958), GAMES OF THE ORIENT; Korea?China?Japan,
    Charles E. Tuttle Company.

연변 조선족 체육운동 산생과 발전으로 본 남북체육교류의 필요성

리재호[*]·김룡철[**]

Ⅰ. 서론

조선민족은 유구한 역사와 문화를 가지고 있는 위대한 민족이다. 지난 세기부터 압록강, 두만강 이남의 조선반도로부터 이주한 중국의 조선민족은 조선에서 이미 우수한 문화를 가진 민족으로 형성된 뒤에 중국 땅에 건너왔다. 그들은 조선반도의 인민들과 한 핏줄을 타고난 동일 민족으로서 원시공동체사회, 노예사회, 봉건사회의 사회력발전 단계를 함께 경유하면서 민족문화를 찬란하게 꽃피워 왔다.

200여만 명이나 되는 중국 조선민족은 반일투쟁의 특수한 역사 배경 하에서 장성되고 민족자치의 독자적 자태를 가지고 줄기차게 발전해온 어엿한 민족으로서 100여 년 사이에 자기의 총명과 지혜를 다하고 억척보두 노력하고 분투하여 세계 다민족 문화사의 찬란한 한 페이지를 장식하였다.

---
[*] 중국 연변대 체육학원 교수
[**] 중국 연변대 체육학원 교수

중국 조선족 체육운동은 중국 체육운동사의 한 개 구성부분이며 우리 민족의 자랑이며 우리 민족 문화유산의 한 개 구성부분이기도 하다. 예로부터 문화를 숭상하고 교육과 체육에 남다른 중시를 돌려온 조선족은 지난 100여 년의 세월을 주름잡아 오면서 자기의 민족적 특색의 체육운동을 활달이 전개함으로서 중국체육사에 빛나는 한 페이지를 장식하여 주었다. 그럼 아래에 정치적 영향 하에서의 조선족 체육운동의 산생과 발전에 대하여 고찰하여 남북체육교류에 도움이 있기를 기원한다.

II. 연변지구의 자연 개황과 간도성 명칭의 유래

독자들로 하여금 연변지구에 대한 인상을 깊게 하고자 연변지구 개황과 간도성이라는 명칭의 유래를 밝힌다. 연변조선족자치주는 중국 조선족의 주요한 집거지구이다. 중국 길림성 동남부에 위치하고 있는 연변은 북위 41도로부터 44도, 동경 127도로부터 131도 사이에 있으며 동쪽으로는 러시아 연해주 하산지구와 이어져 있고 남쪽으로는 도문강을 사이에 두고 조선의 함경북도와 마주하고 있으며 서쪽으로는 교하, 화전, 무송과 접해 있고 북쪽으로는 흑룡강의 동녕, 영안, 해림, 오상현과 붙어 있다. 자치주 내의 국경선 총길이는 755.2㎞이다. 전주 면적은 4만2700㎢로서 길림성 총면적의 4분의 1을 차지한다.

연변조선족자치주에는 조선족, 한족, 만족, 몽골족 등 16개 형제 민족이 살고 있다. 1982년도 통계에 의하면 그 중 조선족은 자치주 내에 있어서 지방자치를 행사하는 주체민족으로서 인구는 75만 4567명인 바, 전 주 총인구의 40.32%를 차지하고 있다. 연길, 도문, 훈춘, 화룡시의 조선족은 총인구의 절반 이상을 차지하고 있다. 인구의 분포

정황을 놓고 보면 동쪽으로부터 서쪽에 이를수록, 그리고 남쪽으로부터 북쪽에 이를수록 인구가 적다. 이 특성은 이전에 조선으로부터 이주해 들어온 노선과 서로 일치한 것으로 볼 수 있다.

한족 인구는 107만4240명으로 총인구의 57.4%를 차지하고 인구분포는 조선족과 반대로 서쪽으로부터 동쪽에 이를수록 적다. 이것 역시 관내로부터 이주해 들어온 노선과 서로 일치한 것이다.

기후 조건을 보면 중온대 습윤계절풍 기후에 속하는데 주요 특징은 계절풍이 뚜렷하여 봄은 건조하고 바람이 많이 불고 여름에는 비가 많이 오고 더우며 가을은 서늘하고 비가 적게 오며 겨울은 춥고 긴 것이다. 때문에 가을은 체육운동이 황금계절인 것이다.

지난날 연변지구를 간도라고 부르게 된 것이 유에 대하여 설법(說法)이 많은데 대체적으로 보면 아래 몇 가지로 귀결된다.

첫째, 연변지구의 지리적 분포 상황을 보면 동남쪽에는 도문강이 있고 서북쪽에는 목단강과 수분하가 있고 동쪽에는 흥기하가 있어 연변의 당시 4개 현을 바닷가의 섬처럼 둘러싸서 이 지구를 간도라는 말이 있었다.

둘째, 역사적 원인으로 볼 때 연변지대는 중국과 조선의 변경에 위치하여 청조시기 봉금정책 실시로 중립지역으로 되었기 때문에 간도라는 설법이 있었다.

셋째, 조선어의 발음으로부터 볼 때 간(間)자와 간(墾)자의 음이 같으므로 조선의 많은 이주민이 연변지대에 들어와서 황무지를 개간하였다는 간자의 음으로 하여 간도라는 설법이 있다.

넷째, 문자적으로 볼 때 간도(間島)는 간동(干東)의 략음으로 하여 간도라는 설법이 있다.

다섯째, 화룡현의 광제곡(光霽谷, 지금의 용정시 광개향 광소촌)과 조선의 종성지간의 도문강 중심에 작은 섬이 있었는데 이 섬이 어느 나라에 속하는가 하는 문제에 대하여 쟁론이 있어 간도라고 불렀는데 후에 시간의 흐름에 따라 이것은 간도라는 설법이 있었다.

이상과 같은 간도의 명칭에 대한 구구한 설법이 많았는 바, 주요하게는 지리적 원인과 중립의 뜻으로 간도라고 약칭하였던 것이다. 연변지대는 옛날 만주국의 성립과 더불어 1934년 1월에 간도성으로 명명되였던 것이다(당시 동북3성을 10개성으로 나눔).

Ⅲ. 연변지구 개척과 조선민족 이주 및 문화 특색

18세기 중엽으로부터 연변지구는 한족과 조선족을 위주로 한 기타 여러 민족들이 이주하여 개발하기 시작하였다. 1963년 청나라 황태극은 연변지구를 소위 황제의 발생지라는 미명하에 봉금정책을 실시하여 황량한 지역으로 되었다. 그러나 청조와 조선의 이조 정부는 근 200년이라는 기나긴 세월의 흐름 속에서 제아무리 변경을 봉쇄한다 하여도 기아에 허덕이는 농민들이 생명의 위험도 마다하고 살길을 찾아 연변지대에 밀려들었고 또한 당시 사회정세의 영향으로 봉금정책은 완화되는 추세로 발전하였으며 변방 지역도 점차적으로 개발되기 시작하였다.

조선족이 연변지구의 대량적 이주는 당시 조선의 사회, 정치, 경제 및 안전 여부에 따라 기인된 문제였다. 이 외에도 1860년의 자연재해로 하여《월경(越境)죄로 죽을지언정 앉아서 죽지 말자》는 구호 밑에 도문강 대안에 밀물처럼 들어왔다.

또한 당시 구소련 짜르 정부가 중국에 대한 침략의 마수를 뻗치는 형세하에 청조 정부는 조선 정부와《길림-조선 상민무역지방 규약》을 체결하고 도문강 이북 해란강 이남의 길이 700여 리, 너비 50여리나 되는 지역을 《조선민 개간구역》으로 정함으로써 봉금정책은 1885년에 드디어 취소되었다. 뿐만 아니라 1910년 한일합병 이후 많은 반일 애국지사와 노예 되길 싫어하는 파산된 농민이 대량으로 천입(遷入)하였으며, 1936년에는 위만주국과 조선총독부 협정에 의하여 매년 만여 호를 만주국에 이민시키기로 되었다. 불완전 통계에 따르면 1910년 9월부터 1918년 연변지구의 이주민은 25만 3961명으로 늘어났고 1931년에는 39만 4900명이 연변에 거주하고 있었다.

연변지구의 개발과 조선 이주민의 거주는 연변지구의 학교 건설과 체육운동의 산생과 발전의 주요한 토대로 되었다.

연변 조선족 문화는 천입 초기에는 대부분 분산되어 있고 소부분만이 집결(集居)하여 본민족이 독립적으로 부락을 형성하여 거주하고 일하며 생활하였으며, 본 민족의 학교를 창설하고 본 민족의 언어와 문자를 사용하였으며, 본 민족의 풍속 습관을 그대로 보류하여 본 민족 전통문화를 계승하여 기타 민족으로부터 《문명한 민족》《깨끗하고 위생적인 민족》《체육운동을 잘하며 예술을 즐기는 민족》《예절이 바른 민족》등의 절찬을 받았다.

개혁개방 이후 연변으로 유람 온 해외조선족들은 이구동성으로 중국 조선족은 한반도 외 세계 140여 개 나라와 지구의 조선족 중에서 민족언어, 문자와 풍속 습관을 그대로 고유하고 있다고 치하하고 있다. 이것은 왜냐하면 중화민족은 13억 인구의 92%를 차지하고 있는 한족 대가정에서 조선족 인구는 오로지 65분의 1을 차지함으로써 한족 및 기타 민족과 밀접한 정치, 경제, 문화 영역에서 생활하고 사업하고 일하며 학습하는 과정에서 적지 않게 한국, 조선의 언어, 예술, 음식, 복장, 문학 등 방면에 모종 구별되는 성분을 가지고 있으며 이것은 곧 중국 특색의 중국 조선족 문화체계를 형성하였다.

알다시피 이것은 조선반도에서 뿌리박고 꽃을 피는 조선족 문화의 합리한 뻘음(外泌)이였으며 조선족 민족문화 유산을 풍부히 하고 첨가한 공헌이다. 이로부터 조선민족 문화는 세 가지 고봉이 있다는 설법이 있는데, 하나의 고봉은 서울을 대표로 하는 문화이고, 다른 하나는 평양을 대표로 하는 문화이고, 세 번째로서는 연길을 대표로 하는 중국 특색이 있는 조선족 문화이다.

Ⅳ. 학교 설립과 체육운동의 산생 발전

예로부터 문화를 숭상하고 교육에 남다른 관심을 갖고 있는 우리 민족에게는 《소를 팔아서라도 자식을 공부시킨다》는 영광스러운 전통이 있다. 외래 침략자와 지방 봉건계급의 이중삼중 압박 착취로 인해 노예 처지에 처한 그들은 자신이 비참한 운명을 자식들에게 모면시키려고 반일 민족선각자들의 《배우는 것이 힘이다》《배워야만 망국노의 처지에서 벗어날 수 있다》는 외침에 쉽게 호응할 수 있었다.

이 시기, 조선의 저명한 계몽사상가 박은식은 《서우(西牛)》에 발표한 글에서 《대개 힘은 지혜에서 나오고 지혜는 학문에서 나오는 까닭에 현 세계의 문명하고 부강한 국면은 각기 학업을 장려하여 그 지식을 넓힌 효과》라고 교육의 필요성에 대하여 강조하면서 《부형된 사람은 낡은 … 습성에 물젖어 …새로운 지식을 개발하기가 어려울 것이다. 그들의 자손들까지 태만하게 하여 무식하고 쓸모없는 인물로 떨어져 남의 노예로 하겠는가? … 우리 동포형제는 서로 분발하고 격려하면서 한마음으로 자제의 교육에 힘써야 한다》고 호소하였다.

이러한 호소는 민중의 공명을 일으켰고 연변 각지에서는 교육열이 앙양되고 도처에 사립학교가 설립되게 되었다. 1911년과 1913년의 조사에 의하면 연변에는 1910년 이전에는 조선족 사립학교가 7개밖에 없었는데 1911년에는 19개소로, 1913년에는 88개소로 급격히 늘어남으로써 학교체육운동의 산생과 발전의 기초로 되었다.

당시 연변지구에 설치된 첫 근대학교로는 조선의 반일애국지사 이상설이 1907년 6월 네덜란드의 헤이그에서 개최된 제2차 《만국평화회의》에 가서 일제의 조선 강점의 비법성에 대한 국제적 사회여론을 환기시키고자 당시 조선의 국왕 고종의 밀서를 가지고 가는 도중에 1905년 연변에 와서 1년간 머물게 되었다.

그 동안 그는 이동녕, 여조현, 전순만(왕창동), 박정세(박무림), 황달영(전공갈, 괄호안의 성명은 별명)등 애국지사들과 함께 1906년에 용정지구에 서전서숙(瑞甸書熟)을 설립하였다. 숙장에 이상설이였고 교원 4명에 22명 학생이 있었으며 근대식 학교교육을 진행하여 반일사상으로 학생들을 교육하였다. 그러나 서전서숙은 설립된 지 8개월 만에 당시 용정에 거처한 일본통감부 간도파출소장 사이또 스게지로의 간섭으로 문을 닫지 않으면 안 되였다.

서전서숙의 해산과 더불어 학생과 교원들은 간도 각지에서 여러 가지 사립학교를 창설하였는데 창동, 명동, 정동, 광성, 북일 등 강습소를 꾸려 후일 중학교를 발전시켰다. 1926년 통계에 따르면 총독부학교는 30여 개소이고 외국 선교사가 설립한 학교는 19개소이고 1928년에는 사립학교가 211개소에 달하였다.

학교에서의 체육운동의 전개는 조선의 반일애국지사들과 해외로부터 온 조선족 인사들에 의하여 먼저 진행되었으며 학교의 체육과목 대부분이 체조와 육상 종목이 많았고 구기운동은 대부분 과외시간에 진행되었다.

1913년의 단오 명절날에는 명동학교를 비롯한 사립학교들이 용정촌 부근의 합성유라는 들에서 운동모임을 가졌고, 1914년 단오절에는 연길 국자가(局子街)에서 명동학교를 비롯한 50여 개소 사립학교들이

운동회를 대성황리에 가졌다. 당시 이런 형식의 운동회는 개회전 《광복가》를 목청껏 높이 불렀고 경기가 시작되면 학생과 군중들은 《응원가》《학도가》《한산도가》를 높이 불렀다. 마지막에는 항상 나팔수들이 나팔을 불며 앞장서고 학생들과 군중들이 함께 그 뒤를 따라 시가행진을 하였다.

이 외에도 민간에서는 마을마다 명절이 오면 전통적인 민간민속적 형식의 체육활동이 있었는데 예를 들면 씨름, 그네, 널뛰기, 밧줄 당기기, 장기, 바둑, 윷놀이 등이었다.

각 학교들에서는 매주 토요일이 오면 학생들은 각종 유형에 강연회, 웅변회, 운동회를 조직하여 일제의 침략 죄행을 성토하고 단오절과 같은 명절이 오면 여러 학교들에서는 통일적으로 운동회를 소집하고 반일민족사상을 선전하여 주었다. 뿐만 아니라 각 학교들에서는 체육 장정(章程)을 세우고 체육부를 설치하였으며 체육활동에 참가할 때에는 흰 광목천으로 머리를 질끈 동여매고 체육활동에 종사하였다. 조선족 사립학교들에서는 학생들이 신체를 단련하며 그들에게 완강한 인내력을 키워주기 위하여 체육교육을 정상화하였다.

이와 더불어 1922년부터 조선족 이주민들이 모여 사는 마을에서는 학교의 학우회 설립과 더불어 사회청년혁명단체들을 결성하였던바, 예컨대 국자가청년회, 동진청년회, 기양청년회, 약수동청년회, 두도구청년회, 대흥구청년회 등 16개 청년회가 조직되었는데 이러한 조직의 탄생은 사회에서의 체육활동에 생기를 가져다주었다.

연변지구의 체육운동의 신속한 발전은 반일애국지사들의 영향과 더불어 부패한 봉건세력과 일제를 반대하는 연변 인민의 개화 발전, 자주적 역량을 강화하기 위하여 정치, 교육, 경제, 문화생활의 모든 영역에서 애국적 기치를 높이 추거든 연변 조선족들에게 새로운 문화생활 활동으로서 체육운동이 신속한 발전도 계속 요구되었던 것이다.

연변의 체육운동은 학교로부터 사회로, 성시로부터 농촌으로 신속히 보급 발전하여 나아갔다. 당시 문화개혁운동과 사회교류, 일제를 반대하는 투쟁에서 체육운동은 하나의 유익한 수단으로서 사회 중산 계급과 지식층 및 청년 학생들에게 없어서는 안 될 생활의 필수품으로 되었다.

이러한 역사발전 추세는 체육운동을 위한 자체 조직의 탄생을 초래하게 되었는데 1926년에 이르러서야 간도체육회라는 체육조직이 용정에서 설립되고 회장에 간도홍업주식회사 사장 강재후(姜載厚), 비서로서는 류명운(柳明雲)이 담임하였다.

V. 연변지구의 체육경기 상황

연변지구의 체육경기는 먼저 학교로부터 시작되는데 최초에는 임의적으로 학교와 학교 간에 경기 날짜와 시간을 정하고 공동규약을 제정하고 이를 엄숙히 준수하면서 우호적인 기분 속에서 경기를 진행하였다. 세월이 흐름에 따라 조선족 사립학교, 종교계통의 학교, 일본인이 주되는 보통학교, 국민학교, 민중단체들이 자체로 꾸리는 학교 등 파가 많아 그들은 자기 학교의 영예와 민족심을 소중히 여기고 정치적 색채도 띠고 있었기 때문에 상호간 경쟁이 아주 심하였다.

1926년 6월 15일 감독에 김영화, 간사에 김구현으로 한 용정 동흥중학교 축구팀 일행 17명은 평양관서체육회에서 주최한 전조선 제2차 축구대회에 참가하고자 용정을 떠났다. 경기 후 안주, 정주, 선천, 신의주 등 지방을 돌아다니며 친선경기를 치르고 돌아오는 길에 서울 회문중학교 운동장에서 전조선 축구팀과의 친성경기에서 2대 2로 비겼다. 동흥중학교 팀의 조선으로의 출전은 아마 연변축구사에서 처음일 것이다.

1936년 9월 19일 중학조에서 우승한 용정 동흥중학교 축구단은 엄정덕을 감독겸 지도원으로 박동규를 주장으로 일행 15명이 조선 서울에 대한 친선방문을 하게 되었다. 경기 결과, 연희전문과에 3대 4로, 배재중학교에 2대 3으로, 경신중학교 팀에 0대 1로 지고 말았다.

1930년대와 40년대 연변지구 학교 계통에서는 많은 우수한 축구선수들이 배출되였는데 그들이 이름을 살펴오면 다음과 같다.

용정 동흥중학교 : 김응호, 리영광, 최중남, 차금돌, 류시률, 김천을, 허죽산, 박동규

용정 광명중학 : 리종갑, 최승준, 김응세, 오용준, 장두렬, 신성식, 최승필

용정 은진중학교 : 박인환, 김호주, 전치권, 로광진, 김진규, 김지성, 박장송, 남중남, 최죽송

용정 대성중학교 : 오봉희, 박광준, 엄봉춘, 강성철, 조남기, 송휘균, 리진귀, 김상은

연길 국민고등학교 : 박송림, 지광겸, 배상길

위에서 서술한 선수들의 후임일의 정황을 살펴보면 차금돌, 리영광, 류시률, 허죽산은 해방 후 조선에 가서 축구사업에 종사하였고, 박동규는 본래 조선 아오지 사람인데 소련홍군에게 붙잡혀가서 10여 년이라는 징역살이 후 조선 회령기중기공장에서 일하다가 죽었다.

용정 광명중학의 리종갑은 학교를 졸업한 후 길림시에서 8·15해방을 맞은 후 서울에 갔다. 그는 서울 축구무대에서 적극적으로 활약하였고 60년대에는 한국축구협회 부회장으로 추대되였다. 최승준은 해방 후 조선 축구무대에서 활약하다가 조선 청진사범대학에서 교편을 잡았다. 김응세는 졸업 후 해방되자 조선에 나가 축구사업에 큰 공헌

216

을 하였는 바, 1966년 제8차 월드컵 때 조선축구팀 인솔자로서 8등이라는 영광을 안아 왔다. 오용준은 졸업 후 길림에 있다가 해방되자 서울 축구무대에서 활약하다가 사망되었고 장두럴, 신성식은 해방 후 용정에서 중학교 교원사업을 하다가 조선 축구무대에서 활약하였다.

은진중학교의 박익환은 졸업 후 조선에 나가 연희전문학교를 다녔는데 그의 출중한 축구 기교로 하여 조선 함흥축구단 선수로 선발된 후 조선을 대표하여 일본체육대회에 출전하였다. 그 후에는 수구운동에 종사하였는데 유감스럽게 수구운동에서 자기의 생애를 마쳤다. 김호주는 조양천 사람으로 해방 후 심양체육학원에서 선수로 활약하다가 흑룡강성 축구팀 감독으로 사업하였다. 전치권은 용정 사람으로서 해방 후 조선에서 축구운동에 종사하다가 후에 서울에 가서 축구사업에 종사하였다. 로광진은 본래 서울 사람으로 해방 후 조선에가 축구사업에 종사하였다. 그는 조선에서 《우리나라 축구》라는 축구서적을 편찬하여 조선축구사업에 큰 공헌을 하였다.

1931년 9월 18일 일제는 9·18사변을 일으키고 연변지구를 총 한방 쏘지 않고 강점하였으며 1932년 3월 1일에는 이른바 '만주국 건국선언'을 발표하고 1934년 3월에 만주제국이라는 괴뢰정부를 세웠다. 이와 동시에 12월에는 연변지구를 간도성으로 고쳤다(당시 동북을 10 개성으로 획분). 1935년 위만주국체육연맹이 결성되여 동북의 체육운동을 통달하게 되었다. 그리고 그 산하에 축구, 육상, 수영, 롱구, 배구, 럭비, 정구, 탁구, 체조, 마술, 빙상, 스키, 자전거 등 17개 경기종목협회를 두었다. 《간도체육회》(조선인측)은 1925년 10월 19일 발족전 이래 매년마다 각 종목의 경기대회를 조직하였다. 1926년에는 제1회 축구대회, 1931년부터 전간도농구대회와 1936년에는 제1회 마라손경기대회, 1937년에는 제1회 전간도빙상대회가 해란강 천연스케트장에서 개최되었다. 이외에도 각 민간단체들이 지방 또는 전간도 종목별 운동대회를 개최하여 우리 민족의 체질을 증진시키고 민족의 위풍을 떨쳤다.

　무릇 간도체육회에서 주최한 종목별 체육대회에는 조선선수단과 선수들을 초빙하였다. 대부분은 함경북도 선수들이 많았다. 축구, 빙상, 씨름에서 그들은 많은 우수한 성적을 거뒀다. 1936년 2월 2일부터 1938년 1월까지 진행된 세 차례의 선반(鮮滿)빙산대회 성적은 각 종목 우승의 대부분을 조선에서 차지하였다. 1939년 2월 진행된《일·선·만》빙상대회에서도 조선과 만주국 조선족들이 많은 우승을 따냈다.

　간도씨름대회에도 조선의 회령, 종성, 청진, 북청, 아오지, 주을 등의 선수들도 임의로 마음껏 참가할 수 있는 이것은 우리 민족이 단결심과 민족심을 보여주는 것이다. 정구운동에서 간도와 조선 함경북도 사이에는 제 나름대로 할 수 있었다. 예하면 1935년 8월 4일 제9회 함경북도 도립병원대항전은 간도 용정병원의 주최 하에 룡정병원 정구장에서 성대히 진행되었는데 우리 민족은 나라 구별 없이 광복이 한길이라면 지역별 구별 없이 체육을 즐겼다.

　간도축구팀들이 조선 내지에로의 원정이 이따금 있는 외에도 조선 함경북도와 간도간의 민간적 추구 및 기타 종목 체육의 민간적 교류가 빈번하였다. 1939년 8월 중순 조선 경성의 남산록 종합경기장에서 선만축구대항경기가 있은 이후 1941년부터 해마다 두만강 이북과 이남지역들 사이에 선만축구대회가 도문에서 거행되었다. 1941년 6월에 거행된 대회를 보면 사회조에 참가한 팀들로는 조선측에서는 청진, 주을, 아오지, 라남, 남양 팀들이였고 간도측에서는 도문, 룡정, 왕청영림서(營林署) 팀들이였다.

　만주국체육련맹이 창설된 이후 1935년부터 매년 체육대회를 열었는데 간도성축구팀은 10경기에서 9차나 우승보좌에 오름으로서 조선민족의 기량을 과시하였다. 당시 정황을 보면 우수한 선수들을 서로

쟁탈하는 일까지 있었는데, 예하면 룡정 동흥중학교에서는 조선으로부터 박동규, 김웅호 등 선수들을 데려왔으며 1939년에는 역시 서울로부터 이혜봉 등 우수한 선수를 데려왔다. 룡정 대성중학교에서도 이에 뒤질세라 조선으로부터 엄봉춘, 박광충 등 선수들을 데려왔던 것이다.

해방 전 연변 조선족 인민들이 체육운동 흥기와 발전 상황을 회고하여 보면 아래와 같다.

첫째, 체육운동은 조선민족 대중들, 특히는 광범한 청년 학생들 속에 침투되고 학교가 있는 곳이면 어디서나 체육운동이 성행되었고 날따라 사회에로 파급되었으며 민간에서의 주요한 문화생활방식으로 전환되어 매년마다 봄부터 가을에 이르기까지 도처에서 각종 체육경기가 벌어졌다. 특히 민간체육단체와 선진청년단체들이 성립은 대중적 체육운동을 고조에로 이끌어갔다.

둘째, 체육경기는 선수들과 관람자들로 하여금 강렬한 경향성을 가지게 하였으며 비교적 강한 민족적·집단적 의식과 응집력을 보여주게 하였다. 연변에 이주한 조선민족은 의연히 일제의 억압을 받았고 게다가 장기간 청 정부와 봉건군벌 세력의 잔혹한 착취와 압박을 받아온 역사적 조건과 생활 정황은 조선족 민중들에게 집단주의적 의식을 고취하였다. 체육경기는 이따금 사람들의 억눌린 기분을 남김없이 터뜨리는 장소로 되었고 자기의 지향을 대표한 팀이거나 선수들의 연기를 통하여 흥분과 긍지 비애 등을 체험하곤 하였으며 매번 경기에서의 우승을 마치 싸움터에서의 승리처럼 여겼다.

셋째, 일제의 철기(鐵騎)아래 신임하는 체육운동이였건만 민족의 설음과 나라 잃은 원한은 전반 조선족들의 마음속에 새겨져 있었다. 세상에 오로지 하나인 배달민족은 방방곳곳에서 마음은 하나였고 바라는 것은 나라를 되찾아 기쁨을 함께 나누어 보려는 일념으로 체육운동 역시 지역별, 나라와의 구별 없이 (위만주국) 체육경기를 진행하였으며 허물없이 나라 잃은 설움을 토로하였던 것이다.

해방 후 정치·경제상 해방된 연변 조선족은 체육운동의 주인의 자태로 활개 치며 자기 만족체육의 영광스러운 전통을 승계하여 나아갔다. 해방 후 연변에서는 거의 매년 규모가 비교적 큰 종합성적인 체육대회를 개최하였는데, 예를 들면 1948년 8월 15일부터 1955년까지 8차의 연변체육대회가 소집되었는데 1만 2000여 명 선수와 80여만 명 관중이 참여하였고 1953년부터 1957년까지 5년간 주·현급에서 75차의 각종 운동회 소집과 3만여 선수들이 출현하였다.

자치주 성립 10여 년이래 연변에서는 585명 선수들을 39차례의 전국대회에 출전시켰는데, 그 중 20여 종목에서 4등 안에 들었고 여러 차례 전국기록을 돌파하였다. 1959년 제1차 전국체전에 연변에서는 75명 선수들을 출전시켰는데 그 중 54명이 등수에 들었고 28명 선수들이 각기 31개의 금메달, 은메달과 동메달을 얻었다.

자치주 성립 30년래 25개 단일체육협회가 성립되고 체육공작대, 체육학교, 체육학원, 체육장, 체육관 등이 건립되었고 체육간부 소양이 제고되고 선수들이 훈련과 경기조건이 큰 개선을 가져왔으며 많은 체육 인재들이 배출되었다. 예를 들면 축구, 스피드스케이트, 배구, 씨름, 육상, 자전거, 체조, 권투 등의 종목에서 연변 선수들은 전국대회에 132차의 전국 우승과 138차의 2등, 179차의 3등을 따냈고 20여 차례의 전국기록을 돌파하였고 75명의 운동건장을 육성하였으며 다른 성에 몇 백 명 선수들을 수출하였고 80여 명 선수가 국가급 선수단에 선발되었다.

해방 후 연변의 각 종목 체육선수단은 조선인민주주의체육운동회 초청으로 빈번하게 조선에 대한 친선방문을 하여 그들에게서 많은 체육 영향을 섭취하였으며 민간 차원에서도 빈번한 내왕, 정부 차원에

서의 호상 내왕으로 친선을 강화하였으며 또한 개혁개방 이후에는 한
국과의 정치, 경제, 문화, 교육, 종교, 체육 및 민간·정부 차원에서 호
상간의 내왕 및 각종 활동으로 민족간의 친선을 강화함으로써 중국
연변은 제3자의 차원에서 남북통일·체육문화교류에서 응당하여야 할
기여를 하고 있으며 앞으로도 계속할 것이라고 생각된다.

VI. 중국 조선민족으로 불리게 된 유래

1931년 9월 18일 사변 이전에는 중국의 조선민족을 보통 흔히 《한
국인》 혹은 《고려인(高麗人)》으로 불렸다. 일본제국주의가 중국 동북
을 점령한 이후는 《선계(鮮系)》 혹은 《조선인》《반도인(半島人)》 등으
로 불렸으며 아울러 동북조선족의 호적(戶籍)은 일본식민지 조선과 위
만주국(僞滿洲國) 두 개 국적을 가진 민족이었다.

조선족이 역사상 처음으로 중국 소수민족 행렬에 들어서게 된 대표
적 사람으로는 양림(楊林, 동북조선독립운동 군관학교를 졸업하였을 뿐만 아니
라 운남강무학당을 졸업하고 황포군관학교 교관으로서 북벌군 교관직도 보았다)
이 1932년 중국 강서(江西) 중앙쏘베트정부위원회 위원으로 추대되었
다. 모택동이 1939년에 집필한 《중국혁명과 중국공산당》 저서에서는
중국에 거주하고 있는 조선인을 중국 소수민족 행렬에 귀속시켰다.

1945년 11월 팽진(彭眞)을 서기(書記)로 한 중공중앙동북국은 매하
구(梅河口)에서 중국국민당이 동북조선 인민을 교민(僑民)으로 정한데
대처하여, 동북조선 인민은 토지를 분배받을 권리가 있으며 본 민족
학교를 창설할 수 있다고 결정함으로써 동북의 110만 조선 인민에게
토지개혁을 실시하고 학교를 설치하게 하였으며 참군참전(參軍參戰)에
유력한 담보를 하여 주었다. 그러나 당시 역사조건 하에서 조선족이

라는 특수한 개념 함의(含意)는 전국 범위 내에서 승인을 받지 못하였다. 중국 소수민족의 하나인 조선민족으로서 진정한 전국 범위 내에서 확인을 받기는 신 중국이 성립된 이후의 일이다.

1949년에 제정한 《중국인민정치협상회의 공동강령》의 유관 조항에 의하면 1952년 중국 경내에 조선족이 가장 많이 집결한 지방인 길림성 연변에 연변조선족자치주를 성립하였다. 이로부터 공식적으로 《조선족》이라는 새로운 명칭이 세상에 알려졌으며 아울러 1954년 중화인민공화국헌법이 반포된 이후 조선족은 전국 각 민족과 함께 전국 범위 내에서 중화인민공화국 공민(公民)의 신분으로 중국 역사무대에 오르게 되었다.

Ⅶ. 결론

앞에서 서술하였다시피 조선민족이 정든 고향을 떠나 중국으로의 대량적 이주와 연변지구의 개척 및 설움 많은 타향살이에서 우리는 아래와 같은 몇 가지 경험과 교훈을 총화하여 볼 필요가 있다고 본다.

첫째, 1910년의 한일합병은 당시 나라 정치의 부패와 경제의 부진으로서 전반 민족이 나라 잃는 설움과 타향살이 원한을 자아냈다. 이 모든 것은 국력의 쇠약으로 빚어진 비극으로서 심심히 생각하지 않으면 안 될 문제인 것이다.

일제시기 일본의 철기유린(鐵騎蹂躪)에 신임하던 체육도 조선민족이 통일된 의념에서 각종 체육대회에서 우리 민족은 나름대로 체육활동을 진행하였고 서로와의 선수단 파견과 선수 기용은 우리 민족의 기량을 과시하기 위한 것이었다. 하물며 오늘날 민족이 나름대로 체육운동을 즐기지 못하는 것은 참으로 가슴 아픈 일이다.

둘째, 체육운동의 발전은 나라 정치제도의 안정을 요구하고 있으며 또한 이러한 안정을 위하여 자신이 작용을 기여하고 있다. 2차세계대전 이후 한반도는 응당 통일된 국가로서 나라 진흥을 위한 복구사업 대신 무엇 때문에 외부세력의 희생품으로서 분란국가가 되어야 하는가 하는 문제는 절실히 필요가 있다. 1910년 한일합병 이후 조선민족은 통일되어 일제를 몰아내고 광복을 되찾기 위해 1945년 8월 15일까지 줄곧 투쟁하여 왔다. 그러나 정치체제의 다름으로 하여 오늘날까지 분단은 민족의 비극인 것이다. 세계에서의 단일민족인 조선반도가 무엇 때문에 분단되어 있는지, 무엇 때문에 반드시 분단되어야만 되어야 하는지, 이것은 만백성이 심사숙고하여야 할 문제이다.

2차 세계대전 이후 독일이 분단국으로 되었으나 일본은 되지 않았다. 반대로 한반도가 무엇 때문에 분단되어 오늘날까지 분단의 쓰라림을 맛보아야 하는가. 훗날 독일은 분단 역사를 종말지었으나 조선반도의 오늘날까지의 분단은 중국조선민족으로서 실로 가슴 아픈 일이라고 생각한다. 조선반도는 꼭 통일되어야 하며 반드시 통일될 것이라고 필자는 믿어마지 않는다.

셋째, 정치의 안정성과 불안정성은 체육운동 발전에 직접적 영향이 미치는 것이다. 2차 세계대전은 월드컵뿐만 아니라 세계 여러 나라에서 나름대로 체육활동을 할 수 없었으며 중국의 10년 동안의 《문화혁명동란》으로 체육활동이 마비상태에 처하였다. 한반도의 분단과 정치제도의 차이는 반도의 체육과 문화발전에 큰 영향이 있다. 분단이 아니었다면 2002년 월드컵 개최는 가능하게 한반도에서 진행되었을 것으로도 짐작되며 민족의 기량을 떳떳이 세계에 과시하였을 것이다. 2002년 한국월드컵에서 붉은악마 응원단의 성원 활동은 국민을 한마음으로 뭉치게 하였고 정치당파도 민중의 뜻에 순응할 수밖에 없을 만큼 체육운동 역시 그 자체의 역할과 위력을 과시하였던 것이다.

넷째, 중국 조선족은 한반도의 제3국의 민족으로서 근간 한반도의 체육과 문화발전에 적극적인 작용과 기여를 하여 왔으며 많은 우수한 체육문화를 섭취하였다. 다시 말하면 민간차원에서의 체육교류, 각종 명분에서의 학술회 개최, 정부차원에서의 선수단의 호상내왕, 교육과 종교, 문화방면에서 상호 협력과 교류, 이러한 것은 보이거나 혹은 보이지 않게 남북통일 체육교류에 일정한 기여가 있으리라고 보아진다.

총적으로 물은 낮은 곳으로 흐르고 사람은 높은 곳으로 오르며, 사람은 행복을 바라고 나무는 봄을 그리는 도리에서 볼 때 남북은 큰 문제에서 호상간의 일치를 얻으며 작은 문제에서 서로와의 이해와 신뢰, 모든 것은 하늘의 뜻에 따라야 하는 바, 하늘의 뜻이란 백성들이 뜻을 말하는 바, 필자는 본 문장에서 일제시대의 우리 민족의 상호와의 체육교류와 지지, 협력, 단결, 투쟁의 역사를 적음으로 하여 이를 본보기로 21세기에 새로운 체육문화의 찬란한 역사가 기원될 것을 바라마지 않는다.

무도극 「사도성 이야기」로 본 최승희 무용

김 은 한*

I. 들어가며

조선이 일제의 강점 하에 있을 당시, 최승희는 일본의 현대무용가 이시이바쿠(石井漠)의 문하생이 되어 현대무용을 습득한 후 한국의 전통예술가 한성준에게서 조선무용의 기초를 배웠다. 그런 후 현대무용 수법에 기초한 새로운 조선무용을 창조하여 '신무용'이라고 하는 근대무용의 기반을 구축, 조선과 일본·중국뿐 아니라 세계를 순회하면서 '동양이 나은 세계적 무용가'로서 활동한다.

이어 조선 해방 후 1946년 사회주의 문학가였던 남편을 따라 월북하여 1967년 숙청될 때까지 무용교육자, 무용창작가, 여성의원 등 다방면에 걸친 활동을 펼쳐 북한에서 무용 인재를 대거 배출하고 무용예술의 이론적·실천적 토대를 마련하였으며 또한 무용의 전국적 보급과 대중화 정책에도 크게 기여하였다.

본 연구에서는 북한에서 첫 무용영화로 제작된 민족무용극 「사도

* 일본 릿꾜대학 아시아지역연구소 전임연구원

성 이야기」를 대상으로 작품의 구조 및 기법상의 특성을 분석하여 최
승희 무용작품에 있어서의 특징이 무엇이었는가를 무용학적으로 고
찰하고 파악하는데 그 목적을 둔다. 이 작품은 '최승희무용연구소'가
'국립'으로 승격된 다음 해인 1954년 11월 평양 모란봉극장에서 초연
되었고 1956년에는 첫 무용영화로 제작되어 구소련과 중국 등 동구
권에서도 상연되어 무용계에 영향을 끼친 것으로 알려져 있다.

본 연구를 통해 통시적으로는 북한의 무용변화를, 공시적으로는
1950년대의 한국 춤과 구체적으로 비교 분석해 볼 수 있는 근거 자료
가 마련되었으면 하는 바람이다.

Ⅱ. 무용극 「사도성 이야기」의 전체 구성

1. 작품의 개괄

최승희 원작 및 무용창작이며 전체 5막 6장의 구성으로 작품 소요
시간이 50여 분에 달하는 대작이다. 제작은 조선국립영화제작소에서
맡았고 작곡은 전통기악의 명인으로 최승희를 따라 월북한 최옥삼이
담당하고 있다. 음악 연주는 국립최승희무용연구소 민족관현악단과
국립음악대학 민족관현악단이 맡았으며, 출연진에는 훗날 공훈배우가
된 주혜덕과 최순옥 같은 수준 높은 무용수들을 비롯한 최승희무용연
구소원들이 대거 참여하였다. 한마디로 무용극 「사도성 이야기」는 당
시로서는 최고의 예술가들과 최고의 기술진에 의해 창작된 수준 높은
작품이었다고 할 수 있을 것이다.

이 작품은 일본의 침략에 항거한 신라 사람들의 영웅적 투쟁을 형
상화한 민족무용극이다. 때는 신라 조분이사금시대로 경주 동해안에

우뚝 서 있던 사도성을 배경으로 펼쳐지며 주인공인 성주의 딸 금희와 어부 출신의 무사 순지와의 사랑과 애국충절을 그려내고 있다. 그 외의 등장인물로는 성주 후실에게 총애를 받는 무관인 아한, 성주, 젊고 간교한 성주의 후실, 사도성의 충직한 신하와 금희의 유모, 신라 군사와 왜군들, 그리고 기타 문무가신들과 시녀들, 일반백성들이 대거 등장한다.

작품 내용은 고귀한 태생의 주인공이 홀아비 성주의 사랑 속에 자라나고 타고난 아름다움에 뛰어난 무술 실력까지 소유하게 되며 계모와 아한의 계략으로 약혼의 압력을 받지만 의로운 청년무사 '순지'라는 구원자의 등장으로 또 다른 탈출구를 찾는다. 그리고 나라의 위기 상황에 직면하여 이를 승리로 이끌어 내어 어려움을 극복하고 약혼을 하게 된다는 게 전체 흐름일 것이다.

이는 전형적인 영웅설화의 구조를 갖추고 있다고 할 수 있다. 즉, 조동일에 의하면 영웅설화 구조는 '고귀한 태생-힘든 출생-타고난 능력-위기 직면-구원자 등장'으로, 주인공은 영웅으로 성장, 대결, 위기, 극복, 결혼으로 전개된다는 것이다. 이러한 영웅설화 구조는 고조선시대 '고주몽'의 신화에서부터 오늘에까지 진행되고 있다고 볼 수 있다.

2. 작품의 줄거리와 주제

영화화된 작품의 줄거리를 『최승희 무용극 대본집』을 참고로 보면 다음과 같이 요약할 수 있다.

① 제1막 사도성주의 생일 잔칫날

봄꽃이 만발한 사도성 뜰 안에서 성주의 칠순 잔치가 문무 관원들과 이웃 성주들의 영접 속에 성대하게 치러지고 있다. 아름다움과 강인한 자태를 지닌 성주의 딸 금희가 등장하고 춤과 음악의 잔치가 벌어진다. 이어 무사들의 무술경기가 시작되고 간사한 아한은 속임수로 무사들을 쓰러뜨리며 교만을 부리고 이를 못마땅하게 여긴 충직한 신하는 일년 전에 무과급제한 순지를 내세워 검술 경쟁을 붙인다. 아한은 번개같이 날쌔고 뛰어난 검술을 구사하는 순지 앞에 무릎 꿇고 말지만 비겁한 반격으로 승자의 자리를 차지한다. 금희는 정의롭고 순박한 순지에게 끌리게 된다. 연회장의 분위기를 바꾸기 위해 순지가 피리를 불자 이에 이끌리듯 금희가 서정적인 춤으로 흥을 돋운다. 연회장에 황혼이 깃들고 성주와 모든 신하들, 이웃 성주들은 다함께 어우러져 가무를 즐기며 퇴장한다.

② 제2막 후원별당 금희의 처소

달빛 아래 별당에 앉아 서글픈 마음으로 가야금을 타는 금희. 홀연히 귀에 익은 단소 소리가 담장 밖에서 들려온다. 순지와 금희는 서로가 연주하고 있음을 느끼고 놀라워한다. 둘의 연모를 눈치 채고 유모는 순지를 별당으로 불러들인다. 성주의 후실이 꾀를 부려 아한과의 약혼을 성사시키려 애쓰는 것을 알고 고민하던 금희지만 순지를 받아들이기로 한다. 이어 둘의 애틋한 사랑이 춤으로 표현된다. 이때 성주 일행이 들어오고 둘의 사랑은 위기를 맞는다. 아한은 간교한 술수를 써 순지에게 누명 씌워 직위를 박탈한다. 둘은 이별의 슬픔을 나눈다.

③ 제3막 사도성이 보이는 바닷가

평화로운 바닷가 풍경 속에 어부들의 노동생활이 즐겁고 낙천적으로 펼쳐진다. 고향으로 돌아온 순지는 어민들과 어우러져 고기잡이로 세월을 보낸다. 그러던 중 왜군의 침입으로 평화롭던 사도성은 전쟁터로 변한다.

④ 제4막 사도성의 무예훈련 마당

사도성은 왜적에 포위되며 관군을 거느리고 출전한 아한은 악전고투하나 곤경에 처하게 되고 상황은 더욱 불리하게만 전개된다. 슬픔에 잠겨 있던 금희는 비장한 결심을 하고 군사들을 이끌고 출장을 한다. 그녀는 아름다울 뿐 아니라 뛰어난 무술 실력의 소유자이기도 했다. 한편 순지 역시 의병대장으로 백성들을 동원하여 전쟁터로 출진한다. 전쟁터에서 재회를 나눈 둘은 왜적을 물리치며 진격해 나간다.

⑤ 제5막 바닷가 언덕 위 송림

의병을 거느린 순지와 금희의 활약으로 왜군을 격파한다. 치열한 싸움 끝에 맞이하는 아침 해는 이들의 승리를 축복하듯 서광을 비쳐준다. 성주와 후실, 비겁함을 뉘우치는 아한, 사도성의 신하들이 지켜보는 가운데 금희와 순지는 감격적인 재회를 나눈다. 두 영웅을 축하하는 백성들의 환호성이 이어지고 금희와 순지의 약혼이 선언된다. 사도성은 승리의 기쁨으로 가득 찬 가운데 막을 내린다.

이 작품에는 왜적이나 제국주의 국가의 침략과 국내 압제자의 횡포에 대항하여 투쟁하는 조선민족의 애국정신[1])을 담고 있다고 하겠다. 예를 들어 아무리 숙련된 무서운 검객이라도 진실된 사상의 힘이 없다면 그 검은 사람은 벨 수 있을지언정 조국과 인민을 행복으로 이끌어낼 수 없다고 하여 주인공인 순지의 성격을 조국과 인민을 보호하기 위한 애국적 사상으로 교양을 갖추고 검객으로서의 고상한 도덕적 품성을 지닌 인물로 표현하고 있다.[2]) 또한 금희의 성격도 가녀린 전통적 여인상이라기보다는 가무와 무술을 겸비한 혁명적이며 투쟁적인 여성으로 그려지는데 금희는 애국정신을 지닌 이상형으로 설정되고 있다. 이처럼 사상성 높은 작품으로서 단순명쾌한 '권선징악'을 표현하는 것이면서도 애국정신을 반영한 무용극이었으며 '인민의 사상적, 정서적인 교양을 높이는 역할을 수행'(서만일, 1957a; 65)하여 북한

---

1) 최승희에 의하면, 무용예술은 애국사상을 계승한 것으로, 애국사상은 조국의 자주독립과 인민의 복리를 위해 싸우는 사상이며 그러한 애국사상의 전통이 사회주의적 혁명사상의 하나가 되어 사회주의적 애국주의사상이 되는 것이다.(최승희, 1966b:2)
2) 최승희, 1958b:67?68 참조

의 문예정책을 구현하는데도 공헌한 작품이었다고 평가된다.

그녀가 강조하는 애국정신은 식민지-조선 해방-미소 군정을 경험해 온 민족으로서만 표현할 수 있는 저항정신의 표명이며, 조선반도의 비운의 역사에 휘둘림 당해온 최승희였기 때문에 주장할 수 있던 사상이다. 그녀가 레퍼토리로 만든 작품은 그 후에 개정되어 오늘날까지 상연되고 있는데 이는 작품 속에 흐르는 애국정신과 조선민족이나 민속에서 소재를 구한 것이 높이 평가되었기 때문으로 해석되어진다. 이처럼 그녀가 조선무용에 집착해 온 배경에는 그녀가 살아온 시대나 역사적 상황, 그리고 사회체제의 영향이 있었고, 또한 이들과 깊이 연관되어 있었다고 여겨진다.

3. 무용영화에서 보이는 무용작품과 소재

「사도성 이야기」는 남녀의 사랑과 갈등, 권선징악, 조국애를 담고 있으며 이러한 감정 표현은 무용작품들에 잘 반영되고 있다. 춤의 구성은 금희의 독무, 금희와 순지의 2인무, 무사들과 백성들의 군무 등으로 이루어지며 민족무용극을 표방한 데서 알 수 있듯이 '전통춤의 요소를 부분적으로 차용'(성기숙, 2001; 102)하고 있다.

영화에서는 그 작품명을 알 수 없으나 『최승희 무용극 대본집』을 참고로 추정해 보면 '궁녀들의 춤' '검무' '장삼춤' '털부채춤' '뱃노래' '해녀의 춤' '어부들과 처녀들' 등이 민속에서 소재를 얻은 소품들로 보인다. 금희와 순지가 영웅적 존재로 설정되어 전쟁을 승리로 이끌어 낸다는 이야기를 조선민족의 내면세계와 정서, 성격이 반영된 민족의 독특한 리듬과 선율에 실어 표현하고 있다.

제1막에서는 '궁녀들의 춤' '검무' '무사의 춤' '무지개' '성주와 궁녀들의 춤'으로 구성된다. 이 중 '무지개'는 최승희 자신의 창작독무로

230

느린 시조 가락에 맞춘 정적인 춤과 양산도 가락에 맞춘 회전 중심의 춤으로 이루어지며 '무사의 춤'은 장검을 들고 추는 것으로 몇 개의 정지 동작을 삽입하여 포즈를 취하듯 펼쳐지고 있으며 '왕과 궁녀들의 춤'은 합창곡 '지화자'에 맞춰 흥겨움을 돋우고 있다.

제2막에서는 장삼을 끼고 추는 춤과 꽃을 들고 추는 춤으로 구성된 '궁녀의 춤', 금희의 독무인 '털부채춤', 금희와 순지의 2인무로 펼쳐지는 '사랑의 춤'으로 구성된다.

제3막에서는 어촌 풍경을 묘사하고 있어 여성 군무인 '해녀의 춤', 남녀 집단무 형식의 '뱃노래'가 민요 '뱃노래' 소리에 맞춰 신나게 펼쳐진다. 또한 '어부들과 처녀들'의 춤에서는 '손뼉춤'을 응용하여 힘차고 흥겨움이 배가되어 펼쳐진다.

제4막에서 보이는 춤으로는 군사들의 '출진무'와 의병대의 '출격무'가 있는데 힘차고 역동적이며 활달한 움직임들로 이루어지고 있으며, 금희의 독무인 '맹세의 춤'은 비장한 내용의 남도창에 맞춰 조용하지만 무게감 있는 춤으로 구성되어 있다. 그리고 제5장에서는 군사와 의병들의 집단무인 '승리의 춤'만이 수록되어 있다.

이렇듯 이 작품은 민속과 민요를 바탕으로 구성되고 있으며 이러한 최승희의 춤을 노마 사와꼬(野間佐和子, 1998; 366)는 "조선의 전통적 민족무용을 독자적인 감수성의 필터를 통해 변화시켜 만든 것"이라 하였다. 이 작품들은 모두 소품 형식을 취하고 있으며 최승희가 그 이전에 창작한 작품을 삽입하거나 이를 바탕으로 재창작한 것으로 이미 그 소재에 있어서 민족적 정취를 담아내고 있다 할 수 있다.

4. 음악적 경향

최승희는 무용창작에 있어 음악을 중요시했기 때문에 그 반주를 담당하는 사람은 엄하게 다스리면서 대우해줬고 그들과 함께 생활하는 것이 일반적이었다.[3] 이는 춤추는 자와 반주하는 자가 일심동체가 됨으로서 무용과 음악의 일체감을 꾀하고자 했음을 의미하며 무용의 성격이나 색채는 음악의 색과 성격에 의해 영향을 받고 있음을 짐작케 한다. 그녀는 '음악과 움직임의 완전한 일치'를 지향했는데 이는 외적 내지는 형식적인 일치가 아니라 '무용형상과 음악형상과의 사상·정서적 통일' 및 조화를 이룬다는 것이었다.[4]

그녀는 "새로운 무용음악을 쓰는 것도 중요하지만 예로부터 존재해 온 명곡을 쓰는 것도 필요하다. 특히 우리나라에는 풍부하고 다양한 민요가 무한하며 과거와 현재를 거쳐 작곡된 명곡이 무척 많다"(최승희, 1966a; 44~45)고 하여 민족음악을 반주로 민요의 리듬과 밀접한 관계에 있는 무용동작에 현대적 율동성과 박력을 집어넣으려고 했다. 또한 음악에서의 현대성을 담보하기 위해 민족악기의 개량을 시도하여 희로애락의 다양한 감정표현과 극적 연출을 위한 오케스트라 형식의 관현악 합주가 가능하도록 했다.[5]

무용영화 「사도성이야기」에서 보면 우선 최옥삼이 작곡을 담당함으로써 민족음악의 기초를 확보하고 있다고 봐야겠다. 음악은 피리와 가야금, 장고와 징, 그리고 태평소가 중심이 된 민속악이 큰 비중을 차지하고 있다. 작품에서 보면 주인공 금희의 독무 및 순지와의 쌍무 장면에서는 최옥삼의 맑고 청아한 피리산조나 가야금산조가 독주곡과 합주곡으로 또는 시조나 평조의 남도민요를 편곡한 느린 장단의

---

3) 정병호, 1995; 384.
4) 최승희, 1966a; 45.
5) 국가적 차원에서의 민족악기 개량방침은 1964년 11월에 결정되었고 그 이후에는 전면적인 개량이 이루어지게 된다. 그 결과 민족관현악 편성에 의한 가극 「피바다」 (1971)가 초연되었고 1972년에는 오케스트라에 민족목관악기를 배합하여 이루어진 가극 「꽃 파는 처녀」가 상연되기에 이른다.

민속음악이 비장감을 갖추어 연주되면서 어느 때는 격렬하게, 어느 때는 즐겁게, 또 어느 때는 쓸쓸하게 서정적으로 흐르고 있다. 또한 군사들의 춤에서는 자진모리(8분의 12박, ♩=120~140)나 안땅장단(4분의 4박, ♩=126)의 빠른 리듬음악이 태평소와 징을 수반한 관현악 형식의 민속악 내지는 창작합주곡으로 연주되고 있다. 적어도 이 작품이 창작된 50년대 말경에는 아직 최옥삼과 같은 전통예술인들이 주된 활동을 하고 있었고, 그로 인해 이 영화의 음악에서 알 수 있듯 가야금산조와 단소산조의 명인이자 남도민요에 능했던 최옥삼의 음악적 성격과 특성이 그대로 반영되고 있었던 것으로 보인다.

이 작품에서 음악과 무용동작의 관계를 본다면 <표 1>에 나타낸 바와 같이 음악의 흐름과 동작의 흐름이 잘 합치되고 있음을 알 수 있다. 다시 말해 아다지오의 음악에서는 정적인 움직임이, 알레그로의 음악에서는 동적인 움직임이 펼쳐지고 있는 것이다. 즉, 음악의 흐름과 무용의 흐름은 거의 완전하게 일치하여 8분의 18박자(3×6)의 염불과 진양조와 같은 '정(靜)'의 특질을 띄는 음악에 일치하는 춤이 있다면 4분의 4박자의 자진모리와 속도를 빨리 하여 연주되는 휘모리와 같은 '동(動)'의 특질을 띄는 음악에 일치하는 춤도 있다. 피리와 가야금 같은 선율악기의 특성에 맞춰 무용동작도 곡선적이며 끊어짐 없이 계속적으로 이어지는 특질을 보이지만 강함과 유연함을 지닌 유동성 또한 넘쳐나고 있다 하겠다. 이는 현명(弦鳴)악기와 기명(氣鳴)악기를 주로 씀으로써 움직임에 있어서의 곡선적인 이미지를 확장시키고 있는 것으로 여겨진다.

이상과 같이 무용음악의 특징은 ①조선의 민족성 짙은 민요나 시조, 민속음악을 그대로 사용하거나 아니면 편곡하여 무용반주로 썼다. ②선율과 리듬을 기초로 한 독특한 악곡구성을 구사하여 합주형식의 생반주를 주로 썼다. ③조선의 전통음악의 특성을 무용동작에도 적용

<표 1> 무용극 「사도성 이야기」 음악과 무용동작의 특질 비교

작품명	음악의 특질			
	종류	박자	템포	흐름
궁녀의 춤¹	궁정정악	염불(18/8)	♩=40	靜
검무	민속악(징, 피리)	타령(9/8)	♩=69	動
무사춤	민속악, 창작곡	자진모리(12/8)	♩=138	動
무지개	시조와 민요곡	(9/8), 양산도(12/8)	♪=116, ♩=58	靜 中
왕과 궁녀들	민속악(지화자)	중모리(12/8)	♩=66	動
궁녀의 춤²	가야금산조	중모리(12/8)	♪=84, ♩=88	中
털부채춤	단소산조	(18/8)	♪=112	靜
사랑의 춤	가야금합주	굿거리(12/8)	♪=80, ♩=88	中
해녀의 춤	민속악편곡	안땅(12/8)	♩=44	動
뱃노래	민요곡(뱃노래)	자진모리(12/8)	♩=63	動
어부와 처녀들	민속악(피리, 장고)	안땅(12/8)	♩=63	動
출진무	단소, 가야금합주	자진모리(12/8)	♩=152	動
맹세의 춤	남도창	진양조(12/8)	♩=25	動
출격무	창작곡(징, 태평소)	자진모리(12/8)	♩=132	動
승리의 춤	창작합주곡	자진모리(12/8)	♩=120	動

작품명	음악의 특질			
	공간성	시간성	역동성	흐름
궁녀의 춤¹	곡선적	계속적	重	靜
검무	〃	급격	輕	動
무사춤	직곡선	〃	輕	動
무지개	곡선적	계속적	輕	靜 中
왕과 궁녀들	〃	〃	輕	動
궁녀의 춤²	〃	〃	輕	中
털부채춤	〃	〃	輕	靜
사랑의 춤	〃	〃	輕	動
해녀의 춤	〃	〃	輕	動
뱃노래	〃	급격	輕	動
어부와 처녀들	〃	계속적	輕	動
출진무	〃	급격	輕	動
맹세의 춤	직곡선	계속적	重	靜
출격무	〃	급격	輕	動
승리의 춤	곡선선	〃	輕	動

※ VTR 자료 분석에 의함(본래 작품명은 불투명하다. 여기서는 최승희가 대형무용극을
   여러 무용소품을 조합하여 창작해 왔다는 사실을 참고로 필자가 임의로 붙인 것임)

시켜 '무용의 음악화'를 통해 '무용과 음악의 사상적 일치'를 이룸과 동시에 무용에서의 다양한 극적 연출을 위해 악기의 새로운 연주법을 찾아 전통악기를 개량하고 반주에도 사용하였던 것 등으로 정리된다고 하겠다.

5. 의상 및 무대미술

우선 무용 활동 초기에 보여주었던 현대무용작품 의상과, 신비적이며 관능미 넘치는 전라(全裸) 또는 반라(半裸)에 가까운 디자인으로 당시의 관객에게 커다란 충격을 던진 불교적 소재의 작품 의상을 제외한다면 1946년 이후는 ①조선시대의 의복양식 ②삼국시대의 복식양식 ③현대적 소재의 의상으로 분류할 수 있는데 「사도성 이야기」는 삼국시대의 복식을 바탕으로 하고 있다. 삼국시대의 복식은 삼국시대의 전통적 복식을 토대로 만들어진 의상을 말하며 의상의 색은 주로 파스텔 계통을 즐겨 씀으로써 희망에 넘치고 신비하며 정열적인 자유를 상징적으로 연출하고 있다.[6]

작품에서 금희와 시녀들의 의상은 A라인의 실루엣이 지니는 여성스런 감각을 충분히 발휘하여 감미로운 여인의 이미지를 연출하고 있는 것을 특징으로 한다. 또한 여성 무용수는 머리에 겹꽃 문양의 머리장식을 하거나 화관을 쓰고 있으며 '검무'에서는 족두리를 쓰고 있는 것이 한국에서 추어지는 검무 의상과 다르다 할 수 있다. 또한 남성 무용수는 두건이나 전투모를 쓰고 있으며, 성안의 왕족들은 화려하며 광채가 나는 문양이 새겨진 천에 장식이나 불, 새, 나비 문양의 자수를 놓아 신분계급을 나타내고 있는데 반해 서민이나 하인들의 의상은

---

6) 장인숙, 1990; 46.

무지(無地)로 된 소박한 느낌의 극히 단조로운 디자인이 그대로 적용되고 있다.

다시 말해 그녀의 무용의상은 ①고전적이면서도 세련된 스타일 ②실크와 같은 부드러우며 투명하게 보이는 직물 또는 조젯(georgette)과 같이 신체의 균형을 돕는 재료를 사용 ③의상의 색은 다채로우며 독특한 미적 배합을 연출 ④여성적 매력과 아름다움이 넘치게끔 A형라인의 디자인 구사 ⑤의상은 굵은 띠를 사용하여 포인트를 주거나 스팽콜이나 금박으로 장식 ⑥머리에는 반드시 의상에 맞는 관이나 모자를 쓰거나 장식을 덧붙이고 있는 것이 특징이라 하겠다.

그녀는 무조건적으로 화려한 의상을 지양하고 생활적 내용과 작품의 색에 맞는 의상 형태와 색조, 질감을 고려하여 조선 전래의 원형이 지닌 진수(眞髓)를 살리면서 현대의 미학적 견지에서 보충하고 개작하려고 노력했던 것이다.7) 즉, 작품의 소재와 정서, 설정 배경에 맞게 표현성 있는 의상으로 무대화하려고 했던 것이며, 달리 해석하자면 무용의상의 형상적 측면에 있어 사실주의적 입장과 진화론적 견해를 견지하고 있었던 것으로 파악된다.

한편 이 작품에 사용된 소도구는 "조선 인민의 아름다운 민족생활과 총명한 민족의 성격, 고매한 정신세계를 미학적으로 확인하고 밝히는데 이용"(최승희, 1966a: 42)되는 것이라 하여 부채나 검, 한삼, 물동이, 피리와 가야금 등 전통적인 소도구를 차용하여 보다 가치 있는 민족적인 예술작품으로 승화시켜내려고 한 노력이 엿보인다.

다음으로 무대장치를 보면 바닷가, 산 속의 정자, 구름, 달, 성 등의 배경 그림에 연못, 벚꽃, 소나무 숲 등이 입체적으로 설정되어 사실성을 높여주고 있다. 배경 그림은 조선화법에 의한 것으로 청색 계통과

---

7) 최승희, 1966b; 2.

분홍색 계통이 가장 많이 사용되었다. 꽃은 모두 옅은 분홍색을 기본으로 하며 붉은 꽃과 흰 꽃도 혼합되어 있다. 스에나가(末永蒼生, 1998; 63~113)에 의하면 청색은 상실감을 치유하고 그로부터 회복을 유도함으로써 '죽음'과 '재생'의 감정을 반영하며, 분홍색은 옛날부터 '지복(至福)'의 이미지와 결부되어 종교화에 흔히 사용된 색상이다. 이를 근거로 본다면 최승희의 작품에는 식민지에서 해방으로, 전쟁으로 인한 폐허에서 신시대의 건설로 전진하며 행복에 찬 이상세계를 꿈꾸던 그 당시의 사회적 배경이 반영되고 있었다고 할 수 있다. 무대의 양식은 회화적 장치와 사실적 장치가 조합된 것으로 배경화나 장치는 비대칭 균형으로 이루어져 있다.

III. 작품에서 보는 무용형상 기법

1. 특징적인 동작 기법

최승희는 조선민족의 전통적인 무용표현 중에서도 특히 '정중동(靜中動)' '동중정(動中靜)'을 강조하면서 간결하고 선명한 동작으로 인간 내면의 깊은 감정과 정서를 표현해야한다고 피력하고 있다.8) 무용은 주로 '주된 동작'9)을 통해 표현되지만 이것이 우수하면 우수할수록, 그리고 민족적인 율동이 명확하면 할수록 진정한 무용적 형상을 창조할 수 있으며 보다 풍부한 민족적 독창성과 현대성을 구현할 수 있을 것이라고 생각했던 것이다.10)

---

8) 최승희, 1964; 35.
9) 주된 동이란 중심적 성격을 지닌 동작, 즉 舞想의 중심적 핵으로 표현된 동작을 나타내며 무용형상의 최소의 독립적인 단위이다. 이러한 동작이 발전하여 舞節을 형성하고 나아가 무용작품이 되는 것이다.

이러한 생각을 바탕으로 해방 이후의 최승희는 조선무용기법을 중심으로 한 창작을 펼쳐 나가는데 힘을 쏟으면서 한편으로는 조선무용과 상반되는 점이 많은 클래식 발레를 조선무용에 결합시키기 위한 조화로운 방법을 연구했다. 「사도성 이야기」는 남성 무용수의 동작에 발레에서 따온 듯한 점프 등이 포함되어 있으며11) 이러한 동작은 그녀가 처음으로 시도한 발레 연구의 결과물로 보아도 좋을 것이다. 그러나 발레 기법 등의 수용은 어디까지나 조선의 민족적 전통과 특성을 고려하면서 받아들여 발전시킴으로써 세계적인 무용이 될 수 있을 것이라는 생각에 기초한 것이다. 그녀는 "진정으로 위대한 작품은 무엇보다도 민족적이어야 한다"(최승희, 1957a; 45)는 명제에 고집함으로서 조선무용 유산이 지니는 우아하며 독특한 리듬에 현대적인 율동을 유기적으로 조화시킨 새로운 스타일의 조선무용을 창조해낸다. 이 작품은 바로 이를 증명하고 있다.

작품에서 보이는 특징적인 움직임을 신체 부분에 따라 면 <표 2>에 나타낸 바와 같다. 우선 앞으로 살짝 굽힌 듯한 자연스런 자세를 기본으로 하며 신체 내부로부터 자연스럽게 배어 나오는 흥에 겨운 어깨와 팔의 움직임에 조선무용의 매력이 있다고 여기고 그 우아한 표현을 중심에 두고 있다.12) 팔 동작은 '사선좌우비대칭형'13)이 많으며 구체적인 사위로는 '비팔비정체(比八比丁體)'14) '메고 감기' '크게 메기' '메고 펴기' '휘감기'가 주를 이루고 있다. 그 움직임은 둥글고 완만하게 펼쳐지고 있으며 긴장감 없이 자연스러움이 배어난다.

---

10) 최승희, 1966a; 44.
11) 최승희, 1957a; 45.
12) 川端康, 1984a; 84.
13) 김해춘은, 최승희는 한쪽 어깨를 내렸을 때 그 가짐을 완전하게 갖추지 않으면 안된다고 KBS-TV제작(1998)의 '살아있는 신화 무희 최승희'에서 밝히고 있다.
14) 손이나 발의 위치가 '八, 斜, 丁'자에 비슷한 형태를 갖는 가짐을 말한다.

<표 2> VTR자료에서 보는 특징적 움직임

신체부위		특징
頭部		• 머리를 약간 비스듬히 움직인다
體幹	胴體	• 자연스럽게 편 자세가 기본
	팔	• 팔의 움직임은 둥그런 나선형으로, 동작과 동작을 잇는 속도는 약간 빠르기에 가볍고 리드미컬하게 진행된다 • 손은 밑으로 쳐진 모양새를 기본으로 한다 • 사선좌우비대칭형이 특징적이다 • 比八比丁體, 메고감기, 메고펴기, 크게메기형이 많다
다리/팔		• 다리들기는 반드시 무릎을 구부려 든다 • 발디딤은 전통적인 보법인 발 뒷꿈치에서 앞꿈치로 밟아 옮기는 삼단보법 • 굴신의 깊이는 가볍게 살짝 넣는 정도로 깊지 않게 한다 • 보통걷기, 스쳐걷기, 도약, 회전동작이 많다.
전체		• 여성 무용수의 움직임은 애교와 아름다움이 넘치고 남성 무용수의 움직임은 도약과 힘 있는 활발함으로 연출된다 • 회전과 프리미티브한 마임의 반복이 많다 • 무언극적인 제스처와 포즈 • 몸의 중심은 뒷발에 놓여 있다

※ 자료는 VTR 등의 시청각자료에 기초하여 작성

다음으로 발동작을 보면 "발걸음도 극히 평범한 듯 보이지만 디딤새 등은 무척 섬세한 것으로"(조용달, 1977; 17) 전통적인 삼단보법의 '보통걷기'를 기본으로 하고 있으며 이러한 동작들은 한국 춤에서 보이는 동작들과 유사하다. 남성 무용수의 움직임에서 보이는 기본자세는 등을 꼿꼿하게 펴고 있으며 도약이나 회전과 같은 외향적 경향의 '활달하며 힘 넘치는 역동적인 동작'(정병호, 1995; 388)으로 구성되어 있다. 회전은 그녀의 작품에서 많이 보이는 특징적 기법의 하나로 여성 무용수의 움직임에서 도약 동작은 보이지 않는 대신 회전과 '스쳐걷기'15)가 현저하게 눈에 띈다. 특히 금희의 '무지개' 춤과 '털부채춤', 궁녀들의 '검무' 등에서는 제자리에서 도는 동작, 둘이 교차하면서 도는 동작, 원진을 따라 도는 동작이 주를 이루며 대부분의 회전 동작은

―――――――――
15) 잘게 쪼개 걷기로 빠르게 움직이는 동작을 말함.

'회오리바람돌기'로 추어지고 있는 것이 특징적이다.

　다시 말해 특징적인 동작기법은 원진을 만들어 도는 연풍대와 제자리서서 빙글빙글 도는 회전, 그리고 잘게 쪼개걷기와 보통걷기, 나선형으로 펼쳐지는 팔 동작, 힘찬 도약으로 집약된다고 할 수 있겠다. 이는 무용의 주된 운동 단위가 걷는 동작과 도약과 회전으로 이루어져 있다고 본 랑케(1981; 1133)의 일반론에 합치되는 것이기도 하다. 또한 발레나 코사크 댄스의 기법에 유사한 카브리올(Cabriole), 빠드샤(Pas de chat), 그랑제떼(Grand Jete), 롱드쟘(Rond de jambe)과 같은 공중적 (중력에의 반항)이며 외향성을 띠는 움직임이 남성 무용수의 춤에서 많이 보이며, 전투 장면에서는 중국의 경극에서 볼 수 있는 검술이나 싸움 장면의 연출방식과 유사하게 펼쳐짐으로써 외래무용의 수용을 짐작케 한다.

　다음으로 운동기법의 특질을 정병호(1985)의 동작특질 분석방법에 의거하여 정리하자면 <표 3>에서 보듯 동작은 '곡선적'이며 둥그렇고 지속적인 흐름을 타고 있다고 할 수 있다. 팔의 움직임으로는 '메고감기' 등에 의한 사(斜), '회오리바람돌기' 등에 의한 회(回), '크게 메기' 등에 의한 거(擧)와 굴(屈) 등의 동작소가 많이 보인다. 운동적 질량도 경(輕), 중(中), 동(動)이 균등하게 분배되어 있다. 또한 움직임의 공간 영역이나 역동성, 그리고 자유성과 흐름에 있어서의 상(上), 가벼움, 제한적, 동(動) 등이 특징적으로 나타나며, 시간성에 있어서는 끊어짐 없이 이어지는 지속적인 동작이 중심을 이루지만 남성의 동작에서는 급격하게 전개하는 움직임이 보인다.

　이와 같이 움직임을 라반의 'basic effort action'에 비추어 정리하면 작품에서 보이는 무게감은 가벼우며, 흐름은 앙상블 형식에 의한 제한성을 띠며, 시간은 지속적이며 급격하고, 공간성은 직접적이다. 그리고 표현미적 측면에서는 낙천성을 지니는 것으로, 조선무용의 특

<표 3> 「사도성 이야기」서 보는 운동기법의 특질

항목	최승희의 무용
기본자세	앞으로 구부린 듯한 자연스런 자세
움직임	팔체, 메고감기, 크게메기, 비정체/회오리바람돌기, 회전
운동적 질량	輕, 中, 動
동작소	斜擧, 屈回
시간성	지속적(급격)
자유성	제한적(자유)
흐름	動, 中
공간성	곡선적(직곡선적)
공간영역	상, 중
역동성	가벼움
묵극적 표현법	제스처, 마임, 포즈

징이 되는 원형적 성질의 움직임과 발레와 같은 완결형 기법이 결합되어 형성된 특질로 이해될 수 있을 것이다.

2. 극적 연출기법

전술한 바와 같이 최승희는 조선무용 중에 이미 없어진 것을 찾아내어 취약한 부분을 강화하고 없는 것은 새롭게 창조하기 위해 외래 무용 수법을 수용함으로써 "남성의 무용동작은 기개 있고 박력 있으며 장열하고 유창하며 즐겁지만 무게가 있다. 이에 반해 여성의 무용동작은 우아하며 힘이 있고 부드러우며 날카롭고 명랑하며 섬세한 민족적 특성을 보이면서 시대에 맞춰 다양하게 발전해 왔다"(최승희, 1966b; 26). 무용극 「사도성 이야기」에서는 이러한 특징들이 현저하게 보인다. 이 작품은 미믹과 팬터마임을 적용하고 고도의 사상성과 긴박한 극적 갈등을 내포한 극작술을 구사하여 대규모의 무대예술로서의 창작을 시도한 것이었다.[16]

---

16) 서만일, 1958a; 90.

이 작품에서는 소품 형식의 무용 이외에 극적 표현을 위한 제스처나 마임이 빼놓을 수 없는 특징 중의 하나를 차지한다. "무용은 인체의 율동, 자세, 표정, 묵극적 행동을 통해 표현되는 예술"(최승희, 1964; 33)이라고 기술하고 있으며 "무언극도 반드시 율동화시켜야 한다"(최승희, 1966a; 43)고 주장하였듯, 묵극적 표현은 그녀의 무용에 있어 중요한 표현 매체의 하나였다.

예를 들어 성주의 딸 금희와 순지의 사랑에 빠진 행복감과 가야금을 뜯거나 피리를 불 때의 섬세한 손동작, 비겁한 아한의 계략으로 함정에 빠졌을 때의 당혹스런 표정, 그리고 무술시합과 왜적과의 전투 장면에서 보이는 검을 다루는 모습이나 왜적을 물리칠 결의를 다지는 맹세의 춤 장면 등이 마치 영화나 연극에서와 같은 묵극적 처리로 이루어지고 있다. 제스처나 마임이 일상생활의 모방을 넘어 실제 생활 현장을 보여주듯이 연출되어지고 있는 것이다.

3. 움직임과 공간구도

「사도성 이야기」에서 보이는 주된 공간구도는 원형, 반원형, 1열형, 2열형, V자형이다. 원형 또는 윤(輪)은 세계 각국의 무용에서 공통적으로 보이는 형식이다. 미야오(宮尾, 1998; 19)에 의하면 이러한 공간구도는 고대 동굴벽화에서도 볼 수 있으며 이는 집단에 의한 영적 힘의 결속을 구하고자 했던 것으로 해석된다. 이런 관점에서 본다면 이 작품에서 보이는 공간구도는 곡선형을 선호한 조선민족의 전통적 습성이 원형이라는 코드로 나타난 것이었으며, 또 다른 관점에서는 북한 인민의 결속을 구하려는 사상의 반영체였다고도 볼 수 있다.

원형구도에서 보이는 주된 동작은 '회오리바람돌기'를 위주로 하는 회전, '스쳐걷기'와 도약 등이다. 원의 중심을 향한 동작이 많고 원형

<표 4> 동작과 공간의 특징

작품명	형식	공간구도	주요 동작	자유성	동작영역
궁녀의 춤[1]	군무	원형, 2열형	메고감기	제한적	하
검무	〃	원형, 2열형, V자형	회전, 포즈, 메고펴기, 크게메기	〃	중
무사의 춤	〃	원형, 2열형	회전, 포즈 마임, 도약	〃	상
무지개	독무	자유라인	회전, 메고감기	자유	중
왕과 궁녀들	군무	원형, 2열형	감는사위, 활개사위, 회전	〃	〃
궁녀의 춤[2]	〃	원형	감는사위, 스쳐걷기	〃	〃
털부채춤	독무	원라인	회전, 포즈, 메고감기	〃	〃
사랑춤	2인무	사선	메고펴기	〃	〃
어촌 풍경	군무	원형, 1열형	도약, 스쳐걷기	〃	상
해녀의 춤	〃	원형, 1열형, 2열형, V字형	까치걸음걷기, 메고감기, 춤장단체	제학적	〃
뱃노래	〃	2열형	메고감기	〃	하
어부와 처녀들	〃	원형, 2열형·V자형, 반원형	회전, 도약, 보통걷기	〃	상
출진무	〃	원형, 2열형, 4열형	회전, 도약, 말달리기동작	〃	상하
맹세의 춤	〃	원라인	포즈	〃	상
출격무	〃	원형	도약, 회전	〃	〃
승리의 춤	〃	원형, 분산형	도약, 회전	〃	〃

※ 자료는 VTR자료를 기초로 분석 작성.

의 폭을 줄이거나 넓게 하면서 여러 동작들이 펼쳐진다. 반면에 반원형은 주인공이 춤출 때나 검술을 펼칠 때 주위의 군중이 둘러싼 형태로 나타나고 있으며, 등·퇴장 부분에서 흔히 보이는 2열형의 구도에서는 '메고감기'를 비롯하여 다양한 사위가 전개되고 있다. 동작의 공간상 영역은 <표 4>에서 보듯 '상'과 '중'의 위치에서 움직이고 있다.

바꾸어 말하면 팔 동작은 어깨 높이 내지는 그보다 높은 위치에서 행해지며 시선은 높고 도약 등의 삽입으로 운동 공간도 지면에서 멀리 떨어져 있음을 의미한다. 지면을 향한 움직임은 궁녀의 춤이나 뱃노래 등에서 볼 수 있듯이 주로 허리를 숙여 '하'로 향한 움직임을 제외하고는 극히 드물다. 이처럼 작품에서의 동작과 공간구도는 '원형' '2열형' '원진' '회전' '메고감기' '회오리바람' 동작으로 집약된다고 할 수 있으며, 이는 조선의 전통적 형식과 기법을 바탕으로 이루어진 것이었다고 할 수 있겠다.

최승희(1966a; 42)는 무용의 구도를 생활적 내용에 기초하여 구성된 것이며 내용과 형식이 통일한 작품이 되었을 때 비로소 의의 있는 작품이 되는 것으로, 그 형식은 간결하며 평이하고 선명한 구성이 되지 않으면 안 되며, 또한 작품의 내용과 관계없는 구도는 구성상의 파탄을 가져온다고 하였다. 즉, 내용과 형식의 일치를 중시하고 있었음을 알 수 있는 구절이라 하겠다.

IV. 맺으며

최승희는 무용 활동 초기부터 "향토의 전통이나 풍물을 살린 무용을 창조하지 않으면 안 된다"(최승희, 1936; 200)고 하면서 현대무용수법이나 중국무용의 기법 등 동양무용의 창조를 위해 외래무용 기법을 수용하는 노력과 의지를 보였으며 이는 북한에서의 활동을 통해 "선조가 남겨놓은 무용예술을 계승하면서 세계의 무용예술 중에 가치 있는 것을 수용하여 새로운 것을 창조한다"(최승희, 1958; 4)는 포부로 보다 구체화된다.

1946년 월북 이후, 최승희는 조선무용의 본질을 체득하기 위해 전통적인 무용유산을 습득한다든가 현지에서 배우는 등의 노력을 아끼지 않았으며 예술적 형상화에 있어 민족적 독창성을 유지하는 문제를 중요시하여 "조선민족의 생활에서 극히 새로운 것, 선진적인 것, 아름다운 것을 반영하고 민족적이면서 동시에 전 인류적인 내용을 지닌 작품의 창작"(최승희, 1961; 18)에 노력했다. 그리하여 민족무용극을 비롯하여 음악무용서사시, 무용조곡, 소품 형식의 민속무용과 아동무용 등 다양한 형식의 크고 작은 규모의 많은 작품을 창작했고 훗날 북한의 무용예술계를 이끌어갈 수많은 무용 인재를 양성하는 한편, 무용예술의 대중화와 그 보급에도 공헌했으며 무용의 이론적 기초를 마련하는데 크게 이바지했다.

본 연구에서는 최승희가 해외 순회공연을 통해 자극을 받으면서 창작하고자 했던 민족무용극 작품 중 「사도성 이야기」를 대상으로 하여 작품의 구조 및 기법상의 특질을 무용학적으로 분석함으로써 '최승희 무용'의 특징을 밝혀내고자 했다. 그 결과 다음과 같이 요약해 볼 수 있을 것이다.

우선 최승희의 무용은 민속이나 역사적·영웅적 사건 등의 복합적인 소재를 바탕으로 권선징악, 남녀의 사랑, 노동애, 조국애, 인민의 정서적인 생활 등 다양한 관점에서 해석되는 애국주의를 영웅설화의 구도를 차용하여 현실감 있게 반영해 내고 있다. 무용형상 기법에서는 조선무용의 전통적 기법 중의 하나인 '비팔비정'과 '삼단보법'을 기본으로 하면서 동작의 특질은 나선형이면서 곡선적이고, 지속적이면서 지향적(地向的)이고 정(靜)과 동(動)의 양면적 성질을 띠고 있었다. 또한 조선 전래의 민요, 시조, 민속악 등 전통음악을 사용한 무용반주음악과 삼국시대의 복식을 소재로 한 무대의상을 활용하여 민족적 색채를 확보하고 있었다.

한편 현대적인 표현성을 담아내기 위한 방법으로는 발레의 점프나 포즈, 중국 경극에서의 검술 등 상향적(上向的)인 성격을 띠는 외래무용 기법이 구사되고, 무용의 다양한 표현을 위한 연주 악기의 개량과, 기능성과 형상미를 살린 무대의상이 디자인되었다고 정리할 수 있다.

이러한 점으로 보아 조선 해방 이전, 현대무용 수법에 조선무용의 소재를 융합한 작품을 창작했던 것에 반해 북한에서의 최승희는 조선 무용의 전통적 기법을 계승하면서 발레나 중국 무용의 양식 및 기법 의 일부를 수용하여 작품을 창작함으로써 '최승희 무용'을 확립했다고 할 수 있다. 이와 같이 민족적 기법을 기초로 외래무용의 양식을 응용 한 무용 동작에는 소위 '이문화(異文化)=자기류의 해석'이 깊이 관여하 고 있었다고 볼 수 있으며, 또한 민족적 기법과 현대적 기법을 결합하 여 새로운 시대에 맞는 새로운 조선무용의 창출이라는 패러다임을 구 축하게 되었다고 할 수 있다.

그러나 한편으로는 그녀의 창작방법에 대한 비판적 평가로서, 전통 문화의 계승에 있어 창조론적 입장보다는 진화론적 입장을 우선시 한 탓에 조선 전통문화의 변화를 유도함으로써 '문화 변환'의 계기를 마 련하게 되었다는 점 또한 간과할 수는 없을 것이다. 이는 그녀에 의해 세워진 주의·주장이 북한 무용예술 발전을 위한 이론적·실천적 토대 가 되어 오늘에까지 이어지고 있는 실정에서 얼마든지 가늠해 볼 수 있다.

한나(Hanna, 1979; 245~246)는 '움직임(movement)'이란 용어에 대해 "시간과 공간 속에서 자극에 응해 방출되는 근육의 반응을 통한 에너 지의 시각적, 운동학적인 결과"(HANNA, 1979; 245~246)라고 정의되 고 있다. 인간의 살아있는 신체가 소재가 되는 무용에서의 움직임은 신체의 시간, 공간적 위치의 이동과 리드미컬한 몸짓, 신체 에너지의 변화 등, 비일상적인 표현체로서의 신체의 다양한 표정 및 표현을 말 한다. 즉, 춤추는 사람의 내적·외적 영향에 의한 감정이나 정서의 변 화 및 변동에 의해 표현되는 신체 움직임도 변화한다는 것을 의미하 며, 시대적·역사적 흐름에 따라 그 동작 기법에도 변화가 일어남을 암시하는 말이기도 하다.

월북 이전의 최승희의 무용은 식민지시대-근대화-조선해방과 전쟁-사회주의체제라고 하는 사회·역사적 변동에 관련하여 현대무용풍과 동양무용풍, 그리고 조선무용풍의 작품 창작에 힘을 쏟았으나, 월북 후에는 조선무용 기법을 중심으로 한 창작으로 방향 전환을 하게 된다. 최승희는 조선무용이 지닌 우아하며 독특한 리듬에 박력 넘치는 현대적인 율동을 조화로이 결합시켜 새로운 무용 스타일을 창조하기 위해 노력함으로써 다양한 형식의 많은 작품을 창작해 낸다.

민족무용극 「사도성 이야기」는 조선의 전통적 표현기법과 민족의 특색을 살리면서 한편으로는 외국의 무용기법을 수용하여 현대적인 감정과 이해를 합치시켜 내려는 그녀의 염원이 구현된 작품의 하나였다고 할 수 있을 것이며, 그러한 그녀의 춤은 이후 북한의 사회·정치적 영향을 받으면서 또 다른 형태의 무용으로 계승 발전하면서 오늘에 이르고 있다고 하겠다.

「사도성 이야기」의 분석은 '최승희 무용'을 이해하고 파악하기 위한 방법의 하나였다. 그러나 보다 많은 다양한 작품을 분석함으로써 전통무용기법과 외래무용기법의 분석에 있어 더 심도 깊은 동작학적 연구가 수행되어져야 할 과제가 남아 있으며, 문화전승론과 전파론적 입장에서도 규명되어져야만 '최승희 무용'의 본질에 접근할 수 있을 것이라 생각된다. 덧붙여 남북한 무용예술에 지대한 영향을 끼친 최승희 춤의 다각적 연구는 통일시대를 열어 나가는데 기여할 수 있을 것이라 확신하는 바이다.

참고문헌

서만일(1957a), 최승희의 예술과 활동(1), 조선예술 10월호, 평양: 문학예술종합출판사.

서만일(1958a), 최승희의 예술과 활동(4), 조선예술 1월호, 평양: 문학예술종합출판사.

성기숙(2001), 최승희 무용예술에 나타난 전통수용 양상, 20세기 조선민족무용 및 최승희 무용예술, 국제고려학회 국제학술회의 논문집, 97~109쪽.

장인숙(1990), 무용의상의 역사적 변천과 특이성에 관한 연구, 경희대학교대학원석사논문.

정병호(1985), 한국춤, 서울: 열화당.

정병호(1995), 춤추는 최승희, 서울: 뿌리깊은 나무.

최승희(1957a), 형제나라들의 방문공연, 조선예술 3월호, 평양: 문학예술종합출판사.

최승희(1958a), 조선민족무용기본, 평양: 조선예술출판사.

최승희(1958b), 무용극대본집, 평양: 조선예술출판사.

최승희(1961), 지상락원에 대한 무용서사시 대동강반에서를 창작하면서, 조선예술 7월호, 평양: 문학예술종합출판사.

최승희(1964), 예술적 기량과 예술적 련마, 조선예술 3월호, 평양: 문학예술종합출판사.

최승희(1966a), 무용소품의 사상예술적 높이를 위해, 조선예술 9월호, 평양: 문학예술종합 출판사.

최승희(1966b), 인민의 애국투쟁을 반영한 우리나라 무용예술, 조선예술 11월호, 평양: 문학예술종합출판사.

허순선(1991), 한국의 전통춤 움직임, 서울: 형설출판사.

金恩漢(1998), 日帝時代と朝鮮の近代舞踊, 民族芸術 14号, 日本民族芸術學會.

金恩漢(2002), 崔承喜舞踊基本の構造分析?容と継承の視点から, 比較舞踊學研究 8卷1号, 日本比較舞踊學會.

金恩漢(2003), 崔承喜研究北朝鮮での舞踊活動1946~1967を中心に, お茶の水女子大學大學院博士論文.

川端康成(1984), 朝鮮の舞姫崔承喜, 川端康成全集 2卷, 東京: 新潮社.

崔承喜(1936), 私の自叙伝, 東京: 日本書房.

末永蒼生(1998), 色彩心理の世界, 東京: 研究所.

趙龍達(1977), 朝鮮の民衆文化と崔承喜, グラフィケ?ション 7号, 東京: 富士ゼロックス株式會社.

HANNA, Judith L.(1979), To Dance is Human. Austin; London: University of Texas Press.

Ranger, Rodereek(1981), 舞踊の世界を探る, 小倉重夫(譯), 東京: 音樂之友社.

최승희 무용실체에 대한 연구

이 애 순*

Ⅰ. 서론

조선민족 무용의 근·현대무용 발전역사에서 가장 대표성을 띄고 있는 최승희의 무용실체는 창작실체, '기본'실체, 이론실체 등으로 구성되었다고 본다. 지금까지 최승희 및 그 무용실체에 대한 기존의 연구 시각들을 고찰하여 보면 최승희의 작품, 무용 연기에 대한 접근이나 그 생애에 대한 연구가 대부분이고 수선 창작, 교수, 연기 등 무용예술 실천에 대해 비교적 과학적이고 전면적으로 분석하고 평가하며 최승희의 무용예술관을 가장 객관적으로 고찰할 수 있는 과학의 영역으로서의 이론실체[1]에 대한 연구나 가장 본체적인 동작체계에 대한 이론 연구는 누락되었거나 접근하더라도 실질적인 접근을 이루지 못하고 있는 실태이다.

최승희는 창작, 교수, 연기 등 무용실천을 중심으로 하면서 이론 연

---

* 중국 연변대 예술학원 교수

1) 좁은 의미에서 예술이라 할 때는 예술로서의 창작을 지칭하고 과학으로서의 예술학은 예술이론, 예술사, 예술비평을 포괄하여 지칭하는데, 본문에서 제기되는 이론실체란 곧 과학으로서의 예술학 성격을 갖는 것이다.

구에 게을리 하지 않았으며 신문이나 잡지, 대담, 자서전 등을 통하여 그의 무용 생애와 주장들을 펼쳐 보였고, 창작담이나 평론적인 글들에서는 자신의 창작을 포함한 창작실체 및 그 실태에 대해 이론적인 개괄과 분석을 가하고 있으며, 최승희무용예술문고에서 가장 중요한 자리를 차지하는 연구 성적인 글들은 그 실기(응용)이론으로부터 실기(응용)기초이론, 그리고 기본(기초)이론에 이르기까지 비교적 전체적인 자체의 무용학 계통을 이루면서 다루어지고 있다.

지금까지 최승희 및 그 무용예술 관련 자료 가운데 필자가 접촉할 수 있는 부분을 저서 3부와 함께 종합하여 보면 크고 작은 글들이 근 40편이나 된다. 이러한 일차적인 문고는 철학가나 미학가, 이론가적인 투철한 사유, 화려한 글발이나 언어는 기대하기 어려우나 그 자체가 실천에 굳건히 뿌리를 박는 한편, 실천에서 제기되는 일련의 중요한 미학 문제들을 다루면서 하나의 과학으로서의 이론실체를 이루고 있음으로 하여 그 가치가 무척 크다고 본다.

그러므로 본문은 첫 번째 부분에서 지금까지 장악한 최승희의 무용예술문고들을 이론실체의 주요 연구대상으로 자료적 접근이나 이론적 접근을 하면서 연구하려 한다.

그 다음 최승희의 무용실체 가운데 '조선민족무용기본'실체는 가장 본질적이면서 무용본체에 가까이 접근되는 부분이라고 할 수 있는 바, 전체적인 최승희의 무용 '기본'의 형성 발전과정을 고찰하여 보면 조선민족무용기본과 발레무용기본, 신흥무용기본, 동양무용기본(남방무용기본 포함) 등으로 표현된다. 조선민족무용기본을 제외한 발레무용기본, 신흥무용기본, 남방무용기본은 지금까지 이어져 내려오지 못했거나 문헌에 남겨놓지 않았기에 고찰하기 힘든 상황이며 다만 그의 제자들의 회고에 의해 그 특징들을 파악할 수 있는 상황이라 전문 연구대상으로 삼기에는 더 어려운 상황이다. 그러나 '조선민족무용기본'은 지금까지 전해져 내려오고 있고 조선, 중국, 한국 등 3원 공간 내에서 이어져 내려오고 있는 상황이며 또 문헌 자료로는 1958년 평양에서 출판된 《조선민족무용기본》과 1964년에 출판된 《아동무용기본》, 영상자료로는 1962년 조선과학영화촬영소에서 대중 보급을 위해 기록영화로 찍어 놓은 《조선민족무용기본》이 있다. 1958년 출판된 《조선민족무용기본》은 뒤의 두 개의 토대로 되고 있고 비교적 전면적으로 기술되어 문헌으로 남기고 있으며 지금까지 조선민족 여러 공간에서 이어져 내려오고 실천되고 있는 상황이다. 그러므로 상기 양자를 두 번째 부분 '기본'실체 연구의 주요 대상으로 삼고 그 구성과 원칙, 전통토대, 참조계통, 발전구조 등 면으로 연구하려 한다.

II. 무용이론실체에로의 접근

이 부분에서는 기존 연구에서 누락된 최승희무용예술문고에 대한 전체적인 자료적 고찰과 함께 연구적인 성격을 갖는 무용예술문고에 대해 이론적인 접근을 함으로써 지금까지 최승희 무용실체 연구에서 이론실체에 대한 연구의 공백을 메우려 한다.

1. 이론실체에로의 자료적 접근

지금까지 필자가 접촉할 수 있는 최승희무용예술문고에 대해 자료적인 접근을 하여 보면, 수선 초기에 최승희가 쓴 저서전적인 《나의 무용 십년기》(1936), 《나의 자서전》(1937), 《석정막과 나와의 관계》, 《최승희무용 십오년》(1940) 등이 있다. 이러한 전기체적인 자료는 예술창작 범주에 들기에 이론실체라고 말하기는 어렵지만 최승희의 무용생애를 고찰하는데 없어서는 안 될 중요한 원전적 특성을 갖는 일차적인 자료라는데 그 의의가 있다고 본다.

다음은 동 시기 신문지상에 발표되었던《수만 관객 앞에서 비희교집(悲喜交集)의 생활, 고국의 웃음, 이역난언(異域難言)의 슬픔》2)《고뇌의 표현》(1936) 등인데 이는 초기 최승희의 예술무용의식을 반영한 자료로 무용에 갓 입문하기 시작하여 식민지 치하 조국을 멀리 일본에 가서 무용공부를 하던 시기 최승희의 모순되는 심정을 고백하고 있다. 이러한 고백은《언제든지 제가 독립한 무용가가 되는 날이 있는 동시에 불원에 나의 고국에서 너무도 신산하고 울분한 생활에 찌드르신 동포에게 찰나적이 나마는 위무(慰撫)와 희열을 드리》3)련다는 데서 잘 나타나며《고뇌의 표현》에서는 그 시기 무용이나 무용가에 대한 사회적인 인식이 높지 못한 실태에 대한 심리 갈등들이 표현된다.

또《최선을 다하여 조선무용을 개량(조선무용의 개량 우리의 의무올시다)》4),《최근 감상–제4회 무용발표회를 앞두고》5) 등에서는 무용 독립시기 일부 진보적인 사상과 무용예술에 대한 초보적인 인식이 반영되고 있다. 최승희는 다음과 같이 언급하고 있다.《대체 무용이라는 것은 무도와는 다르나 춤으로서의 표현은 다 같습니다. 곧 예술로서의 표현으로는 음악과 동일한 것이니까.》6) 이에서는 최승희가 예술에 갓 발을 들여놓을 때 싹터 오르는 예술무용의식의 맹아를 보여주고 있다. 물론《최선을 다하여 조선무용을 개량(조선무용의 개량 우리의 의무올시다)》에서는 예술무용에 대한 대중들의 인식을 높여 주려는 계몽적인 성격도 내포되고 있다.

---

2) 조선일보, 1928년 1월 1일호
3) 동 1).
4) 매일신보, 1928년 1월 1일호
5) 조선일보, 1931년 8월 25, 26, 27일호
6) 동 3).

252

《최근 감상-제4회 무용발표회를 앞두고》는 소논설로서, 이 글에서 초기 최승희의 예술무용관을 엿볼 수 있다. 《이제 나 자신의 무용 경향이라고 할까? 무용관이라고 할까? 아마 마음이라고 하는 것이 옳겠지요. 그 마음도 도리켜 생각할진대 퍽 그저 순수한 무용을 지으려는 마음으로-또한 따라가는 마음으로 만들었습니다마는 그러한 도중에서 나는 좀더-조선의 현실적 사실-또는 객관적 정세와 다닥드리게 되었습니다》에서 비교적 잘 나타난다.

《무사히 돌아왔습니다》(1941), 《나의 무용기-동양무용의 수립을 위해》(상·하, 1942)에서는 비록 노골적인 친일 언어들이 표현되고 있으나 세계적인 무용가로 부상한 시기, 세계를 넘나드는 동양무용 창조의 격정에 넘치는 결심과 일부 친일적인 정감이 교차되어 표현되고 있고 그 속에서도 전체적인 동방무용 창조의 주장이 반영되고 있어 그저 흘려버리지 말아야 할 자료이다. 그 외 《최승희와 매란방의 대담》(1945년)에서 나타나는 주장은 그에게 동방무용의식이 싹틀 때 펼친 것으로, 그에서는 동방무용과 중국희곡무용에 대한 견해와 주장들이 반영되고 있으며, 한편 최승희가 진행한 동방무용 창조의 작업이 일찍 20세기 40년대 초부터 의식적이면서 단계적으로 진행되었음을 시사하여주는 자료로서 주목되고 있다.

1946년 7월 민주일보 기자와의 담화에서 피력한 《해방민족의 기수로 무용창조》는 해방이 되어 조국에 돌아온 후 사회적으로 여러 면으로부터 몰려오는 몰이해에 반해 일제시대 민족무용의 발전을 위해 헌신하였던 자신의 무용 생애로써 대변하고 있으며 향후 무용 발전에 대한 정책면에서의 새로운 구상도 펼치고 있다. 이 짧은 담화에서 월북하게 된 내면적인 동기도 스며 있어 최승희의 무용 생애와 그 시기 무용 발전 실태를 연구하는데 자못 중요한 근거를 제공하는 글이라고 할 수 있다.

상기한 자료들은 비록 짧거나 소감적이나 아무런 가공도 없는 가장 객관적이고 일차적인 구술자료를 구성하고 있다는 면에서 그 어떤 자료로도 대체할 수 없는 자료적 가치를 지니고 있다고 본다. 그 속에서 또 전반생 예술실천에서의 최승희의 무용의식이 단계성을 이루고 표현되면서 발전하고 있음을 시사하여 주므로 무용행적 및 그 의식발전을 고찰함에 있어서, 그리고 최승희의 이론실체를 연구함에 있어 귀중한 기초 자료로 되고 있다.

최승희의 무용예술문고에서 보이는 창작담이나 평론적인 글들로는 《독무 '풍랑을 뚫고'에 대하여》와 《지상락원에 대한 무용서사시 '대동강반에서'를 창작하면서》, 《고상하고 절묘한 예술》(1965), 《애국주의정신으로 일관된 무용작품들—전국음악무용축전 무용부문공연을 보고》(1966) 등 자료들이다. 이러한 자료에서는 최승희의 무용창작사상이나 관점, 무용예술실태에 대한 관점들이 보이므로 연구에서 홀시할 수 없는 자료적인 가치를 지니고 있다.

최승희는 일생에서 저서 3부를 내놓았다. 그것은 《조선민족무용기본》(1958), 《조선아동무용기본》(1964), 《무용대본집》(1958) 등으로, 이는 모두 응용이론으로 되거나 작품집의 성격을 갖는 것이다. 응용이론으로 되는 앞의 두 저서는 전례 없던 창조적인 의의를 갖는 중요한 실체로서 가장 본질적이면서 무용본체에 가까이 접근되는 부분이라 할 수 있다. 그것의 의의는 곧 조선민족 전통무용의 최후 유형으로 되는 궁중무용, 종교무용, 교방무용, 민속무용에 대한 전면적인 인식을 바탕으로 그에서 가장 핵심적이면서 기본적인 동작들을 전통적인 민족심미 추구에 따라 발굴, 가공, 승화하는 발전관과, 당대인의 심미 추구, 고전에 대한 인지를 바탕으로 체계화하는 창조관으로 새롭게 창조하여 낸 신고전무용이라 볼 수 있는 것이다.

예술로서의 창작영역에 들고 작품집 성격을 갖는 《무용대본집》은 오늘의 시각으로 보아도 《영화대본》이나 《연극대본》과 어깨를 겨룰 만큼, 그리고 무용자율성의 중시, 문학성에로의 접근, 작품적인 위치 나 문학장르적인 위치를 차지할만한 것이므로 그에 대한 역사적인 재 평가가 요청되는 진귀한 자료로서 이론실체 연구에 기초 자료를 제공 하고 있다고 본다.

최승희의 무용이론실체에서 가장 중요한 자리를 차지하는 자료는 곧 연구적인 글들이다. 그것은 응용이론, 응용기초이론, 기초이론들로 계통을 이루고 창작, 교수, 연기, 이론 등 여러 면의 이론들을 다루고 있어 자체의 비교적 완전한 체계를 이루고 있다.

응용이론으로는 앞서 제기된 《조선민족무용기본》(1958), 《조선아 동무용기본》(1964) 등으로 교수실천에서의 중심고리로 되는 실체이고, 응용기초이론에 접근하고 있는 글들로는 《무용창작 제문제를 론함》 (1951, 중국 문예보), 《무용과 문학—무용극원본창작을 중심으로》(1961, 문학신문), 《무용극원본 창작이론》(1965), 《아동무용에 대하여》(1962) 등으로 창작실천과 밀착된 실체이며, 기본이론 혹은 기초이론으로는 《무용소품의 사상예술적 높이를 위하여》《인민의 애국투쟁을 반영 한 우리나라 무용예술》《예술적 기량과 예술적 연마》(1964, 조선예술), 《예술적 전통과 예술적 창조》(1965), 《조선무용 동작과 그 기법의 우수성 및 민족적 특성》(1966) 등으로 연기 및 전체적인 실천에서 제 기되는 기초원리로서의 의의를 갖는 것이다.

《무용창작 제문제를 론함》이란 글에서는 예술무용 계몽기에 처해 있는 중국의 무용예술인들에게 최승희 자신의 창작실천과 결합된 구 체적이고 생동한 무용창작의 제 문제들이 제시되고 있다. 이 글은 그 시기 중국의 무용분야의 일군들에게 한 특강의 내용을 발췌한 것인데 중국 신무용의 발전에 무용창작의 불씨를 심어줌으로써 그 후의 중국 창작무용의 발전에 일부 이론적인 바탕을 제공하여 주고 있다.

《무용극원본 창작이론》은 전단계의 무용극 창작실천에 대한 이론적인 개괄과 분석의 의의를 가짐과 동시에 무용극원본이 문학에서의 위치뿐만 아니라 무용극예술이 점차 이론적인 바탕을 깔고 본격적인 발전궤도에로 진입하는데 리드역할을 함으로써 큰 의의를 가진다. 또한 오늘에 와서 미완성 혹은 매몰된 무용극원본 이론에 대해 재해석과 깊은 연구가 기대되는 자료로서 그 의의를 가진다고 본다.

《무용소품의 사상예술적 높이를 위하여》는 작품의 사상성과 예술성, 내용과 형식, 민족적 독창성과 현대성의 변증법적 관계를 천명하고 또한 무용예술가들이 그 창조에서 작가적인 정신으로 부단히 철학적인 차원에로 접근하여야 함을 제기하여 주는 글로서 그 자료적인 가치를 가진다고 본다.

《인민의 애국투쟁을 반영한 우리나라 무용예술》은 역사적인 고찰과 이론적인 주장이 융합된 사론(史論)에 속하는 이론실체로서 무용예술이 역사를 보는 시각, 즉 무용의 역사를 인민의 애국주의사상의 발전역사로 보는 역사관과 그 역사를 계승 발전시키는 발전관 및 구체적인 방법을 제시하여 주고 있다.

《예술적 기량과 예술적 연마》《예술적 전통과 예술적 창조》《조선무용동작과 그 기법의 우수성 및 민족적 특성》 등은 무용발전의 법칙과 민족무용예술이 갖는 특징에 대한 이론적인 분석을 함으로써 당대의 조선민족무용 발전이나 무용 특징의 연구에 차감의의를 갖는 자료로서 그 특수성을 띤다고 본다.

그 외에 《중국무용예술의 장래》(1951) 《뜻이 같으니 세상도 넓다》(1957) 등 글이 있는데 이러한 글들은 직접적 혹은 간접적으로 저자가 세계예술을 바라보는 시각이거나 무용본체에 본질적으로 접근하는 사고방식을 파악할 수 있어서 그저 스쳐 버리지 말아야 할 부분이다. 그 외의 일부 글들에서는 정치적 색채를 다분히 띠고 있고 그 제목에서부터 느낄 수 있는 것처럼 심미사유가 제한되어 있지만 그런 가운데서도 민족적 독창성을 구현하는 문제, 일부 실천에서 제기되는 문제들이 제시되고 있다. 1964년부터의 일부 글은 무용동맹가위원장으로 다시 추대된 다음으로 무용가동맹 일년 사업을 총화하는 연설들로서 그의 무용행적 및 사상, 그리고 현대조선무용사를 연구하는데 일부 정보적이고 자료적인 기초를 제공하고 있어 전반 조선무용 발전 맥락을 파악하는데 일부 도움이 되는 글들이라고 본다.

상기한 자료적 접근을 통해 최승희무용예술문고들은 그 자체가 이론체계를 이룰 만큼 풍부한 자료를 구성하고 있는데 자서전, 무용대본집, 수필 등으로 문학작품형태를 이루고 있고, 대담, 창작담, 공연관람평 등으로 무용평론형태를 이루고 있으며, 응용이론, 응용기초이론, 기초이론 등으로 연구이론형태를 이루고 있음을 고찰할 수 있다. 아울러 그것은 창작, 기본(훈련체계)실체를 포함한 전체적인 최승희 무용예술실체에서 다방면의 실천들을 전면적으로 어우르면서 과학적으로 분석하고 평가하는 무용이론, 무용사, 무용비평 등 과학으로서의 무용학의 성격을 내포하고 있어 하나의 독립된 이론실체를 구성하기에 지나치지 않으며 그 연구에 대한 연구 또한 선결적이면서 특수한 의의가 있다고 본다.

2. 이론실체에로의 이론적 접근

최승희무용예술문고에서 이론적으로 접근할 수 대상은 곧 그의 연구성적인 글들이다. 본문은 그 가운데서 비교적 대표적인 글들을 선택하여 이론적인 접근을 하려 한다.

응용기초이론에 접근하고 있는 제 논문 가운데서 무용과 문학이 인접된 창작론으로서의 《무용극원본 창작이론》이 대표성을 띤다고 본다. 무용극원본 창작이론은 무용극원본을 새롭게 대두된 문학 형태로 규명하고 있는데 이 글에서는 무용극원본의 본질을 제기한 후 그것이 무용극예술과의 관계, 무용극원본의 문학적인 성격, 문학적 형상과 무용극형상과의 관련과 구분, 문학적 구성과 무용적 구성과의 관련과 구분, 무용극원본 창작에서 제기되는 기본문제를 제기하고 있다.

이러한 무용극원본 창작에 대한 전면적이고 체계적인 천명은 새로운 문학 장르를 개척하였다는데 그 의의가 있을 뿐만 아니라 무용예술, 특히 무용극예술이 문학성에로의 접근 등 예술의 보편법칙의 인지와 무용 자체 계통의 성숙 및 자율성에로의 심입 등 특수법칙에 대한 인지에서 그 의의가 나타난다고 본다.

다음 기본이론 혹은 기초이론에서 역사적인 고찰과 이론적인 주장이 융합되면서 사론(史論)성격을 띠는 《인민의 애국투쟁을 반영한 우리나라 무용예술》이 대표성을 갖는다고 본다. 이 글은 역사를 보는 시각, 즉 무용의 역사를 인민의 애국주의사상의 발전역사로 보는 역사관과 그 역사를 계승 발전시켜야 하는 발전관 및 구체적인 방법을 제시하여 주고 있다.

이 연구에서는 종적·역사적으로 내려오면서 생성되고 발전된 현상과 횡적으로 표현된 여러 작품형태 및 '기본'실체, 이론실체들을 전면적으로 고찰하는 한편, 전반 애국투쟁을 반영한 무용예술을 넓은 범위에로 확대하면서 전반 무용역사에 대한 포섭과 그에 대한 객관적이고 전면적인 인식관들을 보이고 있다. 이러한 시간적인 고찰형태로 진행되는 전통의 역사와 형태의 고찰, 계승과 발전의 역사와 형태의 고찰, 새로운 역사의 창조와 전망 과제의 예견 등은 과거, 현재, 미래를 이어주는 통시적인 연구 특징과 공간적인 고찰형태로 진행되는 다시각, 다각도, 다방면의 전면적이고 계통적인 공시적 연구 특징을 띠면서 그의 이론연구에서의 일관된 전체적 연구방법으로 나타난다.

《무용소품의 사상예술적 높이를 위하여》는 작품의 사상성과 예술성, 내용과 형식, 민족적 독창성과 현대성의 변증법적 관계를 천명하고 또한 무용예술가들이 그 창조에서 작가적인 정신으로 부단히 철학적인 측면에로 접근하여야 함을 제기하여 주는 글이다.

이 글에서는 수선 무용소품의 내용면에서는 예술소재를 선택함에 있어서 무용예술의 형상수단으로 능히 표현할 수 있고 그 표현적 위력을 남김없이 활용할 수 있는 것, 무용소품의 여러 형식인 독무, 쌍무, 중무, 군무 등에 능히 담을 수 있는 용적을 가졌을 뿐더러 서정적·서사적·극적 표현방식으로 능히 완벽하게 그릴 수 있는 것 등을 선택해야 된다고 주장하였다. 예술적 주제의 설정 문제에 있어서는 명확성과 독창성의 필요성을 제기하였고 주제의 사상예술적 높이를 보장하는 선결적 조건을 《무용창작가들이 생활화폭, 인간성격, 그 무용적 형상창조에서 고도의 미학적 리상과 창조적 정신을 발휘하여 심원한 무상(舞想)을 갖게 하는 것》으로 규명하였다. 최승희는 이 글에서 처음으로 '무상'이란 기본개념을 제기하였는데, 무상이란 곧 무용작품 내용의 영혼, 다시 말하면 사상이나 주제, 고전미학에서 제기되는 작품의 '뜻'으로 규명하고 있다. 동시에 그것은 반드시 높은 미학적 이상과 깊은 철학적 심도를 가지고 무용작품의 사상적 해명을 가져 올 수 있는 것이어야 한다고 주장하고 있다.

이어 최승희는 형식면에서 구성의 정연성과 균제성, 집약성과 역학성, 정교성과 선명성이 요구되며 무용언어에서 '무상'의 중심핵이 표현된 주도적 성격을 띤 춤가락들의 창조와 그것들의 반복, 가공, 대조 등으로 전개 발전해 나갈 것을 요구하고 무언극적인 동작을 율동체계화하여야 한다고 제기하고 있다. 이에는 서사적·극적인 무용작품들이 연극적인 요소를 섭취할 뿐만 아니라 또한 그 요소에서 점차 해탈되면서 무용본체에 접근해야 한다는 무용본체론적인 사유관도 반영되고 있다.

그 다음은 무용예술의 내용과 형식이 조화되면서 전체적으로 새 생활과 새 인간들을 온갖 다양성과 풍부성 속에서 미학적으로 천명하여야 하는 문제들을 제기하였다. 여기에서는 원래 개척된 서정적·서사적·극적 묘사방식을 최대한으로 활용할 뿐만 아니라 새로운 무용형식, 새로운 묘사방식들을 개척해 나가야 할 문제를 제기하면서 실천에서 제기되는 일련의 폐단도 지적하고 있다. 뒤이어 무용형식, 어떠한 묘사 방식에 의한 작품이든지 그 사상예술적 높이를 보장하기 위하여 민족적 독창성과 현대성을 빛나게 구현하는 문제가 아주 중요함을 제기하고 사상성과 예술성, 민족적 독창성과 현대성과의 관계를 천명하면서 양자의 불가분리의 변증관계를 천명하고 있다.

기본이론에 접근하는 글에서는 《예술적 기량과 예술적 연마》《예술적 전통과 예술적 창조》《조선무용동작과 그 기법의 우수성 및 민족적 특성》 등이 각기 대표성을 띤다. 최승희가 무용가동맹위원장으로 다시 추대되면서 또한 예술의 완숙기 - 무용정립의식이 반영되는 시기에 펴낸 이 부분의 글들은 예술사유에서의 정체적인 시각과 심층적인 철학사고 등 면으로 접근하고 있어 오늘에 와서도 민족무용이론 연구의 참조계(參照系)로 될 수 있음으로 하여 현실적 의의가 크다고 본다. 외면으로는 일부 정치적인 색채를 띠고 있지만 내면으로는 그 관점들이 독립적인 심미 차원의 이론품위를 지니고 있어 최승희의 예술사상을 투시할 수 있는 유력한 연구 자료로 된다고 본다.

《예술적 기량과 예술적 연마》에서는 무용예술가로 되는데 필요한 기량과 연마에 대한 비교적 전면적인 논술을 진행하였다. 이는 무용예술가로서의 예술적 능력의 함의 및 후천적인 자아수련 등에 관한 사상으로서 이 분야의 이론에서 처음 새롭고 전면적이며 이론적인 개괄을 진행하였다고 본다.

이 글에서는 처음으로 예술적 기량 범주의 확대를 가져오고 이론적으로 규명함과 아울러 그것의 후천적인 연마의 중요성을 제기하였다. 예술적 기량 범주의 확대는 단면으로 그의 예술사상의 개방적인 성격을 시사하여 주며 무용예술 이외 계통에로의 접근과 무용창작, 연기, 교육, 이론 등 전체적인 수양을 갖춘 무용예술 주체들의 내재적인 풍모와 전체적인 소질을 갖기 위한 후천적인 연마의 중요성을 제기하였다. 그 외 《해방 후 창조된 고전적 의의를 갖는 작품에 대한 연구》라는 개념의 제기는 우리들이 늘 갖고 있던 근대 이전의 것만 전통 혹은 고전으로 보고 연구하던 시각에서 벗어나 근·현대시기의 고전작품이라고 인지되는 작품들도 전통 계통에 귀속시킴으로써 고전 개념의 확대를 보여주었다.

《예술적 전통과 예술적 창조》는 최승희의 무용사상을 가장 잘 대변하는 글로서, 여기에서는 예술적 전통의 힘, 예술적 혁신의 힘, 예술적 창조의 힘의 조화에 의하여 모든 문화가 창조되고 부단히 혁신되고 창조된다는 전통과 혁신 및 창조 사이의 변증법적 관계를 천명하고 있다.

이 글에서는 모든 예술의 혁신과 창조 발전은 그 예술적 전통에 의거한다는 주장을 보인다. 그에 튼튼히 토대하여야만 부단한 혁신과 창조가 이루어진다는 것이다. 예술적 혁신이란 예술적 전통에 튼튼히 의거하여 과거의 것보다 더 훌륭한 것, 다시 말하면 새로운 것을 만들어 내는 것이라고 보는 것으로, 그러한 혁신은 당대의 미학적 요구에 적응하여야 하며 그 방법은 곧 과거의 무용적 재부들에서 약한 것은 강하게 하고 거친 것은 연마하며 잃어진 것은 되살리고 없는 것은 새로 만들어야 한다는 것이다. 예술적 창조는 예술적 혁신과 긴밀히 연계되는 것으로서 무용예술이 시대생활의 전진과 함께 전진하며 인간들의 장성과 함께 장성해야 하기에 부단히 예술적 창조가 이루어져야 한다는 것이다.

여기에서 중요한 것은 무용의 예술적 창조를 위해서는 유사성과 모방성을 반대하고 시대생활과 인간 성격들에 대하여 자기의 관찰, 자기의 태도, 자기의 무체(舞體), 자기의 춤가락, 자기의 형상을 가져야 하는 개성적 광채가 빛나는 창조로 인간 정신세계를 깊이 천명하여야 한다는 것이다. 이 글에서 제기된 《새로운 예술적 창조에서 민족고전에 대한 단순한 복사나 또한 다른 무용창작가들의 작품에 대한 어떠한 모방도 있어서는 안 되며 개성적 광채가 빛나도록 하여야 할 것이다》라는 주장은 예술창작에서의 개성적인 창조, 다시 말하면 자율적인 창조정신의 인지 및 그것의 높은 가치의 긍정이다. 아울러 이 글은 일찍 최승희가 제기하였던 《과거 우리 선조들의 예술창조는 전해져 내려오면서 오늘의 예술전통으로 되고 오늘 예술가들의 새로운 창조는 후세대들의 전통으로 된다》[7]는 전통발전 관념의 심입된 천명을 보였고, 문화의 각도에서 볼 때에는 곧 발전적인 관점으로 문화를 대함으로써 문화가 상대적인 온정성을 갖고 고전적인 것으로 고착되는 한편, 그것이 부단히 새롭게 해석되고 창조되는 것이야말로 진정 문화의 발전을 추진하는 동력, 즉 힘으로 된다는 사상을 시사하여 주고 있다.

《조선무용 동작과 그 기법의 우수성 및 민족적 특성》[8]은 약 2만여 자의 무게 있는 글로서 최승희의 이론 연구에서 중요한 위치를 차지하는 글이다. 이 글은 크게 두 개 부분으로 나뉘고 세 개 측면으로 연구된다. 제1부분 첫 측면으로는 전면적으로 조선민족무용이 전통적으로 내려오면서 고대로부터 근·현대에 이르기까지 어떤 형태로 어

---

7) 최승희와 중국 경극 대가 매란방과의 대담, 1945년 3월 31일 상해 화무호텔에서, 고야문, 조선무용가 최승희, 중국 상해문오출판사, 1951, 16페이지.
8) 문학신문, 1966년 3월 22일호, 3월 25일호, 3월 29일호, 4월 1일호, 조선: 평양.

떠한 우수성을 보이면서 발전하였고 어떤 특징을 갖고 있는가 하는 형태적인 특징 고찰이고, 제2부분 두 번째 측면으로는 조선민족무용이 다른 나라들의 민족무용과 구별되는 어떤 민족적 특성을 갖고 있고 그것을 규정짓는 기본적 요소들을 갖고 있는가에 대한 파악이며, 세 번째 측면으로는 그러한 우수성과 특성을 파악한 기초 위에서 어떻게 시대의 요구에 맞게 발전시키겠는가에 대한 풍부한 실천으로서의 입증이다.

이 글에서는 최승희의 무용관을 집중적으로 보여주고 있는 바, 그 하나는 민족무용 발전과 새로운 창조는 철저히 전통이나 그 후의 근·현대무용 유산에 대한 전면적인 인식을 굳건한 바탕으로 해야 한다는 '전면인식관'을 반영하고 있다. 여기에서 제기되는 전통은 공간적으로는 넓게 민족의 생활, 성격, 노동, 문학예술작품의 내용과 형식 등으로 시간적으로는 모든 지나간 실천, 즉 고대로부터 근대, 현대에 이르기까지 고전적 의의를 가지는 작품 등으로 확대하여 파악된 점이다.

다른 하나는 이러한 전면적인 인식을 바탕으로 반드시 그것이 같은 유형의 실체들과 구분되는 본질적인 특성을 파악하는 '본질파악관'을 반영하고 있고, 그 다음은 민족무용 전통은 고정된 것이 아니라 시대의 발전에 따라 부단히 발전시켜야 한다는 '민족무용발전관'을 반영하고 있다. 이러한 전통토대관과 전통발전관은 앞에서 제기한 《예술적 전통과 예술적 창조》란 글에서 전문적으로 천명되고 있어 그러한 주장이 일관되고 있음을 시사하여준다.

3. 이론실체에로의 총체적 접근

최승희무용예술문고에로의 자료적인 접근과 무용예술 연구에로의 이론적인 접근을 통해 우리는 하나의 독립된 이론계통을 구성하고 있는 최승희무용 이론실체는 자료의 다양성과 가치성을 띨 뿐만 아니라 연구 자체가 비교적 풍부하고 심각한 미학 문제들을 내포하고 있고 저자 자신의 풍부한 실천을 토대로 이론적인 승화를 가져왔음을 알 수 있다. 바로 실천에서 창작, 연기, 교수, 이론 등 모든 분야를 어우르면서 전면적으로 진행하였을 뿐만 아니라 이론 연구에서도 응용이론, 응용기초이론, 기초이론 등 다차원투시, 심층적, 평면적, 고층적 등 입체적 시각 특징을 갖고 있음을 알 수 있다.

전체적으로 볼 때 최승희무용 이론실체는 다차원으로 문화를 투시하는 입체적 시각 특징, 다시 말하면 저시각(심층)으로 문화를 투시하는 종적인 선택관, 중시각(평면)으로 문화를 포섭하는 횡적인 수용관, 고시각(고층)으로 문화를 부감하는 정체적 파악관을 갖고 다차원의 이론실체를 다루었고 그러한 이론의 지도 하에 다층명의 실천을 경주했다고 본다.

저시각으로 문화를 투시하는 종적인 선택관은 전통문화에 대한 인지와 해석에서 인지되는 선택과 계승관에서 나타나는바 《어떤 사람은 새로운 창조란 곧 전통을 파괴하는 것이라고 하는데 나는 도리어 새로운 창조란 반드시 고대전통에 대한 정당한 발전이라고 본다》[9]는 것이다. 상기한 관념 아래에 최승희는 무용행위의 선택점을 본 민족 전통무용에서 내재적이고 본질적인 율동 특징의 발굴과 선택에 두었으며 관조할 수 있는 형식, 다시 말하면 무용자태, 율동, 표정 등 동작 부호와 구도 등의 선택에 두었으며 시대적이고 현실적인, 다시 말하면 시대현실에 부합되는 내용 및 형식의 개척과 선택에 둠으로써 그의 무용실체가 신고전주의의 성격을 띠게 하였다.

중시각으로 문화를 포섭하는 횡적인 수용관은 다른 문화, 다른 나

---

9) 최승희와 매란방과의 담화, 1945년 3월 31일, 고야문, 조선무용가 최승희, 중국 상해 문오출판사, 1951, 19페이지.

라 계통의 무용, 본 민족예술문화계통 내에서 다른 예술문화와 다른 무용유파에 대한 접수와 정합관(整合觀)에서 나타난다. 최승희는 본 민족의 예술무용을 개방계통으로 삼고 동방 여러 나라 무용의 정수, 나아가서는 서방 발레와 현대무용의 자민족 무용심미 관념에 부합되는 부분을 섭취하면서 무용실체를 풍부화하여야 한다고 보았다. 상기한 관념 아래에 최승희는 수선 자신의 시야를 전 인류 무용문화에로 확대하면서 대담하게 발레무용의 규범화되고 과학화한 방법 요소와 현대무용의 부단한 창조정신, 발레무용과 현대무용의 기교, 수단들을 도입하고 그것들을 동방문화환경 속에서와 조선민족문화환경 속에서 정합하면서 조선민족의 높은 차원의 예술무용을 창조하였다. 다음은 동일한 문화권인 중국무용에서와 동남아 여러 나라들의 무용에서 고전적이고 특징적인 것을 포섭하여 그것이 독립적인 훈련체계를 가지게 할 뿐만 아니라[10] 조선민족무용에 섭취할 수 있는 모든 부분을 섭취하면서 동방 및 조선민족의 예술무용을 풍부히 하였다. 그 다음은 본 민족무용 계통 내에서 다른 유파 및 다른 예술들의 합리한 요소와 예술무용 창조와 완성을 추진할 수 있는 요소들을 섭취하여 자계통의 풍부화를 가져와야 한다고 보았다.

고시각으로 문화를 부감하는 정체적인 파악관은 자체의 체계를 건립하는데 시각과 사유를 전반 동방문화에 대한 파악과 연구, 나아가서는 동서방 문화 전체에 대한 파악과 연구에 두어야 한다는 데서 나타난다. 전반 동방문화에 대한 고찰에서 최승희는 《중국에 중국형식의 무용이 있고 일본에 일본의 토속무가 있으며 조선에 조선적인 무용이 있으나 동방 전반을 대표하는 하나의 무용은 아직 존재하지 않음》[11]을 보면서 동방민족문화가 그 근저를 풍부한 중국 고대문화에

---

10) 이에는 중국 고전희곡형식에서 선택하여 중국고전무용'기본'체계를 창조하고 동남아 여러 나라 무용들의 특징을 포섭하여 '남방무용기본'체계를 구성한 실천을 말한다.

두고 있고 동방무용의 창조를 위해서는 자(自)문화전통에 대한 파악과 함께 반드시 외(外)문화 등에 대한 넓은 포섭을 진행해야 한다고 의식하였다. 상기한 관념 아래에 《일본의 색, 중국의 형, 조선의 선, 그리고 높은 기교들을 융합시켜 창조한 최승희의 무용예술은 조선의 고전유산을 세계의 가장 높은 차원의 무용예술로 발전되게 하였고 창조성적으로 중국 고전예술을 무용화하여 세계 무용역사의 새로운 기원을 열어 놓았던 것이다.》12)

미시적인 각도에서의 자율적인 창조관은 혁신과 창조양상, 즉 전통문화를 변혁 발전시키며 새로운 민족문화를 창조하여야 한다는 데서 나타난다. 《예술적 전통을 존중하고 이에 기초해야 한다는 것은 결코 전통에만 매달리거나 모방하는 것을 의미하지 않는다.… 과거의 무용적 재부들에서 약한 것은 강하게 하고 거친 것은 연마하며 잃어진 것은 되살리고 없는 것은 새로 만들어 우리 시대의 미학적 요구에 적응하게 예술적 혁신을 가져와야 한다》13)는 것이다. 상기한 관념 아래, 고전형식을 기조로 재구성·재창조하여 낸 작품실체, 민족무용동작을 규범화하고 체계화한 기본에서 가장 기본으로 되는 '기본'실체들을 구성하였던 것이다. 《인간정신의 불길이 타오르지 않는 '예술'은 진정한 예술이 아니며 개성적 광채가 빛나지 않는 '창조'는 진정한 창조가 아니다》14)라는 관념 아래, 창작적 개성을 중요시하고 《시대생활과 인간성격들에 대하여 자기의 관찰, 자기의 태도, 자기의 평가…자기의 무체, 자기의 춤가락, 자기의 형상》15)을 가져야 한다는 주장으로, 실천에서 전례 없던 문학 장르인 무용극원본, 무용장르들인 무용서사

---

11) 고야문의 윗 책.
12) 다가시마 유사부로, 최승희, 일본 무꾸게샤, 1981.
13) 최승희, 예술적 전통과 예술적 창조, 조선예술, 1965년 제4기.
14) 최승희의 윗글.
15) 최승희의 윗글.

시, 무용조곡, 음악무용서사시, 무용극 등을 창조하였던 것이다. 이 과정에서 최승희의 실체는 문화 창조의 심미화, 과학화, 계통화 등 다원화의 특징을 나타냈다. 그는 모든 실체들을 심미적인 각도에서 창조하여 예술문화로서의 초월성 특성이 짙게 나타나게 하였고 과학적인 각도에서 전통무용을 분석하고 종합하여 '기본'실체를 구성하게 하여 무용문화가 과학적인 것에로 접근하게 하였으며 계통론의 각도에서 모든 실체가 하나의 대계통을 이루고 그 속에서 또 자계통으로 나누어지게 하면서 실체의 체계성에 접근하는 한편 과학주의 성격을 나타내게 하였던 것이다.

상기한 바와 같이 최승희의 무용이론실체는 그의 창작, 연기, 교수 등 실천과 밀착되면서 그것을 토대로 구성된 것으로서 역으로 창작, 연기, 교수 실천을 지도할 수 있는 진정으로 가장 기본적이고 핵심적인 실체로서 오늘에 와서도 그 이론적 의의나 실천적인 의의를 간과할 수 없다고 본다.

ⅢI. '기본'실체의 특징 및 발전구조

여기서는 최승희의 '기본'실체 중 《조선민족무용기본》, 그 가운데서 중심을 '입춤'기본에 두고 체계적으로 '기본'의 구성 및 원칙, 전통토대, 참조계통, 발전구조 등 몇 개면으로 고찰하면서 연구하려한다.

1. '기본'의 구성 및 원칙

최승희무용 '기본'에서 가장 핵심적이고 특징적이며 강한 생명력으로 지금까지 전해져 내려 온 실체는 곧 '조선민족무용기본'임은 이미 앞에서 밝혔다. 이 실체는 《기본 중에서도 가장 요긴한 기본으로 되는 것이며 본질적인 것에서도 가장 뚜렷한 본질로 되는》 부분이다. 그 자체는 또 내용적으로 '입춤(立舞)'기본계통과 소도구기본(원 저술에서는 민속춤으로 기술되고 있다) 계통으로 나뉘는데, 그 가운데 가장 '기본'적인 요소를 갖는 것은 곧 '입춤'기본계통이다.

최승희무용의 '입춤'기본은 또 크게 예비동작과 기본동작 부분으로 나뉜다. 예비동작 부분은 또 하반신의 예비동작과 상반신의 예비동작으로 나뉘고, 하반신의 예비동작은 다시 발의 위치 10개, 몸의 방향 8개, 뛰는 동작해설 6개, 제1동작으로부터 제10동작까지 나누어 설명을 가했다. 상반신의 예비동작은 팔의 자세 10개, 손의 표정 4개로 되었고 제1동작으로부터 제8동작으로 구성되었다.

뛰는 동작해설 6개는 보통 뛰기, 거푸 뛰기, 엇바꾸어 뛰기, 옆으로 끌어 뛰기, 곱디뎌 뛰기, 엇바꾸어 곱뛰기 등으로 되었고, 제1동작으로부터 제10동작까지는 무릎 굽히는 동작, 걷는 동작, 발 밟는 동작, 발차는 동작, 발 구르는 동작, 뛰는 동작, 도는 동작, 앉는 동작, 앉아 도는 동작 등으로 되었다. 상반신의 예비동작은 팔의 자세 10개, 손의 표정 4개로 되었고 제1동작으로부터 제8동작까지 해설을 가했다. 손의 표정으로는 엎기, 젖히기, 늘어 치기, 세우기 등으로 되었고 제1동작으로부터 제10동작까지는 어깨 동작, 팔 휘감는 동작, 팔메는 동작, 손 뿌리치는 동작, 팔 뽑아 올리는 동작, 머리사위 동작, 손 내려 누르는 동작 등으로 구성되었다.

기본동작 부분은 남녀동작 제1동작으로부터 제11동작으로 되었고 그 다음은 여자와 남자동작을 구분하여 여자동작 4개, 남자동작 7개로 구성되었다. 혼합형의 남녀동작은 걷는 동작, 팔메는 동작, 손 뿌리치는 동작, 팔 뽑아 올리는 동작, 손 내려 누르는 동작, 발 드는 동작, 뛰는 동작, 발 밟는 동작, 발 구르는 동작, 손목 꺾는 동작, 손뼉 치는 동작으로 구성되었다. 여자동작은 앉는 동작, 제자리에서 도는 동작, 옆으로 돌아가는 동작, 앉았다 일어나며 도는 동작으로 되였고 남자동작은 앉는 동작, 무릎 치는 동작, 제자리에서 도는 동작, 제자리에서 뛰는 동작, 제자리에서 뛰어 도는 동작, 옆으로 뛰며 도는 동작, 뛰어나가며 도는 동작 등으로 구성되었다.

　'입춤'기본 외 《조선민족무용기본》계통에 포함된 소도구기본에서도 상기한 '입춤'기본을 바탕으로 민족적 특색이 풍부하게 나타난다. 최승희는 소도구기본을 체계화한 이 기본을 '민속춤'으로 규명한 후 '기본'체계에서 절대 대부분을 차지하고 무용도구의 명칭에 따라 서술하였으며 그 계통을 총칭하는 특별한 개념을 부여하지 않았다. 후에 조선에서 전승되면서 이 부분을 민속무용기본으로 지칭하고 있고, 한국에서는 창작무용기본(이에는 전통무용을 제외한 최승희의 입춤기본 등 모든 기본들을 포함시키고 있다)으로 지칭하고 있으며, 중국 조선민족무용교육 실천에서는 이 부분을 《민간무용》이라고 나름대로 지칭하고 있다.

　소도구기본에는 《부채춤》 외에 《탈춤》《수건춤》《소고춤》《칼춤》《한삼춤》《북춤》《바라춤》《상모춤》《장검무》《장고춤》 등 기본이 포함되었다. 이러한 기본은 그 명칭 자체에서도 나타나다시피 민족무용에서 가장 전형적인 특성을 이루는 소도구지님 무용들을 그 몸가짐과 소도구지님새, 즉 자세로부터 시작하여 쥐는 방법, 사용하는 방법을 기본동작으로 나누어서 서술하는 등 주로 무용도구를 다루는 기본과 기법으로 형성되었다. 소도구지님 기본의 특징은 매 무용도구마다 색다른 특색을 갖고 장단 성격에 따라 형성되었고 그에 일관되고 있는 것은 곧 '입춤'에서 표현된 기본동작법, 기법 등 특징들이다.

　'입춤'기본의 구성원칙은 다음과 같은 몇 개 부분에서 체현된다. 구성원칙의 첫째는 《조선무용기법의 기초를 이루는 기본동작법이 어디까지나 인체의 각 부분의 균형적 발전에 철저히 기초》한다는 것이다.

인체 여러 부분의 균형적 발전은 곧 상체, 중간부분, 하체를 통하여 고개, 어깨, 팔, 손, 허리, 다리, 무릎, 발 할 것 없이 다같이 발전되는 데서 찾아볼 수 있다. 그에 포함되는 것은 형태적인 몸가짐, 즉 발의 기본위치, 팔의 기본가짐새와 기본동작을 연결하여 주는 움직임, 즉 걷는 법, 달리는 법, 도는 법, 뛰는 법, 앉았다 일어서는 법, 올렸다 내리는 법 등의 규명이다. 상술한 동작들은 인간의 자연적인 요소인 생리구조의 차이에 의해서 남성적인 동작과 여성적인 동작을 구분되게 기술하고 있다.

구성원칙의 두 번째는 인체 활동범위의 확대와 그 유연성, 신축성, 탄력성, 강인성, 인내성 등 인체의 생리적 조건을 고려하고 인체의 자연스러운 발전에 기초하여 이루어져야 한다는 것이다. 원(圓)적인 부드러운 형태를 이룬다거나, 곡(曲)선적으로 흐른다거나, 영(擰)-상체를 하체와 꼬인 상태를 취한다거나, 수(收)-기우는 동세(動勢)를 유지한다거나 하는 것은 모두 인체의 생리적 조건에 크게 배치되지 않고 그에 의거하면서도 민족무용동작의 특성을 최대한으로 발휘할 수 있는 가장 원소적(元素的)인 형태들을 그 기본으로 잡고 그에 필요한 유연성, 신축성, 탄력성, 강인성, 인내성 등의 능력을 키우게 하는 것이다. 이러한 기본은 서방의 발레무용이 인체의 기본적인 형태를 크게 개변시키는, 다시 말하면 골반을 열게 한다든가 발끝을 세운다든가 다리를 높게 든다든가 하는 초인간적인 움직임을 주장하는 것과 달리 철저히 인체의 자연생리 특징에 기초하여 상·하체 율동이 자연스럽고 아름답게 조화되면서 미학적·생리학적으로 과학적이며 선진적인 체계를 갖게 하는 것이다.

구성원칙의 세 번째는 동작에 약속된 의미를 부여하지 않는 추상적인 동작체계로 되어야 한다는 것이다. 그것으로 하여 기본이 생활화 폭과 인간 성격, 그 행동과 사상정감의 흐름에 따라 거기에 적응한 동작을 자유로이 선택할 수 있으며 생활적 내용 천명에서 누구나 이해하기 쉽고 표현에서의 명료성을 보장하는데 우수성을 보여주어야 한다는 것이다. 이는 서방 발레무용이나 중국 희곡의 고전무용들이 일부 표정동작부분을 이루고 매 동작에 구체적인 의미를 부여하는 것과 달리 추상적인 순(純)무용성을 이루게 하는 것이다. 이러한 동작의 추상성은 창작무용에서 자유스럽게 작품의 의의 부여를 할 수 있는 여백을 남겨줌으로써 진정 《하나를 가지고 열이나 백을 보여 줄 수 있는》가장 기본적인 것으로 되게 하는 것이다.

구성원칙의 네 번째는 상기한 동작들의 핵심으로 될 수 있는 호흡훈련이 주되는 체계를 이루고 동작기본 속에 시종 일관되는 것이다. 조선민족장단의 억양과 춤가락의 개성에 따라 호흡을 다양하게 한다든가 그 후에 훈련체계로 이어질 (기본동작묶음, 연기동작묶음) 훈련계통에서 표정이나 정감훈련에 필요한 희로애락의 외부적인 것과 내부적인 것의 통일을 이루게 하는 등 여러 가지 정감을 표현할 수 있는 호흡법이 훈련체계에 진입되는 것이다. 이는 동작기본에서 외적인 아름다움과 외적인 심미효과만을 고려하는 사유에서 벗어나 춤가락의 흐름에서 가장 내재적인 풍모라고 할 수 있는 민족 성격의 내적인 아름다움이 내포되게 함으로써 정감이나 정서가 내면에서 흐르면서 외적인 아름다움과 통일되게 하는 것이다. 이러한 기본의 구성은 굳건한 전통문화 및 무용들에서 선택, 가공, 승화된 것이라고 할 수 있다.

2. '기본'의 전통토대

기본과 기법 형성의 굳건한 전통토대로 되는 것은 첫 번째 측면으로 고대문헌, 고대미술, 고전문학, 고전음악, 고전무용에 대한 전면적인 포섭과 그에 대한 인식이다. 고대문헌에 대한 전면적인 포섭과 인식은 《삼국사기》《고려사》《이조실록》《악학궤범》《진찬의궤(進饌儀軌)》《정재악장(呈才樂章)》《무예도(武藝圖)》 등에 반영되는 무용자료, 고고학의 성과에서 반영된 무용형상, 고구려 무용총, 안악고분벽화, 암각화 등 고대미술에 반영되는 무용자료, 고전문학가인 최치원, 김시습, 정다산, 박제행, 박종의 등의 고전문학작품들에서 고대무용에 대한 묘사들을 고찰하고 역사적으로 문헌과 도상(圖象) 자료에서 반영된 독무(獨舞), 중무(衆舞), 군무(群舞), 그리고 수십 명의 대군무 형식, 서사적·서정적·극적 묘사방식, 그리고 고대무용인 《정대업무(正大業舞)》에 반영된 곡(曲), 직(直), 예(銳), 방(方)의 원진도(圓陣圖), 《몽금척(夢金尺)》과 《수연장(壽宴場)》에서의 회무도(回舞圖)에 대해 전면적으로 연구하고 그것들의 정수들을 섭취하면서 기본계통에 진입시켜야 한다는 데서 잘 나타난다.

최승희는 전통무용이 고대로부터 발전되어 내려오면서 여러 무용문화형태, 다시 말하면 궁중문화 형태로의 궁중무용이나 종교문화 형태로의 궁중의례나 무속의식무용, 민속문화 형태로서의 민속무용, 교방문화 형태로서의 예능무용 등 최후유형이 각기 자체의 각도에서 격식화는 되였지만 전반 조선민족무용을 대표하고 그에 내포된 기본적인 것이 고전규범화·체계화되지 못한 점을 발견하고 바로 이 공백을 메우기 위해 고전무용의 가장 기본적인 성격을 보존하면서 새로운 시각으로 독특하게 해석하였다.

두 번째 측면으로는 민족적 특성을 규정짓는 기본적인 요소를 민족생활과 민족적 성격면의 제반 특성, 민족무용 자체의 고상한 사상적 내용, 창작가들과 접수자들의 미학적 이상의 높이와 미적 취미 등으로 보는 것이다. 그것은 《정의롭고 용감하며 근면하고 낙천적이며 고결하고 엄정하며 다정다감하고 정열에 찬》 민족적 성격에 의해 《남성무용동작에서의 활달하고도 힘차며 장렬하고도 유창하며 홍겹고도

272

무게 있는》 특성과 《여성무용 동작에서의 우아하고도 강인하며 부드
럽고도 날카로우며 명랑하면서도 섬세한》 특성들이 나타난다는 것이
다. 무용작품의 표현에서는 고도의 사상성과 진실성, 완미성(完美性)과
감동성, 선명성과 간결성, 평이성과 자연스러움 등의 특성을 보이며
무용예술가와 인민창작가, 그리고 광범한 관중들의 미학적 이상의 높
이와 미적 취미에 의해 고상하고 참된 것, 선명하고 간결한 것, 평이
하고 자연스러운 것 등의 특성을 갖게 된다고 보았다. 그 외 민족무용
동작의 율동체계에서 나타나는 특성을 동방문화권에서의 중국과 일
본무용과의 비교 속에서 구체적으로 밝혀 내었다. 이는 전통이나 민
족유산에 대한 심층적이면서도 전면적인 파악에서 오는 인식이다.

　세 번째 측면으로는 민족무용동작과 그 기법의 우수성과 민족적 특
성을 깊이 파악한 기초 위에서 어떻게 시대의 요구에 맞게 발전시키
겠는가 하는 문제를 제시하고 구체적인 방법을 규명하였다. 최승희는
시대의 요구에 맞게 무용예술을 발전시키자면 반드시 지나간 시대의
무용들에서 사회주의적 사실주의 무용예술로 받아들일 수 있는 요소
들과 비판적으로 섭취할 수 있고 발전시킬 수 있는 가능성을 가진 요
소, 아주 버려야 할 비도덕적이고 우연적이며 부패하고 노쇠한 요소
들을 명확히 구별하여야 한다고 주장하였다. 아울러 자신의 풍부한
실천과 기타 실천들에서의 작품들을 유형에 따라 분류하면서 어떻게
시대의 요구에 의해 발전시키겠는가 하는 방법들을 제시하여 주었다.
특히 이 부분에서는 민족적 특성이란 고정불변하는 것이 아니고 시대
생활의 변화, 발전과 함께 낡아지고 낙후해지고 협소해진 모든 것을
버리고 새롭고 고상하고 진보적인 것을 부단히 흡수하면서 변화되고
새롭게 되어 가는 것이라는 관점을 보여주었다.

　그 하나는 민족무용의 발전과 새로운 창조는 철저히 전통이나 그
후의 근·현대무용유산에 대한 전면적인 인식을 굳건한 바탕으로 해

야 한다는 '전면인식관'을 반영하고 있다. 그것은 《전통적인 무용동작과 기법을 떠나서는 우리 민족생활과 민족적 성격들을 진실하게 그려낼 수 없다》고 보기 때문이다. 여기에서 제기되는 전통은 공간적으로는 넓게 민족의 생활, 성격, 노동, 문학예술작품의 내용과 형식 등으로, 시간적으로는 모든 지나간 실천, 다시 말하면 고대로부터 근대, 현대에 이르기까지 고전적 의의를 가지는 작품 등으로 확대하여 파악된 점이다. 다른 하나는 이러한 전면적인 인식을 바탕으로 반드시 그것이 같은 유형의 실체들과 구분되는 본질적인 특성을 파악하는 '본질파악관'을 반영하고 있다. 그것은 전통적인 민족무용동작과 기법들은 모두 기본적으로 민족생활과 민족적 성격의 제반 특성, 무용작품들의 고상한 사상적 내용, 예술가들과 접수층들의 미학적 이상의 높이와 미적 취미의 특성, 그 외 여러 요소 등에 의해 규정되기에 이것들에 대한 본질적인 파악이 새로운 발전과 창조에 더욱 핵심적인 근거를 제공하여 준다고 보기 때문이다.

그 다음은 민족무용전통은 고정된 것이 아니라 시대의 발전에 따라 부단히 발전되어야 한다는 '전통무용발전관'을 반영하고 있다. 그것은 전통을 《급속히 전진하는 시대생활과 장성하는 인간성격들에 적응하게 더욱 발전시키지 않고서는 부단히 새로워지는 생활적 내용에 완벽하고 아름다운 민족적 형식을 부여할 수 없다》고 보았기 때문이다. 이러한 전통토대관과 전통발전관은 《예술적 전통과 예술적 창조》란 글에서 전문적으로 천명되고 있어 그러한 주장이 일관되고 있음을 시사하여준다.

3. '기본'의 참조계통

최승희무용 '기본' 및 그 기법의 형성은 두 개의 참조계를 지니고 있는데 그것은 곧 전통문화의 민족적인 요소와 발레무용의 과학적인 요소라고 볼 수 있다. 전통문화의 민족적인 요소는 곧 상기한 전통무용 자체를 포함한 더 넓은 차원에서의 전통문화의 고전형식, 또 그것을 이룰 수 있는 민족의 생활, 성격 및 체질, 자연환경, 기후, 주택, 민족 옷, 신발 등의 민족적 특성 등이다. 발레무용의 과학적인 요소는 곧 발레무용 기본형성의 특징과 그 방법이다. 그 기준은 현실문화의 성격을 지니는 인문성과 심미문화의 성격을 지니는 예술성이며 과학문화의 성격을 지니는 과학성이다.

전통무용 및 문화에 대한 참조에서는 주로 전통무용의 핵심, 즉 문화정신에 대한 참조와 그에 대한 총체적인 시각으로서의 해석 등이 특징을 이룬다. 이러한 문화정신에 대한 참조는 문화를 형태적·표면적으로 고찰하거나 해석하고 선택하는 데서 벗어나 심층적으로 문화의 본질을 파악하는 도경과 시야를 제공하여 주었고, 그 총체적인 파악은 무용 자체만을 고찰하고 참조하던 단일적이고 폐쇄적인 시야에서 벗어나 다른 예술 분야나 문화 분야에로 시야를 돌림으로써 그 기본이 진정 민족문화의 특성을 내포하고 그것을 대표할 수 있는 무용예술의 신고전 형식으로 상승되게 하였다. 그 가운데서 기본을 형성하는 독특하고 자율적인 최승희의 사고방식과 방법을 생성시켰으며 그 사고방식과 방법은 또한 동방문화권 내에서 다른 민족이나 동방무용기본을 형성하는데 참조계를 제공하여 주었다.

서방발레 기본구성의 특징과 그 형성을 참조로 최승희는 교재를 형성하는데 먼저 연구대상에 대한 전면적인 고찰을 토대로 그것의 본질적인 것을 파악하는데 주목하였다. 이에 대해 이정일 교수[16])는, 이는 대상에 대해 《먼저 어떠한가를 맛보는》단계라고 매우 형상적으로 설

16) 이정일 교수는 50년대 중국중앙희극학원에 설치한 《최승희무용연구반》에서 공부한 최승희의 제자이고 원 북경무용학원 제일임 원장이며 중국고전무용학과 교수이다.

명하였다. 그것에 기초하여 대상의 본질적인 특징을 파악한다는 것이다. 다음 본질적인 특징을 토대로 하여 원래의 특성을 보존하고 불필요한 것은 버리며 원유의 동작을 가공하고 승화한다는 것이다. 그 다음은 그러한 동작들을 연결시키면서 법칙화·절주화하면서 얕은 것으로부터 깊은 것으로, 쉬운 것으로부터 어려운 것으로, 간단한 것으로부터 복잡한 것으로 순차적으로 배치한다는 것이다. 이러한 방법은 중국고전무용기본의 추형(雛形)교재의 형성에 직접적으로 참조되거나 중국고전무용의 성격에 의해 그 형성방법이 더 풍부하여졌고 이론적으로 개괄되면서 내재적인 참조계로 작용하였으며 그 방법은 남방무용(동남아무용)기본을 가공 정리하는 데서도 참조계로 작용하였다.

서방발레 무용기본구성의 특징과 방법에 대한 참조에서는 주로 그것이 자체 문화의 고전적인 특징에 대한 파악과 기본의 본질 및 방법에 대한 파악이 주를 이룬다. 발레무용 기본이 갖고 있는 고전적인 특징을 파악함에 있어서 최승희는 서방인의 성격 특징을 가혹한 자연환경에서 인간과 자연과의 관계가 갈등이 이루어지는 가운데서 《서양인의 정감은 비교적 분방하고 열렬하며 동작의 표현 형식이 비교적 강렬하고 폭이 크고 힘 있는 것》[17]을 숭상한다고 보았다. 그것을 역으로 참조하여 조선, 나아가서는 동방은 서방보다 비교적 우월한 자연환경에서 인간과 자연이 조화가 이루어지는 가운데 《동방인은 성격이 비교적 은폐적이고 깊고 무게가 있으며 동작의 표현형식이 비교적 섬세하고 고상하고 아름다운 것》[18]에 대해 숭상한다고 보았다.

그 다음, 전반 서방문화에서 나타나는 서방과학의 심지품질(心智品質)인 정밀성, 분석성, 비판성[19]적인 성격이 체현된 정밀성과 분석성

---

17) 최승희, 중국무용예술의 장래, 인민일보, 1951년 2월 18일.
18) 위와 동일.
19) 주창충, 서방과학의 문화정신, 중국 상해인민출판사, 1995, 50~63페이지.

을 기본의 형성에서의 참조계로 파악하였다. 물론 그에는 현대무용문화의 참조도 동반되는데 그것은 곧 서방과학의 심지품질의 하나인 비판성이 현대무용문화 형성에 작용하여 부단한 창조정신을 낳게 한데 대한 파악과 그것이 동방무용문화 창조의 참조계로 되게 한 것이다. 그것은 기본의 형성에서 《잃었던 것을 찾아내고 약한 것을 강하게 하며 없던 것을 창조해 낸다》[20]는 종지에서 잘 나타난다.

조선민족무용기본의 창제와 함께 최승희는 중국고전무용 추형기본, 남방무용기본, 신흥무용기본, 발레무용기본 등 실체도 창조했었는데 신흥무용기본이나 발레무용기본의 창조에서는 이미 있던 기본체계를 받아들여 동방민족의 인체의 특성과 미적 추구와 심미기호에 알맞은 체계로 변형시켜 도입한 것이 특징으로 되고 있다. 이는 특히 신흥무용기본에서 잘 나타나는데 신흥무용기본은 이시이(石井)류(독일의 마리 비크만류)의 것을 그대로 받아들이다가 그 후엔 미국의 마사 그레이엄(Martha Graham)의 것도 함께 접수하면서 발레의 과학적인 성격과 현대무용의 호흡법 등을 정합하여 동방적인 성격에 맞게 토슈즈를 신지 않은 독특한 기본을 형성하였다[21]는 데서 잘 나타난다. 이는 최승희의 '기본'실체가 문화로서 갖는 창조성격 뿐만 아니라 접수성격, 그리고 총체적인 정합성격을 동시에 지니고 있음을 시사하여 준다.

4. '기본'의 발전구조

'입춤'기본계통은 최승희에 의해 창제되면서 그 구성과 발전과정에서 상기한 전통토대와 참조계통을 토대로 하는 한편 현대에서의 전환구조와 전파구조를 이루고 있다. '기본'계통은 통시적으로 현대에서의

---

20) 최승희, 조선민족무용기본, 평양, 조선예술출판사, 1958. 서문.
21) 평양음악무용대학에서 장추화 증명, 1998년 12월 15일.

발전과정에서 다음과 같은 몇 개의 전환구조를 이루면서 형성되었다.

첫 번째는 전통무용이 극장무용에로의 현대전환이다. 그러한 현대전환에 의해 3개 차원의 조선민족무용 창작실체와 새로운 무용 장르의 창제 등으로 표현된다. 3개 차원의 실체는 곧 재구성적인 작품유형, 재창조적인 작품유형, 창조적인 작품유형이고 새로운 무용 장르로는 무용시, 무용서사시, 무용조곡, 무용극, 음악무용서사시, 음악무용극 등이다.

이러한 전환은 전체적인 조선민족 전통문화가 현대로의 전환이라는 대환경 속에서 가능한 것이었다. 전통문화의 현대화는 전반문화가 전통문화에서 현대문화에로 이행하는 변혁기에서 가장 주되는 과제였다. 《문화는 하나의 피동적으로 응고된 사실이 아니라 하나의 발전하면서 변동되는 과정이다. 이 과정에서 사람들은 기계적으로 전통 혹은 역사유산을 접수하는 것이 아니라 적극적으로 문화 자체를 창조하고 개변하는 것이다.》22) 이 문화 자체를 창조하고 개변하며 전통문화와 현대문화를 이어주는 근대문화에서 제기되는 과제의 하나는 현대시기에 직면하여 시대성과 동반하는 한편, 전통문화가 자체 발전의 행로에서 필연적으로 그 문화 자체의 발전과 함께 이루어져야 할 변혁과 발전이라는 현대성의 문제이고, 과제의 다른 하나는 서방문화의 유입과 함께 이루어지는 전통문화 한계성에 대한 인식과 양자의 충돌과 갈등 속에서 이루어지는 서방 현대문화의 사상과 그 양식들을 도입하여 전통문화와 접목시키면서 새로운 민족의 문화를 구성하여 가는 현대성의 문제이다.

이는 조선민족 전통의 현대화에서, 하나는 문화의 발전이 상대적으로 일치된 공동된 과정과 법칙이 있기에 문화간의 상호 영향과 움직

---

22) 주헌, '문화의 개념과 문화사회학', 중국 당대심미문화 연구, 중국: 북경대학출판사, 1997, 4페이지.

임, 그리고 서방문화의 유입으로 인한 공동된 과정과 그 특성을 나타낼 수 있다는 인식이고, 다른 하나는 부동한 문화의 발전지간에는 각자가 역사적 독특성과 궤적을 갖고 있기에 비록 서방문화를 수입하면서 생성된 문화라고 하여도 수입된 '원 문화'와 다른 독특한 특성을 나타낼 수 있다는 점을 홀시하지 말아야 한다는 인식이다. 즉, 《벌이 꽃가루에서 당분을 캐어 왔지만 최종 만들어낸 것은 꽃가루가 아니라 꿀이 될 수 있다》[23]는 인식이다. 최승희의 기본의 형성은 곧 전반 문화 속에서 현대무용에로 이행하는데 상기한 현대화의 과제를 안고 전통무용의 현대화라는 실천과 그 토대를 형성하면서 예술무용이란 주류를 이끌고 지금까지 발전하여 내려왔다. 이러한 극장무용에로의 전환에서 진행되는 여러 차원의 풍부한 창작 작업은 '기본'이 형성되는 데 굳건한 토대를 마련하여 준 것이다.

두 번째는 교수체계로의 현대전환이다. 이 역시 전통무용의 현대화 과제의 하나로서 현대에서의 양식화 및 고전화의 과정인 것이다. 이러한 교수체계에로의 현대전환은 전통무용의 최후유형에서 선택되면서 가공 승화된 기본동작요소의 구성으로서 그 실체는 곧 '기본'계통이다. 이러한 기본은 최승희에 의해 기본동작, 동작묶음 등 2개 계통으로 상호 보완하면서 발전하였다. 교수체계 내에서도 기본동작과 동작묶음은 간단한 것으로부터 복잡한 것으로, 쉬운 것으로부터 어려운 것으로, 낮은 것으로부터 높은 것으로 전수되면서 순서점진의 체계를 이룬 것이다. 그 다음 이러한 계통은 순수교수체계로부터 교수와 창작의 쌍향(双向)발전체계로의 발전이다. 최승희의 기본은 비단 동작훈련체계 자체의 발전뿐만 아니라 그러한 기본이 반드시 창작실체에로 진입하면서 창작을 추진하고 창작실체는 또 역으로 기본계통의 발전

---

23) 김열규 외, 한국근대예술의 성립과 그 발전, 한국 성신여자대학교 인문과학연구소편, 성신여자대학교 출판부, 1984.

과 완성에 추진 역할을 하게 하는 것이다.

상기한 것을 바탕으로 기본체계는 그 후 중국의 제자 박용원 교수[24])에 의해 발전을 가져오는데 그것은 원래의 기본동작, 동작묶음 외 연기동작묶음을 포함한 3계통으로 확대된 것이다. 기본동작묶음은 곧 동작과 동작의 연결 훈련으로 조선민족무용의 형태적인 훈련과 내재적인 훈련을 융합시켜 훈련과정에서 민족무용의 풍격(멋과 맛)을 장악하게 하는 것이다. 연기동작묶음은 인간의 여러 가지 정감의 내핵을 틀어쥐고 하나의 묶음 속에서 동작과 정감 표현이 어울려지면서 훈련되는 것이다.

지금에 와서 이러한 기본체계는 또 교수종목까지도 훈련계통 속에 포함시키면서 발전하는 추세를 나타내고 있다. 교수종목은 곧 과당에서의 기본동작묶음과 연기동작묶음 훈련의 내용과 성과가 작품 속에 스며들어 핵심적인 기능을 발휘하게 되는데 창작과정에서 생성되는 새로운 기본요소들은 다시 역으로 훈련계통에 자극하여 새로운 발전을 가져오게 하는 등 교수체계 내에서 완전한 여러 계통을 이루고 발전되는 것이다.

세 번째는 이론체계로의 현대전환이다. 상기한 극장무용에로의 현대전환과 교수체계로의 현대전환은 점차 양식화를 이루는 한편, 이론실체로의 전환과 정립을 이루며 이론실체를 형성하는 것이다. 그러한 이론실체로는 곧 실기이론, 예를 들면 《조선민족무용기본》과 《조선아동무용기본》이 포함되며 기초이론, 예를 들면 《조선민족무용동작과 그 기법의 우수성 및 민족적 특성》, 창작이론, 예를 들면 《무용창작 제문제에 대하여》《무용극원본 창작이론》, 배우이론, 예를 들면 《예술적 기량과 예술적 연마》, 기본이론, 예를 들면 《예술적 전통

---

24) 박용원 교수는 원 연변대학교 무용학과 교수였고 1949년부터 1953년까지 최승희무용연구소 연구원으로 있었다.

과 예술적 창조》《무용예술의 사상예술적 높이를 위하여》《애국주의 정신을 반영한 우리나라 무용예술》 등이다. 이러한 이론체계에로의 현대 전환작업은 역으로 '기본'계통이 부단히 새로운 영역에로 진입하고 발전하는데 굳건한 이론토대를 마련하여 준다.

네 번째는 공시적으로 3원 전파구조와 4개 계통을 이루면서 발전하고 있다. 3원 발전구조는 곧 조선, 한국, 중국에로의 3원 공간 내에서 발전된 '기본' 및 발전의 기본경향을 말한다. 조선에서의 '기본' 발전은 1946년 9월 《최승희무용연구소》가 성립되면서부터 지금까지의 실천에서 시종 과학적인 것의 추구가 주류를 이루고 나타난다. 그러한 추구로 하여 부단히 양식화되는 실체들인 무용시, 무용서사시, 무용조곡, 무용극, 음악무용서사시 등 새로운 장르들이 생성되고 부단히 풍부화 되고 다원화로 발전되는 기본훈련체계, 대중성과 보급성이 강하며 과학화된 자모무용표기법이 생성되며 부단히 정립되고 체계화되는 이론실체들이 생성되는 것이다.

한국에서의 '기본' 발전은 최승희의 제자 김백봉의 작업에 의해 정착되면서 발전되고 있다. 그 과정에서 끊임없는 창조정신과 방법의 추구로 하여 새로운 창작실험 작업들이 진행되면서 다원구조의 창작실체들이 날로 증가되는데 따라 창작가 각자의 창작 작업과 대응되는 창작무용기본들이 생성되고 있다.

중국에서의 '기본' 발전은 최승희의 제자 박용원을 주축으로 발전되었는데 자체의 포용성으로 하여 양식화 혹은 과학화의 특징과 후단계에 이르러서 다원화된 창작 작업으로 하여 양자의 특징을 동시에 지니는 양식화된 '기본'실체와 다원화된 창작실체들을 생성하고 있다.

4개 계통은 기본동작계통, 동작묶음계통, 연기동작묶음계통, 교수종목계통 등으로 발전하고 있는데 기본동작과 동작묶음계통은 최승희가 창조한 '기본'구조 내에 이미 존재했으므로 전통범주에 드는 실체로서 규명할 수 있다. 중국에서는 원래의 규명대로 전파되었고 조선에서 발전하면서 가짐이나 놀림으로 규명하고 있으며 연기동작묶음은 박용원에 의해 새롭게 규명되면서 발전을 가져왔고 조선에서는 춤가락훈련계통으로 규명되는 등 같은 성격의 훈련 내용이 서로 다른 용어를 사용하면서 발전하고 있다.

지금에 와서 중국에서 또 하나의 새로운 실체가 기본계통 내에 진입되면서 나타나고 있는데 그것이 곧 교수종목계통이다. 이러한 교수종목은 일반 창작작품과 달리 앞의 3개 훈련계통과 밀접한 연관성을 갖고 훈련계통 내의 내용이 충분하게 체현되면서 학원과 무용창작실체로 발전되고 있고 역으로 훈련계통을 자극하면서 새로운 발전을 가져오게 하는 것이다.

이상으로 최승희 무용실체에서 연구가 미진하였던 이론과 '기본'실체를 중심으로 두 부분을 나누어 연구를 진행하였다. 그러나 모든 연구가 첫 작업으로 완미한 경지에 도달할 수 없는 것처럼 이론실체에 대한 심입도니 연구나 '기본'실체에 대한 이론적인 정립 작업도 최초의 작업인 만큼 부단히 새로운 연구영역의 개척과 깊은 연구가 진척되어야 한다고 본다. 그러므로 필자는 이미 진행된 연구영역에 대한 부단한 재해석과 새로운 연구영역의 부단한 개척, 그리고 깊이 있는 연구를 앞으로의 과제로 남기면서 본 연구를 줄인다.

참고문헌

최승희. 조선민족무용기본, 조선예술출판사, 1958.
최승희. 조선아동무용기본. 조선문학예술총동맹출판사, 1964.
주창충. 서방과학의 문화정신, 중국 상해인민출판사, 1995.
김열규 외. 한국근대예술의 성립과 그 발전, 한국성신여자대학교 인문과학연구소편, 성신여자대학교출판부, 1984.
이애순. 최승희무용예술연구. 한국국학자료원, 2002.
이애순 편. 최승희무용예술문집, 한국국학자료원, 2002.

대담, 최승희와 매란방과의 대담, 상해 華茂飯店, 1945년 3월 31일 오전 11시.

顧也文; 朝鮮舞踊家崔承喜, 中國 上海文娛出版社, 1951.

최승희. 中國舞踊藝術의 將來, 중국 인민일보, 1951. 2.18.

최승희. 무용창작 제 문제를 논함, 중국 무용학습자료, 1954.

최승희. 뜻이 같으니 세상도 넓다, 문학신문, 1957. 1. 31.5.

최승희. 형제나라들의 방문공연, 조선예술, 1957, 3기.

최승희. 무용과 문학-무용극원본창작문제를 중심으로, 문학신문, 1961. 6.20.

최승희. 아동무용에 대하여, 조선예술, 1962. 6기.

최승희. 예술적 기량과 예술적 연마, 조선예술, 1962. 6기.

최승희. 예술적 전통과 예술적 창조, 조선예술, 1965. 4기.

최승희. 무용소품의 사상예술적 높이를 위하여, 조선예술, 1966. 9기.

최승희. 인민의 애국투쟁을 반영한 우리나라 무용예술, 1966. 11기.

최승희. 무용극원본창작강좌, 문학신문, 1965. 3.16, 3.26, 4.20, 4.23,4.27.

최승희. 조선무용동작과 그 기법의 우수성 및 민족적 특성, 문학신문, 1966.
    3.22, 3.25, 3.29, 4.1.

이애순, 최승희와 그의 무용예술(중문), 중국 연변예술학원학보, 1990; 문학과
    예술(조문), 1991. 3기.

이애순. 중국무용에 준 최승희의 영향, 제4차 조선학국제학술토론회 논문 개요
    (중문), 중국북경대학조선문화연구소편, 코리아학연구(중문), 1993. 1기; 한
    국 예술세계, 예술문화총연합회 1993. 1.

이애순, 최승희무용특징에 대한 고찰, 예술세계, 예술문화총연합회, 1993.5.7기.

씨름의 역사사회학적 변화과정

김 춘 식*

　황희룡 교수는 '씨름의 유래와 경기방법'이란 논고에서 우리 민족의 역사적 전통과 함께 해온 씨름경기에 대하여 전근대사회의 씨름의 유래와 경기방법, 그리고 근대사회에 접어들면서 전국적 조직의 창립을 통한 씨름경기의 근대화 및 경기방법의 확립, 해방 후 아마추어씨름의 현황과 현대식 경기방법의 정착, 1980년대 프로화에 따른 민속씨름의 시대로 나누어 역사사회학적 변화과정을 잘 밝혔다는 점에서 매우 큰 의의가 있다고 생각된다.

　우리 민족의 씨름의 기원에 대해서 아직 정답은 없지만 최초로 씨름은 각저(角抵)란 이름으로 선사시대부터 이미 한자문화권에 존재하고 있었다는 점은 사실로 밝혀져 있다. 예로부터 한자문화권에 속한 중국이나 일본, 몽골 등에도 씨름과 비슷한 신체문화가 존재하였지만 각국의 지역적 특성, 가치관, 사회적 이데올로기에 의해 변화 정착하여 우리 민족은 샅바를 사용하여 힘을 겨루는 씨름으로, 일본은 마와

---

* 중앙대 민속학과 교수

시를 착용하고 힘을 겨루는 스모로 발전하지 않았나 생각된다.

전근대사회의 씨름의 발전과정을 보면 상고시대(씨름에 관한 자료나 문헌이 없음), 삼한시대(중국의 《후한서》와 한국의 신채호의 《조선상고사》에 씨름에 관한 자료가 기재됨)를 거쳐 삼국시대(고구려 각저총 씨름벽화), 고려시대(씨름에 관한 최초의 문헌상의 기록은 조선 세종 때 편찬된 《고려사》), 조선시대(씨름에 관한 문헌상의 자료는 《조선왕조실록》)에 걸쳐 씨름놀이 또는 민속놀이로 발전하였다고 볼 수 있다.

씨름의 근대화 과정(1876~1945)에 있어서 문호를 개방하면서 우리 민족의 전통스포츠인 씨름이 근대식 학교에 최초로 도입됨에 따라 1927년 11월 27일 조선씨름협회가 창립되면서 근대적 씨름으로 탈바꿈하게 되었다는 점을 알 수 있다. 연구에 의하면 씨름의 경기방법에는 함경남북도, 평안남북도, 황해도, 경상남북도, 강원도, 충청남북도의 10개 도에서는 왼씨름을 하고 경기도와 전라남북도의 3개 도에서는 오른씨름을 하는 것으로 밝혀져 이를 근거로 왼씨름을 공식경기로 인정하게 된 것으로 알려져 있다.

이와 같이 근대화 초기의 씨름경기는 비록 일제의 탄압 하에 있었으나 전국적인 조직의 창립과 함께 규칙의 통일화를 추구하면서 직업적 선수가 나올 정도로 우리 민족의 울분을 달래는 지역적 스포츠이벤트로서의 기능을 충실히 이행하면서 과도기 과정을 마무리하였다.

1945년 광복 이후 근대씨름의 정착기라고 할 수 있는데 씨름계는 1946년 11월 대한체육회의 15번째 가맹단체로 등록하면서 재건을 위해 새 출발을 하게 된다. 특히 1980년대 올림픽 유치와 더불어 스포츠의 활성화 정책에 편승하여 씨름의 프로화가 추진되고 1983년 제1회 민속씨름대회를 계기로 옛날의 명성을 되찾기 시작하였다. 현재 우리 민족 씨름은 전통성을 떨쳐버리고 현대화만을 추구할 것인가 아니면 씨름의 활성화를 위하여 다시금 전통적인 문화요소를 전면에 내세우고 우리만 갖고 있는 문화적 장점을 살려 씨름의 전통성을 지킬 것인가 하는 새로운 국면의 새로운 과제를 안고 있다.

　일본의 경우 우리 민족의 씨름과 유사한 스모에 대해 살펴보면 역사가 체계적으로 정리되어 있는 상황일 뿐만 아니라 더욱 중요한 것은 조직적인 스모협회의 운영이 전통을 지키려는 일본 국민들의 마음과 어우러져 발전에 발전을 거듭하고 있는 것으로 알고 있다. 예를 들면 스모에 유관된 박물관과 많은 기념관들이 세워져 있으며 출판물도 수십여 종에 이르고 있어 우리 민족의 씨름보다 훨씬 앞서 있다는 것을 인정하지 않을 수 없다고 생각된다. 더욱이 한반도는 남북이 분단되어 있으니 조선의 씨름은 어떠한 양상으로 어느 정도 발전되어 있는지도 알아야 할 것이며 스모와 더불어 이에 대한 연구가 진행되어야 한다고 생각한다.

파씨름에서 왼씨름으로 전환된 배경

김 재 우[*]

중국 조선족의 상황에 대해 지식이 없었기 때문에 윤학주 교수의 '문화영지(文化領地) 속의 조선민족 씨름'에 관한 논문은 매우 흥미롭고 유익한 내용이었다. 윤학주 교수의 논문을 통해 조선족 씨름의 전개과정과 한·중 씨름의 용어적 변천, 그리고 남북한과의 씨름 교류 등에 관해 새로운 사실을 알게 되었다. 특히 체육사를 전공하고 있는 본인에게 조선족 씨름의 전개과정에 관한 내용은 학문적 지식의 폭을 넓히는데 많은 도움이 되었다.

매우 유익한 논문이기 때문에 특별히 질문할 사항은 없다. 다만 조선족 씨름의 형태 및 변화 등에 관해 궁금한 부분이 있기에 토론 기회를 빌려 묻고 싶다.

현재 한국에서는 샅바를 오른쪽 다리와 허리에 두르고 하는 왼손씨름만으로 경기가 실시되고 있다. 그러나 본래 씨름은 왼씨름, 오른씨름, 통(띠)씨름 등의 다양한 형태가 존재했고 씨름의 형태에 따라 샅

* 수원대 체육대학 강사

바의 길이나 시합방식 등의 규칙이 다소 달랐다. 따라서 1927년 창립된 조선씨름협회를 비롯한 씨름 관계자들은 씨름의 용구와 복장, 경기법, 반칙 등 씨름 전반에 걸쳐 규칙의 규격화를 도모했고 이후 전국 규모의 씨름대회는 왼씨름 위주로 개최했다. 이러한 왼씨름은 한국의 씨름 형태로 서서히 정착되어 갔다.

현재 중국 조선족은 남한이나 북한과 마찬가지로 왼씨름 위주로 씨름을 하고 있는 듯하다. 그러나 일본 학자인 우사미(1995)는 『중국 조선족 씨름의 지속과 변용』에서 중국 조선족은 씨름이 통일되기 이전 지금의 북한 지역인 평안도, 함경도에서 이루어졌던 파씨름을 실시했다고 기술하였다. 그는 또 파씨름의 준비 자세에 관해 "①살바의 양 끝을 묶고 직경 50㎝ 정도의 원을 만들어 그 속에 오른다리를 집어넣고 가랑이까지 끌어올린다 ②올려진 상대 살바의 원 사이에 왼팔을 끼고 L자 모양으로 굽혀서 살바를 고정시킨다 ③오른팔은 상대의 겨드랑이 밑에서 등 뒤로 돌린다 ④두 사람 모두 준비가 끝나면 오른쪽 무릎을 지면에 대고 다리를 편 상태에서 시합이 시작된다"고 설명했다. 이처럼 준비 자세부터 다른 파씨름은 한국 국민에게는 다소 생소한 씨름으로, 체육을 전공하고 있는 사람조차도 그 운동 형태나 경기 방식 등에 관해서는 명확히 알고 있지 못하다. 따라서 파씨름의 특징이나 경기방식이 어떠하였는지 알고 싶다.

씨름형태와 관련해서 한 가지 더 궁금한 것은 '파씨름에서 왼씨름으로의 전환'에 관한 것이다. 중국조선족은 1979년 연변조선족자치주 체육운동위원회의 씨름경기규칙 제정을 통해 파씨름에서 왼씨름으로의 전환을 도모했다. 그리고 1980년대 중반부터는 학교교육 지도자 양성을 위한 지도서[1]나 조선족을 위한 학습지도요령[2]에 왼씨름의 경

---

1) 東北三省朝鮮族師範學校體育敎材編寫組編(1986). 中等師範學校課本(試用本) 中等師範學校民俗體育敎材, 延邊敎育出版社

기규칙을 소개함으로로써 학교체육 내에서도 씨름 형태의 전환이 이루어지기 시작하였다.

이와 같은 왼씨름으로의 전환은 1990년대부터 시작된 한국 씨름과의 교류를 통해 급진전했다. 이처럼 중국 조선족은 기존의 파씨름을 대신하여 왼씨름으로 씨름의 형태를 전환하는데 어떠한 이유로 이와 같은 전환을 시도했지, 그리고 그 과정에 관해 좀더 구체적으로 알고 싶다. 개인적으로는 기존의 파씨름으로도 조선민족의 정체성을 유지시켜 나갈 수 있으며, 더 나아가서는 파씨름의 실천을 통해 한반도에는 없는 또 다른 형태의 전통운동문화를 계승할 수 있는 좋은 기회를 놓쳤다는 아쉬움도 남는다.

마지막으로 북한의 씨름에 관한 사항이다. 윤학주 교수의 논문을 통해 해방 이후 중국 조선족의 씨름은 남북한 양쪽과의 씨름 교류를 거치면서 발전하였다는 사실을 알게 되었다. 따라서 중국 조선족은 남한의 씨름은 물론, 북한의 씨름에 대해서도 어느 정도 알고 있으리라 생각된다. 한국의 경우 북한의 씨름에 관한 정보는 북한을 소개하는 방송을 통해 혹은 책자들을 통해 얻고 있으나 충분하지 못한 상황이다. 만약 북한 씨름의 경기방식 혹은 남북한 씨름의 차이점에 관하여 알고 있다면, 설명해 주길 바란다.

끝으로 이번 학술대회를 계기로 조선족과 한국 체육학자들의 학문적 발전은 물론 양자간의 학문적 교류가 지속적으로 이루어지길 기대한다. 그리고 개인적으로는 중국 조선족이 가지고 있는 신분적·지리적 특수성을 십분 발휘하여 씨름을 포함한 체육의 모든 분야에서 남과 북이 만나 하나가 될 수 있도록 가교 역할을 해주길 바란다.

---

2) 朝鮮族中小學校體育敎材編寫組編(1988). 中學課本(試用本) 體育一年級用(1988), 中學課本(試用本) 體育二年級用(1989), 小學課本(試用本) 體育五年級用(1990), 小學課本(試用本) 體育六年級用(1990), 中學課本(試用本) 體育三年級用(1991), 東北朝鮮民族敎育出版社, 東北朝鮮民族敎育出版社.

한민족 체육교류의 새로운 정형

임 태 성*

손환 교수가 발표한 '활쏘기의 유래와 경기방법'을 통해 한민족의 활쏘기가 우리 역사와 어떠한 상관을 가지면서 오늘에 이르게 되었는지 알 수 있었으며 발표자의 논리에 모두 공감하고 찬사를 보낸다.

최근 중국 정부의 동북공정(東北工程) 논란이 심화되고 있는 가운데 옛 고구려가 번성한 이곳 연변에서 남북한과 중국의 학자들이 그때 그들이 즐겨했던 활쏘기에 대해 논의한다는 것이 뜻 깊게 느껴진다. 이러한 입장에서 볼 때 이번 세미나는 매우 시의적절하게 개최되었고 한민족의 동질성 회복을 위한 좋은 주제가 선정된 것 같다.

한 가지 아쉬운 점은 일제시대와 그 이후의 전국 활쏘기 현황에서 보여주고 있듯이 북한의 자료 제시가 매우 미비함으로써 현재의 시대상을 반영하고 있는 것 같아 안타까운 점이고 다른 하나는 옛 고구려의 땅인 이곳에서 우리 조선족의 해체화가 이미 우려할 수준을 넘어서고 있다는 점이다.

---

* 한양대 생활체육과학대학 학장

과거 축구를 했던 사람으로서 조선족으로 구성된 오동축구팀이 중국사회 내에서 조선족의 통합과 민족의 동질성을 회복시키는데 크게 기여했음을 잘 알고 있다. 하지만 오동축구팀이 해체된 이후 조선동포들은 점차 그 구심점을 잃게 되었고 중국의 산업화와 맞물려 조선족사회의 해체 현상이 가속화되고 있다. 설상가상으로 중국의 동북공정까지 가세한 이 요원한 문제들 앞에 한민족공동체의식의 회복은 무엇보다 시급하다고 할 것이다.

　과거 조선족이 축구라는 스포츠를 통해서 민족공동체의식을 고취시켜 왔듯이 고대에서 현대에 이르기까지 한민족이 가장 탁월했던 활쏘기를 통해서도 남북한과 중국동포들을 포함한 재외국민들의 통합과 민족공동체의식을 고취시킬 수 있다고 본다. 이를 위해서는 활쏘기를 논하기에 앞서 고대 한민족의 신체관을 먼저 엿보지 않고서는 그 단서를 얻을 수 없을 것이다.

1. 고대 한민족의 신체관과 그 유용성

　고대 한민족의 신체사상을 먼저 조망해 보는 것은 '활쏘기의 유래와 방법'에 대한 이해를 높여주고 나아가 한민족 활쏘기의 탁월성에 대한 문화인류학적 단서를 살펴보기 위함이다.

　고대 한민족은 3가지 신체의 탁월성을 추구했다고 보고되고 있다. 체격에 대한 탁월성, 신체능력에 대한 탁월성, 신체기술에 대한 탁월성 추구가 바로 그것이다.

　첫째로 체격에 대한 탁월성 추구와 관련된 사례를 살펴보면『삼국사기』에는 '신장'이라는 단어를 모두 7척 이상일 때만 사용하고 있고 신장과 관련한 미사여구가 가득 차 있음을 알 수 있다. 또한 신분의 고하를 신체의 크고 작음으로 나타낸 한반도 고대미술을 통해서도 이를 입증할 수 있다. 그리고 비범한 신체와 얼굴을 갖지 못한 왕들은 권위가 떨어진다고 생각했고 권위의 상징으로서 체격 혹은 유용성으로서 체격의 탁월성 추구라고 하는 명제가 성립되었다는 것을 기록으로 알 수 있다.

둘째로 신체능력에 대한 탁월성 추구와 관련한 사료는『삼국사기』와『삼국유사』에서 찾아 볼 수 있다. 이 기록에서 '체력'이라는 용어는 보이지 않지만 '力' '力士' '여력'과 같은 비슷한 용어가 흩어져 발견된다. 신체능력의 탁월성 추구에 대한 설화는 다음의 글에서도 잘 나타나 있다.

왕의 시대에 제공들이 있어 남산의 오지암에 모여 국사를 의논하고 있을 때 큰 호랑이가 나타나 좌중으로 뛰어들었다. 모두 놀라 일어났으나 알천공은 태연히 담소하면서 호랑이의 꼬리를 잡아 땅에 메쳐 죽여 버렸다. 알천공의 힘이 이와 같았으므로 그 이후 모든 공신들과 같이 앉을 때는 상석에 앉게 되었다.

셋째로 신체기술에 대한 탁월성 추구이다. 여기서의 신체기술이란 현대의 기능(motor skill)에 해당되는 개념으로 보아도 좋다. 이는 다음의 글에 잘 나타나 있다.

신체기술의 탁월성으로 한국인이 고대로부터 높게 평가한 것에 궁술이 있다. 한민족의 영웅전설, 개국전설, 시조전설에는 '선사자', 즉 뛰어나게 활을 잘 쏘는 사람을 신궁이라 했듯이 신 혹은 궁(왕)이라는 설화가 수없이 전하여 내려오고 있다. 이는 고구려를 개국한 주몽의 설화가 대표적인 것이다. 이와 같이 고대 한민족은 보다 탁월한 신체기술을 획득하기를 희망하고 있었다. '선사자'라는 탁월한 신체기술은 왕과 같은 위인들만이 가질 수 있는 재능인데 이것은 노예와 같은 낮은 신분의 사람이 갖게 되면 이재(異才)가 되어 위험시되기도 하였다. 이와 같이 고대 한민족은 보다 탁월한 신체기술을 획득하기를 희망하고 있다.

이와 같이 고대 한민족의 신체사상인 신체의 탁월성은 체력적인 면, 미적인 면, 경기적인 면 등에서 남보다 뛰어나려고 노력했던 한국인의 특성을 잘 나타내고 있고, 고대 한민족이 그 어떤 민족보다도 유용성으로서의 신체의 탁월성을 추구했으며 그것을 먼저 찾아낸 민족이었음을 알 수 있게 한다.

이러한 맥락에서 볼 때 활쏘기와 관련된 설화에서 나타난 고대 한민족의 신체관과 그 유용성은 오늘날 활쏘기에서 우리 민족이 세계적으로 빼어난 활약을 보일 수 있게 하는 유전형질을 만들어 낸 것으로 생각된다.

2. 활쏘기를 통한 패권 추구와 일상생활과의 유관성

신화시대의 권력교체 명분은 천재지변이었다. 권력은 하늘이 내려준다는 소박한 믿음 때문이었다. 이는 초기 고구려 설화에도 전해진다. 고구려 시조인 주몽은 비류국의 늙은 왕인 송양과의 말싸움과 활싸움에서 이겼지만 그를 승복시키지는 못했다. 그러자 주몽은 비류국에 대홍수를 일으켜 민심을 흔들어 놓은 뒤 송양으로부터 나라를 이양 받았다.

부족국가였던 부여국에서는 부족장들의 합의에 선출된 왕이 큰 가뭄이나 수해가 일어나면 화형을 당했다는 기록이 있다. 또한 삼국시대 이래 조선조까지 천재가 일어나면 왕은 이를 자기 책임으로 돌리고 도살을 금하고 시장을 닫아 오직 생필품만 거래하게 하고 활쏘기 같은 놀이를 하지 않는 등 자숙하는 모습을 보여줬다. 즉, 천재로 인한 민심이반의 가능성을 제도화된 근신책으로 제어하려 했던 것이다. 이렇듯 신화시대의 기록을 통하여 볼 때 활쏘기와 패권, 그리고 사회에 어려움이 닥쳤을 때 사희(射戱)를 억제시킨 점으로 미루어 그 유관성과 미치는 영향이 지대했음을 알 수 있다.

3. 한민족 체육교류의 새로운 정형

2004년 4월 금강산 해금강호텔에서 개최된 한국체육학회 주최 '남북체육교류 학술토론회'에서 본인은 '2008년 북경올림픽에서의 남북 단일팀 구성과 성공적 체육교류'를 위한 새로운 정형의 틀을 제시한 바 있다. 이 틀의 핵심은 남북한 스포츠의 탈정치화이며, 이는 다음의 네 가지의 방향을 견지해야 한다고 했다.

첫째는 스포츠외교의 남북한 공동전선화, 둘째는 스포츠 기반의 남북한 공유화, 셋째는 남북한 스포츠교류의 다각화, 넷째는 민족전통 스포츠의 동질화이다. 이 중에서도 민족전통 스포츠의 동질화가 이번 토론회의 과제와 일맥상통하는 점이다.

이러한 맥락에서 활쏘기라는 민족 고유의 전통스포츠는 남북한과 중국동포는 물론 전 세계 동포들의 통합을 이끌어 낼 수 있을 것이라고 본다. 역사적 사실이 그러했듯이 활을 잘 쏘는 것을 통해 민족의 탁월성을 입증하고 나아가 역사왜곡으로부터 이를 바로잡을 수 있는 수단으로서도 기능하게 될 것이라 보고 있다.

이를 위해서는 현재 남한에서 개최되고 있는 전국체육대회(대한체육회 주최)의 양궁이나 한민족체전(국민생활체육협의회 주최)의 국궁이 정적인 경기방법에서 벗어나 훨씬 역동적이어야만 한다. 우리가 기마민족이었다는 역사적 사실에 근거하여 한민족만이 특별히 잘 했다는 입장

294

에서 말을 타고 활을 쏘는 기사(騎射)의 방법인 마사희(馬射戱)가 생활 체육화되어 한민족이 참가하는 대회에서 펼쳐져야 한다. 또한 이를 더욱 개량하고 제도화시켜서 전국체육대회나 궁극적으로 올림픽종목으로 승화시키는 것도 생각해볼 일이다. 그 방법을 구체적으로 제시하면, 말을 타고 달리면서(일정 속도 유지) 고정표적 쏘기, 고정 자세에서 이동표적 맞추기, 말 타고 달리면서 이동표적 맞추기(태조 이성계가 사냥 시 즐겨했던), 즉 오늘날의 클레이 사격과 같은 방법을 제안한다.

이와 같이 고구려의 마사희나 백제의 기사 등을 통한 개인경기나 신라의 활부대의 의미가 부여된 단체경기를 통해 한민족의 전통 사회들을 되살림으로서 한민족의 뿌리 찾기 또는 역사 알리기를 할 수 있을 것으로 전망한다.

남북 민속놀이 교류에의 기대

김 청 운*

1. 들어가는 말

우리 민족은 예로부터 자연을 정복하고 사회적 부를 창조하는 과정
에 해마다 철 따라 여러 명절을 맞이하였으며 다채로운 민속놀이를
진행하였다. 이러한 명절을 세사, 속절(민간의 명절)이라고 하였다. 많
은 명절 가운데서 정초의 설, 여름철의 단오, 가을철의 추석 등은 우
리 민족이 가장 성대하게 쇠던 민속명절이다. 이러한 명절에 하는 민
속놀이에는 무술연마놀이 체력단련놀이, 지능겨루기놀이, 가무놀이,
생산 활동과 관련한 놀이, 그리고 어린이들이 하는 여러 가지 독특한
놀이가 있다. 그 가운데서 그네뛰기, 널뛰기, 씨름 등 종목은 예전부터
남녀의 대표적인 놀이로 변모해 왔다.

그러나 현대사회의 급속한 발전과 그에 따른 생활환경의 변화로 말
미암아 놀이문화에도 변화가 일어나고 있다. 이전부터 전해내려 오던

---

* 중국 연변대 체육학원 교수

민속놀이가 다양한 장점을 가지고 있음에도 불구하고 현재 점차 소외되고 있는 실정이다. 다만 몇몇 지방의 놀이공원이나 박물관 등에서 그네뛰기와 널뛰기놀이가 벌어지는 정도이다.

이러한 배경 속에서 민속놀이는 문화유산으로 가꾸어 나가 주체성을 기른다는 뜻에서, 그리고 이왕이면 민속놀이를 제대로 알고 즐기면 어떨까 하는 점에서 이들의 유래와 경기방법에 대해 알아보는 것도 매우 필요하다고 생각한다. 특히 김동선 교수의 논문을 통해 일반인들이 잘 모르고 있는 그네뛰기와 널뛰기의 유래와 경기방법을 알아봄으로써 이들의 대중화 또한 새로운 인식과 발전에도 필요성이 있고 남북한과 중국 조선족들이 하고 있는 이들 종목간의 차이점과 공통점, 그리고 이들 종목의 공통점을 찾아 남북 민속놀이 교류에 일조에도 아주 필요하다고 생각되고 더욱 많은 사람들이 이들에 대해 관심을 갖고 사랑의 손길을 준다면 미래의 우리 민속놀이가 더욱 밝은 빛을 보리라 믿어진다. 김동선 교수는 우리 민족의 전통적인 종목 그네뛰기, 널뛰기에 대해서 연구가 매우 깊고 또 이들의 유래, 경기방법 등에 대해서도 아주 보귀한 자료를 제공해 준데 대해 대단히 고맙고, 또한 한민족으로서 우리 민족의 전통적인 종목을 되살려야겠다는 그런 힘도 갖게 되었다.

2. 그네뛰기의 유래

그네는 부녀자들이 주로 5월 5일에 타고 노는 놀이로 추천(鞦韆)이라고도 한다. 그네는 우리말이고 추천이란 한자로 된 말이다.

1) 고려시대
그네뛰기가 오늘날에 와서 우리나라 고유의 풍속으로 되어 있으나 중국에서 전래되었는지 아니면 스스로 발생하였는지 그 유래에 관해서는 정확하게 추단할 수 없다. 그러나 추천에 대하여 가장 오랜 문헌으로는 《형초세시기》[1]가 있다. 이는 현존하는 중국의 세시기(歲時記) 가운데 가장 오래된 것으로 민간 풍속뿐 아니라 4월 관불회(灌佛會), 7월 우란분회(盂蘭盆會), 12월의 추나(追儺) 등 불교적인 행사를 포함하고 있다. 유교적인 수식 없이 순수하게 민중의 생활을 묘사한 중국민속 연구의 귀중한 자료이다.

외에 《수서(隋書)》 예문지(藝文志), 소재(所載)의 《고금예술도(古今藝術圖)》를 들 수 있다. 문헌에 따르면 추천은 육조시대(六朝時代)에 제나라를 거쳐 중국으로 들어왔고 후일 조선반도에 들어와 하나의 풍속을 이루었다. 또한 중국의 《송사(宋史)》[2]에는 고려 현종 때 조파사(朝派使) 곽원(郭元)의 소언(所言)에 《단오유추천(端午有鞦韆)》이라 하여 고려에서 단오에 그네뛰기를 즐겼다고 하는 기록이 있다. 또한 그네뛰기 풍속이 한국 문헌에 최초로 보이는 것은 《고려사》이다.

2) 조선시대

조선시대에 들어서면서는 서민층의 놀이로 널리 퍼져나갔는데 반해 왕족이나 귀족은 그네뛰기를 멀리하였다. 이는 당시 상류층의 봉건적 윤리규범이 여성의 활달한 몸 움직임을 꺼려했기 때문인 것으로 볼 수 있다. 그러나 사라진 것은 아니다. 단오조에도 《남녀로서 연소

---

1) 중국 육조시대 후난성(湖南省), 후베이성(湖北省)을 중심으로 하는 형초 지방의 풍속을 기록한 연중세시기.

2) 중국 송나라에 관한 기전체(紀傳體)의 역사서. 정사(正史)의 하나로, 원나라의 탈탈(脫脫) 등이 칙명으로 지었다. 남송(南宋)이 멸망한 뒤 원나라가 수집한 송나라 국사, 실록, 일력 등을 바탕으로 다른 자료도 보태어 1345년에 완성했다. 사료 중 흩어져서 일부가 없어진 것, 자료로서 불충분한 것, 빠진 것은 다른 자료로 보충하거나 삭제하여 충실하지는 못하다. 예컨대 《송회요(宋會要)》《속자치통감장편(續資治通鑑長篇)》《건염이래계년요록(建炎以來繫年要錄)》 등에 비해 못한 면이 있으나 이들에는 없는 것도 포함된 송나라 때의 집약적 사서로서 가치가 크다. 496권.

한 자들은 그네뛰기 놀이를 한다. 서울이나 시골이나 다 같지만 평안도 지방이 더욱 심하여 고운 옷과 고운 음식으로 서로 모여 즐기는 것이 설날과 대략 같다》고 하였는바, 이를 미루어 남쪽보다는 북쪽 지방에서 그네뛰기가 성행한 것으로 보인다. 이와 같이 여인네들의 단오놀이로 널리 퍼져 나갔던 그네뛰기는 서울을 비롯하여 평양, 개성, 사리원, 수원, 남원, 전주 등의 도회지에서도 크게 성행되어 왔다.

3) 근·현대

1900년을 전후한 격변기에는 다른 민속놀이와 같이 그네뛰기도 점차 빛을 잃기 시작했고, 일제 강점기에는 일본인들의 민족의식 말살 정책에 의해 그네뛰기도 일시 자취를 감추게 되었다. 그러다가 1937년 중일전쟁 이후 일제는 전쟁 수행상 국가총동원을 하는 때에 그네뛰기대회와 같은 한가한 민속놀이를 할 수 없다고 금지하였다.

1945년 8월 15일 해방 이후 전국 곳곳으로 부활되어 단오놀이로 성행되었다. 그러나 6·25전쟁으로 인해 쇠퇴되었다. 그 후 1956년 6월에는 특별히 이승만 대통령 82회 탄생기념 축하 때, 그리고 1970년 대에 들어와 주부클럽연합회에서 신사임당 기념행사의 하나로 해마다 5월에 경복궁 안에서 그네뛰기대회를 거행하여 자못 활기를 띠었다. 그 후 1982년 5월 5일부터 대한민속그네협회가 잊혀져 가는 《우리 민속놀이를 찾아 아끼고 가꾸는 정신을 새롭게 하자》는 취지 하에 그네를 보급함으로써 그 맥을 이어가고 있다.

3. 그네뛰기의 경기방법

1) 종류

그네뛰기는 대개 4월 초파일을 전후하여 매어놓고 5월 단오절에 이르는 약 한 달 동안 계속되는데, 특히 단옷날에는 가설 그네 터에서 경연대회를 여는 것이 통례이다.

그네놀이에는 한 사람이 혼자 뛰는 외그네뛰기, 두 사람이 짝이 되어 함께 마주보고 뛰는 쌍그네뛰기(맞그네뛰기), 그리고 짝배기뛰기가 있다. 경연에는 높이뛰기와 방울차기가 있다. 그네를 허공 높이 구르기 위해서는 온몸의 탄력을 이용해야 하는데, 특히 팔과 다리에 힘이 있어야 하고 그것을 잘 발휘해야 한다. 따라서 그네뛰기는 체력과 민첩성, 고도의 긴장감이 따르는 체육적 의의를 갖는 놀이라 할 수 있다.

2) 시설
① 그네

그네는 대개 마을 어귀나 동네 마당에 있는 큰 느티나무나 버드나무 등의 굵은 가지에 매달기도 하고, 마땅한 나무가 없을 때는 인공적으로 그네를 가설하기도 한다. 또한 모래벌판 등 넓은 터에 긴 통나무 두 개를 높다랗게 세우고 그 위에 가로질러 묶은 통나무에 그네를 달기도 한다. 이들 통나무에는 색 헝겊을 둘러 장식하여 경기 분위기를 화려하게 한다. 그네 발판은 장방형의 두꺼운 널판을 사용하고, 부드러운 무명으로 안전 줄(줄을 잡은 두 손을 그넷줄에 고정시키기 위해 만든 고리 모양의 띠)을 대어 그네를 뛰는 사람이 마음 놓고 구를 수 있게 한다.

② 그넷줄

그넷줄의 길이는 8~9m 정도로 하는 것이 적합하다. 지나치게 길게 하면 타는 사람의 힘이 그네를 이겨내지 못하고 지나치게 짧게 하면 힘을 충분히 발휘할 수 없어 뛸 맛이 덜하게 된다. 그넷줄의 굵기는 재료에 따라서 일정하지 않으나 대개 굵은 새끼줄로 만드는 것이 보통이다. 색실이나 노끈을 꼬아 만든 동아줄을 사용하기도 한다. 그러나 반드시 손안에 들어갈 수 있는 정도의 굵기로 만들어야 한다.

③ 장대와 방울

그네 앞 적당한 거리에 긴 장대를 세우고 장대 끝 부분에 방울을 몇 개 차례로 매단다. 고등학생을 표준으로 하면 그넷줄의 높이는 8~9m 정도, 장대 높이는 10m 정도, 방울 사이의 간격은 30cm 정도가 적당하다.

3) 경기방법

그네뛰기 경기를 할 때 그네의 높이를 재는 방법에는 두 가지가 있다. 첫째는 높이 올라가는 것으로 승부를 결정하는데 그네가 앞으로 나가는 자리에 높이를 재는 장대를 세우고 때로는 그 위에 방울을 매달아 놓아 뛰는 사람의 발이 방울을 차서 울리도록 해서 그 방울 소리의 도수(度數)로써 승부를 결정한다. 또 하나의 방법으로는 그네의 발판에 줄자를 매달아 그네가 높이 올라가는 척수(尺數)를 재어 승부를 결정하는 방법의 두 가지가 있다. 상품으로는 대개 여성의 노리개인 금가락지 등이 수여되는데, 이는 씨름에 황소를 상품으로 내는 것과 좋은 대조를 이루고 있다.

4. 널뛰기의 유래

널뛰기는 그네뛰기와 더불어 우리나라 여성의 대표적인 놀이로 음력 정월 초를 비롯하여 5월 단오, 8월 추석 등의 큰 명절에 성행되어 왔다. 널뛰기의 유래에 대해서는 별로 알려진 바가 없으나 그 놀이의 성격으로 미루어 보아 고려 이전의 시대부터 전승되어온 것으로 추측된다. 널뛰기는 이름 그대로 널판 위에서 뛴다는 뜻이다. 초판희(超板戱), 판무희(板舞戱), 도판희(蹈板戱)는 우리말을 한자어로 옮긴 것이다.

그러나 1960년대 후반부터 오랜 세월 동안 우리 민족의 사랑 속에 전승되던 우리의 민속놀이 널뛰기, 우리의 가슴속에 은근한 그리움을 안겨주며 또한 어린 시절 향수까지 불러오는 널뛰기를 설날에도 거의 볼 수가 없다. TV의 자료 화면이나 민속행사 등에서 간간이 볼 수 있을 뿐이다.

5. 널뛰기의 경기방법

1) 시설

① 널 : 길이 2 25m, 너비 30cm, 두께 5cm 가량의 널빤지.

② 널받침

널빤지 가운데를 괴는 짚단이나 가마니를 말아서 괸다. 지방에 따라 방법이 약간씩 다르나 널판이 닿는 끝 부분의 땅을 파서 구름이 강하게 하기도 한다. 널이 움직이지 않도록 하기 위해서 널 가운데 사람이 앉아 있기도 한다. 이때 몸무게가 비슷한 사람끼리 뛰게 되면 널을 같은 길이로 차지하게 되지만 몸무게가 차이가 날 때에는 몸무게가 적은 사람에게 널을 많이 주어 균형을 이루도록 한다. 이것을 《밥을 준다》라고 표현하기도 한다.

③ 손잡이 줄

널을 뛸 때 몸의 중심을 바로잡기 위해 널판 옆에 빨랫줄처럼 긴 줄을 가설하고 한 손으로 이 줄을 쥐고 뛴다. 줄을 놓고 뛸 수 있을 때까지 널뛰기를 익히는데 유용하게 사용할 수 있다.

2) 종류

널뛰기에는 높이뛰기와 오래뛰기가 있고, 높이 뛰어올라 발을 앞으로 쭉 폈다가 내려오기, 양옆으로 폈다가 다시 모으면서 내려오기, 뛰어올라 빨랫줄을 잡고 몸을 곧추세웠다가 내려오기 등이 있다.

3) 경기규칙

우선 널을 뛸 사람의 몸의 크기에 따라 적당한 널판을 준비하고 널판을 괼 수 있는 짚 뭉치나 가마니를 베개 모양으로 만든 후 널판 한가운데에 괴어 널을 준비한다. 준비된 널판 양끝 위에 한사람씩 올라가서 번갈아 뛰었다 내리면 반동으로 서로의 몸이 하늘 위로 올랐다 내렸다 한다. 이때 널 중간에 사람이 앉아 흔들리는 널을 고정시키기고 몸의 중심을 잡고 널에서 떨어지지 않도록 양쪽에 사람을 두어 손을 잡고 널을 뛰기도 한다.

널의 평형이 이루어진 뒤에 비로소 널을 뛰게 되는데, 한 사람이 뛰어 올랐다가 내려디디면 그 힘의 반동으로 상대방이 뛰게 되며 이러한 동작을 서로 번갈아 반복하면서 놀이를 하게 된다. 놀이의 승부는 한쪽이 힘껏 굴러서 상대편의 발이 널빤지에서 떨어지게 되면 떨어진 쪽이 지게 되는 것이다. 이 놀이는 두 사람이 뛰며 즐기는 놀이이지만 여러 사람들이 편을 나눠 겨루기를 하기도 한다. 널뛰기 자체가 힘겨운 만큼 오랫동안 서서 버티기 어려우므로 뛰었다 쉬었다 하게 되는데 이렇게 함으로써 교체가 잦아 활기 넘치게 되는 것이 널뛰기의 재미이기도 하다.

널뛰기의 효과는 전신운동으로 민첩성을 기르고, 높이뛰기의 힘을 기르며, 조상들의 생활 모습을 엿볼 수 있다.

6. 나가는 말

조상의 슬기와 얼이 담긴 그네뛰기와 널뛰기는 한 폭의 그림같이 아름답고 심신을 연마하는 효능이 탁월하여 예술사진이나 동양화로 또는 학술연구면에서도 여성 놀이의 으뜸으로 전통민속놀이 보존의 중요성을 지니고 있다. 그러나 현대에는 관심을 끌지 못하고 지방의 놀이공원이나 박물관 등에서 겨우 민속놀이로 그 명맥을 유지하고 있는 실정이다. 그것은 그네뛰기와 널뛰기의 유경험자가 50세 이상으로 일제의 말살정책으로 뇌쇄되어 전통 계승의 힘이 약화되었고 전통적인 그네뛰기와 널뛰기 기구가 운동장 시설에 불합리하며 경제적인 부담과 안전사고의 우려로 안일했기 때문이다.

그러나 그네뛰기와 널뛰기는 협응력에 의해 뛰는 것으로 상호 협동하고 예절을 지키는 사교의 장으로써 알맞은 운동량을 갖고 있기 때문에 모든 체육공간에 설치하여 국민체력 향상에 이바지 할 수 있어 생활체육으로 진흥 발전시킬 필요가 있다. 또한 문화유산으로서도 보존할 만큼 중요성을 갖고 있고 태권도와 같이 세계적인 운동으로 승격시킬 가치가 있다고 본다.

무엇보다도 남측, 북측, 중국 조선족들이 하고 있는 이들 놀이가 서로 공통점을 가질 수 있는 시설과 경기방법의 공통점을 찾아 추후 남북 민속놀이교류에 일조할 수 있도록 해야 할 필요성이 제기된다.

끝으로 한 가지 문제를 제기하고 싶다. 현재 중국의 조선족들도 우리 민족의 전통체육종목의 경기화를 위한 많은 노력들을 기울여 왔다. 일례로 중국에서 정기적으로 개최하고 있는 전국소수민족전통체육대회에서 그네는 이미 정식경기종목으로 채택되어 중국의 기타 소수민족들도 함께 즐기는 민족체육종목으로 자리 매김을 하고 있다. 2003년에 열린 전국소수민족전통체육대회의 그네경기에는 16개 지역의 소수민족대표 팀이 참가하였고 아울러 향후 더욱 큰 발전의 가능성을 보이고 있다. 따라서 현재 중국에서 진행되고 있는 그네경기의 방식과 내용들이 남북한 공동수용의 가능성이 있는지에 대해 발표자의 의견을 들어보고 싶다.

전통적인 민속문화요소 해석의 한계

고 재 곤*

원래 그네뛰기는 북방민족의 유희였던 것 같다. 그러한 사실은 『형초세시기』의 다음과 같은 기록을 통해 확인된다.

북방 새외(塞外)민족이 한식날 그네뛰기를 하여 가볍고 날랜 몸가짐을 익혔다. 그 후에 이것을 중국 여자들이 배웠다. 나무 기둥을 세우고 그 위에 나뭇가지를 가로질러 맨 다음 물감들인 줄을 그 곳에 매달고 사족의 여자들이 줄 위에 앉거나 서서 밀고 잡아당기며 놀았다. 이 놀이를 추천(秋千)이라고 일컫는다.

위의 내용에서 알 수 있듯이, 그네뛰기는 북방 민족의 놀이에서 비롯되어 점차 남쪽으로 전해져 내려와 우리나라에 전파된 것으로 보인다. 일설에는 제(齋)나라 환공(桓公)이 북방의 산융(山戎)을 친 뒤에 산융의 놀이인 그네뛰기가 중국에 전해졌다고도 하고 당나라 현종 때

---

* 여주대 사회체육학과 교수

양귀비는 궁궐 안에 그네를 매고 뛰어, 밖에 있는 안녹산(安祿山)과 담 너머로 만나보고 그리운 정을 주고받았다는 속설도 전해져 내려온다.

많은 유희와 스포츠의 기원이 그러하듯이 그네도 몸을 날렵하게 하는 체련 수단이었다. 이것이 한나라에 도입되어 궁녀들로 하여금 임금님의 장수를 기원하는 축수유희로 정착하고 있다. 고려 때 문헌에 그네뛰기는 예외 없이 왕궁의 후원에서 베풀고 있음을 미루어 보아 우리나라에서도 도입 초기에는 축수유희였음을 알 수 있다. 그네 구르는 것을 명굴레라고 하는데 앞으로 구를 때 아버지 명을, 뒤로 구를 때 어머니 명을 축수한다고 해서 그런 이름이 붙은 것이라 한다. 어떻든 북방에서 비롯된 그네뛰기는 제나라를 거쳐 한·당(漢唐) 이후에는 궁중과 민간에서 명절놀이로 성행되었던 것 같다. 그네뛰기는 특히 당대에 이르러서는 궁중에서까지 경연대회가 성행했다. 그러자 당의 현종은 그네뛰기를 이름하여 '반선지희(半仙之戲)'라고 부르기도 했다.

그네뛰기가 언제 우리나라로 전해졌는지는 자세하지 않다. 다만 지금까지 우리에게 밝혀진 문헌상의 그네에 대한 유래는 당나라에서 크게 성행했던 것으로 미루어 삼국시대를 전후하여 유입된 것이라고 추측된다. 그것은 추천(秋千)이 고려시대에 크게 성행된 것으로 볼 때 더욱 그러한 추정을 가능케 한다. 『고려사』 최충헌 부(傳)에는 다음의 기록이 전해진다.

단오에 충헌(忠獻)이 백정동궁(栢井洞宮)에서 추천희(秋千戲)를 베풀고 문무 4품 이상의 관리를 초청하여 사흘 동안 놀았다.

특히 그네뛰기는 유교적 사회에서 볼 때 사회의 풍기를 해치는 일종의 폐습이었다. 그리하여 건국 직후에 조선왕조에서는 이를 제한하려는 조치를 단행했다. 즉, 태조 5년 6월에는 그네뛰기를 금지했던 것이다. 그러나 이러한 억제책에도 불구하고 그네뛰기는 계속되어졌다. 특히 성종 때에는 매우 성했던 것 같다.[1]

당시 단오 날에 그네뛰기가 한성 시내인 종로 한복판에서 크게 성행했음을 알 수 있다. 이처럼 단오 날 그네뛰기를 즐긴 사실은 고려 이래로 계속된 세시풍속의 일환이었다. 더구나 남북으로 나누어 승부를 겨룬 것으로 보아 단체전으로 그네뛰기를 즐긴 사실을 엿볼 수 있다. 그 광경을 보기 위한 여성들이 적지 않았음도 확인하게 된다. 정조 때 만들어진 『경도잡기(京都雜記)』 단오조(端午條)에는 "항간의 부녀들이 추천희(秋千戲)를 매우 성하게 한다"는 기록을 통해서 확인되거니와, 순조 때의 『열양세시기(洌陽歲時記)』에서 "나이 적은 남녀들이 그네뛰기를 좋아한다. 서울이나 지방이나 마찬가지지만 특히 평안도 지방에서 성행되었다"고 한 것에서 추천희가 서울은 물론이고 전국적으로 여전히 계속되어 크게 성행되었음을 확인하게 된다.

그네뛰기는 구한말과 일제시대를 거쳐 오늘날에 이르고, 중국으로 이주한 조선족에게서도 조선반도의 전통적인 그네의 형식과 방법이 그대로 전승되어졌다. 중국조선족의 그네는 1953년 10월 8일 중국이라고 하는 특정한 사회환경에서 중국소수민족전통체육대회의 정식 경기종목으로 채택되기에 이르렀다고 한다. 이에 중국의 국가민족사무위원회와 체육위원회는 매 4년 1회의 전국소수민족전통체육대회를 개최하기로 했고 소수민족 전통체육을 경기화함에 있어서 경기규칙의 규범화, 공정성 작업에 착수하면서 소수민족 전통체육종목들의 타민족간의 교류와 보급을 시도했다. 이러한 정부 차원의 민족체육에

---

1) 성종 24년(1493) 5月, "금년 단오에 富相市井의 무리가 鐘樓 뒤에 그네를 매고 남북으로 나뉘어 승부를 겨루었다. 그 사치가 극하여 綵棚과 다름이 없었고 都城의 士女가 구름처럼 모여들고 부녀자 2인이 가마를 타고 그 곁에 있는 기녀의 집에 가서 몸 붙어 있으면서 숨어서 구경하였다. 이것은 놀이 거리를 위한 것이 아니라 실로 아름다운 계집을 모아서 음란한 것을 드러낸 것입니다."

대한 통합적인 경기화 방안으로 하여 연변 조선족의 전통체육종목인 그네뛰기는 국가 유관부서의 위탁으로 정규적이고도 통일된 경기규칙 창출에 몰입되게 되었다. 그러나 발표자는 조선족 그네의 전국소수민족전통체육대회에서의 정식종목 채택은 그네를 스포츠화함에 있어서 과학성, 공정성에 크게 접근한 반면 전통적 민족문화의 요소들이 점점 빈약해지고 있지 않느냐 하고 문제를 제기했다.

민속체육은 체육문화의 복합적인 구성요소의 일부분이므로 발굴과 정리에 있어서 특정 놀이의 성격을 보존함이 더욱 중요하다. 또한 민족전통체육의 발굴과 보존에 있어서 스포츠문화적 관점과 민속학적 관점에 입각하여 사회 전반에 민속운동이 대중화로 발전할 수 있는 실질적인 대안을 마련해야 한다는 것이다.

본인도 이러한 시각에는 함께 공감하는 부분이다. 그러나 그네뛰기가 반드시 우리나라의 전통민속체육으로만 해석하기에는 무리한 감이 있다. 왜냐하면 필자가 그네에 대한 유래에서도 언급된 바 있지만, 그네는 동서를 막론하고 존재하는 놀이라는 점이다. 이어령 박사는 아이들이 그네를 좋아하는 이유를 "엄마의 배속인 태아 시절 양수에서 느꼈던 흔들림의 유영" 때문이라고 하듯이, 그네는 문화인류학적인 관점에서 어찌 보면 자연발생적 산물이 아니었나 싶기도 하다.

다시 말해서 이러한 그네놀이가 꼭 대중화, 스포츠화 되어야 하는 소위 발전론적 관점으로 변화되어야 최상은 아니다. 또한 앞서도 언급하였듯이 그네를 우리 고유의 전통놀이로만 국한해서 시각을 맞춘다면 무리한 해석으로 비화될 수 있다. 따라서 중국 조선족의 그네는 한반도에서도 전수가 되어 정착된 점도 인정되지만 아마도 다른 요인, 즉 중국 민족 또는 중국 내 다른 소수민족에 의해서 영향을 받고 또 영향을 주면서 정착되고 발전되어오지 않았나 싶다.

왜곡된 택견의 정통성 바로잡아야

김 현 석[*]

택견은 우리 선조들이 오랜 세월 갈고 닦아 온 맨손의 겨루기 기예로서, 그 기본은 차고 때리는 격술보다는 상대의 힘이나 허점을 이용하여 차거나 걸어서 넘어뜨리는 유술의 원리에 바탕을 두고 있다. 즉, 절도 있는 직선운동을 기본으로 하는 무예와 달리 섬세하고 부드러운 곡선운동을 바탕으로 하고 있는데 "이크, 에크"의 독특한 기합 소리와 더불어 우리 민족의 독특한 몸짓인 '꾸밈없고 수수한 굼실거림과 능청, 우쭐거리는 동작'이 기본이 된다. 이 '굼실, 능청, 우쭐'의 3박자 리듬과 늠실늠실 거리는 부드러운 동작은 겉으로 보기에는 마치 탈춤과도 같이 경쾌하고 부드럽지만 안에서 우러나오는 엄청난 힘으로 상대를 일시에 절명케 할 수도 있는 가공할 무예이다.

또한 택견은 중국 권법처럼 동작이 길게 흐르지 않고 순간적으로 우쭐거려 튕기는 탄력에 중점을 두고 있으며, 중국 권법에서 많이 쓰는 주먹을 이용한 타격보다는 '칼잽이'라 하여 손바닥이나 손아귀를

---

[*] 숭의여대 레저스포츠과 교수

사용해서 상대를 밀거나 잡아채는 손 기술과 발을 사용해서 상대를 차거나 걸어서 쓰러뜨리는 다양한 발기술이 발달한 무예이다.

이와 같은 택견이 날카롭고 세련되었다고 할 수는 없지만 관절의 긴장을 완화시켜 몸에 무리가 없으며 모든 몸놀림이 손, 발, 근육의 움직임과 일치함으로써 자연스럽게 공방할 수 있는 흥미 있는 무술이라 할 수 있다. 또한 동작과 함께 뱉어 나오는 기합소리인 "이크"와 "에크"는 단전을 강화시키는 효과를 줌으로써 오늘날 여성과 노인들에게도 알맞은 운동으로 평가받고 있다.

이와 같이 오늘날 생활체육으로 자리잡아가고 있는 택견은 일제시대를 거치면서 거의 절멸하다시피 했었는데 1983년 6월 1일 중요무형문화재 제76호로 지정되면서 그 명맥이 유지되기 시작했다. 당시에 송덕기, 신한승, 그리고 정경화가 초대 기능보유자로 인정받았으며 현재 전국적 규모의 택견 전수기관으로 대한체육회 산하단체인 대한택견협회, 국민생활체육전국택견연합회, 한국전통택견협회, 택견원형보존회 등이 택견의 전승 및 대중화를 위해 노력하고 있다.

그러나 택견이 국가 중요무형문화재로 지정받고 많은 택견 단체들이 택견의 역사에 대해 언급하고 있지만 택견 역사의 정통성에 대한 논의는 쉽게 매듭지어지지 않고 있다. 이는 발제자가 언급했듯이 택견의 역사를 고찰할 때 등장하는 무예의 원류가 고대 벽화나 일반 사서 및 역사서에서 보이는 단편적인 기록들에 기인하는데 이와 같은 기록이 지금의 어떤 무예를 지칭하고 있는지 명확히 밝히기가 어렵기 때문이다. 또 택견의 기원에 대한 대부분의 연구들이 택견의 기원을 수박 내지는 수벽치기에서 원류를 찾고 있는데 택견의 역사적 기원을 살펴보기 위해서는 수박과 택견의 역사적 연관성을 명확히 밝혀야 한다는 데서 그 이유를 찾을 수 있을 것이다. 그리고 택견이라는 용어가 직접 쓰인 사료는 조선 후기에나 되어야 나타나는데 이로 인해 그 이전의 택견 역사에 대한 규명이 불분명한 것이 현실이라 할 수 있다.

이것은 택견의 원류에 대한 정확한 근거를 찾기가 현실적으로 매우 어렵고 역사적 원류를 제시하고 있는 연구물이 부족한 상태이기 때문이다. 따라서 발제자가 결론에서 언급한 것처럼 현 시점에서는 택견과 관련된 직·간접적 사료나 자료가 더욱 많이 발견되어야 좀더 택견의 유래에 대한 구체적인 논의가 가능하리라 사료된다.

한편 오늘날 택견의 계보를 살펴보면 개항 이전까지의 택견은 어느 특정인에 의해 이어져 온 것이 아니었으나 1800년대 후반부터는 우리 것을 지키겠다는 택견꾼들에 의해 이어지다가 일제 강점기에는 민족말살정책으로 인해 몇몇 택견인들에 의해 면면이 이어져 내려오게 되었다.

근대 택견의 계보는 1880년도 구리개 택견의 명인 박무경에서 1900년도 김홍식으로, 1880년도 종로 택견의 명인 임호에서 1900년도 송덕기 초대 기능보유자로, 1845년도 왕십리 택견의 명인 박털백에서 1880년도 신재영으로 전수되어 오다가 1936년도에 세 스승으로부터 전수받은 신한승(초대 기능보유자)이 3파의 택견을 집대성하게 된다. 이후 박만엽(국가전수 조교)과 정경화(2대 기능보유자)에게로 전수되어 지금에 이르게 되었다.

그러나 전통무예 택견이 중요무형문화재 제76호로 지정받은 1983년 6월 1일 이전까지는 모든 택견인이 우리 것에 대한 애착과 지키겠다는 외침의 목소리가 하나였으나 문화재로 지정된 이후에는 여기저기서 서로 다른 목소리가 터져 나오면서 새로운 계보의 싹이 움트기 시작했다. 그 새로운 계보를 보면 제1대 기능보유자로 지정된 송덕기와 신한승이 작고한 후 새롭게 파가 형성되었는데, 기능보유자인 정경화는 택견원형보존회를 만들었고, 박만엽은 충주를 기점으로 한국전통택견협회를 만들었다. 그리고 1984년 한국전통택견연구회의 설립을 추진한 사람들 가운데 한 사람인 이용복은 신한승이 작고한 후 정경화와 택견의 원형에 대한 견해 및 이념의 차이를 극복하지 못하고 독자적으로 대한택견협회를 만들었으며, 도기현은 송덕기의 가르침을 받은 제자들과 함께 송덕기와 신한승의 택견의 차이점을 지적하고 현재의 모든 택견이 신한승의 택견으로 이루어지고 있는 점을 안타까워하면서 송덕기 택견의 업적과 정신을 연구하고 계승하고자 하는 의미에서 택견계승회를 만들었다.

이와 같이 한 뿌리에서 나온 제자들이 각자의 계파를 만들면서 조금씩 문제점이 발생하기 시작하였는데 각 계파에서 가르치고 지도하는 내용과 동작이 하나 둘 차이가 나면서 어느 것이 우리의 전통의 몸짓인지 알지 못하게 되었고 배우고자 하는 수련생들도 혼돈 속에 많은 갈등을 보이게 되었다.

예를 들어 무예의 수련 정도에 따른 용어의 사용에 있어, 대한택견협회에서는 '무급~1급' '1단~9단'을 사용하고 한국전통택견협회는 첫째 마당부터 열두 마당째라고 하는 '째'와 '동'이라는 용어를 사용하고 있다. 또 체급에 있어서도 대한택견협회는 판급에서 무제한급까지 9단계로 나누고 있는데 반해 한국전통택견협회는 최상급, 상급, 중급, 하급의 4단계로 구분하고 있다. 즉, 각 단체마다 택견 동작과 용어 및 경기규칙 등에서 차이가 나타나고 있어 중요무형문화재로 지정된 전통무예 택견의 정통성이 왜곡되고 있다.

만약 이러한 상황이 지속된다면 결국에는 같은 전통무예를 가르치면서 서로 다른 단체로 전락하게 될 것이다. 물론 문헌 연구와 자료 정리를 통해 그 맥락에서 벗어나지 않는다면 다행이겠지만 택견에 대한 정리작업과 체계적인 연구의 역사가 짧은 현실을 감안하면 택견 연구자들의 개인적인 견해를 무시할 수 없기에 왜곡 현상은 심화되리라 사료된다.

더욱이 중요무형문화재 지정은 이러한 단체의 난립과 정통성 왜곡에 적지 않은 영향을 미쳤다고 할 수 있다. 왜냐하면 중요무형문화재의 기능보유자로 인정되면 그에게는 여러 가지 권한이 주어지게 된다. 크게 세 가지로 구분해 보면, 첫째 국가에서 인정하는 전수교육보유자, 이수자, 전수자, 전수장학생의 추천권이 주어지며, 둘째 기·예능의 전수교육을 시킬 수 있는 자격을 부여하고, 셋째 무형문화재로 등록된 단체의 핵심적인 업무를 처리할 수 있는 자격을 부여받게 된다. 따라서 중요무형문화재에 관한 실질적인 모든 권한이 기능보유자 한 사람에게 주어짐으로써 인간문화재로 지정된 특정인은 문화재와 관련하여 절대적인 권한을 갖게 된다. 즉, 자기 자신만이 정통이고 나머지는 이단이라고 할 수 있는 것이다. 이는 택견의 경우에서도 마찬가지인 바, 중요무형문화재 제도의 보완과 합리적인 운영을 통해 제도의 취지에 부합하면서 더욱 문화재를 보존, 계승, 발전시킬 수 있는 방안을 모색해야 할 것이다.

택견의 시원을 증명할 수 있는 객관적인 자료를 확보하는 데는 앞으로 시간이 얼마나 걸릴지 예측할 수 없다. 그러나 택견인들 간의 시기와 질투, 분파와 갈등으로 인한 왜곡된 정통성을 바로잡는 것은 택견인들의 마음가짐에 달려 있다. 중요무형문화재 제76호 택견을 우리 민족의 전통무예로서 영원히 계승·발전시키는 것은 택견인 스스로의 몫이다.

중국 조선족사회의 문화전환기능

김 창 권[*]

'연변 조선족 체육운동 산생과 발전으로부터 본 남북체육교류의 필요성'이라는 논제를 가지고 진행된 리재호·김룡철 교수의 연구는 일제의 조선반도의 침략과 1910년 한일합방 이후 많은 조선족 인민과 애국지사들이 중국 지역의 이민(移民) 집거 생활에서 정치적 기반으로 전개된 중국 조선족 체육 산생과 발전을 개괄적으로 적음으로 하여 그 지나간 역사를 회고하고 미래를 구상함에 있어서 그릇된 것을 바로잡는 적극적인 차원에서 남북통일 및 남북체육교류에 일조할 수 있다는 점에서 매우 의의가 깊다고 생각된다.

발표자의 글에서도 나오다시피 100여 년 전 조선족 선민들은 가장 원초적인 생계유지에 대한 만족을 얻고자 생명의 위험도 무릅쓰고 압록강, 두만강을 건너 이국 타향으로서의 천입을 시작하였다. 이들은 초인간적인 인내력과 의지력, 그리고 생존에 대한 끝없는 애착으로 상상할 수 없는 간난신고(艱難辛苦)를 이겨가며 거친 만주 벌판에 우

---

* 중국 연변대 체육학원 교수

리 민족의 새로운 삶의 희망을 담은 첫 괭이를 박았고 행복한 내일을 기약하는 첫 씨앗을 뿌렸으며 이 씨앗을 지켜내기 위하여 조선족 선민들은 열악한 자연환경과 박투하였고 봉건군벌과 지방 악세력과 맞서 싸웠으며 일제와의 항전에 떨쳐나섰다.

광복 이후에는 중국공산당이 영도하는 인민민주정권의 건립과 토지개혁 운동에 적극 참가하였으며 동북을 보위하고 전 중국을 해방하기 위한 판가리 싸움에서 조선족의 우수한 아들딸들은 자신의 뜨거운 피를 흘렸다. 쪽지게를 지고 두만강을 건너 맨주먹으로 동북 땅을 개척하면서 새로운 역사를 시작했던 조선족은 자신의 피와 땀으로 이 땅을 적시고 중국의 다른 민족과 더불어 동북 변강을 개발하고 건설하며 지켜 가는 가운데서 기타 민족의 존중과 신임을 받았고 중화 대지를 감동시켰으며 명실 공히 중국의 한 개 소수민족군체로 성장하였다는 점은 매우 동감한다.

중화인민공화국이 건립된 후 조선족은 중국의 합법적인 소수민족군체로 성장하였을 뿐만 아니라 당과 정부의 민족지역 자치정책의 실시와 함께 연변에 세계적으로도 유일한 조선민족자치주를 세워 자치권리를 향유할 수 있게 되었다. 이때로부터 조선족은 주인공적인 자세로 중국 사회주의혁명과 건설사업에 적극 참여하였으며 중국 본토에서 성장한 기타 여느 민족 못지않게 중국사회 발전을 위해 많은 기여를 해왔음은 부인할 수 없는 사실이다.

특히 개혁개방 이후 연변의 조선족은 자체의 지역적인 우세와 혈연적인 우세를 발휘하여 주변국과의 경제교류와 문화협력을 적극 추진함으로써 자체의 물질생활환경을 개선하였고 문화생활 수준을 크게 향상시켰으며 전국 56개 소수민족 중 종합문화소질 제1위까지 자리매김했었다. 조선족이 중국에서 이룩한 성취는 점차 세상에 널리 알려지기 시작하였고 또한 이러한 성취로 하여 조선족은 한 시기 중국

소수민족의 자랑으로 되었다는 점도 매우 동감하는 바이다.

연변 지역은 자신의 독특한 문화환경과 지리적 환경 때문에 남북교류 및 남북체육교류에 매우 유리한 위치에 처해 있다. 남북간의 현 상태에 비추어 보면 중국 조선족 사회가 지니고 있는 문화적인 성격은 더없이 보귀한 전략적인 자원이라고 볼 수 있다. 중국 조선족 사회의 전략적인 가치는 그의 지리적인 우세에만 있는 것이 아니라 문화적인 특수성에도 있다는 점이다. 말하자면 중국 조선족 사회의 문화적 기능은 언어 번역의 기능을 훨씬 초과한 문화전환기능이다. 중국 조선족 사회는 혈연적으로 조선과 더욱 깊은 관계가 있고 문화적으로 사회주의와 자본주의의 문화에 익숙해 있다. 하기에 그들이 남북통일과정에서의 매개 역할은 매우 클 수가 있다고 본다.

1989년 6월 《남북교류협력에 관한 지침》에 따라 1999년 12월까지 체육 분야에서 남북간 교류가 58건이 성사되었고 동 기간 중 남북 왕래 교류로는 《남북축구대회》《세계청소년추국선수권대회 남북단일팀 평가전》《남북노동자축구대회》《통일농구경기대회》 등이 이루어진 걸로 알고 있다. 이러한 남북체육교류가 이루어지게 된 데는 양국 정부의 노력이 컸다고 할 수 있지만 중국 조선족 사회의 역할도 한몫을 했다고 본다.

우리는 중국의 조선족인 것만큼 중국과 한반도는 물론 남북교류에 더욱 큰 기여를 하여야 하며 또 중국과 한반도간, 그리고 남과 북의 우호적인 밀접한 관계 형성에 더욱 적극적인 역할을 담당해야 할 것이다. 엄격히 말하면 이것이 바로 중국 조선족 사회 및 우리 조선족 학자들의 바람직한 자세가 아닌가 싶다.

최승희 무용에 대한 첫 미시적 연구

이 애 순*

김은한 전임연구원의 발표 논문은 최승희가 창작한 무용극 「사도성 이야기」를 통하여 전체적인 최승희 무용의 특징을 개괄하려는 취지, 즉 작은 것을 통하여 큰 것을 보여주려는 노력을 보였다.

논문은 크게 두 부분을 나누어 연구되는데, 첫 부분에서는 무용극의 전체적인 구성에 대해 작품의 개괄, 줄거리 주제 등 내용면과 무용극에서 보이는 무용작품, 소재, 음악적 경향, 의상 및 무대미술 등 형식 및 종합요소면에 대해 천명하였고, 두 번째 부분에서는 작품에서 보는 무용형상기법을 동작기법이거나 극적연출기법, 움직임과 공간구도 등 면으로 분석하고 있다. 연구의 방법은 본체적인 무용학적 방법, 즉 미시적인 관점에서의 연구라고 할 수 있다.

최승희 연구는 80년대 말부터 본격적으로 진행되면서 지금까지 자료 발굴과 최승희 및 그의 무용예술에 대한 위치 확정 등 큰 타이틀 안에서 전체적으로 진행되는 거시적인 연구의 추세를 보이고 있는 반

* 중국 연변대 예술학원 교수

면에 구체 작품에 대한 상세하고 깊이 있는 미시적인 연구는 거의 공백을 이루고 있는 셈이다. 이러한 실태에 비추어 저자는 최승희란 인물이 50년대 초에 창작한 「사도성 이야기」라는 무용극에 대해 전체적으로 세심한 연구를 기하면서 그 특징을 파악하려는 노력을 보였다. 특히 음악과 무용동작의 특징 비교와 무용형상기법의 분석에서 도표를 통해 제요소들을 일목요연하게 보여줌으로써 분석의 명석도나 과학성이 도드라지게 함으로써 그 설복력을 높이고 있다.

이 연구의 돌파점과 그 의의는 곧 이 연구를 통하여 최승희 연구가 본격적으로 심도 있게 되는 추세의 조짐을 보이고 있다는 점을 충분하게 긍정해야 된다고 본다. 반면에 연구에서 일부 범주의 도출과 시각은 비교적 섬세한 배려를 들여야 하지 않을까. 적어도 비교적 명석한 설명이 수용되지 않을까 생각된다.

하나는 범주의 사용에서 보면 특징적인 동작기법의 분석에서 '메고 감기'의 특질을 사선이란 《사(斜)》 범주에 넣는 것은 좀 타당치 않다는 감이 든다. 그 다음, 운동적 질량에서 말하는 《경(輕)》과 움직임의 역동성에서 말하는 《가벼움》은 무슨 구별이 있는지 잘 알려지지 않는다. 다른 하나는 일부 견해에서 보면 무용동작에서 소위 《이문화 자기류의 해석》이나 음악적 경향에서 소위 《무용의 음악화》란 견해는 잘 납득이 안 가는 점이 있다.

그 다음, 서방무용과 중국 경극의 기법을 모두 《상향적(上向的)》인 성격을 띠였다고 평가하고 있는데 이 뚜렷한 차이가 있는 두 무용실체를 하나의 동일한 《외래무용기법》이라는 범위에 귀속시키는 것은 무리가 있지 않을까 생각된다. 이는 중국 고전무용의 최후유형(경극을 포함)의 성격을 분석하여 보면 잘 나타나리라 본다.

최승희 무용실체에 대한 새로운 접근

양 정 수[*]

이애순 교수의 논문을 읽으면서 중국과 한국간의 언어적 문화 차이 때문인지 이해하는데 약간의 어려움이 있었다. 나름대로 파악된 사항을 요약하면 다음과 같다.

발표자는 제1장 '무용이론 실체로의 접근'에서 『조선민족무용기본 (1958)』과 『아동무용기본(1962)』이란 문헌자료와 조선과학영화촬영소에서 찍은 기록영화 「조선민족무용기본(1962)」 중심으로 연구하여 자료적 접근, 이론적 접근, 총체적 접근으로 구분한 것 같다.

첫째, 자료적 접근을 보면 최승희 무용인생 초기부터 연대적으로 접근해서 초기에는 무용이나 무용가에 대한 사회적 인칙이 높지 못한 실태에 대한 심리갈등이 표현되었고 대중들의 인식을 높여주려는 계몽적인 성격도 내포되고 있음을 알 수 있었다. 일제시대 민족무용의 발전을 위해 헌신하였던 자신의 무용 생애, 해방 후 해방민족의 기수로서의 무용창조, 동방무용 창조작업 등이 무용 발전에 기여된 것으

---

* 수원대 무용학과 교수

로 설명하고 있다. 그리고 최승희 일생에 저서 『조선민족무용기본』,
『조선아동무용기본』, 『무용대본집(1958)』과 자서전, 수필 등은 문학
작품 형태를 이루며 창작담이나 대담, 공연관람평 등은 무용평론 형
태를 이루고 있고 기초이론, 응용기초이론, 응용이론들은 연구이론형
태를 이루고 있음을 규명해 주었다.

둘째, 이론적 접근을 보면 역사적인 연구들은 과거, 현재, 미래를
이어주는 통시적인 연구 특징과 다시각, 다각도의 총시적인 연구 특
징을 띠고 있는데 작품에서는 사상성과 예술성, 내용과 형식, 민족적
독창성과 현대성의 변증법적 관계를 말했고 형식면에서는 정연성과
균제성, 집약성과 역학성, 정교성과 선명성을 요구했다. 모든 예술의
혁신과 창조는 그 예술적 전통에 의거, 이론적으로 규명함과 동시에
후천적인 연마의 중요성을 제기하고 개성적인 창조이어야 가치가 있
음을 시사하고 있다. 다시 정리하면 최승희의 전면인식관, 본질파악
관, 민족무용발전관을 반영하고 있다고 했다.

셋째, 총체적 접근을 보면 다차원으로 문화를 투시하는 입체적 시
각이 특징인 것으로 보인다. 심층적인 투시관은 민족전통무용에서 내
재적·본질적인 율동 특징을 발굴·선택하여 시대적으로 새롭게 창조
해낸 신고전주의의 성격을 띠게 했고. 평면적인 횡적수용관은 동양
여러 나라 무용의 정수, 발레의 과학적 방법, 현대무용의 창조정신을
도입하여 조선 민족문화 속에 정합하면서 조선의 예술무용을 창조했
으며, 고층적인 정체적 파악관은 자국문화 전통 파악과 함께 외문화
에 대한 넓은 포섭을 하여 창조한 조선의 고전 유산을 세계의 무용예
술로 발전시키고 세계무용 역사에 남기는 것, 미지적인 자율적 창조
관은 혁신과 창조 양상으로 새로운 문화를 창조해야 한다는 데서 나
타난다 했다. 이 과정에서 최승희 무용의 실체는 문화창조의 심미화,
과학화, 계통화 등 다원화의 특징을 나타낸다고 했다.

발표자는 제2장 '기본실체의 특징 및 발전구조'에서 『조선민족무용기본』 가운데 '입춤'기본에 중점을 두고 4가지 측면으로 분석했다.

첫째, 내용 구성을 '입춤'기본과 소도구기본으로 나누어 분석했는데 '입춤'기본은 예비동작과 기본동작으로 분류했고 소도구기본은 '입춤' 기본을 바탕으로 민족특색이 나타나 민족무용기본으로 지칭한다고 했다. '입춤' 구성원칙은 ①기본동작법이 입체각 부분의 균형적 발전에 철저히 기초한다는 것 ②인체활동 범위의 확대와 유연성, 신축성, 탄력성, 강인성, 인내성 등 인체의 생리적 조건을 고려하고 자연스러운 발전에 기초하여야 한다는 것 ③동작에 약속된 의미를 부여하지 않는 추상적인 동작체제로 되어야 한다는 것 ④동작의 핵심인 호흡훈련이 체계를 이루고 동작기본 속에 일관된다는 것이다.

둘째, 전통토대로는 ①고대문헌, 고대미술, 고전문학, 고전음악, 고전무용에 대한 전면적인 포섭과 그에 대한 인식 ②민족적 특성을 규정짓는 민족무용 자체의 사상적 내용을 미학적 이상으로 보는 것 ③ 민족무용 동작과 그 기법을 어떻게 시대의 요구에 맞게 발전시키겠는가 하는 문제를 제시하고 구체적인 방법을 규정해 주었다.

셋째, 참조계통에서는 전통무용 및 문화에 대한 참조는 주로 민족의 생활, 성격 및 체질, 자연환경, 기후 등의 민족적 특성과 해석 등이 특징이라고 정리했다. 발레 기본구성의 특징은 동·서양인의 성격 특징을 파악하고 서양문화 속의 정밀성, 분석성, 비판성을 참조 적용하여 조선민족무용기본의 창제와 함께 중국고전무용추형기본, 남방무용기본, 신흥무용기본, 발레기본 실체도 창조했고, 특히 신흥무용기본은 이시이류 것을 토대로 하고 마사 그레이엄의 것도 받아들여 발레의 과학적인 성격과 현대무용의 호흡법 등을 정합한 독특한 기본을 형성했다고 했다.

넷째, 발전구조에서는 현대에서의 발전과정에서 몇 개의 전환구조를 이루면서 형성되었다고 했다. ①전통무용이 극장무용에로의 현대전환이다. 이러한 전환은 전체적인 조선민족 전통문화가 현대에로의 전환이라는 대환경 속에서 가능한 것이라고 했다. ②교수체제로의 현대전환이다. 전통무용의 최후유형에서 선택하여 가공, 승화된 기본동작이 구성되고 발전시키는 체계라는 것이다. ③이론체계로의 현대전환이다. 공시적으로 3원(조선·한국·중국)공간 내에서 발전을 이루며 새로운 장르들이 생성되고 대중성, 보급성이 강하게 다원화로 발전, 정립, 체계화되는 것 또한 기본동작과 동작묶음계통은 최승희가 창조한 계통이며 연기동작묶음, 교수종목계통은 박용원 교수에 의해 새로운 발전을 가져왔다고 했다.

이상의 내용을 정리했을 때 ①자료적인 접근에 근거한 분석은 최승희의 사상과 예술을 분석하는데 가치 있는 작업으로 사료되며 ②무용이론실체가 창작, 연기, 교수되는 등 실천과 밀착되면서 오늘에 와서도 그 이론적, 실천적 의의와 가치가 있다고 사료된다.

그러나 본인은 다음과 같은 견해를 갖고 있다.

먼저 최승희는 창작무용, 나아가 현대무용으로서 창작의 일환으로 전통 춤들을 자신이 구축한 무용관과 세계관으로 재창조했다고 할 수 있다. 그녀의 예술은 현대무용사상과 미학의 본질 위에서 한국적 춤 양식에서 받은 영감을 자신의 예술세계로 이입 구축했다고 할 수 있다. 그러나 북한에서 생활하는 동안 외부적 영향 하에 자신이 추구했던 예술관과는 분명 다른 춤을 출 수밖에 없었고 그것이 최승희적 창작무용으로 발전 계승되었으며, 한국에서는 제자인 김백봉이 한국적 본질과 체계 위에서 현대적인 방법론을 수용하려 했던 최승희의 작품 세계와는 근원적으로 다른 성격을 띠며 김백봉적 창작무용으로 나뉘어 발전 계승되고, 중국에서는 또 다른 박용원적 창작무용으로 계승된 것으로 사료된다.

참고로 발표자의 논문은 중국, 북한, 한국의 많은 자료들을 인용했는데 객관적인 측면에서는 인정되지만 논리적인 면에서 좀더 연구가 있었으면 하는 아쉬움이 있다. 또 논문체제에 있어서 서론은 연구하고자 하는 내용을 간단히 기술하고 연구의 당위성이나 필요성을 진술해야 하는데 이 논문에서는 연구 목적에 대한 언급이 없어 안타깝게 생각한다. 특히 이 논문의 성격으로 봐서 결론 부분은 본문의 내용을 요약하면서 연구 내용에 대한 자신의 주장을 펼치고 결론을 도출해 내야 하는데 결론 자체가 없기 때문에 논문의 초점이 무엇인지를 알기 힘들게 되어 있다.

민족통일기반 조성과 체육인의 역할

서 병 철*

Ⅰ. 서론

체육은 이념과 체제의 장벽을 뛰어넘어 교류·협력을 가능케 함으로써 이해와 타협을 이끌어 낼 수 있는 가장 효율적인 수단이다. 더욱이 해외동포 체육인들은 열정과 사명감을 가지고 일정한 거리를 유지하면서 남북한간의 체육교류를 추진시키는 매개 역할을 할 수 있어 그들의 역할에 거는 기대가 크다.

2차대전의 전후 처리 과정에서 국토가 분단된 나라들이 반세기를 지나면서 타의에 의해 조성된 부자연스러운 상황에서 벗어나 통일을 이루고 있으나 오직 한반도에서만은 아직도 이념을 바탕으로 한 대치 상태를 극복하지 못하고 있다. 21세기 한민족의 번영과 세계 속에 웅비하는 한반도 시대를 열어가기 위해서는 대립과 반목으로 점철된 분단의 장벽을 걷어내고 남북한이 하나 되어 통일조국의 미래를 개척해 나가야만 한다. 통일은 법적으로나 실질적으로 명실상부하게 이루어

* 통일연구원 원장

지는 완전한 형태가 가장 바람직하다. 그러나 이념과 체제가 다르고 추구하는 가치관이 판이할 때 합의에 의해 타협점을 찾기란 거의 불가능하다. 따라서 통일의 개념을 수정하여 목표를 한 단계 낮게 설정함으로써 위험 부담을 줄이고 실질적인 효과를 가져올 수 있다. 법적인 통일은 훗날로 미루고 분단의 평화적 관리와 북한의 점진적 변화 유도를 바탕으로 정치적, 법적 통일이 실현되기 이전에 양측 주민들이 자유로운 교류와 협력을 활성화시키는 '사실상의 통일'상태를 실현하는 것이 바람직하다. 이때 체육교류는 큰 몫을 할 수 있다.

사실상의 통일을 우선 달성함으로써 지난 반세기 동안 점철된 극명한 분리와 이질성을 극복하고 점진적인 사회통합을 이루는 것이 보다 시급한 과제이다. 분단 지역간의 친선경기, 자유왕래 및 방문, 전화·서신 교환, 제한 없는 TV·라디오 시청, 무관세 교역 등이 이루어지면 통일된 것이나 다름없을 것이다.

통일은 기필코 이루어져야 할 일이지만 평화적인 방법이 아니면 그 의미를 상실한다. 무력의 사용이 아닌 대화와 협력을 통한 신뢰 구축과 공존공영이 통일 추진의 유일한 방법이다.

남북한간 상호 이질성을 극복하고 민족공동체 형성이라는 장기적 목표에 기여할 수 있는 체육과 같은 사회·문화 분야의 교류·협력이 중요하게 부각되고 있습니다. 정치·경제 분야에 비해 전문가들 간의 직접 논의가 가능하며 저변으로부터의 파급효과가 매우 크기 때문이다. 특히 체육 분야 교류·협력은 남북한 모든 구성원들의 관심과 이목을 집중시킬 수 있다는 점에서 더욱 의미가 깊다고 보겠다.

2002년 부산아시안게임에서의 남북한 동시입장은 남북한 체육교류·협력의 파급력을 여실히 보여주었다. 남북한 선수들이 하나 된 모습으로 경기장에 입장할 때 모든 관중들은 열광했다. 이러한 체육교류가 활성화된다면 남북관계 개선의 가장 시급한 과제인 민족의 동질성 회복을 가져올 수 있고 통일의 과정에서 7500만 겨레와 600여만의 해외동포들의 민족적 공감대를 형성하여 민족화합을 이루어 내는데 획기적인 기여를 할 수 있을 것이다.

II. 남북한 체육교류·협력 현황 및 성과

제한적이지만 국민의 일반 생활 속에 한 부분으로 자리매김한 체육 분야의 교류와 협력은 정치적·이념적 대립과 반목으로 점철된 한반도의 긴장을 완화하고 경색된 남북관계를 개선하는데 중요한 역할을 수행했다. 서울과 평양에서 개최된 1991년 남북통일축구대회는 남북한 긴장완화에 기여했을 뿐만 아니라 민족의식과 동포애를 고취시키는 결과를 가져왔다. 같은 해 포르투갈에서 열린 제41차 세계탁구선수권대회에서는 단일팀으로 참가하여 여자단체전에서 우승함으로써 민족의 일체감과 한민족의 저력을 세계에 과시했다.

2002년 6월 한·일 월드컵의 성공적 개최와 남한의 4강 진입은 21세기 통일한국의 저력과 한반도에서 전쟁이 재발해서는 안 되며 평화가 정착되어야 한다는 메시지를 전 세계에 전해주었다. 특히 이례적으로 북한에서 한국전 경기를 중계함으로써 체육교류가 이념적 대결을 넘어 정신적 통일을 이끌어 내는데 큰 역할을 수행할 수 있음을 보여준 계기가 되었다.

또한 '통일아시아드'라는 찬사를 받으며 성공적으로 막을 내린 부산아시안게임에서는 북한의 320명의 선수단과 350여 명의 응원단이 남한의 국민들과 혼연일체 속에 뜨거운 화합과 우정의 장을 펼쳐 보임으로써 통일의 그날이 먼 미래의 일이 아님을 다시 한 번 일깨워주었다. 대회 개최 며칠을 앞두고 북한의 인공기 게양을 둘러싸고 합의

점을 찾지 못했고 남한 사회 내에서도 세대, 계층, 이해 당사자간의 극심한 국론분열 양상을 보였으나 대회 기간 중 보여준 남북한 응원단의 성숙되고 자발적인 응원문화에 놀라움을 금치 못했고 온 겨레의 통일에 대한 뜨거운 염원과 갈망을 담아 함께 목소리 높여 외친 '우리는 하나' '조국통일'이라는 구호는 전 세계에 통일한국의 미래를 열어 보인 계기가 되었다.

2003년에는 북핵 문제로 한반도의 긴장이 고조되고 있는 가운데 대구하계유니버시아드대회에 우여곡절 끝에 북한이 참가함으로써 체육경기를 통한 화합의 장을 재차 마련했다. 특히 북한의 '미녀응원단'은 정치·이념적 이데올로기의 갈등을 넘어 한민족, 한겨레의 뜨거운 국민적 호응을 받으며 대구유니버시아드를 평화와 통일을 이루는 화합의 장으로 승화시키는데 큰 역할을 수행했다.

이와 같이 남북한 체육교류는 정치적·이념적 대결의 장벽을 뛰어넘어 통일의 전제조건이 되는 남북한의 이질성을 극복하고 민족의 동질성을 회복하는데 기여했다.

III. 독일의 교훈

통일되기 전 동서독간의 체육교류는 양 분단 지역간의 신뢰를 회복하는데 큰 역할을 했다. 동서독의 체육교류는 오랫동안 매우 광범위하게 이루어졌다. 초기 단계인 1950년 이전에 발족한 동독체육위원회(DSA)와 서독의 독일체육연맹(DSB)은 비록 스포츠와 정치의 연결고리를 끊지는 못했지만 이를 중심으로 1951년에만 500회 이상의 체육 분야 교류가 있었다. 특히 동서독은 1972년 12월 체결된 기본조약에서 체육 분야에서도 협력관계를 개발 육성해 나가기로 했으며, 추가의정서 제7조 8항에서는 각 체육단체들간의 교류를 지원하기로 합의했다. 1974년 5월 양독은 '체육관계의 원칙에 관한 의정서'를 비준하여 체육교류가 활성화될 수 있는 제도적 기반을 확충했으며 1980년대 중반부터 시작된 '도시간 자매결연'을 계기로 체육인들만의 교류·협력을 넘어 사회체육 분야에서 일반주민들의 교류를 활성화시키는 성과를 이룩했다. 양독간 체제상의 대립에도 불구하고 경기를 통해서 같은 게르만민족이라는데 대한 양측 모두의 민족적 동질성과 공감대를 형성하여 정신적 통일을 이룩하는데 밑거름이 되었던 것이다.

1972년 뮌헨올림픽 경기 직후 여론조사에 의하면 동독 선수들의 메달 획득에 대해 서독의 조사 대상자 54%가 '기뻐한다'고 대답했고 체코, 스위스, 오스트리아, 동독 선수 중 어느 편을 응원하겠느냐는 질문에 대해 47%가 동독을 응원하겠다고 대답했다.

서독 정부와 서독체육연맹(DSB)은 양독간의 동질감을 강화하기 위한 만남의 장을 마련했을 뿐만 아니라 평상시에도 국민화합에 효과적인 역할을 하는 체육 분야 교류·협력에 큰 의미를 부여했다. 특히 접경 지역 마을간의 친선·우호 경기는 양편간의 이해 증진과 신뢰 회복 및 교류·협력에 기여한 바 크다.

Ⅳ. 체육인의 역할에 거는 기대

체육 분야의 교류·협력은 남북한의 상호 이해를 증진하고 한반도 평화체제를 형성하는데 중요한 수단인 동시에 통일 이후 한민족공동체 형성에 대비하는 과정에서도 중요한 역할을 수행할 수 있다. 정치적 이념이나 소모적인 체제경쟁이 아닌 숭고한 정신과 공정한 규칙을 기반으로 이루어지는 체육 분야의 특성을 고려할 때 남북한 화해협력과 한반도 평화체제 구축을 위한 주춧돌로서 체육인의 역할은 더욱 중요하게 부각되고 있다.

민족통일기반 조성을 위한 체육인의 역할은 북한체제의 변화와 개방을 유도하여 북한이 국제사회의 책임 있는 구성원으로서 자리매김할 수 있는데 중점을 두어야 할 것이다. 특히 한반도 문제는 민족 내부의 문제인 동시에 국제적 문제임을 고려하여 해외 각국에서 지대한 영향력을 발휘하고 있는 해외동포 체육인들이 적극적으로 활동하고 기여할 수 있는 방안을 강구해야만 한다. 우리는 해외동포 체육인들이 한반도 평화정착과 민족통일기반 조성을 위한 국제사회의 협력과 지지 획득의 촉매 역할을 수행할 수 있도록 실질적 지원을 아끼지 말아야 할 것이다.

남북한 체육 분야 교류·협력이 이벤트성 일회적 사업형태에서 탈피하여 연속적 사업으로 전개될 수 있도록 민간부문단체의 대북 활동을 적극 보장해야 할 필요가 있다. 일회적 교류사업은 그 파급효과를 기대하기 힘들뿐만 아니라 정치·군사적 환경과 같은 외적 요인의 영향에 종속되어 남북관계에 효율적인 영향을 미치지 못하기 때문이다. 따라서 정부와 민간부문이 그 역할을 분담하여 정부는 관련 정책의 수립과 집행과정의 총괄적 기능을 담당하고 실질적 추진은 대내외의 체육 관련 민간단체가 담당하는 역할 분담을 모색해야 할 것이다.

북·미관계 개선과 재미 체육인의 역할

양 동 자[*]

I. 서론

해방 이후 미·소 양국의 상반된 정치적 이데올로기로 인해 남북으로 분단된 한반도에 마침내 '통일의 그 날'이 다가오고 있다. '통일의 그 날'은 아무도 모른다. 다만 우주를 주관하는 신의 섭리 속에 '통일의 그 날'이 올 것이라고 믿는 것은 예측할 수 없는 복잡하고 다양한 상황적 변인과 역사적 사실 때문이다.

무한경쟁의 시대 속에서 한민족의 통일과 한국의 가치를 궁극적으로 추구하는 것은 남북한 및 해외동포 7500만 명의 염원이고 공존과 공영을 위한 필연이며 피할 수 없는 시대적 대세이다. 또한 하나님의 섭리이기도 하다. 그럼에도 불구하고 한반도의 분단은 민족의 동질성 위에 두 개의 폭넓고 골 깊은 지극히 상반된 이질적 문화를 형성했다. 물론 그 문화의 바탕은 남한은 자유민주주의 정치체제와 시장경제체제로 사회적·교육적·문화적 이상을 추구하며 형성되었고, 북한은 공

---

* ICHPER·SD 회장

산주의 정치체제와 사회주의경제체제로 김일성, 김정일을 신격화한 문화사회와 교육적 이상을 추구하며 형성되었다. 그러므로 한반도의 통일은 어느 특정한 정치적 집단이나 어느 지도자의 결정으로 이루어지는 것이 아니고 오직 화해와 신뢰의 구축으로 '자유민주주의 정치체제'를 국시로 한 남북통일이 이루어져야 한다.

2003년 대구유니버시아드대회를 통해 우리는 민족의 동질성과 이질성을 보았다. 우리는 관용과 이해로써 그 이질성을 감수해야 한다. 그리고 동질성은 민족통일을 조성하고 성취하는 승화된 도구와 저력으로 사용되어야 한다. 반세기가 넘도록 이어진 적대적 관계로 말미암아 빚어진 6·25전쟁과 한반도의 상황적 변인(남한과 북한, 북한과 미국, 남한과 미국)은 예측할 수 없는 심각성을 내포하고 있고 미국, 일본, 중국, 러시아와의 관계는 유동적인 속성을 갖고 있다. 필자는 전 미국방부장관 윌리암 페리(William Pery)가 말한(2003. 6. 10) 바와 같이 한반도의 통일은 결코 무력적 충돌 없이 정치적인 방법으로 이루어질 것으로 믿고 있다.

통일기반 조성은 화해와 신뢰가 구축된 총체적 합의와 조화이다. 이 합의와 조화는 한민족의 고취된 동족애, 동질성의 부활, 새롭게 인식된 통일의 타당성과 시대성, 이질성에 대한 관용과 이해, 그리고 그 지도체제의 의지와 신념이 있어야 한다. 이것이 곧 평화적 통일로 가는 슈퍼 하이웨이(Super Highway)이다. 또한 이것은 남북한의 정치적 합의(정치적 신뢰 구축), 경제적 합의(협력적 신뢰 구축), 평화적 통일 합의(군사적 신뢰 구축), 사회적 합의(인권 존중, 자유와 행복 추구를 위한 동질적 신뢰 구축)를 이루어 내는 기본이다. 나아가서는 북·미관계를 개선하는 촉진제가 되며 일본, 중국, 러시아에게 한반도의 평화적 통일에의 기여와 참여를 유도하게 된다.

스포츠를 통한 세계 평화와 우호 증진은 한반도의 평화통일기반 조성을 가능케 하는 중추적인 매개체이다. 스포츠를 통한 접근법(전략적 프로젝트)으로 이미 한반도에서 통일의 슈퍼 하이웨이에 이르는 미니 하이웨이(Mini Highway)가 되었고, 그 실체와 실상을 우리는 2000년 시드니올림픽, 2002년 월드컵축구, 2002년 부산아시안게임, 2003년 대구유니버시아드대회에서, 그리고 남북단일팀 구성 등에서 보았다. 이같이 스포츠를 통한 평화통일기반 조성의 실체는 이미 검증된 평가를 초월하여 이제 사회과학적 사실로 입증되었다.

따라서 남북의 체육인들이 이루어 놓은 위대한 평화통일기반 조성과 끊임없이 가동되고 있는 역할과 사명이 있는 것처럼 해외동포 체육인들에게도 주어진 역할과 사명이 있다. 필자는 본 발제를 통하여 급변하는 북·미관계의 역동성을 이해하고 한·미관계의 불변성을 강조하며 재미체육인들의 실태와 새로운 역할을 위한 뉴 패러다임을 제시하고자 한다.

Ⅱ. 북·미관계의 개선

1. 미국의 의지와 세계 비전

먼저 미국의 의지와 세계 비전을 이해하지 않고는 북·미관계 개선을 논의할 수 없을 것이다.

미국 독립선언문의 "모든 사람은 평등하게 태어났으며 생명과 자유, 행복의 추구 등 양도할 수 없는 권리를 지닌다"는 문장에서 미국이 인권을 존중하고 수호하는 자유민주주의 정치체제 및 시장경제체제의 근원을 이해할 수 있다. 그리고 아브라함 링컨이 한 게티즈버그 연설문의 "이 나라가 신의 가호 아래 새로운 자유를 탄생시키고 국민의, 국민에 의한, 국민을 위한 정부가 지구상에서 사라지지 않게 하는 것이 산 자들의 사명이다"라는 말은 민주주의 요체를 가장 간명하게 정리하고 있을 뿐만 아니라 미국의 국가적 신념과 비전을 잘 내포하고 있다.

이 같은 분명한 신념과 의지, 세계적 비전을 전파하고 수호하기 위하여 미국은 한반도 전쟁에 참여했다. 공산주의 소련을 '악의 제국'으로 서슴지 않고 묘사한 로널드 레이건 전 대통령의 말에서 우리는 희망과 비전, 통찰력, 국가적 용기, 그리고 대담성을 찾아볼 수 있다. 그래서 레이건은 동서 냉전에서 승리를 했다.

미국은 지금 테러와 테러집단과 전쟁 중이다. 미국은 국가이익과 국가안전을 위협하는 집단(때로는 국가, 국가연합)을 응징하는 불변의 원칙과 전통이 있고 또 우방국의 민주헌정질서를 파괴하는 불량국의 침략행위를 응징해 왔다. 3년 동안의 한국전쟁에서 미군은 4만 3629명이 전사했고 5178명이 실종되었으며 10만 3284명이 부상을 당해 총 14만 2091명의 막대한 인적·물적 손실을 감수하면서까지 미국의 건국이념과 의지를 실현시키기 위해 노력했다. 필자는 이러한 미국의 의지와 자유민주주의세계를 정립하고자 하는 노력을 '위대한 이상'으로 높이 평가한다. 한·미 동맹관계는 한국의 자유민주주의 정치체제 존속에 근거한 동맹관계이다. 이는 우리 대한민국의 자주적 선택이었고 자주적 선택이 되어야 하며 대한민국의 사활과도 직결된다. 나아가서는 무궁한 번영과 안전, 인권과 자유를 존중하는 나라가 됨으로써 참된 선진국의 반열에 서게 되는 것이다.

그러므로 우리가 체육을 통해 남북간의 화해와 신뢰를 구축하고 민족통일기반 조성을 위해 총체적으로 노력할 때 진정한 자유민주주의 사회가 정착될 것이다. 이를 위해 비정치적 프로그램(접근법)이 전개되어야 한다.

2. 북·미관계의 과거와 현재

북한은 한국동란 이후 미국을 끈임 없이 악의가 넘치는 말로 매도하고 때로는 '미제국주의 깡패, 철천지원수, 월가의 미친개, 백년간의 원수' 등으로 부르고 있다. 유엔은 북한을 침략자로 공인했었고 미국 무부는 아웅산 사건과 KAL기 폭파 등으로 테러국가로 지정했으며 부시 대통령도 연두교서에서 북한을 '악의 축'으로 묘사했다. 북한은 NPT(비핵확산조약) 탈퇴와 IAEA(국제원자력기구)협정을 위반한 국가, 1994년 북·미 기본합의로 금지된 핵무기를 비밀 개발한 국가, 일본인을 납치한 납치범의 나라, 마약·위조지폐 밀수 국가, 자유와 인권을 억압하는 독재국가, 자국민을 기아선상에 방치하여 대량의 인민을 아사시킨 나라, 상속 독재국가 등으로 국제사회에 대두시킴으로써 미국은 북한을 정상 국가로 아직도 간주하고 있지 않다.

그럼에도 불구하고 북핵 문제로 새로운 관계개선을 위한 정치적 전략적 대화의 줄다리기(Tug of War)가 시작되었다. 북·미 관계의 개선을 위한 새로운 역사의 장이 열리고 있다. 전쟁은 양측의 막대한 인명과 물질의 손실을 치르고 승자와 패자를 만들기는 하지만 진정한 승자는 없다. 이것이 우리가 역사를 통해 배운 진리이다. 따라서 우리는 정치적으로 북·미관계 개선을 위한 새로운 패러다임이 구성될 것으로 믿고 있다. 이는 곧 재미동포 체육인에게도 통일기반 조성을 위해 의미 있는 역할과 사명을 다해야 함을 말해주고 있다.

3. 북·미관계 개선

북핵 문제는 북·미관계 개선의 열쇠이다. 따라서 복합적인 상황을 지닌 변인이다. 이 변인 속에 우리 한민족의 현재와 미래의 관심과 기대, 그리고 우리의 역할 특히 재미동포 체육인의 역할도 포함된다.

미국이 북한 문제에 대응할 수 있는 선택은 다섯 가지다. 전 미국방 장관 윌리암 페리의 말에 의하면(2003. 6. 10) ①북한의 핵 보유를 인정한다 ②핵개발을 중단시키기 위한 군사적 행동을 한다 ③북한과 협상한다 ④유엔과의 공조적인 방법을 취한다, 그리고 ⑤북의 정치혁명이나 자연붕괴이다.

첫째, 북한의 핵 보유를 인정하면 다음과 같은 변인적 상관성을 유발할 수 있다. ①일본이 비핵원칙을 포기할 것이고 이는 곧 아태(亞太) 지역 핵무기 경쟁시대로 돌변할 것이다. ②북한은 경제적 재원 확보 수단으로 플루토늄을 테러집단에 판매할 가능성이 있다. 지난 3자회담(북·미·중)에서도 북한 대표는 그 가능성을 공언했다. 미국은 바로 이것을 좌시할 수 없다. 이것은 곧 미국이 북한을 테러국가 또는 테러집단지원국으로 규정지을 수 있는 명분을 제공하며 북·미전쟁으로 이어질 수 있다. 둘째, 핵개발을 중단시키기 위한 군사적 행동은 ①미국은 한국과 동맹국으로 독자적 군사력을 사용하지 않을 것이다. ②군사력을 사용한다면 전면전이 벌어지지 않는 선에서 이루어질 것이다. 미국은 한국에서 전면전을 원치 않는다. 김대중 전 대통령은 KBS와의 인터뷰(2003. 6. 15)에서 "북핵 있어봤자 미국 앞에서는 장난감"이라고 말했다. 어느 쪽이 선제공격을 하던 북·미간의 전쟁은 남한, 북한, 미국에 막대한 손실을 가져오게 된다. 셋째, 북·미간의 협상이다. 북경 6자회담(2003. 8. 27~29)은 전 세계인의 주목과 기대 아래 열렸다. 5개 참가국(한·미·일·중·러)은 북한의 핵 보유 불가로 의견을 모았다. 그럼에도 불구하고 북한 대표는 북한이 핵무기를 보유하고 있으며 불원간 핵무기 보유 선언과 함께 핵실험을 강행할 용의가 있다고 언급했다. 넷째, 미국이 북핵 문제 해결을 위해 유엔과 공조체제를 형성하고 가동하여 평화적 해결을 시도하고 있다는 설이다. 아직 그

실체가 밝혀진 바 없지만 많은 기대감을 고조시키고 있다.

부시 행정부가 여러 차례 북핵 문제를 평화적으로 해결하고자 북핵 문제에 대한 부시 행정부의 대담한 구상을 언론에만 표출한바 있다. 페리 전 미국방장관은 그 대담한 구상이란 "만약 북한이 미사일과 핵을 포기하면 북한이 미국과 외교관계를 맺을 수 있고 경제적 혜택도 거둘 수 있다"는 것으로 추론할 수 있다고 했다. 북경 6자회담은 북한이 요구하는 '미국의 선 불가침조약'과 미국이 북한에 요구하는 '선 핵 포기'로 서로가 양보 없는 대립이었다고 한다. 미국의 북핵 문제에 대한 온건파와 강경파의 의견이 어떠하든 미국의 대북정책에 중요한 변화의 조짐이 6자회담 후 조금씩 간파되고 있다(2003. 9월초).

우리 모두가 평화적 협상으로 평화적 결의가 이루어지길 바라지만 우리가 고뇌하는 것은 다음과 같은 상황적 변인 때문이다. "북한이 핵 개발을 계속한다면 한반도는 매우 위험하고 예측할 수 없는 방향으로 가게 될 것이다"라고 하는 페리의 발언(2003. 6. 10)과 카터 전 대통령의 "전쟁의 위험에 빠질지도 모른다"고 하는 경고 등이다.

마지막으로 북한의 정치적 혁명이나 자연적 붕괴 현상으로 통일된다는 것이다. 북한은 세계적으로 가장 강력한 경찰정보력을 갖고 있음으로 경제상황이 더욱 악화되더라도 내부로부터의 정치혁명이 또 독일과 같은 자연붕괴 현상이 일어날 가능성이 희박하다.

Ⅲ. 재미동포 체육인의 역할

1. 재미동포 체육인의 실태

근간의 신뢰할 수 있는 통계자료에 의하면 남북의 인구는 700만이고 해외동포는 600만이라고 한다. 그 중 200여만 명이 미국에 거주함으로써 해외동포의 3분의 1이 미국에 살고 있다. 이들은 미국의 다방면에 걸친 전문 분야(정치, 경제, 사회, 문화, 과학기술, 예술, 체육 등)에서 영향력 있는 소수민족(Korean-American)으로 부각되어 날로 증가하고 있는 추세다.

영국 BBC방송의 앤드루 마 정치부장은 시사주간 뉴스위크(2003. 6. 23) 인터넷판에서 '4%의 미국인이 전 세계 96%를 지배'라고 지적하며 미국(초강대국, Hyperpower)의 문화가 각국의 자국 문화에 끼치는 영향력으로 호감과 반감의 대상이 되었다고 결론지었다. 또한 '단일국가 EU(유럽연합)의 깃발 아래 유일 강대국 미국을 견제'라는 시대적 기사도 자주 접하게 된다. 이 같은 시대적 현실 속에서(비록 과장된 표현이지만) 남한·북한·미국의 삼각관계를 통찰해 볼 때 재미동포 체육인의 역할은 중차대한 역사적 사명을 갖고 있다고 할 수 있다.

대한체육회 재미지부(Korean American Sports Association in U.S.A) 라는 조직 아래 재미동포 체육인들은 1981년(7.11~12) LA에서 제1회 미주한인체전(The 1st Korean American Olympic Festival)을 개최한 이후 텍사스 댈러스로 이어지고 있다.

기록에 따르면 제2회 미주한인체전(1983)은 뉴욕, 3회(1985)는 시카고, 4회(1987)는 샌프란시스코, 5회(1989)는 라스베가스, 6회(1991)는 오렌지카운티, 7회(1993)는 시카고, 8회(1995)는 워싱턴D.C, 9회(1997)는 시애틀&타코마, 10회(1999)는 로스앤젤레스, 11회(2001)는 휴스턴 등 모두 미국 내 한국 동포들이 많이 거주하는 대도시에서 개최되었다. 2003년 제12회 미주체전은 총 2200여 명(선수 90%, 임원 10%)이 참가한 재미 한인동포 최대의 축제로 그 전통이 이어지고 있다. 재미 한인체전은 다음 같은 취지와 목적, 목표로 개최한다고 체전 관계자들은 홍보하고 있다.

즉, 미주한인체전은 '재미 200만 동포의 명예를 걸고 개최되는 전 미주 한인동포 대축제로써 모든 동포에게 스포츠를 보급하고 스포츠 정신 및 체력을 향상시킴과 동시에 화합과 전진의 정신을 증진하는 역사적 행사로 승화'시키는데 그 취지가 있고 '미 전역에 살고 있는 한인 동포가 한자리에 모여 단결된 힘과 기상으로 한민족의 위상을 드높이며 친선과 화합으로 건강한 동포사회를 조성하고 나아가서는 자라나는 이민 1.5세대와 2세대에게 건전한 스포츠를 통한 민족애를 심어주고 미래의 주인공으로 자라날 수 있도록 선도하여 성숙된 이민 사회를 올바르게 구현'하는데 그 목적이 있다. 그리고 '체육대회를 통해 한인 동포사회의 화합과 우애를 증진시키고 미 주류사회와의 교류를 성숙시키며, 도시문화와 조화를 이루어 축제 분위기를 조성함과 동시에 미국사회에 한민족의 우수성을 고취시킬 뿐만 아니라 한인 동포1세대는 물론 1.5세대 나아가 2세대(청소년)들에게 체전을 통한 민족의 긍지와 자부심을 갖도록 하는 조국을 사랑하는 애국심을 고취시킨다'는 목적을 갖고 있다는 것이다.

재미 체육지도자들이 4반세기 동안 이루어 놓은 업적은 높이 평가 받아야 한다 그 이유는, 첫째 상기한 취지, 목적과 목표를 성취하기 위해 자신들을 희생하며 헌신했다. 이 헌신은 그들의 막대한 재정과 시간을 포함한다. 둘째, 순수성 때문이다. 때로는 불협화음의 소리와 부덕스러운 사건도 있지만 그것은 옥의 티라 할 수 있다. 필자는 그들을 지켜보며 대화해 왔다. 셋째, 그들은 스포츠의 교육적 가치와 특성을 존중하며 애국애족의 발로가 동기였다. 마지막으로 재미 한민족사회에 참으로 많은 기여를 했다. 재미 체육활동에 참여한 대부분의 지도자들은 체육의 학문적 배경을 갖춘 전문인이라기보다는 스포츠를 애호하는 경기인과 경기를 통한 경험으로 그들에게 주어진 일을 성실하게 자원봉사자로 헌신했다.

재미대한체육회를 통한 재미 체육인들의 활동과 프로그램은 지극히 한인 동포사회에만 국한되는 프로그램이었다. 그러나 역사적 측면에서 볼 때 한인동포 체육에서 특히 유도, 태권도, 무도 등은 한인 동포 사회의 벽을 넘어 40년 전부터 지금에 이르기까지 미국 주류사회와의 교류와 친선, 우호 증진에 기여하고 있다. 이것도 높게 평가받아야 한다. 특히 유도는 1964년 도쿄올림픽에 정식 종목으로 채택되기 전후 재미유도인들의 지도활동이 시작되었고, 1970년 초 미국유도연맹(United States Judo Federation)에 재미동포 유도인이 회장으로 당선되는 등 획기적인 역할과 리더십을 지닌 핵심 소수민족집단으로 부각되었다. 그러나 자유민주주의 정치체제는 한 소수민족의 절대적 '리더십 핵심집단'을 순리적으로 허용하지 않고 끊임없는 리더십의 교체를 이룬다. 근간에는 한국 동포 유도인의 리더십 역할이 약화되었지만 아직도 의미 있는 영향력을 갖고 역할을 수행하고 있다.

태권도는 1958년부터 일본 가라데와 경쟁적 관계로 성장하여 마침내 1979년 미국올림픽위원회에 공식 가입되었고 한국 동포 태권도인들의 핵심적 지도집단으로 이루어진 미국태권도연맹은 태권도를 총괄하는 기구(National Governing Body)로 되었다. 미국 올림픽운동의 지도자들과 호흡을 같이하면서 중요한 역할을 담당하고 있었으며, 1983년 태권도를 범미주경기대회(Pan-American Games) 공식종목으로 채택시킴으로써 올림픽 경기종목으로 승화시키는데 역사적 초석을 놓았다. 이는 1986년 아시안게임에 태권도를 공식경기 종목으로 가입시키는데 자격 명분을 주었고 1988년 서울올림픽, 바르셀로나올림픽에 시범종목으로 이어져 마침내 2000년 시드니올림픽에서 공식경기 종목이 되었다. 물론 2004년 아테네올림픽에서도 정식종목이었다.

절대적 권력은 절대적 부패를 낳고 절대적으로 패한다. 이것이 역사의 가르침이다. 군주론(1513년)이 연상시키는 마키아벨리즘은 종종

"목적을 위해 수단을 가리지 않는다"고 요약된다. 재미동포 태권인들 가운데 현 미국태권도연맹의 핵심 지도자들은 1996년을 거점으로 절 대적 패망을 향해가고 있다. 절대적 권력 유지를 목적으로 수단을 가 리지 않고 있다. 그 수단은 부패했고 자유민주주의를 수호하는 사회 체제 속에서는 용납되지 않는다. 결국 미국올림픽위원회의 회원자격 기준소위원회는 2003년 8월 1일자로 그들의 조사 결의사항을 미국태 권도연맹에 통고했다. 그들의 결의는 소위원회의 이름으로 미국올림 픽이사회에 미국태권도연맹의 회원 자격을 박탈시킬 결의서를 준비 하고 이를 상정할 것이라고 통고했다. 참으로 안타깝고 부끄러운 일 이다. 소수로 구성된 지도집단이지만 이것이 재미 태권도인(큰 의미에 서 체육인)의 실태이다.

이제 재미 체육인의 역할 공간은 그 한계성을 벗어나야 한다. 한계 성을 초월한 재미 체육인의 역할은 한반도 통일기반 조성에 기여할 방대한 자원과 잠재성을 내포하고 있다.

2. 미국체육의 조직기구와 관리

미의회는 1978년 아마추어스포츠법(Amateur Sports Act of 1978 : Public Law 95-606-Nov. 8, 1978)을 제정하고 미국 내 모든 법통을 갖춘 스포츠단체는 이 법의 보호와 이 법에 준하는 의무를 수행할 것을 지 시했다. 1998년 이 법의 개정(아주 작은 부분)과 보완으로 이 법은 'Ted Stevens Olympic and Amateur Sports Act'로 개명되었다. 이 법 에 준하여 미국올림픽위원회(USOC)가 새롭게 구성되었다.

따라서 법통을 갖춘 모든 스포츠단체는 USOC에 등록회원으로 소 속되어 있다. 하계올림픽종목경기단체(National Governing Bodies), 동 계올림픽종목경기단체, 신체장애자올림픽(Paralympi)종목경기단체, 범

340

미주경기대회종목경기단체, Amateur Athletic Union(AAU), National Collegiate Athletic Association(NCAA), National Collegiate Athletic Association(NCAA), National Junior College Athletic Association (NJCAA), National Association of Inter Collegiate Athletics(NAIA) 등으로 모든 소속단체들의 특성을 유지하며 미국 스포츠의 주역을 담당하고 있는 단체들이다.

재미 한인체육인들이 미국의 주류 체육사회에서 주어진 역할과 활동을 행사하려면 상기 단체에서 지도자적 또는 회원의 위치를 가진 수준을 말한다고 하겠다. 재미동포 체육교수 및 교사들이 120년의 역사를 갖고 있는 미국체육학회(American Alliance for Health Physical Education, Recreation, and Dance) 내에서 영향력 있는 역할을 담당하는 수준에 이를 때 한반도의 통일기반 조성을 위한 의미 있는 역할을 수행할 수 있다고 하겠다. 유감스럽게도 이상과 같은 위치에서 활동하고 있는 재미동포 체육인들은 극히 소수이다.

3. 대한체육회와 대한체육회 미주지부

대한체육회와 대한체육회 미주지부의 조직관계는 새롭게 정립되어야 한다. 우선적으로 '대한체육회 미주지부'라는 명칭은 바뀌어야 한다. 다음과 같은 몇 가지를 그 이유로 지적할 수 있다.

첫째, 대한체육회는 대한체육회 미주지부에 법적 구속력을 가질 수 없다고 본다. 지부란 조직의 하부조직을 의미한다.

둘째, 현 대한체육회 미주지부 구성원은 한국계 미국시민(1세대, 1.5세대, 2세대)들이다. 미국은 이중국적을 불허한다.

셋째, 현 대한체육회 미주지부는 재미동포 체육인들로 미국 내 소수민족체육단체(An Ethnic Minority Multi-Sports Organization)이다.

넷째, 현 대한체육회 미주지부는 대한체육회의 협력단체로 동족애에 근거한 친선 우호 증진과 조국의 체육발전을 자의적으로 돕고 협조하는 관계이어야 한다.

따라서 대한체육회 미주지부라는 명칭을 새롭게 고치고(예 : The Korean American Sports Federation) 비영리단체로 미 국세청에 등록하고 이에 준하여 'Ted Stevens Olympic and Amateur Sports Act'의 보호와 권익을 추구해야 한다. 이것이 바로 미국 내에서 영구성과 법통을 갖춘 재미동포 체육인의 역할 범위와 공간을 내적으로(athletic affairs in the United States) 또 외적으로(athletic affairs in the world) 극대화 해나가는 초석이다. 이것이 곧 한반도 통일기반 조성을 위한 재미체육인의 역할 증대를 위한 새로운 역사적 장을 여는 계기가 될 것이다. 의미 있는 역할은 조직적이고 체계적인 준비과정을 거쳐 이루어진다. 이를 위해 대한체육회는 국민체육진흥공단과 더불어 예산을 책정하고 정책을 마련하여 후원하는 것이 미래지향적인 투자라고 필자는 믿는다.

4. 재미동포 체육인의 역할

재미동포 체육인(경기인, 생활체육인, 코치, 체육교사 및 체육행정가, 학자 등)의 역할이 한반도의 평화적 통일기반 조성을 위한 차원에서 전개될 수 있는 영역과 공간은 참으로 방대하다. 방대함이란 현 상태에서 창안하여 수행 전개할 수 있는 것과 재미 체육인의 내적 영향력을 구축한 뒤에 할 수 있는 역할을 포함한다.

현재 재미 체육인이 하고 있는 스포츠행사를 통해 한반도의 통일기반 조성을 위한 교육적이고 비정치적인 접근을 할 수 있다. 교육 내용으로는 통일의 필요성과 타당성을 고취시키고 참여와 관심을 갖고 통일운동의 전도사로서 역할을 시도케 한다. 또한 미국 주류사회에 한반도의 통일의미를 이해시키고 평화적인 북·미관계 개선을 위해 노력한다.

재미 체육인은 남한, 북한, 미국이 참가하는 체육프로그램(스포츠 경기, 스포츠 학술세미나, 지도자 강습회 등)을 만들어 내는 중개자가 될 수 있다. 뿐만 아니라 신분과 지리적 조건을 활용하여 중단된 대화와 체육 교류를 위한 가교적 역할을 수행할 수 있다. 미국의 체육 분야를 주관하는 조직체들과 공동 주관 아래 3국(남·북·미)이 합동훈련 및 경기를 이루어 낼 수 있다. 특별 종목을 선택하여 3국의 친선경기를 2004년 제13회 재미체전 기간 중에 할 수 있다. 또한 3국을 중심으로 평화와 체육을 모토로 한 학술대회를 개최할 수도 있다.

재미동포 체육학자들이 강력한 지도력을 발휘하고 세계적 체육학술단체들의 노하우와 지혜를 모아 세계적인 관심을 모을 수 있는 주제를 창안하여 유네스코, 국제올림픽위원회, 세계보건기구(WHO), 국제체육학회(ICHPER·SD), NOCs, IFs, 그리고 남북한의 대표적인 학자들이 참석하여 역사적인 세계학술대회를 개최할 수 있다.

IV. 결론 및 제언

한반도의 통일은 필연이고 '통일의 그날'이 가까이 오고 있다. 통일은 전술한 다섯 가지 '신'이 선택한 한 가지 방법으로 '통일의 그날'은 온다. 필자는 '민족통일기반 조성을 위한 재미 체육인의 역할'이란 발제를 쓰면서 얻은 결론과 함께 몇 가지 제언을 하고자 한다.

첫째, 민족통일기반 조성을 위해 체육의 특성을 활용하여 이를 도구화하는 것은 우리 한민족체육인(남한, 북한, 재미체육인)의 공통된 시대적 역할과 사명이다.

둘째, 재미 체육인은 민족통일기반 조성을 위한 방대한 지적(접근법의 창안) 자원과 잠재력을 갖고 있다.

셋째, 민족통일기반 조성을 위한 재미 체육인의 역할을 유용하게 증대시키기 위해서는 새롭고 조직적인 패러다임을 구성하고 단계적으로 개발된 접근법을 활용해야 한다.

넷째, 민족통일기반 조성을 위한 노력과 사업은 사단법인 민족통일체육연구원(SINU)의 목적과 비전을 초월하여 국민적 합의와 협조를 얻어야 한다.

다섯째, SINU가 주최하는 민족통일기반 조성을 위한 세미나는 이제 그 한계성을 초월하여 지구촌에 거주하는 해외동포 체육인 모두에게 참가의 기회를 주어야 한다.

마지막으로 대한체육회와 국민체육진흥공단은 민족통일기반 조성을 위해 재미 체육인들이 충실한 역할을 수행할 수 있도록 정책적·재정적 후원을 해야 한다.

체육은 스포츠교류를 통해 화해와 평화를 만들어 내는 예술이다. 우리는 이제 체육을 통해 민족통일기반 조성에 박차를 가해야 한다. 이것은 한민족 체육인에게 주는 거주의 공간을 초월한 시대적 사명이다. 이 사명을 위해 우리 체육인 모두의 힘을 결집할 것을 제안한다.

민단·조총련 화합과 단결 위한 체육인의 역할

신 혜 일[*]

Ⅰ. 머리말

1990년대 초 미국과 소련을 대표하는 동서 냉전의 양 체제는 붕괴되었으나 한반도는 아직까지 이 지구상에 있어 유일한 분단국가라는 오명을 씻지 못한 채 21세기를 맞이했다. 우리 정부, 특히 DJ정부 시절에는 햇볕정책을 통해 북한에 대한 포용정책을 실시해 왔는데 서해교전과 북핵 문제 등 일련의 사건으로 남북의 대립은 계속해서 이어져 해결의 실마리는 좀처럼 풀리지 않고 있다. 이러한 남북관계의 축소판이라고 할 수 있는 재일교포사회 역시 재일본대한민국민단(이하 민단)과 재일본조선인총연합회(이하 조총련)로 나뉘어져 그 갈등과 대립 양상은 지속되고 있는 실정이다.

본고에서는 21세기 우리 민족의 지상과제인 민족통일을 달성하기 위한 일환으로서 민단과 조총련간의 화합과 단결을 위해 체육인의 역할에 대해서 몇 가지 대안을 제시하고자 한다.

* 재일본대한체육회 중앙본부 부회장

Ⅱ. 민단·조총련의 화합·단결과 체육인의 역할 방안

민단과 조총련의 화합과 단결을 위한 체육인의 역할로서, 첫째 민단과 조총련의 각 방면에 있어 적극적인 스포츠교류를 제안한다. 재일교포사회에 있어 스포츠활동의 중심적인 역할은 재일한국인의 경우 '재일본대한체육회'가, 재일조선인의 경우 '재일본조선인체육연합회'가 각각 담당하고 있다. 이들 두 단체는 지금까지 각자의 입장에서 스포츠활동을 전개해 왔는데 앞으로 서로의 화합과 단결을 모색하고 민족통일의 기반 조성을 위해 다양하고 활발한 스포츠활동의 교류가 요구된다.

그러기 위해서 그 첫 번째로 한·일 정기전이나 각종 국제경기대회에서 공동응원단을 조직하는 것이 필요하다. 일례로 2002년 월드컵축구대회가 한·일 공동으로 개최되었을 때 민단과 조총련은 하나가 되어 한국팀을 응원하기 위해 공동응원단을 구성해 한국에 입국한 적이 있었다. 이 두 단체는 그 동안 같은 핏줄이면서 남북 분단으로 인한 정치적 상황 때문에 서로 반목과 질시를 거듭해 왔으나 월드컵을 계기로 처음 손을 맞잡았던 것이다. 이에 대해 재일본조선인체육연합회 김노현 회장은 "조국 땅을 밟으니 얼마나 좋은지 모르겠다"며 "남북이 단일팀 구성에는 실패했지만 조총련과 민단이 경기를 함께 관전함으로써 화합과 신뢰구축의 계기가 마련되길 바란다"고 말했다. 이와 같이 국제경기대회에서의 공동응원단 구성은 민단과 조총련의 화합과 신뢰 구축은 물론 한민족의 공동체의식을 인식시켜 주는 계기가 될 수 있기 때문이다.

그 두 번째로 두 단체의 지부 및 산하 경기단체 간의 스포츠교류를 추진하는 것이 필요하다. <표>와 같이 두 단체의 조직 현황을 보면 서로 비슷한 지부와 산하경기단체가 있음을 알 수 있는데 이들 경기

〈표〉 재일본대한체육회와 재일본조선인체육연합회의 조직 현황

재일본대한체육회		재일본조선인체육연합회	
간사이본부	재일본	오오사카부체육협회	재일본
추호쿠본부	〃 대한하키협회	교토부체육협회	〃 조선인축구협회
홋카이도본	〃 대한야구협회	도쿄도체육협회	〃 조선인유도협회
부	〃 대한사격협회	사이타마켄체육협회	〃 조선인농구협회
큐슈본부	〃 대한유도회	미야기켄체육협회	〃 조선인배구협회
간토본부	〃 대한축구협회	가나가와켄체육협회	〃 조선인야구협회
추고쿠본부	〃 대한체조협회	이비라키켄체육협회	〃 조선인사격협회
	〃 대한정구협회	효고켄체육협회	〃 조선인골프협회
	〃 대한배구협회	아이치켄체육협회	〃 조선인탁구협회
	〃 대한태권도협회	군마켄체육협회	〃 조선인복싱협회
	〃 대한농구협회	기후켄체육협회	〃 조선인테니스협회
	〃 대한요트협회	와가야마켄체육협회	〃 조선인럭비협회
	〃 대한볼링협회	히로시마켄체육협회	〃 조선인바둑협회
	〃 대한수영연맹	오카야마켄체육협회	〃 조선인육상경기협회
	〃 대한럭비협회	후쿠오카켄체육협회	
		후쿠시마켄체육협회	
		니시도쿄체육협회	
		야마구치켄체육협회	
		치바켄체육협회	
		홋카이도체육협회	
		미에켄체육협회	
		나라켄체육협회	
		니이가타켄체육협회	
		사가켄체육협회	
		나가노켄체육협회	

※ 출전: 金英宰(1992). 在日本大韓體育會史. 在日本大韓體育會. 419~702面.
白宗元(1995). 朝鮮のスポ?ツ 二000年. 拓植書房. 255~257面을 참고로 작성.

단체가 교류 시합을 전개한다면 상호 친목을 도모하는 장으로서 활용할 수 있는 계기가 될 것으로 생각된다. 그 밖에 두 단체가 중심이 되어 우리 민족 고유의 전통경기인 씨름, 활쏘기, 널뛰기, 그네뛰기 등의 교류에도 나서 한민족의 주체성 확립과 동질성을 회복하는 계기로 만들어야 한다.

그 세 번째로 민단과 조총련이 앞장서 민족통일의 기반 조성을 위

한 체육 관련 학술심포지엄을 개최하는 것이 필요하다. 지금까지 이러한 종류의 학술심포지엄은 주로 민족통일체육연구원에서 개최해 왔는데 앞으로는 민단과 조총련이 주축이 되어 한국과 북한의 학자를 초청해서 학술심포지엄을 개최하는 방안이 필요하다고 본다. 그렇지 않으면 민족통일체육연구원에서 여건이 하락하면 현행의 사업 방향을 달리하여 일본에서 민단과 조총련 관계자를 한자리에 초대해서 학술심포지엄을 개최하는 것도 하나의 좋은 방법이라고 생각한다.

둘째, 일본 스포츠계에서 활동하고 있는 우리 선수들이 민단과 조총련의 체육단체와 학교에서 강습회 및 강연회를 실시할 것을 제안한다. 현재 일본에서는 J리그, 프로야구, 프로골프, 스모 등 각 종목에 걸쳐 많은 우리 선수들이 활동하고 있는데 그들은 국내뿐만 아니라 일본에서도 스타 선수로서 많은 인기를 누리고 있다. 따라서 이들 선수들의 시즌오프를 이용하여 민단과 조총련의 체육단체와 학교를 대상으로 순회 코치와 강연회를 실시해 서로 만날 수 있는 기회를 만드는 것이 필요하다고 생각한다. 예를 들면 스포츠 분야는 아니지만 가수 김연자는 일본에서 민단과 조총련의 학교나 단체를 대상으로 공연을 해 이것이 계기가 되어 북한에서 공연을 하기도 했다. 이후 그녀는 이러한 활동을 통해 재일교포사회뿐만 아니라 일본사회에서도 많은 호평을 받았다고 한다. 이러한 예에서도 알 수 있듯이 스포츠계에서도 가령 J리그의 안정환 선수가 민단과 조총련의 체육단체와 학교를 대상으로 지도에 나선다면 재일교포의 화합과 단결에 크게 이바지할 수 있을 것으로 기대된다.

셋째, 민단과 조총련계 고등학교 운동선수의 한국 대학에의 진학을 제안한다. 이 제안은 일본에 있어 민단과 조총련의 화합과 단결을 위해 우리 정부 차원에서 적극적으로 나서서 해야 할 역할이라고 생각한다. 현재 일본에 거주하고 있는 재일교포 수는 총 63만 6548명(1999

년 통계)이 있는데 이 중에서 10대는 6만 7391명으로 전체의 10.6%를 차지하고 있다. 이들 대부분은 초·중·고는 민단계의 재일한국인학교 (53개)와 조총련계의 재일조선인학교(153개), 그 외 일본학교에 다니고 있으나 대학 진학은 조총련계의 조선대학교밖에 없기 때문에 거의 일본의 대학에 진학하고 있는 실정이다. 이는 운동선수의 경우도 마찬가지이다. 이러한 상황에서 최근 고등학교 운동선수의 한국 대학에의 진학을 희망하는 자가 많다고 한다. 그래서 우리 정부, 특히 대한체육회를 비롯한 체육단체에서는 이를 적극적으로 검토하여 수용방안을 마련하는 것이 바람직하다고 생각한다. 그 이유는 현재 재일교포사회는 재일1세를 지나 2세, 3세, 4세로 이어지면서 점점 민족의식이 없어지고 있기 때문에 이들에게 조국에서 교육받고 생활할 수 있는 기회를 제공하여 민족의식을 일깨워주는 계기로 삼아 나중에 민단과 조총련을 화합하는 중심적인 역할, 나아가서는 민족통일에 일조를 할 수 있도록 해야 한다. 여기서 재일교포선수의 한국 대학에의 진학은 아니지만 대조적인 사례를 보면 얼마 전 K리그의 성남 일화에 스카우트된 박강조 선수는 한국에서 프로선수 생활을 하면서 국가대표 선수가 되어 자신의 꿈을 달성했다. 이와 반대로 유도의 추성훈 선수는 조국의 국가대표 선수가 되기 위해 한국에 왔지만 도중에 그만두고 일본으로 돌아가 귀화하여 일본의 국가대표 선수가 되어 버렸다. 이와 같이 상반된 사례를 통해서 우리들, 그리고 이 두 선수의 가슴에는 어떠한 것이 남아 있는지, 다시 한 번 생각해봐야 할 문제라고 생각한다.

Ⅲ. 결론

끝으로 본고를 마무리하면서 언급하고 싶은 것은 최근 재일교포사회는 민단과 조총련의 약 5만 명이 꽃구경, 경로회, 친목회 등의 교류를 통해서 화합의 길을 추진해 지금까지와는 전혀 다른 변화된 모습을 보이고 있다고 한다. 이러한 변화의 분위기 속에서 민단과 조총련의 화합과 단결을 위한 체육인의 역할은 100가지 선언이나 제언보다 단 한번이라도 더 만나고 대화하는 방안을 모색하는 것이 중요하다고 생각한다.

민족통일기반 조성을 위한 재중 체육인의 역할

윤 학 주*

조선 북부지역과 인접하고 있는 연변에는 많은 친척들이 함경남북도에 거주하고 있다. 비록 반세기가 넘는 긴 역사의 흐름 속이였지만 시대의 변천과 발전으로 과거 남북간의 체제와 이념간의 차이로 어두웠던 장벽은 점점 깨어지고 있으며 상호간의 불신감은 점차 해소되어가고 있는 실정이다. 본래 한민족은 단일민족으로서 동질적인 문화를 보존해 왔다. 그러나 반세기를 넘는 동안 남북간에는 서로 다른 정치이념과 체제 속에서 부동한 문화와 이질적인 사회를 경유해야 했다. 바로 지금 한반도에서는 남북간의 화해와 경제적 및 인적왕래가 가속화되고 있다. 물론 상호간의 대립과 불신은 상당한 시간이 걸려야 해소될 것으로 본다.

재중 조선족 체육인들은 중국 정부에서 시행하고 있는 개방과 경제건설을 위한 시대적 발전에 따라 과거에 생각지도 못했던 이념을 초월하여 한국을 자유자재로 왕래하게 되었다. 오늘날 한국과 중국은 수교 10주년을 거쳐 부동한 이념적 차이 속에서도 활발히 정치, 경제,

* 중국 연변대 교수

문화 등 전반 사업 분야에서 새로운 동반자관계를 이룩하고 있다. 이러한 변화와 발전은 21세기 새로운 역사시기에 재중 조선족 체육인들로 하여금 반듯이 이 새로운 역사적 조류 속에 한반도의 평화와 안정에 자기들의 사명감을 재인식해야 한다고 본다.

1. 역사상으로 본 한반도 북반부 지역과 중국 조선족 체육인간의 빈번한 왕래

18세기 말엽으로부터 19세기 초에 이르러 근대체육이 정도부동하게 한반도와 중국대륙에 전파되어 보급되기 시작했다. 이 시기는 두 나라 역사에서 외래 침략자들에 유린당하기 시작했으며 대동란이 엇갈려 나라의 독립을 수호해야 하는 민족적 생존과 운명이 걸린 때였다. 그러므로 민족문화의 한 부분인 체육도 필연적으로 당시의 역사적인 배경을 반영하지 않을 수 없었다고 본다.

중국의 조선족은 이조 말기 압록강과 두만강을 건너 중국 동북3성에 이주해 왔거나 바다를 건너 상해 혹은 기타 중국 내지로 이주해 들어왔다. 그 후 일본 침략자들의 식민지 통치로 인하여 파산된 농민 또는 반일 인사들이 바다를 따라 중국의 여러 지방으로 이주해 왔다. 그러므로 해방 전 중국의 조선민족은 한반도와 다른 사회, 역사와 지리적인 조건에서 농사를 지으며 생계를 유지해 삶의 길을 개척하고 또 정착하는 과정을 거쳐 중국 조선민족의 문화사를 형성하는 기반을 닦아왔다. 이러한 여건으로 볼 때 그들의 문화사는 한 방면으로 여전히 고국의 영향을 받았으며, 다른 한 방면으로는 직접적으로 각종 중국의 실제적인 영향을 받지 않을 수가 없었다. 상술한 특수성들을 고려하면서 중국 조선족 체육인들과 한반도 체육인들 간의 빈번한 왕래를 그 시대적 배경에 쫓아 탐구해 본다.

첫째, 조선민족이 즐겨 한 축구와 씨름과 같은 민족성이 짙은 체육 종목이 한반도 북부지구와 중국 연변지구 체육인들 간에 많이 왕래되면서 민족의 동질성을 보여주었다. 연변지구는 1910년 단오절을 계기로 명동학교와 창동학교 간의 축구대항경기로 첫발을 떼던 시기였다. 1926년 6월 15일부터 17일까지 용정 동흥중학 축구팀이 평양에 원정하여 제2회 조선인축구대회에 참가하였으며 1936년 9월 19일 재차 경성으로 원정을 갔었다.

중국 내륙지구를 보면 1922년과 1926년 상해 조선인축구단이 고국을 방문하였으며 1930년대 말 상해에 계림(鷄林)조선인축구팀이 창설되었다. 1938년 북평(현 북경)에 조선인 연우(燕友)축구단이 창설되었다가 1942년 일본 특무대에 의해 파산되었다.

우리 전통문화로서 손꼽히는 씨름 운동도 양국 변경 간에 빈번한 왕래가 있었다. 1923년 양력 6월 18일 용정 동흥중학교 교정에서 성황리에 단옷날 씨름대회를 개최하였는데 경기에는 조선에서 파견된 선수가 있었다. 같은 해 단옷날 조선 상삼봉에서 사흘이나 씨름대회를 개최하였는데 간도에 많은 구경꾼들이 두만강을 건너 상삼봉에 모였다고 한다. 1928년 조선 회령 씨름대회에는 간도에 2명의 선수가 경기에 참가했다. 1935년 연길 국자가 씨름대회에는 조선 청진에서 온 씨름꾼이 있었다. 이 외에 정구와 농구선수단이 조선 북반부를 방문하여 동족임을 여실히 반영해 주고 있었다.

해방 후 축구와 씨름 등 종목에서 조선과 밀접한 왕래가 이루어지고 있었다. 1956년 10월 16일 중국 길림성축구팀(조선족 단일팀)과 조선국가팀간의 경기가 장춘에서 있은 후 1957년 3월 재차 양 축구팀간의 경기가 있었다. 1959년 5월 함경북도 축구팀이 연변을 방문하였고 1960년 8월 길림성 팀이 함경북도와 량강도, 자강도를 방문하였다. 1972년 8월 길림성축구팀이 함북도, 자강도를 방문한데 이어 1973년

1월과 2월 길림성축구팀이 광주(廣州)에서의 동계훈련 중 조선《2·8》팀, 그리고 평양축구팀간의 친선경기도 가졌다. 1978년 9월 길림성 축구팀이 자강도를 방문하였으며 근년에 들어 연변축구팀은 평양에서 장기적인 훈련을 진행하고 있다.

둘째, 연변 체육인들의 노력으로 남북체육교류에 좋은 역할을 하였다. 1997년 11월 연변씨름협회 임원이 한국씨름협회를 찾아 연변 조선족 씨름선수들의 기술 제고에 관해 의견 교환이 있었다. 이는 연변 씨름기술의 향상에 아주 좋은 계기가 되었다. 1998년 6월 대한씨름협회 윤권명 회장이 연변씨름협회를 방문하여 중국 연변 조선족 씨름운동에 관해 깊은 관심을 보였다. 1998년 9월 연변씨름협회 5명 성원이 한국씨름협회의 초청으로 한국 제79회 전국체육대회 씨름경기를 관람하게 되었다. 1999년 4월 15일 윤권명 회장은 씨름 지도자 1명과 함께 재차 연변을 방문하고 1년 남짓하게 10여 명의 용정중학생 씨름선수들을 육성하였다. 이 시기 연변체육운동위원회의 알선으로 8명의 용정중학생 씨름단이 2000년 7월 2~12일 평양을 방문하여 90kg급과 75kg급에서 우승을 따내왔다. 이해 9월 1일 평양 씨름선수단이 연길을 방문하여 용정 씨름선수단과 친성경기를 가졌다. 이는 연변에서 한국 씨름지도원이 친히 육성한 씨름꾼들이 조선팀과 겨룬 국제대회이기도 하다. 대회 기간 연변씨름협회의 중계로 한국씨름협회 회장과 평양씨름단 단장 간에 면담을 가져 조심스럽게 앞으로의 기회를 약속하게 되었다. 물론 이러한 접촉은 과거의 장벽을 뛰어넘는 아주 기꺼운 일이기도 하다.

이와 같이 조선체육인들과 중국 연변 조선족 체육인들 간에는 장기적으로 밀접한 접촉과 체육교류가 이루어져 앞으로 남북체육교류에 좋은 경험과 밑거름이 되리라 확신한다.

2. 한반도 남북분단의 역사조건하에서 재중 조선족 체육인이 해야 할 역할

반세기를 넘는 남북 분단의 장벽의 그늘 속에서 화해와 대화로 평화를 찾기란 아주 어려운 일로 생각해 왔었다. 그러나 지금 남북간의 관계는 점차 개선되어 경제협력과 대화가 주류로 등장되고 있다. 이러한 형세는 재중 체육인들로 하여금 적극적인 자세를 취하여 통일을 앞당기는데 유리한 사업들을 해야 한다고 생각한다.

연변에서는 국가의 정책에 의해 한국의 TV와 라디오방송들을 듣고 있다. 이 얼마나 엄청난 변화인가. 그런데 조선에서 온 친척들도 연변을 방문해 직접 한국의 TV를 보면서 한국사회와 경제발전을 볼 수가 있다. 이 역시 얼마나 놀라운 일인가. 만약 조선에서 한국 방송을 들었다면 그는 위험한 인물이 되었을 것이다. 재중 조선족은 한국의 발전 모습을 광범위하게 조선에서 오신 손님들에게 홍보하고 있다. 이것은 조선의 민심에 큰 영향력을 갖다 준다. 또한 조선의 지도자들로 하여금 개방을 촉구하는 일로 변천하게 될 것이다.

두만강을 사이에 둔 함경북도 변경지구에서는 연변TV방송을 공중안테나를 통하여 볼 수 있다. 물론 그들은 남모르게 보는 것이다. 이 TV을 통해 그들은 한국의 드라마와 경제발전 소식들을 알게 된다. 한국경제의 발전은 조선 백성들에게 심사숙고할 기회를 제공한다. 즉, 그들의 민심은 바뀌고 있다는 것이다.

다음 연변의 체육인들을 통해 한국체육의 놀라운 발전 현황들을 조선 선수들에게 알리게 된다. 이것은 바로 경제가 발전되어야 체육수준도 높아진다는 도리이기도 하다. 조선도 과거 한때 세계 체육무대에서 이름을 날렸던 선수들이 있었다. 그러나 현재 경제의 쇠퇴로 체육성적은 많이 뒤떨어지고 있다. 체육학술 분야에서 재중 조선족 체육인들은 아주 중요한 교량적 역할을 하고 있다. 바로 어떤 면에서 한국 체육인들이 하고자 해도 할 수 없는 역할을 하는 것이다. 앞으로 남북 체육학자들 간의 교류는 물론 직접적인 접촉이 중요하지만 제3자를 통한 교류도 없어서는 절대 안 된다고 본다.

조선의 일부 체육팀들은 연변에서 친선경기를 갖거나 혹은 훈련을 진행하는 과정에서 그들은 한국 체육의 현황과 밝은 전망을 알게 된다. 이는 그들이 오랫동안 품었던 고정적인 이념을 바꾸는데 좋은 계기가 되는 때이다. 이것은 바로 제3자를 통해 남북간의 화해에 도움을 줄 수 있다는 점이다.

남북간에는 시간을 거치고 또 쌓여 남북한 사회 양자가 공유하는 공감대가 형성되어야 한다. 그러려면 서로 간에 많은 접촉이 있어 서로간의 이념 차이를 줄인다는 것이다. 한국의 체육학자들은 일부 재중 체육학자를 통해 조선에서 출판된 체육 책자들을 구입하고 있다. 이는 바로 과거 이질화가 심했던 그때에 있었던 문화적 배타성이 점차 해소되어가고 있다는 것이라 하겠다. 책자의 교류는 남북한 모두에게 유리한 일이라 하겠다. 따라서 재중 체육인들은 남북통일 대업을 실현한다는 장기적인 입장에 서서 책자 교류 등 여러 면에서 노력을 기울려야 한다고 본다.

3. 남북한 체육교류를 위해 재중 조선족 체육인들이 넘어야 할 과제

지금까지 남북한 체육학자들이 모인 학술교류는 별로 없었다. 그것은 조선의 체육학자들이 국제학술회의에 참가할 기회가 극히 적었기 때문이다. 예로 고려국제학술회의를 보면 남북한과 세계 여러 나라에서 모인 동포학자들이 여러 학술 분야에서 학술활동을 벌려왔으나 오직 체육학자들의 모임은 아주 적었다. 물론 남북한 체육학자들이 직접 모여 학술교류 활동을 진행한다면 아주 이상적인 결과를 얻으리라 본다. 그러나 이 과정 외에도 중국 북경 등 내지에서 남북한 학자들이 참가한 학술회의도 매우 현실적이라 본다. 만약 고려국제학술회의 체육분과위의 형식이라면 조선 체육학자들의 참석은 가능하리라 생각된다.

조선 체제에서 조선 체육학자들의 국제학술회의 참석은 어려우나 재중 체육인들의 초청이라면 그 상황은 다르다고 본다. 1985년 연변 조선족자치주 성립기념일을 계기로 연변에서 평양씨름단과 조선국가 널뛰기, 그네선수단을 초청하여 연길체육관에서 합동연기를 선보였다. 이것은 바로 재중 체육인들이 조선체육팀의 초청에 대해 상대적으로 어렵지 않다는 것이라 하겠다.

남북한 체육학자들 간의 학술교류는 장기적인 시간을 거쳐 교류되리라 생각하지만 어떤 도경을 거치느냐 하는 것이 하나의 과제로 남아 있다. 남북간의 체육교류는 앞으로 많이 해야 할 과제로 된다. 근년에 남북한 선수단의 국제올림픽 동시입장, 부산아시아운동회의 조선팀 파견이나 대구유니버시아드대회의 조선팀 참가는 아주 좋은 화해의 분위기와 갈등을 해소하는데 중요한 역할을 하였다. 남북한간의 체육교류는 주류를 이룬 반면 재중 연변을 통한 3자간의 교류도 연구해야 할 문제라 봅니다. 이것은 과거 조·중간의 역사적인 교류 경험에 기초한 것으로 그 가능성은 풍부하다. 특히 축구나 민속운동을 선두로 한다면 매우 좋은 영향력을 과시하리라 생각한다.

재중 체육인들 외에 재중 조선족들이 한국에 대한 신임과 애착심은 남북한 통일에 아주 큰 영향력을 과시하리라 믿는다. 예를 들면 몇 십만 재중 교포들이 고국에 체류하고 있는데 그들은 조선에서 온 친지들에게 한국의 민주화와 경제발전, 선진적 기술에 대한 홍보가 그 숫자가 많아 한국민의 홍보보다 몇 십 배의 효력을 낼 것으로 생각한다.

　재중 조선족들을 통해 많은 이산가족들이 연변 혹은 중국 내지에서 상봉을 이루고 있었다. 이산가족의 상봉은 그 어떤 이질성을 찾아보기 힘들다. 그 동안 굳었던 남북한 이념의 차이는 컸다고 하지만 개방과 경제률 상승을 위해 현대사회에서 빈번한 접촉과 대화로 이념의 장벽을 초월해 화해와 합작의 신 시기를 맞이하고 있다. 바로 이러한 조류 속에서 재중 조선족 체육인들은 남과 북의 민족통일을 앞당기는 데 역사적인 사명을 완수해야 한다고 단언한다.

한민족체육통합을 위한 체육단체·
체육학술기관의 역할

박 영 옥*

Ⅰ. 들어가며

남북간의 교류·협력은 정부가 주도하는 위로부터의 노력만으로는 미흡하다. 우리 사회는 국가영역과 시장영역, 그리고 시민사회영역이 있다. 다양한 사회적 기능, 문화적 기능을 수행하는 민간단체와 사회단체가 시민사회의 주요 행위자가 된다. 따라서 보다 많은 민간사회단체가 통일지향성을 갖을수록 통일기반이 구축되어 간다고 볼 수 있을 것이다.

우리 사회는 여전히 북한관이나 통일론에서 이념적인 이질성을 공유하고 있다. 그래서 2003년 대구유니버시아드에서 이루어졌던 남북체육교류의 과정에서 남한 내부의 이질성으로 인한 사건도 있었고 이를 둘러싼 열띤 토론도 일어났다. 그러나 남북 젊은이들이 한 곳에서 일시에 그렇게 모일 수 있었던 계기가 체육경기대회였다는 점을 사람.

* 한국체육과학연구원 정책개발실장

들은 잊지 않았다.

남북 화합과 통일기반 조성을 위해서 체육교류가 얼마나 중요한 기여를 할 수 있을 것인가는 이미 여러 학자들이 주장한 바 있다. 2002년 남북통일축구 이후 설문조사에 바탕을 둔 연구는 일반 국민들도 이러한 주장에 크게 동조하고 있음을 확인시켜주었다(김동선, 2001).[1]

이 글은 체육교류의 의의나 중요성에서 한 걸음 더 나아가 최근까지 남북체육교류 과정에서 체육인이나 체육단체, 체육학술기관이 어떤 역할을 해왔는가를 짚어보고 민족통일기반 조성 과정에서 체육교류의 대상이 무엇인가와 체육단체와 체육학술연구단체가 해야 할 역할이 무엇인가를 고민해본 것이다.

Ⅱ. 체육교류와 체육인, 체육단체, 학술단체 역할

1. 6·15 이후 남북체육교류

1991년 이후 북한은 남북체육교류에 부정적 태도로 일관했다. 더구나 1994년 이후 북한은 국제체육경기대회에도 잘 나오지 않았다. 1997년 동아시아대회가 부산 개최된 해이다. 동 대회에 북한은 불참했다. 1998년은 IOC위원장이 남북체육교류를 촉구하고 IOC집행위원이 북한을 방문했다. 1998년 방콕아시안게임이나 2001년 북경유니버시아드에서 남북은 체육교류는 없었다. 2000년 6·15선언 이전에 북한은 경협과 연관되어 북한에 들어간 기업과 교환경기에 응했다.

---

1) 조사대상 260명(남북체육학회, 북한연구학회, 체육교류 관계자 260명 대상) 응답자 120명 분석자료 결과 97.5%가 남북한 체육교류가 한반도 평화통일에 기여할 것이라는데 응답했다. 매우 긍정은 29.2%이며 어느 정도 긍정적에는 68.3%로 나타남(김동선, 2001).

2000년 6월 15일 남북간에 이루어진 공동선언에는 남북체육교류가 직접적으로 언급되었다. 즉, 공동선언문의 제 4항은 다음과 같다. "남과 북은 경제협력을 통하여 민족경제를 균형적으로 발전시키고 사회, 문화, 체육, 보건, 환경 등 제반 분야의 협력과 교류를 활성화하여 서로의 신뢰를 다져나가기로 하였다."

6·15공동선언에 근거하여 2000년 말 시드니올림픽 동시입장이 성사되었다. 시드니올림픽에서는 단일팀 구성은 물론 특정 종목의 단일팀 구성도 이루어지지 않았다.

2000년도의 남북체육교류사업은 주로 민간기업이 주도하는 것에 국한되었다. 현대아산의 체육시설 건설사업과 우인방 커뮤니케이션의 금강산랠리사업이 그것이다. 금강산랠리는 통일염원 6·15자동차질주 경기대회로 호칭되기도 한다. 남북 총 경기구간 120㎞ 중에서 북측 경기구간은 장전항, 고성군 순학리, 해금강 일대 63㎞이다. 삼성전자는 2000년 7월 28일 평양 현지공장 설립을 앞두고 평양체육관에 전광판을 기증하고 이를 기념하기 위해서 '통일탁구대회'를 치르는데 북한이 합의했다(월간탁구, 2000년 9월호).

그러나 북한은 2000년부터 지속된 2002년 FIFA한·일월드컵대회의 남북 분산개최와 관련된 남북간 협의에 매우 소극적인 태도를 보였다. 2001년 봄 일본 오사카에서 열리게 될 46회 세계탁구선수권대회에 남북단일팀 구성을 위한 노력에도 북한은 마지막 순간에 응하지 않았다.

2000년 남북공동선언에서 체육교류를 위한 공동의 노력이 합의된 이후에도 북한은 2002년 초까지 체육교류에 소극적인 자세로 일관해 왔다. 2000년 남북체육교류의 노력은 크게 2개 주요 대회에 북한의 참가를 두고 전개되었다. 하나는 2002한·일월드컵의 개최 시 북한이 어떤 형태로든 참가할 기회를 만드는 것이었고, 다른 하나는 2002년

부산아시안게임에 북한의 참가 및 공동입장 등을 성사시키는 것이다. 2002월드컵의 경우는 분산개최와 단일팀 구성이 목표로 논의되었다. 남한 축구협회 회장은 국제축구연맹(FIFA) 부회장과 함께 방북해서 현안 사항을 협상해 나갔으나 결국 무산되었다. 월드컵 분산개최의 무산은 장웅 IOC위원장이 밝힌 대로 현실적이고 기술적인 문제 때문으로 보는 것이 대체적 평가이다. FIFA가 요구하는 경기장시설의 기준이나 외국인 숙박시설의 대대적 확보가 어려운 점도 포함되어 있었고 북한체제의 개방에 대한 두려움과 같은 정치적 판단도 배경에 존재하였다.

2002년은 남북체육교류의 장에 일획을 그은 해이다. 연초에 일본 아오모리에서 열린 동계아시안게임에 남북은 공동입장을 했고 2002년 부산아시안게임에 대규모 선수단과 더불어 응원단까지 파견시킨 것이다. 부산에서 열린 아시안게임은 남한이 주최한 대회에 북한 선수단이 처음으로 참가한 대회였다. 같은 해 통일축구대회가 열렸고 남북태권도시범단의 서울 시범경기가 있었다. 태권도의 경우는 남북 태권도의 이질성 극복을 위한 남북 태권도 관계자간 교류 행사도 이루어졌다.

2003년에는 대구유니버시아드에 북한 선수단과 응원단이 참가했다. 남북은 개·폐회식에 한반도기를 앞세우고 공동입장을 하였다. 2003년 10월에는 평양에서 남북통일농구대회가 열렸다.

2. 체육교류의 범위와 체육단체의 역할 평가

남북체육교류·협력이란 남한과 북한 사이에 민족동질성 회복을 위하여 체육활동이 주요 수단 혹은 목적이 되는 교환 활동이다. 여기에서 교환활동이란 직·간접적 접촉, 인적 왕래, 협력사업, 교역 등을 모두 포함한다. 체육계가 무엇을 해야 할 것인가, 체육단체가 무엇을 해야 할 것인가의 역할을 논하기에 앞서서 체육교류의 범위를 밝혀 놓은 '남북 사이의 화해와 불가침 및 교류·협력에 관한 합의서'의 부속합의서 "제3장 남북교류·협력의 이행과 준수를 위한 부속합의서'를 차용해 보자. 동 문건은 다음과 같이 체육교류의 가능 범위를 적시한 바 있다.

첫째, 남과 북은 체육 분야에서 이룩한 성과와 경험 및 연구·출판·보도자료와 목록 등 정보자료를 상호 교환한다. 여기에는 스포츠과학 저널이나 국제경기동향분석서, 훈련지도서 등 전문 체육 관련 연구성과와 국민 건강 및 체력 향상 방안, 생활체육프로그램 등 생활체육 연구 성과를 상대측에 전달하는 간접적 교환방식을 활용하거나 공동학술회의 개최, 직접 방문 견학 기회 제공 등 직접적 교류·협력방식이 망라될 수 있을 것이다. 둘째, 남과 북은 체육 분야에서 기술협력을 비롯한 다각적인 협력을 실시한다. 체육 분야의 기술협력은 훈련방법, 경기의 운용기술, 심리처방, 선수 영양관리법 등 특히 운동생리학, 생체역학, 스포츠심리학 분야의 성과를 실제 선수의 경기 수준 향상에 도움이 되는 남북이 함께 행하는 제반 활동을 포함할 수 있을 것이다. 셋째, 체육부문기관과 단체, 인원들 사이에서 대표단 파견, 초청·참관 등의 접촉과 교류를 실시한다. 인적교류에 해당되는 것으로 체육부문 전문인력(지도자와 선수, 교사, 교수, 연구자, 체육단체 관리자 등)간의 상호 교류를 지적하고 있다. 넷째, 남과 북은 연구, 조사, 편찬 사업, 행사를 공동으로 실시하며 도서출판물 등 유관 성과물의 교환전시회를 진행한다. 다섯째, 남과 북은 쌍방이 정한데 따라서 상대측의 각종 저작물에 대한 권리를 보호하기 위한 조치를 취한다.

이 외에 국제무대의 교환행위가 특히 많은 체육 분야의 특성을 반영하여 대외사업의 공동 진출 및 국제무대에서의 상호 협력을 명시한 것도 주목된다. 대응 조항으로는 ①국제행사와 국제기구에서의 상호협력을 한다는 것 ②대외에 공동으로 진출하기 위한 대책을 협의하고 추진한다는 것이 명시되어 있다.

이상에서 체육교류의 사업 내용을 보면 이러한 사업을 전문성을 갖고서 이끌고 나갈 주체가 누가 되어야 하는가는 분명해 보인다. 특히 주요 사업은 대부분 체육단체와 체육학술연구단체가 관장해 가야 할 내용을 담고 있다.

Ⅲ. 한민족체육의 통합과 체육단체·학술단체의 과제

1. 한민족체육의 통합: 사회통합에서 체계통합으로

이질적인 정치·경제체제 하에 있던 서로가 상대방 체제의 인간들 —그들의 행동방식, 사고양식, 생활양식—을 이해하는 것은 쉽지 않다. 독일사회의 통일과정에서 동서독 주민간의 이해와 융합이 문제가 되면서 통일과정에서 사전적·사후적 조치가 사람간의 통합을 위한 노력이 매우 중요하다는 점이 크게 부각된 바 있다. 사회통합이란 용어가 제기된 것은 이러한 맥락이다. 사회통합이란 의사소통 차원에서 이질적인 두 체제가 하나로 융화하고 통합된 정체성을 획득하는 과정을 일컫는다. 부언하면 남북간의 사회통합의 문제는 규범, 가치, 사고체계, 정서, 행동양식의 측면에서 이질성이 줄어들고 동질성이 늘어나는 과정이다.

통일에 대한 사회통합론자의 주장에 따르면 남북한간에 통일을 위해서는 경제나 정치적 통합 이상으로 사회통합이 중요하며 이를 위한 노력이 별도로 행해져야 한다는 것이다.

체육은 신체를 갖고 신체활동에서 성취감을 얻고 즐거움과 정신적 고양을 추구하는 인간활동으로서 이념과 문화, 언어 장벽을 넘어서서 상대와의 소통을 가능케 한다. 이러한 속성 때문에 체육은 인간 대 인간의 통합. 즉 사회통합에 기여할 수 있는 중요한 활동이 된다. 일반적으로 현재까지는 사람들이 인식하는 남북한 체육교류는 주로 사회통합이란 목적을 갖는다. 많은 비용이 소요되어도 남북체육교류가 남북협력기금의 지원을 받을 수 있는 것은 체육교류가 갖는 사회통합 차원에 기여하는 효과 때문일 것이다. 그러나 동시에 보다 장기적 관점에서 보면 남북한간에 한민족 통합을 논의하기 위해서는 남한과 북한사회에서 하위 제도로 존재하는 체육부문간의 통합에 대한 고민도 고려되어야 한다.

분화된 전문영역으로서 체육제도는 나름의 역사성 속에서 구축되어 있다. 남북간 통합이 분야간의 공존을 위한 틀을 준비해 가는 과정이라면 체육교류(협력)의 목표는 남한의 체육부문과 북한의 체육부문이 통합되어 시너지 효과를 만들어 가는 것에 두어야 한다. 이러한 관점이 곧 기능주의적 통합론이다. 이러한 관점에 서면 서로 상호작용을 하고 있는 사회간에 기능적 상호의존관계가 생겨나면 생겨날수록 두 사회간에 공통이익이 생겨날 수 있고 이 공통이익 때문에 두 사회간에 불가분의 관계가 형성될 수 있다는 것이다.

기능주의적 통합론을 주창하는 논자들은 "남북한관계가 에치오니(Etzioni)가 유형화한 계기적 선택모델에 의한 발전단계를 그대로 가지는 않겠지만 분화된 두 개의 사회가 재통합되는 과정과 유사한 방식으로 전개될 수 있다"(이용필; 34)는 전망을 내놓고 있다. 체육부문(또는 체육계)은 정치·경제체제와 관계없이 기능적 동질성을 갖고 있기 때문에 남북한의 통합에서 보다 성공적 선례를 만들 수 있다. 기능주의적 통합론자들이 강조하던 이질적 복수체계-남한의 체육체계와 북한의 체육체계-가 상호 의존성을 높이게 되면 결과적으로 비영합 게 임(Non-zerosum)적 성과가 나올 것으로 기대된다.

남북한 체육부문의 통합이 가져올 이점은 다음과 같은 표현에 잘 드러나 있다. 상옥하(尙玉河)는 "(남북한) 양측의 힘을 합치게 되면 서로 상대방의 장점을 취하여 단점을 보완할 수 있으며 양측이 강한 종목이면 반드시 우세를 뚜렷이 보여줄 수 있다"(1992, 86)고 지적했다. 이 글은 체육교류가 두 가지 목표에 다 유효하지만 이제까지 체육교류가 사회통합에 기여하는 교류였다면 향후에는 남북체육부문의 기능적 통합을 염두에 둔 교류도 함께 고민되어야 한다고 본다. 이를 위해서는 무엇을 어떻게 해야 하는가의 고민은 체육단체와 체육학술단체의 몫이 되어야 한다. 체계통합적 관점에서 체육교류를 위해서 체육단체는 무엇을 해야 하는가를 위한 많은 토론이 있어야겠지만 여기서는 이념형으로서 '남북한체육의 통일적이고 균형적 발전'을 제시하고자 한다.

이러한 장기적 목표 하에서 남북은 우수한 경기력 수준, 넉넉한 체육시설, 발전된 체육과학과 전문인력, 효율화된 관리경영방식, 체육문화 측면에서 등 균형적 발전을 할 수 있는 길을 무엇인가를 고민하면서 체육교류·협력이 추진되는 것이 바람직하다는 것이다. 현재까지는 남북단일팀 구성에 대한 인식이 구성을 한다는 것 자체에 상징성 의미를 부여하고 있는 단계(사회 통합)이지만 단일팀 구성의 결과(국제대회에서의 우수한 성적, 기능주의적 통합)의 의미도 무시되어서는 안 된다는 것이다.

2. 체육단체와 학술단체의 역할

국제올림픽위원회나 국제종목별 협회, 아시아종목별 협회와 각 협회가 관장하는 대회는 남북체육교류가 일어나는 주요 장이다. 수차례의 국제대회가 교류와 화합의 의지를 드러낼 수 있는 기회를 제공해 주기 때문이다. 더구나 국제대회에서 선수단의 공동입장 공동응원, 단일팀 구성 등을 성사시키도록 의사결정을 할 수 있는 주체는 다름 아닌 체육단체이다. 향후 체육교류를 주도해 가는 데 주로 누가 주도적인 역할을 해야 하는가에 대해서 절대 다수가 체육계가 주도해야 하고 정부는 도와주는 형태여야 한다고 보고 있다(김동선, 2001).

올림픽위원회는 1963년 스위스 로잔에서 남북 대표가 첫 번째 남북체육회담을 갖은 이래 1980년대까지 수차례 남북체육회담을 진행시킨 역사를 갖고 있다. 정책환경의 변화로 남북체육교류의 제도적 틀로서 그 역할이 약화했지만 남북체육교류에서 그 역할을 결코 무시할 수 없을 것이다.

종목별 협회는 여러 차원에서 적극적인 역할을 할 수 있는 조건을 갖고 있다. 이들 조직은 해당 종목에서 남한과 북한사회를 대표하면서 국제대회에서 빈번한 접촉을 가질 수 있고 국제스포츠조직에서 회원으로 대면할 기회가 많기 때문이다. 또한 국가대표급 선수의 남북간 직접교류를 성사시킬 수 있는 주체적 힘도 체육단체가 갖고 있다. 국가대표급의 선수간 교환경기는 정부가 적극 지원하는 사업으로 의의가 크고 남북협력기금의 지원 명분도 선다.

국가대표간 교류는 교환경기대회가 우선적이며 이 외에도 선수 발굴 및 훈련방식, 스포츠과학적 지원방식, 경기기술의 측면에서 서로 도움을 주는 것이다. 일부에서는 북한의 경기력이 남한보다 낮기 때문에 배울 것이 없고 따라서 교류가 별로 필요하지 않다는 주장도 있을 수 있다. 남한에서 일반적으로 지원을 해줘야 할 정도의 경기력 차이가 큰 종목인 경우에는 남북 체육계간 상호 신뢰를 쌓는 부수적 효과를 거둘 수 있을 것이다.

그러나 각 종목의 협회는 2~3개의 소수 협회 외에는 조직역량이 매우 약하다. 5인 정도의 상근 인력들은 각 종목별 국제대회와 국내대회의 선수 파견이나 개최 준비에 여력의 조직 역량을 발휘할 것으로 기대하기 어렵다. 또한 남북체육교류사업 같은 신규사업을 선도적으로 해갈 수 있는 재원과 조직역량이 약하다는 문제점이 있다. 이러한 문제점은 결국 대한체육회나 올림픽위원회로의 단일 창구화를 검토해볼 필요성을 제기한다.

남북체육교류의 주관자로서 기업의 역할도 무시할 수 없다. 현대에서 주관한 남녀농구단과 북한 농구단간의 교류나 삼성에서 추진했던 삼성탁구단과 북한팀간의 교류가 이루어진 바 있다. 그러나 기업주도적 교류는 특정 기업에 이익이 되면 이루어지고 이익과 무관하면 언제라도 중단될 수밖에 없는 일회성 교류라는 것이다. 더구나 기업주도적 교류는 체계통합적 관점에서면 남북 양방의 스포츠조직에 파급해내는 영향력이 적다. 따라서 바람직한 것은 기업주도적 교류가 체육단체가 주체가 된 교류로 변화되는 것이 바람직하다.

남북체육교류를 활성화시켜 나가는데 있어서 또 다른 축은 체육학술단체이다. 아니, 더 나가서 학자들의 역할이다. 체육학술단체나 학자들의 역할은 크게 두 가지로 집약될 수 있을 것이다. 하나는 체육계 구성원들은 물론 일반 국민, 정책결정권을 갖는 집단에게 체육교류의 중요성과 의의를 전파하고 체육교류의 목표, 방향을 제시하는 것이다. 남북체육교류의 활성화를 지원할 수 있는 각종 지식의 산출과 유통이 포함된다. 또한 북한체육에 대한 체계적인 자료집적과 유통도 이루어져야 한다. 그리고 남북한간에 체육발전을 위한 정보와 지식을 교환하고 집적해 가는 것이다.

체육학술연구단체나 학자들의 역할은 체육 이외의 분야에서 이루어지고 있는 것과 상대적으로 매우 미흡하다. 북한체육이나 남북체육교류에 대한 연구 관심은 아주 낮은 편이다. 통일부나 국립대학의 통일학 연구용역의 공모가 적지 않게 이루어지고 있지만 체육 분야에 대한 연구는 거의 발견하기 어렵다. 또한 주요 국내 연구기관들은 지속적으로 북한에 대한 자료를 집적해 가는데 비해서 체육 분야의 학술연구단체는 그렇지 못하다.

국내 학술연구단체가 체육 분야 자료를 잘 확보하지 못한 이유는 북한의 체육 분야 학술활동 자체가 활발하지 못하기 때문일 수도 있다. 북한의 학술지는 총 100여 종이 확인되고 있고 김일성종합대학학보(철학, 경제학, 어문학), 철학연구, 조선어문, 조선고고연구, 역사과학, 사회과학원보, 조선문학 등 인문사회과학 분야가 약간 있고 대부분은 과학기술 분야에 치중되어 있다(한국교육학술정보원, 2001). 그러나 북한에도 체육과학원이 있고 그 산하에 체육과학연구소, 운동의학연구소, 약물연구소, 체육기자재연구소와 스포츠정보센터가 있고 관련 종사자가 500여 명이라는 점에 미루어 볼 때 북한에 체육학이 존재하지 않는다고 볼 수는 없는 셈이다.

학술지는 아니어도 체육잡지가 발행되고 있다고 알려져 있는데 국내 체육학술단체는 이러한 자료도 거의 확보하고 있지 못하다. 민족통일체육연구원이 2002년 중국을 통해서 확보한 북한체육 관련 자료가 그나마 북한체육자료의 확보를 위한 체계적인 노력의 결실로 알려져 있다. 조선중앙연감에 따르면 북한에서 체육신문이 1960년 1월에 창간되어 현재까지는 발행 중인 것으로 되어 있고 '체육'이란 제호의 잡지도 발간되고 있다고 한다.

끝으로 체육학술단체는 한민족 체육교류의 기반을 조성하기 위한 남북한 학자간 인적 접촉을 만들어가야 하며 동시에 해외 체육지도자 및 학자와 인적 접촉을 통해서 한민족 네트워크를 형성해 가는데 기여해야 한다. 국제적인 스포츠과학 심포지엄 등에 북한 학자 및 해외

학자를 초청하는 일부터 시작해나갈 수 있을 것이다.

IV. 나가는 글

통일기반 조성을 위해서 한반도가 풀어야 할 숱한 과제가 산적해 있고 여기에는 상당한 시간과 노력이 필요하다는 것은 주지의 사실이다. 대구유니버시아드를 계기로 남한 국민은 이질화된 정서를 갖고 가치체계를 갖고 있는 북한 사람을 재차 대면하게 되었다. 남북이 하나의 민족으로서 통일과 화합을 해가기 위해서 사회문화교류가 보다 활발히 이루어져야 하고 체육교류가 큰 몫을 할 수 있을 것이라는 기대가 더 커졌다.

남북체육교류는 일본 지바 세계탁구선수권대회와 포르투갈의 청소년축구대회에서 남북단일팀이 구성되던 1991년 이후 경색되어 있다가 6·15남북공동선언을 배경으로 새 국면을 맞고 있다. 2002년과 2003년 북한 선수단의 남한 국제대회 참가가 이루어졌기 때문에 이 시기 동안 남북 체육인간의 인적 접촉도 늘어났다고 봐야 한다.

최근 진전된 체육교류는 체육인이나 체육단체, 체육학술단체의 주체적 노력의 성과물이기보다는 정부가 추구해온 대북 포용정책의 복합적 성과로 보인다. 국제대회 공동입장, 남한에 북한 선수단을 파견이 이루어진 과정에서 체육인들의 노력이 적지 않았음을 부정하는 것이 아니나 남북 태권도시범단 교류나 부산아시안게임, 대구유니버시아드에의 북한 선수단 파견이 남북장관급회담의 틀 위에서 이루어진 것은 분명한 사실이기 때문이다.

대규모 선수단과 응원단 파견은 체육교류가 이질적 체제인 남북간의 사회통합에 기여한다는 점은 뚜렷해 보여주었다. 이 글은 이러한 성과와 체육교류의 기능을 부정하자는 것이 아니라 향후 체육교류가 한 단계 발전해 가야 한다는 견지에서 체육교류가 체육부문의 체계통합(기능주의적 통합)에도 기여할 수 있도록 관리되어야 한다는 점을 지적하고자 했다. 이를 위해서는 특히 체육인, 체육단체, 체육학술연구단체가 제 역할을 해야 한다는 점을 강조했다. 향후 이러한 논의가 더욱 확산되기를 기대하며 동시에 이러한 논의를 수렴하는 장으로서 체육학술연구단체의 역할을 기대한다.

참고문헌

김경웅(1996). 통일의 사회문화적 접근: 남북한 사회문화교류와 통합방향 모색, 한국정치학회보, 29집 4호, 421~443쪽.

김동선(2001). 우리나라 통일과정에서 스포츠교류의 역할: 독일 통일과정의 함의, 한국체육학회지, 제40권 2호, 3~20쪽.

대한올림픽위원회(1992). 남북체육교류 자료집.

상옥하(1992). 남북한체육교류에 대한 중국의 시각, 남북체육교류국제학술대회 조직위원회, 남북체육교류국제학술대회보고서, 71~95쪽.

박영옥, 성문정, 송제호, 이명천, 이한규(2001). 남북한 체육환경분석 및 교류확대 방안, 국민체육진흥공단 체유과학연구원.

안민석, 박영옥, 이용식, 이학래, 송형석(1998). 남북체육교류 활성화 방안연구, 한국체육과학연구원.

월간탁구. 평양 3박4일, 삼성생명 남녀탁구단 북한 방문기, 2000년 9월호

윤대규(2000). 대북정책에 대한 국민적 합의 도출문제, 현대경제연구원, 통일경제, 2000년 11월호, 75~87쪽.

이온죽 외(1997). 남북한사회통합론, 삶과 꿈.

이용필(1995). 기능통합의 이론적 기초: 접근법과 적실성, 이용필외, 남북한기능통합이론, 서울: 신유, 1~42쪽

이용효(2001). 남북한 학술정보 교류 방안: 북한의 학술정보 유통현황 및 교류 방안을 중심으로, 한국교육학술정보원.

이학래, 김동선 편(1995). 북한체육자료집, 서울: 사람과 사람.

전성우(1993). 사회통합의 관점에서 본 독일통일 3년(상), 국제문제연구소, 국제문제연구, 99~109쪽.

전성우(1993). 사회통합의 관점에서 본 독일통일 3년(중), 국제문제연구소, 국
　　제문제연구, 114~120쪽.

전성우(1993) 사회통합의 관점에서 본 독일통일 3년(하), 국제문제연구소, 국제
　　문제연구, 105~110쪽.

조한범, 김규륜, 김성철, 김형석(2000). 비정부기구를 통한 남북한 교류촵협력
　　증진방안연구, 통일연구원.

조선중앙연감. 2000년, 2001년.

우회전략 구사하는 지혜와 체계

신 승 호[*]

1. 들어가는 말

남북정상회담의 개최로 한반도 통일의 새로운 발판이 마련되는 듯
했으나 최근 북한의 핵문제를 둘러싼 북한과 미국과의 긴장관계, 그
리고 중국, 러시아, 일본 등 주변 국가들과의 복잡한 관계는 통일의
길은 아직도 가야할 길이 많이 남았다는 것을 새삼 일깨워 주고 있다.
한반도 문제에 있어서 주변 국가들과의 역학적·정치적 관계가 많이
작용하고 있는 이러한 시기에 해당 국가에 거주하고 있는 해외동포의
역할이 새삼 많은 관심의 대상이 되어 오고 있다.

1990년대 초 냉전 종식 이후 국제무대에서 미국의 영향력은 증대
되어 왔다. 냉전체제 시대에서의 북·미관계는 서로 관계정상화의 필
요성을 절실하게 느끼지 못했다. 그러나 냉전체제 종식 이후에는 미
국은 동북아시아 전략과 한반도 전략의 일환으로 대북관계 개선의 필

* 국민대 교수

요성을 느끼게 되었다. 즉, 단기적으로는 북한의 위협 및 도발을 방지하고 장기적으로는 동북아 역학관계에서 리더로서의 위치를 유지하며, 아울러 중국이나 일본을 견제하려는 의도를 내포하고 있는 것이다. 북한 역시 정치, 경제, 외교적인 고립에서의 탈피라는 체제의 생존을 위해 미국을 비롯한 서방세계와의 관계개선을 위한 본격적인 접촉이 이루어지게 되었다(강정용, 1999; 김영한, 1998; 박병훈, 2000).

그 동안 재미교포들은 체제의 상이성에도 불구하고 북한과 다방면으로 많은 교류를 해왔다(최협, 2001). 즉, 1990년대 중반 북한의 핵문제로 북·미관계가 악화되기까지 약 5000명의 재미교포가 가족이나 친인척의 상봉을 위해 북한을 다녀온 것으로 알려져 있다. 그리고 조지 W. 부시 대통령이 취임하고부터 미국의 대북 강경정책 등 주변 정세의 변화로 인한 북·미관계는 새로운 시험대에 들어섰음에도 불구하고 재미동포와 북한과의 교류·협력은 그 범위를 점차 넓혀가고 있는 중이다. 2000년 5월 2~3일에는 조미(朝美) 의학과학교류촉진위원회 소속 한인 의사 20여 명이 평양에서 열린 제3차 의학심포지엄에 참석하여 북한 의료계 인사들과 의료지원 방안을 논의했으며, 문화예술 분야에서는 2001년 4월 평양에서 개최된 제19차 국제예술음악축전에 미 대학의 예술 분야 교수로는 처음으로 UCLA 김동석 교수가 50여 명의 한국전통문화예술단을 이끌고 참가했다.

재미교포 사회의 종교나 학계 등에서 영향력 있는 사람들의 견해는 미국의 대한반도정책이 어떤 방향으로 나아갈 지에 대해서는 미국 교포의 책임도 크다는 점을 강조했으며, 실제로 1994년 북핵 문제를 놓고 미국 내의 많은 논의와 갈등이 있었을 때 재미교포 지식인들이 미국의 정책 수립과정에 어느 정도의 역할을 해 왔음을 부인할 수 없을 것이다(김성진, 1996).

이와 같이 다양한 분야에서 북·미관계에 있어서 재미동포의 역할이 활발하게 진행되고 있으나 정작 체육 분야에서는 그 활동이 미미한 실정이다. 체육이 본래부터 가지고 있는 사회교류적인 기능, 국가교류적인 기능, 그리고 문화교류적인 기능 등을 고려한다면 오히려 재미교포사회에서의 체육 분야가 다른 어느 분야보다도 선도적으로 북·미관계의 개선이나 남북한간의 가교 역할을 활발하게 실행해야 되지 않나 생각해 본다. 재미교포가 미국의 시민이기도 하지만 또 같은 동포들이기 때문에 북한 역시 재미교포들이 각별한 손님으로 비쳐질 수도 있기 때문이다(구동수, 1995).

이제 미국의 대북정책은 한반도 통일과정에서 하나의 변수가 아닌 중요한 상수로 작용하고 있다고 해도 과언이 아니다. 이러한 중차대한 시기에 북·미관계의 개선을 위해 미국에 거주하는 재미 체육인의 과제와 앞으로의 역할에 대한 논의를 통해 한반도 통일에 있어서 재미 체육인의 역할뿐만 아니라 체육의 가치를 보다 증대시키고자 하는데 이 토론의 의의가 있다고 하겠다.

2. 북·미관계 개선을 위한 재미 체육인의 과제

재미 체육인들이 북·미관계의 개선을 위해 나름대로의 영향을 미칠 수 있다면 이는 매우 바람직한 일이라 할 수 있겠다. 그러나 이를 위해서 우리는 몇 가지 현실적인 한계를 인정하고 이를 극복할 수 있는 의지와 태도를 갖는 것이 매우 중요하다고 하겠다.

먼저 재미 한인집단은 미국 내의 한 소수민족에 지나지 않는다는 사실이다. 2001년 미연방 센서스국이 발표한 미국 내 한인 인구는 107만 6872명이었다. 물론 미국 내 한인 인구수가 200만 명이 넘을 것이라는 통설이 지배적이지만 공식적인 미국 정부의 입장은 재미 한인집단은 107만 명 규모의 정치력을 갖는 집단으로밖에 인정을 할 수 없을 것이라는 것이다(최협, 2001). 미국 내 소수민족이라는 인식과 울타리 안에서 재미 체육인의 역할과 위상을 찾기란 그리 쉬운 일이 아닐 것이다.

따라서 한인사회의 권익 신장과 남북통일을 촉진하는 활동을 체계적으로 전개하기 위해서는 미주 한인사회 체육계의 잠재력을 총동원할 수 있는 통일된 조직을 갖추는 것이 무엇보다도 필요하다. 미국의 한인사회에는 한인회, 직종(업)별 연합회, 다양한 청년회와 같은 각종 사회단체에서부터 동창회, 향우회 따위의 친목단체에 이르기까지 무수한 조직이 존재하지만 정작 한인사회 전체를 대변하여 로비를 하고 압력단체의 역할을 효과적으로 수행하는 단체는 없다(최협, 2001). 마찬가지로 미국에는 재미 대한체육회가 있으나 과연 이 단체가 미국의 한인 체육인 전체의 힘을 결집시키는 역할을 현재 하고 있는지는 많은 의문이 들지 않을 수 없다.

2003년 미주체전 개최지로 애틀랜타와 달라스를 두고 극심하게 양분된 현상이나, 미국의 여러 지역에서 재미 대한체육회에 대한 정통성을 서로 주장하며 사분오열되고 있는 현재의 상황은 북·미관계 개선을 위한 재미 체육인의 역할이라는 막중한 역할을 수행하기에는 상당히 버거운 것이 사실이다. 따라서 우선은 재미 체육인의 역량을 결집시키기 위해 재미 대한체육회를 비롯한 미국 내 체육단체간의 화합이 매우 시급한 실정이다. 재미 체육회 내의 분열상을 극복하고 화합과 결집을 통해 재미 체육인들의 역량을 확대시키는 것이야말로 곧 북·미관계 개선에 나름대로의 역할을 할 수 있는 첩경이 될 것이다.

또 하나의 중요한 점은 미국에서 재미 체육인들의 역량을 과시하기 위해서 미국의 주류사회의 주요 포스트에 가능한 한 진출하려는 적극적인 자세와 노력이 필요하다. 재미교포들이 미국의 대외정책에 직·간접적인 영향력을 행사하려면 연방의회나 행정부의 관련 부서에 직접 진출하는 것이 가장 확실한 방법이라고 하겠다. 그러나 현재까지의 진출 성과는 아주 소수이며 이에 따른 미국 정부의 대북한정책 수립과정에 대한 재미교포의 영향력은 아주 미약하다고 해도 과언이 아닐 것이다.

마찬가지로 재미 체육인들의 미국 주류사회 진출 역시 아주 미미한 실정이다. 이는 재미 체육인들의 교류나 사업영역이 미국 주류사회를 겨냥하지 않고 주로 같은 동포인 한인사회를 대상으로 하기 때문이다. 이러한 소극적인 자세로는 미국 주류사회에의 진입 확대나 북·미관계의 개선을 위한 재미 체육인의 영향력을 기대하기가 어려울 것이다.

한 가지 희망스러운 점은 그 동안 태권도 도장을 운영하는 일부 사범들이 미국인 수련생들을 대상으로 하여 지도하고 미국의 정계나 학계에서 활동하는 사람들도 제자로 많이 두고 있어 미국에서의 태권도의 위상이 널리 알려진 상태라는 것이다. 태권도의 위상과 같은 미국사회에서 이루어 낸 재미 체육인들의 성과는 북·미관계 개선을 위한 향후 역할을 수행하는데 음양으로 많은 도움을 줄 것이다.

마지막으로 재미 체육인들은 한국의 문제에 대해 관심을 가질 수 있는 정체성을 지녀야 하겠다. 비록 지리적으로 멀리 떨어진 미국에 이민을 가서 미국의 영주권과 시민권을 취득하여 살고 있다 할지라도 한국인이라는 정체성을 갖고 있지 못하면 남북한관계나 북·미관계에 관심을 갖지 못하거나 소극적일 수밖에 없을 것이다. 따라서 재미 한국인이라는 현실 속에서도 '한국인'이라는 정체성이 바탕이 되어야만 북·미관계의 개선을 위한 재미 체육인의 역할을 찾을 수 있을 것이다.

3. 북·미관계 개선을 위한 재미 체육인의 역할

윤인진(2000)은 통일과정에서 재외동포가 수행할 수 있는 역할은 대체로 다음과 같은 것들이라고 제시하였다. 즉, 재외동포는 국적 개념을 초월하여 동포애로서 남북한을 바라볼 수 있기 때문에 통일을 정치적 차원이 아닌 민족적 차원에서 접근할 수 있는 장점을 지닌 집단으로서 남북한간의 교류와 협력을 매개할 수 있는 중개자의 역할을 담당할 수 있다는 것이다. 그리고 이산가족 문제, 체육, 예술 및 학술 교류 등 각 분야에서 남북한 주민들보다 훨씬 자유롭게 활동할 수 있기 때문에 남북한 주민간의 사회문화적 통합에도 기여할 수 있다.

또한 재미교포들은 그 동안 미국 시민이라는 법적 지위를 십분 활용하여 북한에 남아 있는 친인척 방문을 꾸준히 해 왔으며 상당수의 경제인들이 북한을 상대로 무역 등을 하면서 고립되어 있는 북한의 대외연결 창구 역할을 해 왔다. 종교인 등을 중심으로 한 일부는 북한에 대한 구호 원조 활동을 전개함으로써 남북한간의 긴장완화와 대화를 위한 분위기를 조성해 왔다(최협, 2001).

같은 맥락으로, 통일을 이룩하는데 있어 북·미관계의 개선은 매우 중요한 만큼 미국에 거주하는 재미 체육인들이 통일을 촉진하는 방향으로 미국의 대북정책에 나름대로 영향을 미칠 수 있다면 매우 바람직한 일일 것이다.

재미 체육인의 역할을 구체적으로 제시해 보면 다음과 같은 것들이 있겠다. 첫째, 북한 지역에서 거행되는 스포츠경기나 이벤트에 소규모이든 대규모이든 재미교포 체육인이 관련하는 기업들을 중심으로 스폰서십 형태의 지원을 통해 북한 주민들의 미국에 대한 적대적인 태도와 인식을 변화시키는 역할이 필요하다. 한국에서 영업을 하고 있는 휠라코리아는 2000년 시드니올림픽에 참가하는 북한의 대표선수와 코치, 임원 등에게 의류, 신발, 가방 등 용품 일체를 지원해주기로 북한올림픽위원회와 계약을 맺었고 이후 축구를 비롯한 다른 종목에도 확대를 시켜 왔다(www.fila.co.kr). 특히 2002년 서울 상암경기장에서 거행된 통일축구대회, 부산아시안게임 등에서 북한 선수들의 유니폼에 새겨진 휠라라는 글씨와 로고는 이를 관전하는 우리 국민들에게 많은 친근감과 함께 깊은 인상을 심어주기에 충분했다. 이와 같은 광경을 통해 국민들은 스포츠가 남북교류에 얼마나 기여할 수 있는지를 느꼈을 것이다.

스폰서십의 특징은 대중들에 반복적으로 오래 노출될 수 있고 광고와 달리 대중들로 하여금 긍정적인 마음 자세를 가지게 할 수 있으며 본능적 거부감이 많지 않다는 것이다. 다행이 과거와는 달리 북한도 스포츠와 같은 일정 분야의 개방을 통해 서방과의 관계개선을 노리고 있는 경향이 최근에 두드러지고 있다. 한 예로 2001년 '평양 국제마라톤대회'를 앞두고 체육행사로는 사상 최초로 서방 언론인 영국의 경제일간지 파이낸셜 타임스에 광고를 게재한 적이 있다. 또 북한은 이 대회를 파이낸셜타임스와 스포츠의류업체인 FILA사, 데이터 처리업체인 DataActivity.com사의 공식 후원을 받아 치르기로 했으며 초청된 외국 선수들 중에는 특히 부시 행정부 출범 이후 관계가 좋지 못한 미국에서도 아마추어 부문에 6명의 선수가 출전한다고 발표했다(www.nkchosun.com). 그러나 한국 선수나 재미 체육인들 중에는 초청을 받은 사람이 없었다. 이러한 북한의 변화 기류에 맞추어 재미 체육인들이 북한에서 거행되는 스포츠이벤트에 스폰서십 형태의 참여를 통해 북한과 미국과의 사이에 존재하는 불신의 벽과 적대감을 여과시키고 새로운 이미지를 서서히 형성해 나갈 수 있을 것이다.

둘째, 북한 지역에서의 스포츠경기의 개최나 시범을 통한 교류 확대가 필요하다. 특히 태권도의 경우 해외에서 가장 많은 태권도인들이 수련하고 있는 국가가 바로 미국이라 하겠다. 미국에서 재미 태권도 사범들이 성공적으로 도장을 경영하며 보급하고 있는 태권도는 한국의 전통적인 스포츠로 인정을 받으면서 재미교포에 의해 보급된 운동으로는 미국 주류사회에 가장 널리 보급된 운동이라고 하겠다.

미국사회에 보급된 태권도의 또 하나의 특징은 이제 태권도 사범이 재미교포뿐만 아니라 미국인 사범들이 많이 배출되었다는 것이다. 약 15년 전만 해도 각 지역의 태권도 도장이 한두 개 정도에 불과했던 미국인 사범들이 지도하는 도장이 현재는 지역마다 4~5개 정도에 이르고 있는 실정이다(서경호, 2002). 따라서 북한과의 태권도 교류는 재미교포뿐만 아니라 미국인 태권도 사범 및 수련자들이 함께 북한을 왕래하며 교류함으로써 북·미관계의 개선을 극대화시킬 수 있다는 이점이 있다.

또한 미국을 비롯하여 전 세계적으로 보급된 태권도와 북한의 태권도는 여러 가지 측면에서 다른 형태로 실시되고 있다는 것은 이미 널리 알려진 사실이다. 재미교포와 북한과의 교류를 통해서 다른 형태로 실시되고 있는 태권도를 하나로 합쳐 나가는 과정을 통해 북·미관계의 개선에 기여할 수 있을 것이다.

하와이한인골프협회는 2000년 5월경 북한의 평양에 있는 골프장에서 북한과 미국간의 민간스포츠 문화교류 차원에서 재미교포 유명 여자골프선수의 참가를 포함하여 친선경기를 개최하겠다고 발표했다. 이 골프대회를 위하여 북한 역시 긍정적으로 문호를 개방하기로 하여 하와이에 거주하는 재미 골퍼들이 한반도의 긴장완화에 작으나마 기여할 수 있는 계기를 마련했다. 이 행사는 남북정상회담의 개최 등 주변여건의 변화로 인한 참가자의 부족으로 결국 무산되었지만 재미 체육인들의 적극적인 참가와 함께 이런 종류의 이벤트를 북한에 개최함으로써 북·미관계의 개선에 재미 체육인들이 얼마나 기여할 수 있는가를 시사하는 좋은 예라고 할 수 있겠다.

셋째, 북한의 우수선수들을 발굴하여 이들의 미국시장 진출을 위한 정치적인 고려를 계속 유도할 수 있는 방안을 모색해야 할 것이다.

1997년 초 북한의 장신 농구선수인 이명훈은 캐나다로 건너가 NBA (National Basketball Association) 진출을 모색했다. 클리블랜드, 밴쿠버, 올랜도, 워싱턴 등이 관심을 보인 것으로 알려졌으나 미국의 '적성국과의 교역금지법'에 저촉된다는 이유로 포기해야 했다(www.kjol.com). 현재로는 비록 법적인 측면에서 금지된 행위이지만 향후에 추진의 적극성이나 선수의 우수성, 그리고 주변환경 등을 통해 얼마든지 정치적인 고려를 이끌어 낼 수 있는 매력적인 사안이라고 하겠다.

경우는 다르지만 역시 미국의 적성국이라고 할 수 있는 쿠바의 야구선수들이 메이저리그에서 현재 활약하고 있는 장면들이 미국과 쿠바와의 긴장관계를 얼마나 많이 완화시키는 효과를 제공하고 있는지 충분히 짐작할 수 있겠다. 또 중국의 야오밍이라는 농구선수가 미국 NBA시장에 진출하여 미국의 다양한 매스미디어에 그의 활약상이 빈번하게 보도됨으로써 미국인이 인식하는 중국에 대한 이질적인 벽을 낮게 해주고 있고 이 영향에 힘입어 NBA는 2003년 1월 중국어로 된 공식사이트를 개설하여 운영하고 있는 실정이다.

이러한 사례들은 재미교포가 가지고 있는 미국 시민이라는 지위를 십분 이용하여 북한의 우수선수들을 미국의 스포츠시장에 진출시키는 적극적인 창구 역할이 필요하다는 것을 상기시켜 주고 있다. 현재 미국에 거주하며 스포츠에 많은 관심을 가지고 있는 교포들이 한국의 우수선수들을 미국 시장에 진출시키는 중개자 역할을 하고 있다. 이들이 북한의 우수선수에게도 관심을 가지고 역할을 함으로써 북·미 관계의 개선에 일조를 할 수 있을 것이다.

마지막으로 넷째는 재미 체육인들이 비록 미국의 시민권자이지만 한반도의 통일과 동포를 위해 봉사하고 헌신하는 마음가짐이 필요하다. 북한을 방문했던 미국 교포들의 반응은 북한의 가난에 대해 느끼는 것이 제일 많았다고 한다(김성진, 1996). 경제적으로나 사회적으로 미국에 비해 환경이 열악한 북한과의 교류는 주고받는 식의 대등한 관계가 성립되기는 어려울 것이다. 재미 체육인들이 북한과의 체육교류를 통해서 어떤 혜택을 받는다는 생각보다는 북한을 도와주고 이들이 미국과의 관계를 개선하고 국제사회의 일원으로 끌어내는 역할을 하겠다는 헌신자로서의 역할이 필요하다.

4. 맺는 말

체육이 본래 가지고 있는 순수성을 바탕으로 이념과 국가체제를 초월한 체육교류야말로 남북한간의 긴장완화는 물론 북·미관계를 개선시키는데 다른 어떤 분야보다도 많은 효과를 가져올 수 있을 것이다. 북·미관계에 있어 재미 체육인은 미국이 국제사회에서 차지하는 위상을 배경으로 북한을 정치적 차원이 아닌 민족적 차원에서 바라볼 수 있기 때문에 체육의 본질과 가치를 십분 활용하여 북한과 미국간의 적대감을 여과시키고 긴장의 끈을 완화시킬 수 있는 매개자로서의 역할을 할 수 있을 것이다.

이를 위해서는 재미 체육인들은 내부적으로 먼저 화합과 결집을 통해 한인사회는 물론 미국 주류사회에서의 역량을 길러나가야 하며 이를 바탕으로 다각적인 민간차원의 체육교류가 북한과 이루어져야 한다. 정부 역시 재미 체육인들을 민간 외교사절로서 그 중요성을 인식하고 이들이 북한과의 체육교류를 활발하게 추진할 수 있는 여건의 조성과 적극적이고 지속적인 지원이 필요하다.

마지막으로 우리 체육계 역시 재미 체육인들에 대한 관심과 지원을 할 수 있는 방안을 강구해야 할 것이다. 1999년 남북통일농구대회, 2002년 시드니올림픽과 2003년 대구유니버시아드대회에서 남북한 동시입장 등 남북한이 직접 체육교류를 할 수 있는 이벤트와 영역이 있는 반면에 직접 교류를 할 수 없는 민감하고 어려운 부분이 있을 것이다. 이러한 부분은 국적이나 정치적으로 비교적 자유로운 재미 체육인들을 매개로 하여 교류하게 하고 해결할 수 있게 하는 우회전략을 구사하는 지혜와 체계를 마련해야 할 것이다.

참고문헌

강정용(1999). 북·미간 협상과 한국의 대북포용정책과의 관계, 미간행 석사학위논문, 건국대학교 행정대학원.

김성진(1996). 북미수교와 재미동포사회: 재미동포사회 제2조총련 가능한가, 교포정책자료, 78~89.

김영한(1998). 북·미관계 개선과 한국의 대응방안에 관한 연구, 미간행 석사학위논문, 동국대학교 행정대학원.

구동수(1995). 재미동포를 북한개방의 지렛대로, 통일, 165, 45~51.

박병훈(2000). 북미관계개선이 한반도에 미치는 영향에 관한 연구, 미간행 석사학위논문, 동국대학교 사회과학대학원.

서경호(2002). 재미 태권도장의 경영현황 및 전략에 관한 연구, 미간행 석사학위논문, 연세대학교 교육대학원.

윤인진(2000). 남북한 사회통합과 재외동포의 역할, 통일문제연구, 12(1).

최협(2001). 통일문제와 재미동포의 역할(상), Oversea Koreans Times, 96호, 11~19; 통일문제와 재미동포의 역할(하). Oversea Koreans Times, 97호, 15~21.

www.nkchosun.com

www.joonghi.com

www.kjol.com

재미 체육인들의 대북 체육활동

정 영 태[*]

　휴전협정 이후 북한은 미국에 의해 제도적 차원뿐만 아니라 군사적 차원에서 이중으로 포위되어 왔다고 할 수 있다. 미국은 북한을 국제적으로 완전히 고립시켜 왔으며 유엔기구의 무대에서 북한을 '평화파괴' 국가로 낙인찍히게 했다. 다른 한편으로 북한은 한미상호방위조약(1953. 10)뿐만 아니라 미·일안전협정(1960. 1)에 의해서 군사적으로나 전략적으로 완전히 포위되었다. 사실상 미·일협정은 한국의 안전이 일본 안전에 필수불가결하다는 원칙에 기반을 둔 한국 관련 조항을 담고 있다. 이와 같은 방법으로 한·미·일 정치군사동맹의 복잡한 관계가 형성되었고 북 특히 미국 주도의 적대세력에 둘러싸여 안보적 결핍을 심하게 인식하고 있는 것으로 보인다. 미국에 대한 북한의 위협 인식은 김일성이 솔라즈(Solaz) 의원과 한 대화에서도 잘 드러나고 있다.

　"내가 이 자리에서 남침을 하지 않을 것이라고 말한다 하더라도 당

---

* 통일연구원 선임연구원

신은 내 말을 믿지 않을 것이다. 만약 당신들이 우리는 침략하지 않을 것이라고 말한다 하더라도 우리들은 당신의 말을 믿지 않을 것이다."

북한은 미국이 상호방위조약을 근거로 미국을 주둔시킴으로써 근본적으로 아시아에서의 헤게모니 장악을 위한 전진기지로서 남한뿐만 아니라 북한까지 영구히 정복하는 것을 필요로 하고 있는 것으로 인식하고 있는 것 같다. 그러나 북한의 이러한 직접적인 대미 위협인식 외에도 남북한 상호간의 무력충돌 시 미국의 확고한 개입 가능성이 존재하기 때문에 북한은 그만큼 더 큰 안보의 결핍을 수반하고 있는 셈이다.

이러한 안보적 측면의 미국의 대북 고립정책 외에도 다양한 방법을 통한 대북 외교 및 경제제재 조치에 의한 대북 봉쇄정책으로 인해 미국과 북한의 관계는 갈등 역사를 지속하고 있다. 미국은 첫째로 외교적 차원에서 북한의 유엔주재 외교관에 대한 25마일 반경 밖의 여행 금지조치를 유지해오고 있다. 둘째로 경제관계 단절조치가 지적될 수 있다. 미국은 1950년 북한의 대남 침공에 대해 수출규제령(Export Control Act)에 의거하여 1950년 6월 28일 대북한 금수조치를 단행한 바 있다. 미국은 또 중공군의 한국전 개입에 대응하여 국가 비상사태 시에 적용할 수 있는 적성국 교역령(Trading With the Enemy Act)에 의거하여 1950년 12월 17일 해외자산규제규정(Foreign Assets Control Regulations)을 발효시킴으로써 북한에 대한 경제관계를 전면적으로 단절하는 조치를 취했다. 세 번째 지적될 수 있는 것은 무역관련 조치이다. 미국은 무역협정 연장령(Trade Agreement Extension Act)에 의거, 북한에 대해 1951년 8월 1일 이후 최혜국(MFN) 대우를 부여하지 않고 있다. 넷째로 국제적 테러행위 지원관련 제재조치이다. 미국은 북한을 국제적 테러행위를 지원하는 국가로 분류하여 1988년 1월 20일 이후 수출행정령(Export Administration Act)에 의거, 북한의 군사력이나 국제적 테러행위 지원에 도움이 될 수 있는 것으로 판단되는 물자의 대북수출을 금지하고 있는 실정이다. 다섯째로 미국의 대공산권국 관련 조치이다. 미국은 북한을 공산주의 국가로 분류하여 해외원조령(Foreign Assistance Act)에 의거, 북한에 대한 원조를 전면 금지하고 있다. 여섯째로 인권관련 조치를 들 수 있다. 미국은 북한을 인권침해국가로 분류하여 대북한 원조를 금지하고 있으며 국제금융기관인 국제통화기금(IMF), 세계은행(IBRD), 아시아개발은행(ADB) 이사진에 대한 영향력 행사를 통해 대북한 차관 제공 등 금융지원을 금지할 수 있도록 하고 있다.

북·미간의 이러한 관계 발전과 관련한 제한조치들은 대부분 미국의 일방적인 결정에 따른 것이었다. 즉, 사건과 상황의 변화에 따라 미국은 일방적으로 상기한 대북관계 제한조치를 내려왔다. 이에 대해 북한은 인민외교 및 정부간 교섭 차원에서 미국의 대북제재 상황을 극복하기 위한 노력을 지속적으로 기울여 왔다. 북한은 1971년 2월 조·미(朝美)친선공보센터를 설립하고 1973년 9월에는 유엔대표부를 개설하여 대미관계 개선을 위한 전진기지를 구축했다. 특히 미국공산당 대표단 방북 초청(1969. 8), 솔즈베리 뉴욕타임스 기자(1972. 5) 및 셀릭 해리슨 워싱턴 포스트 기자(1972. 6), 제롬 코헨 하버드대학 교수 등을 초청함으로써 대미 인민외교를 전개했다. 특히 북한은 1979년 4월 평양에서 개최된 제 35회 세계탁구선수권대회에 미국 선수 및 기자단을 최초로 공식 초청함으로써 체육·문화 중심의 비정치적 교류 확대를 꾀했다.

한편 미국의 카터 행정부가 내린 일련의 대북 유화조치들은 북한의 대미접근을 위한 양호한 기회를 제공했다. 카터 행정부의 주한미군의 단계적 철수안과 대공산권관계 개선용의 표명(1977. 2), 대북 여행제한조치 철폐(1977. 3), 공산주의자의 미입국제한법 폐기 가결(미 상원위원회, 1977. 5) 등 대북정책의 변화를 시사하는 일련의 조치들이 내려졌다. 특히 미국은 1988년 10월 31일 보다 더 확대된 대북 완화 방안들을 발표하기에 이르렀다. ①비자규정의 테두리 내에서 북한 체육인, 학자, 문화인들의 비공식적인 민간차원의 미국 방문 장려 ②미국인들의 북한 방문제한 완화 ③인도적 차원에서의 미국의 대북한 교역 허용 ④미국 외교관의 북한 외교관 접촉 허용 등이 그것이다. 이를 계기로 북한은 많은 한인교포 및 미국의 전직 관리 및 학자들을 방북 초청함과 동시에 북한의 학자 및 관리들을 방미케 했으며 북경에서 최초로 미국과의 참사관급 접촉(1988. 12)에 응함으로써 정부간 교섭 체제에 돌입할 수 있게 되었다. 이후 북한의 핵개발 문제로 인해 북·미간의 정부간 접촉의 빈도와 수위는 점차적으로 확대되어 왔으나 전반적인 북한의 인민외교 차원의 교류활동은 크게 제한되는 부정적 상황에 직면했다.

그럼에도 불구하고 1994년 제네바 북·미 핵협상의 타결로 미국의 대북 제재가 한층 완화됨으로써 북·미관계의 전반적인 변화가 초래되었다. 미국은 1994년 제네바의 '핵 기본합의문'의 이행 구도에 따라 1995년 1월 20일 대북한 경제제재를 부분적으로 완화하는 다음과 같은 조치를 취했다.

첫째로 미국과 북한 간에 전화통신 연결에 관련된 거래, 개인적 여행의 신용카드 사용 및 기타 여행관련 거래를 허용하고 언론인들의 지국 개설도 허용한다(통신 및 정보 관련), 둘째로 미국에서 시발되거나 종결되지 않는 거래를 결재하기 위해 미국 은행체계를 사용하도록 허용한다(재정거래 관련), 셋째로 미국 제철업소에서 내화물질로 사용되는 마그네사이트를 북한으로부터 수입하는 것을 허용한다(무역거래 관련), 넷째로 워싱턴과 평양에 연락사무소를 설치, 운용하는 것과 관련된 거래를 허용한다. 경수로사업에 대한 미국 기업의 참여, 대체에너지 공급, 폐연료봉 해체 등 미국과 북한간 기본합의문에 규정된 사업에 대해서는 적용 법규에 맞추어 케이스 별로 검토한다(기본합의문 이행관련) 등이다.

이후 미국과 북한간의 정치·군사적 차원뿐만 아니라 비정치적 접촉이 크게 증대되었다. 정치·군사적 차원에서 연락사무소 개설 협상, 미사일 협상 등이 추진되어 왔으나 제한된 결과만 도출되었다. 연락사무소 개설 문제는 아직까지 답보 상태에 있으나 미사일 협상은 북한의 미사일 개발 잠정동결 결정단계에 있다. 이외 미군 유해 및 미국인 송환 협상이 추진되어 일정한 성과를 기록함으로써 미·북간의 신뢰 조성에 이바지했다. 핵동결 작업 및 중유 제공 약속이 이행됨으로써 북한의 핵문제는 잠정적으로 해결 국면에 진입하게 되었다.

미·북간의 비정치적 접근은 한층 더 심화된 것으로 보인다. 미국의 대북 식량지원 및 경제적 교류·협력활동은 확대되었다. 인적교류 또한 이전보다 훨씬 다양화되었다. 특히 북한이 애틀랜타올림픽(1996. 7)에 참가한 것은 북·미간 인적교류 및 체육교류를 진척시키는 신호탄이 되었다. 북한은 경제사정을 이유로 올림픽에 불참하려 했으나 카터 전 미대통령의 설득과 외부세계의 지원에 힘입어 참가한 것으로 전해진다. 또한 북한의 조명록 인민군 총정치국장이 미국을, 미국무장관 올브라이트가 북한을 각각 방문했으며 이어 양국 정상회담까지 예상되는 외교적 상황 진전이 예상되었다.

그러나 미국의 공화당 행정부, 즉 부시 정부가 탄생함으로써 미·북 관계는 또다시 긴장 국면에 접어들게 되었다. 부시 행정부는 더 이상 북한에 대해서 신뢰를 보내지 않았고 오히려 대량살상무기 폐기 및 재래식무기 감축 조치를 요구하면서 대북 긴장관계를 조성했다. 현재 북한의 핵개발 관련 6자회담이 미국 주도로 펼쳐지고 있다. 6자회담의 성공으로 또다시 북한의 핵문제 해결을 위한 실마리가 도출될 수 있을지는 불투명하다. 현재까지 미국의 대북 핵문제 해결을 위한 다양한 시나리오가 전해지고 있다. 여기에는 미국의 대북 군사적 공격으로 한반도가 전쟁의 소용돌이에 휩쓸릴지 모른다는 불길한 소식마저 설득력 있게 전해지고 있는 상황에 직면해 있다.

이에 따라 미·북 정부간 접촉이 극히 제한된 상황에서는 비정부간 접촉의 필요성이 증대된다. 9·11테러사건 이후 미국민들은 소위 '불량국가'들의 대량살상무기 개발에 대해 상당히 우려를 표명하고 있다. 광범위한 세계적 반대 여론에도 불구하고 미국의 부시 행정부가 대이라크 전쟁을 감행한데 대해서 부정적으로 보지 않았다. 이것은 미국민들이 '불량국가'들에 의한 대량살상무기 테러를 그만큼 우려한 데서 기인한다고 볼 수 있다. 북한의 핵개발에 대한 우려와 적대감이 높은 만큼 미국민들의 미·북관계 개선에 대해서도 부정적일 수가 있다. 이렇게 될 경우 미·북간의 관계 악화는 더욱 심화될 수 있다.

이러한 상황을 극복하기 위해서 재미 체육인들의 역할이 중요하게 부각된다고 할 수 있겠다. 재미 체육인들은 여타 미국과 북한에 존재하는 부정적 인식들을 완화시키는 데 이바지 할 수 있을 것이다.

재미 체육인들은 미국 내에서 우선 북한정권의 올바른 실체를 이해시킬 수 있는 활동을 능동적으로 전개해야 할 것이다. 민간 차원의 각종 세미나를 개최하여 북한 및 미국 측의 인사가 공동으로 참여할 수 있는 기회를 넓혀나가야 한다. 북한이 기치를 내걸고 있는 '민족공조'를 내세워 '한민족'의 이름으로 추진할 수 있는 각종 행사를 개최하여 북한 인사들의 미국 방문을 확대하는 것도 바람직할 것이다.

재미 체육인들의 체육활동을 다양하게 전개하여 북한 체육인들의 방미 참여를 유도할 수도 있다. 독특하고 우수한 북한의 체육종목을 미국에 소개하는 체육행사를 유치할 필요도 있을 것이다. 이러한 행사에 미국인도 초청하여 북한문화를 이해시키는 계기로 삼을 수도 있을 것이다. 다양한 종목에서 북한 선수들이 미국에 진출할 수 있는 기회 확대를 위해 재미 체육인들이 앞장 설 수도 있을 것이다. 북한의 체육인재 양성을 위한 교육기회를 제공할 수도 있다. 현재 우리 한국인들이 다양하게 국제적 체육 진출에서 두각을 나타내고 있는데, 북한인들도 이러한 대열에 설 수 있도록 재정적 지원과 교육 및 기술 제공의 기회도 넓혀 나갈 수 있을 것이다. 가능하면 재미 체육인들이 폭넓게 북한을 방문하여 이러한 제반 지원을 제공할 수 있는 분위기를 만들어 나감으로써 북한의 대미 적대인식을 완화시킬 수도 있을 것이다. 남북한 체육행사를 재미 체육인들이 중재하여 확대 추진될 수 있도록 하는 것도 바람직할 것이다.

재미 체육인들은 한국인이기 이전에 미국인이라는 사실을 고려해 볼 때 재미 체육인들의 대북 체육활동의 전개는 미·북관계가 전반적으로 얼어붙어 있는 상황에서 물꼬를 틀 수 있는 가교가 될 수도 있을 것이다.

검토되어야 할 조총련의 국내체육대회 참가

손 환[*]

"오늘날 세계 태권도는 두 개의 조직으로 갈려져 있다. 하나는 내가 창시한 태권도로서 국제태권도연맹(ITF)이요, 다른 하나는 세계태권도연맹(WTF)이다. 태권도는 언제고 하나로 합쳐져야 한다. …나는 태권도가 통일되면 조국도 통일된다고 외친다. 태권도가 통일의 다리 역할을 한다면 그 이상 무엇이 바랄게 있겠는가?"

이 말은 우리나라 태권도의 창시자로 알려져 있는 최홍희의 발언이다. 이 말에는 남과 북으로 나누어져 있는 조국의 분단 현실을, 그리고 민족통일에 대한 염원을 위해 그의 심정을 솔직하게 토로한 것이라 생각된다.

그의 말대로 현재 조국은 광복 이후 반세기가 지났지만 아직도 남북으로 갈라져 대립과 반목을 계속하고 있다. 이러한 양상은 일본의 재일교포사회에도 그대로 반영되어 민단과 조총련으로 나누어져 서로 대립하고 있는 실정이다. 이와 같은 상황에서 지금까지 거의 다루

* 중앙대 교수

어진 적이 없었던 재일교포사회에 있어 민단과 조총련간의 **화합과 단결**을 위한 체육인의 역할이라는 주제의 발표는 시기적으로 적절하며 또한 매우 의미 있는 일이라고 생각된다. 이에 본 토론자는 발제자가 제시한 내용에 전반적으로 동감하면서 민족통일을 위해 태권도계의 통일을 기대하는 것처럼 민단과 조총련이 민족통일의 다리 역할을 할 수 있도록 상호의 화합과 단결을 위한 체육인의 역할에 대해서 다음과 같이 몇 가지 소견을 제시하고자 한다.

첫째로 조총련계 팀(학교나 사회)이나 민단과 조총련으로 구성된 단일팀의 본국에의 원정시합을 제안한다. 재일한국(조선)인의 본국에의 원정시합을 역사적으로 살펴보면, 구한말과 일제시대에 주로 유학생들이 야구, 축구, 정구 등의 각종 팀을 구성해 총 47회에 걸쳐 원정시합을 한 적이 있다. 당시의 목적은 스포츠활동을 통해서 국권회복을 도모하기 위해 본국 국민에게 민족의식을 고취시키는데 있었다. 그러나 현재는 당시와 비교해 시대적인 상황이 많이 달라졌지만 역사의 교훈을 본받아 이제부터는 본국에의 원정시합이 서로의 친목을 도모하고 화합의 장을 마련하는 계기가 되어 민족통일의 밑거름으로 이어지기를 기대한다.

둘째로 전국체육대회에 조총련 팀의 참가를 제안한다. 지금까지 민단은 1953년 서울에서 개최된 제34회 전국체육대회에 처음으로 참가한 이래 현재까지 계속 참가하고 있다. 그러나 조국 분단의 현실로 인해 조총련계는 참가를 하지 못하고 있다. 이에 대해 대한체육회를 비롯한 여러 체육단체에서는 민단뿐만 아니라 조총련 모두가 참가할 수 있도록 대책을 마련해서 민족통일을 위한 화해 분위기를 조성하는 것이 필요하다.

셋째로 본국에서 개최되고 있는 각 종목별 선수권대회에 조총련계 중·고등학교 팀의 참가를 제안한다. 현재 일본에서 조총련계의 조선

중학교는 1997년부터 전국중학교종합체육대회에 참가했고 조선고등학교는 1994년부터 전국고등학교종합체육대회에 참가하기 시작했다. 그러나 아직도 일본의 전국중·고등학교체육연맹은 조선중·고등학교의 가맹을 인정하고 있지 않다. 때문에 이들 선수는 전국중·고등학교종합체육대회 이외의 각 종목별 선수권대회 등의 중요한 공식대회에는 참가하지 못하고 있는 실정이다. 따라서 이들 선수를 본국에서 개최하고 있는 각 종목별 선수권대회에 참가할 수 있도록 하여 서로의 친목과 단결을 도모하는 기회로 삼고 또한 그 중에서 뛰어난 선수가 있으면 우리의 고등학교나 대학, 프로에서 스카우트하여 조국에서 교육을 받으며 활동할 수 있는 기회를 제공, 한민족으로서의 주체성을 확립하는 계기를 마련해야 한다.

이상과 같이 몇 가지 소견을 제시했는데 이러한 제안들은 일시에 이루어지는 것은 불가능하다고 생각한다. 그러나 속담에 '천리 길도 한 걸음부터'라는 말이 있듯이 하나씩 끈기를 가지고 실천에 옮긴다면 이 제안은 반드시 이루어질 것으로 보인다.

이러한 예는 지금까지 올림픽을 비롯한 각종 국제경기대회에 남북 단일팀 구성을 위해 약 30회에 걸쳐 남북체육회담을 개최해 왔는데 그 과정에서 수많은 실패와 좌절이 있었다. 그러나 이를 잘 극복하여 마침내 그 성과로서 1991년 제6회 세계청소년축구대회와 제41회 세계탁구선수권대회 때에는 남북단일팀을 구성했으며 또한 2000시드니올림픽과 2002부산아시아경기대회, 2003대구유니버시아드경기대회 때에는 남북 동시입장이라는 쾌거를 거둔 사실에서 엿볼 수 있다.

앞으로 최홍희가 말한 '세계 태권도계의 통일=민족통일'의 공식처럼 스포츠교류를 통한 '민단과 조총련의 화합과 단결=민족통일'이라는 공식이 성립되기를 체육인의 한사람으로서 간절히 바란다.

하나가 되기 위한 준비

서 상 옥[*]

1. 일본속의 한국인, 재일교포-그들의 의미

우리들은 쉽게 '조총련' '재일교포'라는 용어를 사용하고 있지만 구체적으로 어떤 사람들이냐고 물어 보면 정확히 답변하는 사람은 의외로 많지 않다. 재일교포라는 명칭은 우리나라에서만 쓰는 용어이며 일본에서는 '자이니치 간코쿠진, 조센진(在日韓國人, 朝鮮人)'이라는 용어로 쓰인다. 여기서 '조센진'이란 단어에 반감을 느끼는 사람이 많을지도 모르나 일본어로서 '조센진'이라는 말은 꼭 멸시감이 내포된 말은 아니다. 재일교포를 '간코쿠진'으로 부르느냐 '조센진'으로 부르느냐 하는 것은 부르는 사람 또는 불리는 사람의 국적이나 신념 등에 따라 달라질 수 있다. 어떤 사람은 자기가 한국 국적이기 때문에 '간코쿠진'이라 불려지길 원하고, 어떤 사람은 민족 호칭으로서 '조선'이 더 알맞다고 생각해서 '조센진'이라 불려지기를 원한다.

재일교포, 즉 '재일한국인, 조선인'이란 도대체 누구를 지칭하는 말

---

* 상명대 교수

인가. 일본에 오래 사는 한국인이면 누구나 교포가 되는가 아니면 일본으로 이민을 간 사람들을 지칭해서 '교포'라고 부르는가. 그것은 아니다. 일반적으로 이해되고 있는 재일교포는 '해방 전에 일본으로 건너가서 계속 일본에 사는 한국인 및 그 후손들'을 의미한다. 따라서 해방 후에 일본에 유학을 가서 그대로 거기서 취직을 한 사람은 교포가 아니라, 말하자면 '체류 한국인'이 되는 셈이다. 또 한국인이 일본인 혹은 재일교포와 결혼해서 일본에 정착하는 경우가 있는데 이들은 '뉴커머(new comer)'라고 하여 교포와는 구별된다.

재일교포는 한국계와 북조선계로 나뉜다. 하나는 '재일본대한민국민단(在日本大韓民國民団, 민단이라 약칭)'이고 또 하나는 '재일본조선인총연합회(在日本朝鮮人總聯合會, 총련이라 약칭. 한국에서는 조총련이라 부르나 정확히 총련이다)'이다. 흔히 한국 국적은 남한 사람, 조선 국적은 북한 사람이라고 이해하는 경우가 많은데 실제로는 그렇지 않다. 조선 국적 교포는 전체의 27.5% 정도라고 추측되는데 북한 출신자들은 전체 교포 중의 2% 정도이다. 현재 일본에는 외국인 등록의 약 46%에 이르는 63만 8800여 명(1998년 일본 법무성 통계)의 재일교포가 살고 있고 이 중 민단계 46만 3000명(72.5%)을 제외한 17만여 명(27.5%)이 총련계로 파악되고 있다. 오늘 우리는 이들이 스포츠를 통해서 보다 가깝게, 보다 더 친밀하게 느낄 수 있는 방안을 모색하고자 한다.

2. 민단의 강령으로 본 재일한국인의 입장-그에 대한 이해

강령(綱領)이란 단체의 정책과 방침 등에 관한 기본적인 내용을 나타내는 것으로 재일거류민단의 5개 강령을 살펴보면 다음과 같다(재일거류민단 홈페이지).

1. 우리는 대한민국의 국시(國是)를 준수합니다. 우리들은 일본에 살고 있

지만 한국 국적을 가진 재외국민의 입장에서 한국의 국시인 자유와 민주주의, 그리고 남북 평화통일을 지지하며 이를 준수합니다.

2. 우리는 재일동포의 권익 옹호를 기합니다. 일본에서 살아가는데 있어서 필수불가결한 기본적인 인권에 뿌리를 둔 생활권을 획득하여 이를 지켜나갑니다.

3. 우리는 재일동포의 경제발전을 기합니다. 재일동포사회의 유지와 번영의 토대가 되는 경제발전에 기여합니다.

4. 우리는 재일동포사회의 문화향상을 기합니다. 한일 양국 사이에서 태어나고 자란 '재일(在日)' 독자의 문화를 개화시킴과 더불어 민족교육의 진흥에 기여합니다.

5. 우리는 세계평화와 국제친선을 기합니다.

얼핏 보기에는 위의 강령들이 전혀 스포츠와는 무관한 것 같이 보일지도 모른다. 그러나 그곳에 내포된 뜻은 스포츠와 깊이 관계하고 있음을 잘 알 수 있다. 민단의 일원으로서 남북의 평화통일을 위한 스포츠의 추진, 스포츠 권리의 의미에서 생활권으로서의 스포츠 실천, 문화로서의 스포츠, 세계평화와 국제친선 등은 모두 스포츠와 깊은 관련성을 가지는 것들임을 우리는 잘 알고 있다.

아래의 내용은 김대중 대통령의 일본 방문 시 재일민단 관계자와의 간담회 내용이다. 정부의 입장과 민단의 요구사항을 조금은 이해할 수 있는 대목이다.

김 대통령 : 나라에 큰 일이 있고 어려울 때마다 솔선해 지원해 준 그간의 민단의 공헌에 대해 국민을 대신해 진심으로 감사드린다. 외환위기, 올림픽 등 큰 일이 있을 때마다 앞장서 모국을 도운 것을 잘 안다. 여러분은 한일관계에서 특히 한몫 해야 한다. 여러분 지위도 높아졌다. 한국

396

인이 자랑스럽고 떳떳해졌다. 책임감과 주도권을 갖고 수고해 주기 바란다. 정부도 항상 관심을 갖고 지원할 것이고 여러분이 본국과의 긴밀한 협조 속에 융성하길 바란다.

민단단장 : 동포들도 노력 중이지만 본국 정부에서도 적극적인 대책과 지원, 긴급 재정지원이 필요하다. 민단은 월드컵 성공에 동참한 것을 자랑스럽게 생각하고… 감사한다

3. 민단과 조총련의 화합과 단결을 위한 체육인의 역할

1) 재일교포의 현실

한국과 북한은 70여만 명의 재일동포에 대한 각각의 관점에 따라 민단과 조총련을 통해 서로의 세력 확장을 모색해 왔다. 재일동포사회는 이러한 본국의 움직임에 발맞추어 현실사회에서는 대부분의 재일동포가 남북의 분열을 인정하지 않으면서도 외부적으로는 대립적인 모습으로 비춰져 왔다.

재일동포가 일본사회에서 하나의 소수민족으로서의 정체성을 유지해 나가기 위해서는 그 구심점이 민족문화이어야 하고 민족화합과 통일을 지향하는 교육이 이루어져야 한다. 특히 민단과 조총련은 재일동포사회를 대변하는 가장 중요한 단체임을 인식하고 남북 양 정권 어느 쪽에도 기울이지 않는 중도적 입장에서 재일동포라는 특수한 입장을 대변한다는 자세로 민족통일기반조성을 위해 노력해야 할 것이다. 남북한 양 정부도 민족통일이라는 과제로 놓고 재외동포 사회에서 불가피하게 경쟁해 왔다. 그러나 양 정부의 경쟁일변도 정책은 동포사회의 분열을 초래하는 부작용을 낳았다.

재일동포사회에서 조총련계의 조선적보다 한국적을 가진 동포의 숫자가 많아지기 시작한 것은 1969년이다. 그러자 북한은 재외동포들

에 대한 포섭 활동을 더 강화하여 교포사회의 분열이 자칫 더 격화되어 갔다.

그러나 1994년부터 민단과 조총련 사이에 이제까지의 대립관계를 완화하고 교류의 폭을 넓혀가려는 움직임이 일고 있다. 1994년 6월 이후부터는 양 단체 간부들이 협의를 거듭하여 대표회의를 설치하고 공동관심사를 논의하고 있다. 이러한 전향적인 양 단체의 자세는 재일동포 전체 사회의 미래를 볼 때 매우 바람직한 현상이다.

사실 재일동포가 둘로 갈라져 대립을 계속하는 이상, 일본사회에서 평가를 받지 못하고 오히려 일본인들에게 멸시와 차별을 할 구실을 주게 된다. 즉, 재일동포가 일본에서 민족화합과 통일을 이루지 못하면 일본인과의 미래지향적인 동반자도 될 수 없다. 바로 민단의 동반자는 조총련이며 조총련의 동반자는 민단이 되어야 하며 이는 당연히 민족통일을 지향하는 동반자가 되어야 한다.

결국 민단과 조총련의 화합과 단결을 위한 재일동포 체육인의 역할은 재일동포와 북한과의 체육교류는 물론 남북한 체육교류·협력의 활성화를 가져옴으로써 남북과 재일동포에 공동이익이 되고 민족통일기반조성에 도움이 될 것이다.

2) 하나가 되기 위한 준비

김영재 재일본대한체육회중앙본부 회장은 통일을 향한 재일동포의 화합과 교류를 위한 방안을 제시하는 과정에서 다음과 같은 표현을 하고 있다. "21세기의 재일교포상이 아직도 '한민족의 마음에 쌓이고 쌓인, 분단조국의 비극과 고통을 해소 못하는 현실은 정말로 마음 아프고, 후손들에 미안한 마음 한이 없다'는 것이 1세들의 솔직한 심정"이라고 했다. 그는 또한 한민족의 과제는 한민족이 해결해야 한다는 각오와 행동을 강조하고 그 해법을 다음과 같이 소개하고 있다.

첫째로 재일동포들이 정정당당하게 세계에 비약할 수 있는 사회환경을 만들기 위해서는 재일동포의 화합을 위한 민족의식 고취, 친목 교류사업인 동포간 '만남의 광장운동'이다. 동포 화합과 남북교류사업의 첫 출발은 국적과 사상을 초월할 수 있는 비정치적인 인간교류사업이 되어야 한다.

또한 그는 동포 화합과 한일 및 남북교류의 실천사업인 '만남의 체육광장' 운동 추진에 민단을 비롯한 재일한국인 각급 조직은 물론 우리 정부가 동포 화합과 남북교류 시책으로 이 사업을 책정, 지원해 줄 것을 제의했다.

그 구체적인 사업 내용으로는, 종목별 체육경기는 물론, 민족 고유 경기인 널뛰기, 씨름, 그네뛰기, 제기차기 등 민속놀이와 바둑대회를 포함할 경우는 남북 친선교류도 실현이 가능하다고 했다. 그리고 이미 국내에서 추진하고 있는 '한민족체전'과 같은 대규모 행사와 국내 여러 기관들의 자매결연을 통한 교류의 활성화를 모색해야 한다고 했다. 결연사업은 정부의 지원 하에 스포츠관련 단체가 적극적으로 참가해야 한다는 것이다. 즉, ①정부 차원에서는 중앙정부가 법적·재정적 지원을 하고 지방자치단체와 스포츠관련 단체가 주체하며 ②체육과 관련해서는 재일본대한체육회 등의 스포츠관련 단체간의 활성화 방안을 모색하고 ③학교 차원에서는 초·중·고·대학의 선수 및 지도자의 상호 교류 방안을 모색해야 한다는 것이다. 이러한 체육활동을 통해 많은 교포들이 모국을 방문하고 현장체험을 통해 조국에 관심을 갖고 같은 민족으로서의 민족정체성을 형성할 수 있도록 한다고 했다.

둘째로 2002년 월드컵축구대회를 한일 양국이 공동개최하게 된 것은, 정부와 재일동포가 지향하는 동포 전체의 화합 교류와, 한일 신시대 및 남북 신시대를 열어나갈 수 있는 절호의 계기가 될 것이다. 사상 처음으로 2개국 공동으로 개최된다는 의의는 한국·일본과 남북의 비극의 원인이었던 불신과 반목을 해소하는 계기가 되며 인류의 화합과 세계평화의 시금석이 됨은 물론 동포 화합에도 크게 이바지 할 것이라고 했다.

셋째로 재일동포 화합과 남북교류에 연결되는 비정치적인 민간교류가 요즈음 대폭 증가하는 추세이므로 혼란과 차질을 방지하고 의의 깊은 교류가 실현되도록 하기 위해서는 정부 차원에서 연결 창구를 시급히 확충, 설치해 주고 동시에 이에 따른 명백한 시책과 수속절차를 검토, 확립해 줄 것을 제의했다.

그는 일본 국내에서 실행되는 한국 국내 단체와 조선총련계 단체와의 교류에 따른 방일단, 재일한국인의 북한 방문단 등 각종 교류에 따른 정보의 사전 파악과 대응체제를 확립할 필요가 있으므로 본국 및 주일공관과 행사 주관단체의 연락 창구, 그리고 민단과 행사주관 단체간의 연락 창구를 조속히 확충하여 설치해 줄 것을 검토하기를 바란다고 했다.

4. 우리의 소원

2003년 9월 지금까지와는 전혀 다른 새로운 시도가 있었다. 손석희 아나운서의 MBC 100분 토론이었다. 추석 특집으로 60여만 재일동포의 근거지라 할 수 있는 일본 오사카 현지에서 재일동포의 양축인 '민단과 조총련', '재일동포 1·2세대에서 3·4세대'까지 함께 해 '민족 공동체 하나 되기'에서 많은 이야기들이 오갔다. 많은 기대 속에서 100분이 흘러갔다. 조금은 진부한 내용도 있었지만 시청자들이 모르고 있던 어떠한 새로운 이야기들이 나오게 될 것이라는 기대감이 상당히 많은 시청자를 함께 할 수 있었다고 본다.

1970년대 미국과 중국을 이어 준 핑퐁, 모스크바올림픽과 LA올림픽에서의 이데올로기 전쟁을 화해 무드로 전향시킨 서울올림픽에서의 스포츠가 평화에 이바지한다는 역사적 공감대를 가진다. 세계 유일의 분단국인 한반도에서 남과 북의 스포츠교류는 민족화해 및 민족화합을 위한 매우 중요한 요소라고 할 수 있다.

여기 참고자료로 일본에서의 남북한 관련 자료와 정보를 덧붙인다. 이 자료는 일본의 검색엔진인 www.yahoo.co.jp(2003년 9월 현재)에서 얻은 것이다. 물론 이를 구체화하기 위해서는 그 내용에 대한 구체적인 검색은 물론 내용에 관한 분석 및 비판적인 시각이 필요하겠으나 여러 가지의 제약이 따를 수 있다는 판단에서 생략했다. 본 토론자는 아래의 자료들이 국익에 이익 혹은 불이익을 미칠 수 있는 것인지에 대해서는 정확하게 알지 못한다. 따라서 이러한 자료들이 바깥으로 표면화될 수 있는지 어떤지에 대해서는 민족통일체육연구원의 결정에 전면적으로 따르기로 함을 밝혀둔다.

토론 내용에서도 언급한 바와 같이 일본에서의 재일교포(남과 북)의 제반 상황을 알기에는 우리들에게 주어진 정보의 양적 및 질적인 환경이 더욱더 개선되어져야 할 필요성을 느낀다.

일본에서의 남북한 관련 자료(2003. 9 현재)

1clickkorea飜譯センター. サービス,實績, 翻譯分野の案內.

岡山朝鮮. 初中級學校-部活動, 寄宿舍の紹介 等.

京なかのカンパニー. 大阪·鶴橋のコリアタウンの韓國·朝鮮食材の取寄せ.

古美術東森. 中國, 朝鮮, 日本の古美術を主に扱う古美術店の案內.

高月町立觀の里歷史民俗資料館. 國宝十一面觀音等の文化財, イベント, 觀光情報, 雨森芳洲と朝鮮通信使の紹介.

共同通信-亡命者連行事件. 2002年の日本總領事館驅け込み事件(瀋陽)等の記事.

九州大學韓國硏究センター. 所藏資料のリスト, 年報の目次.

九州朝鮮. 高級學校-カリキュラム, 募集要項.

九州の朝鮮. 人物語-在日朝鮮人學校物語, 朝鮮總連小倉支部へのリンク.

葵美術. 日本刀, 鐔, 鎧, 火縄銃, 朝鮮古陶器, 印籠, 蒔絵等の古美術品の賣買.

近代日本と韓國·朝鮮. 半島-長澤雅春. 朝鮮總督府編纂發行教科書の電子テキスト,
　　日帝期言語政策資料等.

近代朝鮮. 關係書籍データベース-宮博史監修. 戰前に刊行された朝鮮關係日本語図
　　書を檢索.

埼玉縣本部. 日本の大學や專門學校へ通う在日コリアン學生の団体. 行事案内, 朝鮮
　　の文化, 歴史等の紹介. MLも.

吉井秀夫のホームペーヅ. 情報考古學. 韓國朝鮮考古學を學ぶための基本文獻等.

金剛一万二千峰. 韓國側から北朝鮮側の金剛山へと向かう旅行記.

奈良朝鮮. 初級學校-學校の歴史, 行事紹介.

農樂の基礎知識. 朝鮮半島の伝統的な民衆音樂'農樂'の解說.

尼崎東朝鮮. 初級學校-カリキュラム, 生活日課の紹介.

大阪府立西成高等學校. 學校案內, 人權教育, 選擇科目の朝鮮語講座, 福祉クラスの
　　紹介.

大阪市立東生野中學校夜間學級. 學校行事, 朝鮮文化研究會, 生徒會活動等.

大阪市立鶴見橋中學校. 人權學習の實踐, 朝鮮問題研究部の活動.

大阪猪飼野コリアタウン情報誌あやおよ. キムチ, 燒肉, お好み燒き等, 旧猪飼野'朝鮮
　　市場'界隈の生活情報.

渡裕晃-Samsul. 北朝鮮旅行記やインドネシアに關するメーリングリストの内容掲載
　　等. イベント, ニュース他.

東京都本部. 在日朝鮮人關連資料, 行事予定, 學習會の記録等.

東京朝鮮. 第四初中級學校-學校の歴史, 年間行事紹介.

東京朝鮮. 第一初中級學校-沿革, 初級部, 中級部のカリキュラム紹介.

東京學芸大學朝鮮. 近現代史ゼミ-韓國, 朝鮮史の研究.

東北朝鮮. 初中高級學校-在日朝鮮人子弟のための學校紹介. 初級部から高級部まで
　　の學校生活や新校舎建設について.

東苑. アガリクス, 田七人參. 冬虫夏草, 朝鮮人參, 靈芝の販賣.

拉致救う會神奈川. 活動報告.

旅する野人諸國珍遊記. インド, ネパール, カンボジア, ベトナム, 北朝鮮等, アジア各
　　國への旅行の記録.

万景峰号の入港を阻止する會. 活動紹介.

名古屋朝鮮. 初級學校-教科内容, 學校日課, 募集要項等.

民族差別廢絶プロヅエクト. 在日朝鮮人三世から見た外國人登録法問題等の話題.

民族樂器重奏団ミナク. 在日コリアン2世, 3世による音樂団体. 活動內容, CD情報, メンバー紹介, 沿革, 朝鮮民族樂器の解説.

半月城通信. フォーラムでのコラム集. 差別問題, 從軍慰安婦問題, 文芸, 古代史等, 韓國·朝鮮にかかわる問題についての議論.

兵庫朝鮮. 學園神戸朝鮮高級學校-その沿革, 活動を紹介.

兵機海運ホームページ. 內航, 日本, 北朝鮮間の外航, 港湾運送等. 兵機グループの新 大同海運, 旭物産, 兵機建物の紹介.

福德房. 和田とも美. 近代朝鮮文學. 李泰俊の短篇'福德房'日本語譯, '東亞日報'の報 道に基づいた韓國文學動向.

峰村健司. 日本, 韓國, 北朝鮮の寫眞集と近視矯正手術の体験記等.

不審船事案について. 北朝鮮の工作船に關する調查狀況, 對応方法等.

北九州·在日朝鮮. 人敎育を考える會-夜間中學の實現への活動の紹介.

北九州中國書店. 中國, 台湾, 香港, 韓國, 北朝鮮の輸入書籍, 考古學關係の専門書, 發掘報告書, 図錄等の販賣.

北大阪朝鮮. 初中級學校-歷史, 敎育体系, 卒業生の紹介等.

北朝鮮. 難民救援基金-中國に脱出した子どもの敎育里親制度, 中朝國境地帶調查報 告等.

北朝鮮. 拉致めぐみ, お母さんがきっと助けてあげる-横田めぐみさんの拉致事件, そ の後の家族の活動を再現するドキュメントドラマ.

北朝鮮. 人道支援ネットワークジャパン-北朝鮮に對する食糧援助と医療, 農業支援.

北朝鮮. 歸國者の生命と人權を守る會ホームページ-脱北者証言集會の記錄, 機關紙 'カルメギ'等.

北朝鮮. WEB六法-北朝鮮の主要な法令, 韓國の外貨, 憲法, 貿易に關する日本語譯.

北朝鮮. に拉致された日本人を救出する福岡の會-横田めぐみさんらの早期救出を目 的とする市民運動組織.

北朝鮮. に拉致された日本人を救出する會·大阪-活動案內, 關連リンク, 揭示板.

北朝鮮. に拉致された日本人を救出するための全國協議會-救う會全國協議會. 學習 會や集會の案內や拉致された日本人のリスト'等を揭載.

北朝鮮. に拉致された中大生を救う會-中央大學生の拉致事件の概要, 中央大學での 日々の紹介, 關連ニュースへのリンク等.

北朝鮮. に情報公開を求める市民の會-よど号や拉致疑惑等の問題について, 資料等.

北朝鮮. による拉致被害者へのメッセージ-被害者へのメッセージの募集と紹介. 蓮池 透氏の応援揭示板も.

北朝鮮. による日本人拉致問題總合情報サイトーリンク集.

北海道朝鮮. 初中高級學校-學校の紹介.

北の國か. 2002年の旅行記. 平壌, アリラン, 板門店, 開城の寫眞等.

非武装地帯(DMZ). 朝鮮戰爭時の各地域, 戰鬪機等の畫像, 解説等.

私設朝鮮. 民主主義人民共和國研究室-金日成, 金正日の著作紹介, 朝鮮勞働党規約
　　の全文等.

常陸興業通譯飜譯事業部. 現地でのビジネスサポート, 韓國語ホームページ制作. 中
　　國語も.

西東京朝鮮. 第二初中級學校-學校生活や日本人との交流について.

西播朝鮮. 初中級學校-朝鮮の言葉を基本にした教育, クラブ活動, 友好親善の紹介.

西浦亭. 赤堀. 韓國料理, 朝鮮料理も.

船の科學館. 海や船に關するデイリーニュース, 施設案内, 北朝鮮工作船の一般公開
　　情報等.

盛岡冷麵. 盛岡市内の店舗ガイド, 朝鮮冷麵との關係等.

小林眞美. 韓國語通譯, 翻譯, 語學研修等.

小泉總理大臣の北朝鮮. 訪問-日朝首腦會談に關する記者會見記錄, 朝鮮半島の平和
　　のためのASEMコペンハーゲン政治宣言, 日朝平壌宣言等.

松原孝俊の世界へようこそ. 韓國文化史等. 歷史地図, 考古學用分布図, 李朝時代の
　　身分変動研究文獻目錄等.

神奈川朝鮮. 中高級學校-學校概要, 卒業生へのお知らせ, 人權教育について.

信愛塾. 在日韓國・朝鮮人と日本人の交流団体.

愛媛文華館. 中國, 朝鮮, 日本の古陶磁器, 茶具, 刀劍等を展示.

愛知朝鮮. 中高級學校-學校概要, クラブ紹介, 寄宿舍の生活等.

愛知縣>名古屋大學教養教育院.

野間秀樹研究室. 朝鮮語語彙論・文法論研究の參考文獻等.

外務省-小泉總理大臣の北朝鮮. 訪問-日朝首腦會談に關する記者會見記錄, 朝鮮半
　　島の平和のためのASEMコペンハーゲン政治宣言, 日朝平壌宣言等.

外務省-朝鮮. 半島エネルギー開發機構(KEDO)-設立経緯, 輕水爐プロジェクトの推
　　移.

油谷研究室. 油谷幸利. 朝鮮語CAIソフトを公開. 朝鮮語教育研究會のページも.

伊丹朝鮮. 初級學校-カリキュラムやクラブ活動, 日本人との交流について.

人權(同和教育)のペーツ. 障害者問題, 在日韓國朝鮮人問題, 部落差別の問題.

一福. 京島. 肉, 朝鮮漬の販賣も.

日本基督教団小樽望洋台教會·週報の紹介. 小樽市. 在日韓國朝鮮人, 死刑, 原發, 國
　　勞等について.

日本人拉致容疑事案について. 警察廳による. 全國の發生狀況, 拉致容疑事案の解説.

日本再生會議. 自民党の政策集団. 政策や活動報告を掲載. 日本長期信用銀行對策や
　　北朝鮮ミサイル發射に關する緊急提言等.

日本経濟新聞-脱北者問題. 脱北者關連の記事の特集.

日本脱北者同志會. 靑山健熙會長. 聲明文, 脱北者關連のニュース, コラム.

自作地図集. 中國, 朝鮮半島, ヨーロッパ各國等. PDF形式.

自主日本の會. 赤軍派元議長塩見孝也による論説. よど号歸國問題, 日朝關係, 連合
　　赤軍總括等.

在外被爆者願いを海超えて. 中國新聞の連載企畵. アメリカ, 南米, 韓國, 北朝鮮の在
　　外被爆者に關する記事, 關連年表.

在日-反亂する肖像. 外國人登錄法下での在日朝鮮人の問題をテーマに登錄原票のコ
　　ピーと(証明寫眞)をモチーフとしたアート作品や作品展を紹介.

在日本朝鮮. 留學生同盟埼玉縣本部-日本の大學や專門學校へ通う在日コリアン學生
　　の団体. 行事案内, 朝鮮の文化, 歷史等の紹介. MLも.

在日本朝鮮. 留學生同盟東京都本部-在日朝鮮人關連資料, 行事予定, 學習會の記錄.

在日本朝鮮. 人商工連合會-槪要, 商工新聞, イベント案内.

在日本朝鮮. 人千葉縣千葉地域商工會-活動案内, Q&A.

在日本朝鮮. 人總連合會ホームページ-金正日總書記特集, 活動日誌等.

在日本朝鮮. 千葉縣靑年商工會-各地域靑商會の案内, 企業紹介.

在日朝鮮. 人の生活や文化-寫眞, 文化の紹介. 電子會議室.

在日韓國民主人權協議會. 民族敎育や戰後補償など在日コリアンの人權問題. 日韓交
　　流プログラム, 韓國·朝鮮半島の情報を提供.

在日コリアン科學的社會主義者ネットワーク. '南北朝鮮の民主化支援'等の主張や關
　　連する話題を紹介.

畠山記念館. 茶道具, 書畵, 陶磁, 漆芸, 能裝束等の日·中, 朝鮮の古美術品美術館.

前田眞彦のホームページ. 韓國語通譯翻譯小辭典, 學習方法等.

朝鮮. 近代史硏究のページ-水野直樹. 戰前日本在住朝鮮人關係新聞記事檢索等.

朝鮮. 近現代史ゼミ-韓國, 朝鮮史の硏究.

朝鮮. 錦繪コレクション-櫻井義之の旧藏書の一部.

朝鮮. 漫遊記-1992年の旅行記.

朝鮮. 文學硏究會-三枝壽勝が主宰. 報告書'韓國文學を味わう, 現代文學の讀書案内.

朝鮮. 民主主義人民共和國を正しく知るために-新聞や専門書店等, 朝鮮民主主義人民共和國が發信している情報とチュチェ思想の紹介.

朝鮮. 民主主義研究センター──北朝鮮關連サイト更新情報. 食料問題や人權問題に關する基礎知識.

朝鮮. 半島エネルギー開發機構(KEDO)@.

朝鮮. 半島フォーラム-例會案内, 活動記録等.

朝鮮. 史研究會-戰後日本における朝鮮史研究文獻目録データベース等.

朝鮮. 新報-ニュース, 南北最高位級會談, 在日朝鮮人の權利問題, 民族教育等.

朝鮮. 語學野間秀樹研究室-朝鮮語語彙論・文法論研究の参考文獻等語教育研究會-例會案内, 學習支援フリーソフト集等.

朝鮮. 語研究會-研究會の開催案内, 過去の發表記録, 論文集'朝鮮語研究'の目次.

朝鮮. 人民軍マニアックス-北朝鮮の軍服や勳章, 金日成バッジ等を紹介.

朝鮮. 日報-記事, 社說, コラム, 觀光案内等.

朝鮮. 日報-北朝鮮の人權問題・脱北者-脱北者關連の記事.

朝鮮. 國家觀光總局-旅行方法, 平壤までの交通, 風景等.

朝鮮. 奬學會-高校生, 大學生對象.

朝鮮. 關係情報-韓國と共和國關連情報のリンクおよび情報, 法律關係の情報が充實.

朝鮮. 韓國の歌(MIDI)-韓國の歌謠曲, 北朝鮮軍歌等.

趙義成の朝鮮. 語研究室-南北での言語差に關する資料, 朝鮮語學小辭典, 中期朝鮮語や辭書にない朝鮮語の話題等.

佐賀縣立名護屋城博物館. '日本列島と朝鮮半島との交流史'の展示, 名護屋城跡や陣跡の發掘調査, 保存整備の解說.

中期朝鮮. 語研究室-中島仁. 表記, 文法, 音韻等の変遷を時代區分を用いて解說.

中外旅行社 ウラジオストク, 北京経由の北朝鮮ツアーを手配.

中國朝鮮. 族の世界-韓景旭 延辺, 内地の朝鮮族の現狀, 中國の少數民族政策.

札幌同胞生活相談總合センター. 札幌市. 在日朝鮮人の生活と權利のサポート.

札幌韓國教育院. 韓國語講座, 韓國研修, 留學カウンセリング.

千葉朝鮮. 初中級學校-在日朝鮮人, 在日韓國人の民族學校. カリキュラム等.

千葉縣日本韓國・朝鮮. 關係史研究會-イベント情報.

天一美術館. 岸田劉生'麗子像'等の大正, 昭和初期の繪畵や朝鮮陶磁器を展示.

國境を越えた連帶のため行動・あくと. 京都大學の學生で作る政治サークル. 在日朝鮮人問題やアジアへの開發援助についての考察等.

國際高麗學會. '國際高麗學'の總目次, 20世紀の朝鮮半島年表.

八束町役場ホームページ. 牡丹, 朝鮮人參の紹介, 觀光, イベント情報等.

片桐直-MANIAC REPORT. アルビレックス新潟に關すること, 北朝鮮について等.

平和と歷史の旅アジア. 韓國と北朝鮮, 兩國側からの板門店. 韓國, ベトナムの彈壓の
　　地を巡る旅も.

韓國(大韓民國)>メディアとニュース.

韓國·朝鮮. 人BC級戰犯を支える會-略年表, 會報バックナンバー等.

韓國·朝鮮. 研究コーナ─-本田洋. 韓國·朝鮮に關する書籍リスト, 植民地期朝鮮關
　　連文獻等.

韓國·朝鮮. メーリングリスト-經濟, 文化, スポーツ, 芸能などの話題.

韓國朝鮮. 文化研究專攻-韓國朝鮮文化研究室.

韓國朝鮮. 語の森-ウェッブ上での發音練習, 學習上の疑問に關するQ&A等.

韓國戶籍整理申請支援事務所. 在日コリアンの朝鮮籍から韓國籍への変更, 韓國のパ
　　スポートの取得をサポート.

韓國のお部屋. 林史樹. 移動生活集団, 韓國サーカスに關する論文, 朝鮮·韓國市場研
　　究文獻一覽等.

韓國への視線. コラム, 特集, 社說の邦譯.

合わせ鏡の寫像. 作者の韓國, 朝鮮思想記.

現代コリア研究所. 韓國, 北朝鮮問題に關する政治, 軍事, 統一問題等に關する情報.
　　日本人配偶者, 拉致疑惑, 朝鮮總聯等.

環境問題と市民運動のHomePage. NGO關係の集會情報, 日の出の森, 北朝鮮情報.

環日本海経濟研究所. '北東アジア動向分析', 朝鮮半島, 中國, ロシアの情勢に關する
　　コラム.

寝屋川ハギハシキヨ. 在日朝鮮人のための教育プログラム. 活動報告, 今後の予定等.

對北情報調査部. 朝鮮勞働党や朝鮮人民軍の組織, 治安機關の資料や情報等.

戰國, 安土桃山時代>島津義弘(1535~1619).

戰國武將島津義弘のページ. 關ヶ原合戰, 朝鮮出兵時の泗川の戰い等.

戶栗美術館. 澁谷松濤. 肥前磁器, 中國磁器, 朝鮮磁器等の東洋陶磁器を展示.

研究の道具箱. 日本の大學と學部, 日本の地理學研究者, 北米日系新聞日本語文獻表,
　　韓國·北朝鮮の市郡名等.

關西支部. 北朝鮮に歸國した在日朝鮮人の支援.

靑丘文庫. 神戶市立中央図書館内に置かれた朝鮮史の專門図書館. 月報や研究會案
　　内等も.

AWA@TELLまいにち. 上田崇仁. 植民地朝鮮における言語政策等. 朝鮮總督府編

纂の'普通學校國語讀本'一覽.

BASIC-JAPAN. 韓國語ホームページの制作, 翻譯, 韓國檢索エンジンへの登錄代行.

GO!GO!KOREA. 'ミーハー朝鮮・韓國歷史ファン'のためのページ. 通史や書評, 朝鮮 史人物人氣投票, 大韓民國旅行記他.

HANSORI. 日本人と韓國人がお互いの文化と言語を交換するサークル.

iLbone.net. 通譯翻譯專門.

KAC Touirst. 朝鮮觀光ツアー案內と一般情報, 觀光ホテル一覽等.

Kan Kimura's Homepage. 木村幹. 韓國のナショナリズム, 近代化, 政治制度に關 する報告等.

KEDO(朝鮮半島エネルギー開發機構). について-KEDO公式ページの内容を解説.

koreaWatch. 購讀案內, 韓國, 北朝鮮ニュースのヘッドライン.

KUNGPA-KOREA. 翻譯, 通譯, マニュアル製作, DTP, テクニカルリライティング, ホームページ制作等.

KYUNG-A-The Home Page formerly known as KYUNG-A Multimia Labs. 韓國, 朝鮮關連リンク, Windows上でのハングル利用法の紹介等.

HANTA'S SALON. ヨーロッパ諸國, ユーラシア大陸, 北朝鮮, エチオピア等の旅行 記.

NORTH KOREA TODAY. 總合情報 主要人物データ等の資料も.

Pardon?. K-POPの歌詞をフリガナ和譯つきで紹介. 韓國語の初心者向け講座も.

RENK救!北朝鮮. の民衆/緊急行動ネットワーク-北朝鮮の民主化と人權を要求する 市民団体'れんく'. その活動史や機關誌を紹介.

R-NET. R-NET. 活動ニュース, 關連リンク, 掲示板.

Tagucyan's わーるど. ロシア, ネパール, 北朝鮮, ペルーの旅行記, 旅行先で乗った 鐵道, 國内外の野球場紹介と觀戦記.

Theater相思花. 韓國・朝鮮の文化をテーマにした人形劇, 踊り等. 公演内容, ワーク ショップ紹介.

Toyotsugu Kawasaki Homepage. 在日朝鮮人教育の取り組みや強制連行大分縣 の記録.

Yoshihisa's Page. 筆者の韓國語勉強法や家族について.

アールティーオーインターナショナル. 服部哲也による中國, 北朝鮮, インド等アジア 各國への旅行手配.

アジア民衆史研究會. 19世紀の日本, 朝鮮, 中國民衆史の相互研究. 活動履歷, 論集の 發行.

アジア郵趣. 日本, 中國, 台湾, 韓國, 北朝鮮をはじめアジア各國の切手情報. 郵趣用語辭典等も.

あやしいページへようこそ. AMラジオの遠距離受信方法, 朝鮮民主主義人民共和國のデータ, 旧日本軍に關する研究等.

イデアプラス. テレビ通譯, 翻譯, テープ起こし等.

インターブシクス. 韓國語, 日本語, 英語の翻譯サービス案内.

エルファネシト. 總聯映畫製作所による. 朝鮮民主主義人民共和國の國營放送製作のニュース, ドラマ等のストリーミング配信.

オフィスキシダ. 韓日の通譯, 翻譯サービス. 遠方出張同行も.

かいの會. よど号事件に關与した'よど号'グループによる會. 経歴一覧や歸國問題に關する主張の紹介, 朝鮮民主主義人民共和國の近況報告等.

ギャラリ悠果堂. 沼津市. 美術品, 骨董品の販賣, 買取. 中國, 朝鮮古陶磁も.

コニーコム. 番組制作, 取材代行も.

コリアタウン. 日本に住む在日韓國/朝鮮の人々と, 日本の人々との文化交流を目的とするページ.

ゴンザレスへの道. 2001年の旅行記. 北朝鮮, 中國, 韓國等のお土産の紹介.

シージーエス. 朝鮮語, 韓國語入力システムWINK95やパソコン教室の案内等.

ショシビング>古美術, 骨董品, アンティーク.

ジョン・キョンファ. 朝鮮料理研究家. TV出演予定, 著書, 料理教室, レシピ等の紹介.

シンワフーズ. 燒肉, 冷麺, ごま油等, 韓國, 朝鮮料理の業務用食材を販賣.

ソウルを訪れて. ソウルの街の様子, 統一展望台から見た北朝鮮の風景等を寫眞とともに綴った手記

チュヂュ思想研究. チュチェ思想の日本における研究活動について紹介.

チョンゲグリ. 語彙, 文法の解説, エッセイ, 日韓對照のメディカルガイド.

デニズンシップ・ドットネット. 外國人參政權問題, 公務員採用の國籍條項問題. 在日韓國朝鮮人をはじめ外國籍住民の地方參政權を求める連絡會, 定住外國人の公務員採用を實現する東京連絡會, 都廳國籍任用差別を許さない會による.

ナルゲつばさをください. 藤永壯. 朝鮮近代史講義ノート, 論文, '慰安婦'問題と歴史修正主義についての略年表.

はじめの一歩. 近代日朝史. 通史, 用語解説, 參考史料等.

ハト飜譯. 公的書類, 技術書類, 一般文書等の翻譯を案内.

パランセ. 在日韓國・朝鮮人同胞の爲の結婚情報ネットワーク.

はりまハングル研究會. 姫路市民會館で韓國語講座を開催.

ハン・ワールド.　金明秀が管理.　在日朝鮮人研究,　エスニシティ等.　強制連行史料集,
　　朝鮮關係論文データ檢索,　在日コリアンFAQ等.
ハングルネシト.　韓國語,　朝鮮語の學習情報や留學情報,　檢定試驗對策,　文化等の情
　　報を提供.
ハングルの世界.　初級,　中級者向けのページ.　韓國語入門ソフトのダウンロードも可.
ムジゲタリ指導の手引き.　在日韓國・朝鮮人の子どもを受け持つ敎員のための指導手
　　引書.
モラン.　韓國,　朝鮮の民族衣裝チマチョゴリの仕立て.
リーガルインターナショナル.　韓國語と中國語に關する翻譯案內.
リンガネシト.　各種分野の産業翻譯,　出版翻譯,　メディア翻譯,　通譯.
ロシア旅行社.　ロシア,　旧ソ連諸國,　モンゴル,　北朝鮮等のツアー,　個人旅行を手配
ワンコリ・フェスティバル.　在日韓國朝鮮人と日本人との交流の架け橋となる,　年に1
　　度のフェスティバルの紹介.

410

연변 조선족은 한국인 아닌 중국의 한 소수민족

이 선 한*

중국 연변대학교 체육대학 윤학주 교수의 발제 '민족통일기반 조성을 위한 재중 조선족 체육인의 역할'은 중국의 조선족 원로 체육학자, 체육인으로서 수십 년간 체육교육과 연구에 종사하면서 누적한 풍부한 자료, 이론과 민족체육교류의 현장으로 되어 온 연변이란 특수한 지역에서 체험한 풍부한 경험을 바탕으로 체계화한 논문으로, 논문에서 제기한 중요한 견해들은 재중 조선족 체육인 내지 재중 조선족들의 목소리를 대변한다고도 할 수 있겠다.

발제 논문은 우선 한반도 지역과 재중 체육인들과의 체육교류의 역사를 시간적으로 논술하고 이러한 교류의 풍부한 실천과 경험은 남북 체육교류에 있어서 중요한 밑거름이 되고 있음을 강조하고 있다. 발제자는 《중국조선민족문화사대계, 체육사》(중국 북경대학교 조선문화연구소 편집, 민족출판사, 1997년 출판)의 집필자로서 중국조선민족 체육사의 자료 발굴, 정리 및 집필을 위하여 수년간 각고의 노력 끝에 수십만

---

* 중국 북경대 교수

자에 달하는 저서를 집필해 냄으로서 중국조선민족 체육사를 체계화하고 그것의 더욱 깊은 학문적 연구를 위한 초석을 마련하였다.

발제논문은 풍부한 역사 자료에 기초하여 1910년대로부터 광복 전까지의 중국 연변지역에서 진행된 체육행사들을 민족체육교류의 역사적 근거로 제시하면서 민족통일기반 조성을 위한 남북체육교류에 있어서 중국 연변 지역의 민족적·지리적·정치적 중요성을 강조하고 있다.

본인은 발제자의 견해에 전적으로 동감을 표시한다. 광복 전 연변지역의 체육역사를 중국 조선족의 체육행사들을 중국 조선족 체육사로 기술하고 민족체육교류의 역사적 근거로 제시하는 문제에 일부 이의를 제기하는 학자들도 있겠지만 한반도가 아닌 외국인 중국에서 수많은 한민족의 체육행사들이 활발하게 진행되었다는 사실 자체는 한민족에게 있어서 중국 내지 연변 지역은 한민족의 화합과 통일에 있어서 특수한 현장임을 반증해주고 있다.

주지하는 바와 같이 중화인민공화국 정부 수립 후 냉전시대의 국제적 관계에 의해 중국과 북한은 다른 면에서의 교류는 물론 체육교류도 빈번하게 진행되었으며 그 중에서 연변 지역에서 진행된 교류도 활발하였음을 발제자는 열거하고 있다. 연변 지역에서의 교류에는 재중 동포들의 역할이 컸음은 두말할 것도 없다. 이러한 사실들은 남북체육교류에 있어서 연변 지역의 특수성을 더 한층 증명해 주고 있다.

연변 지역은 중국의 조선족자치주라는 특수한 행정지역으로 80만이라는 재중 동포들이 집거하여 살고 있으며 그 중 적지 않은 인사들이 정치, 경제, 문화, 교육 등 분야에서 활약하면서 중국과 동북아사회에서 중요한 역할을 담당하고 있다. 연변 지역의 특수성, 조선족의 인적자원은 한민족에게만 있는 귀중한 재산이다.

문제는 이러한 귀중한 자원을 어떻게 충분하고도 유용하게 이용할 것인가 하는 문제인데 이러한 문제에서 한국의 적지 않은 사람들에게 그릇된 인식이 존재하고 있다는 사실이다. 어떤 한국인들 심지어는 대학 교수, 정부 관원, 국회의원들 중에서도 연변 지역을 한국의 영토였다고 하면서 무지한 활동을 하고 있으며 중국에서 조선족이 중국의 한 소수민족으로서 인정되고 있는 현실을 외면하고 한국인으로 취급하는 무식한 행동들을 하고 있다. 이러한 그릇된 인식과 행동은 재중 동포들의 입지를 좁혀주고 있으며 민족통일기반 조성을 위한 재중 동포들의 역할에 걸림돌로 작용하고 있다. 이러한 인식들을 바로잡고 연변 지역과 재중 동포의 특수성을 정확히 이해하고 충분히 활용한다면 연변은 남북체육교류의 중요한 장소로 장차 통일된 한국의 한·중 체육교류의 중요한 장소로 자리매김할 것이다.

발제자는 논문에서 재중 조선족 체육인들이 해야 할 역할과 그 과제들을 논술하고 있는데 남북의 직접적 교류가 현실적으로 어려운 상황에서 재중 체육인들의 가교적·중개적 역할의 중요성을 역설하고 있으며 남북체육교류의 과제로서 남북체육학술교류의 필요성과 절박성을 강조하였다.

역사적인 2000년 6월 15일 남북정상회담에서 이루어진 남북공동선언 발표를 계기로 남과 북은 정치, 경제, 문화 등 제반 분야에서 직접적인 교류가 속속들이 이루어지고 있으며 장차 좀더 활발해질 조짐도 보여지고 있다. 그 동안 거의 진행되지 못했던 남과 북의 직접적인 학술교류도 개발적으로 이루어진 실례들이 나타나고 있다. 역사 분야에서의 단군학술회의, 내적으로 추진하고 있는 평양세계코리아확대회등의 실례는 이런 점을 단적으로 증명해 준다. 그리하여 일부에서는 한때 남과 북의 직접적인 교류가 활발하게 이루어질 것이니 가교적·중개적 역할이 필요 없게 됐다는 견해도 유행되기도 하였다. 남과 북의 직접적인 교류가 점차 많아지리라는 것은 시대적이며 역사적인 흐름으로서 어느 개인에 의해 좌우되는 일이 아니라는 것은 틀림없을 것이고 그럴수록 재외동포들의 가교적 역할은 더욱 중요하다는 인식이 필요한 시점이다.

근 60년 동안 《이혼한 부부》의 재혼은 그렇게 쉬운 일이 아니다. 부동한 체제와 이데올로기에서 야기된 물리적이며 의식적인 차이의 골은 상상했던 것보다 더 깊다는 사실을 인식해야 한다. 그 현실을 충분히 가늠할 때 중개자, 중재자, 중매자의 역할이 얼마나 중요하다는 것은 자명해질 것이다. 이러한 면에서 지리적, 정치적으로 북한과 가까운 거리에 있는 재중 동포들의 역할이 더욱 큰 것이다. 지금까지 미미하게 진행되었던 남과 북의 직접적인 학술교류의 이면에는 재중 동포들의 숨어진 가교적 역할이 있었음을 상기할 필요가 있다.

이러한 의미에서 한국의 일부 사람들에게 존재하는 해외 학자들의 역할에 대한 편파적인 인식은 반드시 극복해야 한다고 강조하고 싶다. 편파적인 인식에서 초래되는 해외동포 학자들에 대한 극히 간단한 흑백논리의 분류, 《친한파》 혹은 《친북파》 하는 감투 등은 버릴 때가 됐다고 여겨진다. 지난날 통일기반 조성을 위한 남북교류에서 장애물로 존재해 왔던 역사적인 교훈을 잘 섭취해야 한다. 그래야만 통일기반 조성을 위한 남북교류에서 해외동포들의 소중한 인적자원을 충분히 이용하고 그들의 적극성과 잠재력을 충분히 동원하여 그들의 가교적 역할을 충분히 발휘할 수 있도록 보장할 수 있을 것이다.

중국 조선족의 조정자 역할 가능성

이 주 형*

　현재 한국인으로서 세계 여러 지역에 거주하고 있는 해외동포는 약 500여만 명에 이르고 있으며 그 중 중국에 약 200만 명이 거주하고 있는데 대부분이 흑룡강성, 길림성, 요령성 등 동북3성에 집중적으로 거주하고 있다.

　우리 조선족 동포는 높은 교육 수준과 중국 각계각층에서의 두드러진 활약으로 중국의 55개 소수민족 가운데 가장 우수한 민족으로 인식되고 있으며, 특히 1992년 한·중 수교 이후 양국의 경제, 정치, 사회, 문화, 체육 등 각 방면에서 교류가 활발하게 진행되면서 재중 조선족은 많은 긍정적 역할을 수행하고 있다.

　중국 조선족 동포는 남북한 현실을 잘 알고 있으며 특히 연변 지역은 북한과 접하고 있는 관계로 북한과의 빈번한 교류를 통해 북한 사정을 잘 인지하고 있을 뿐만 아니라 1992년 한·중 수교 이후 한·중 간의 활발한 교류와 협력으로 한국의 사정도 잘 알고 있다.

---

* 경일대 교수

이것은 마치 서로 다른 가치관과 사고를 가진 남녀의 결혼에 징검다리 작용을 하는 커플 매니저의 역할처럼 남북한의 통일에 있어 문화, 체육 방면에서 조선족 체육인의 역할이 기대된다고 할 수 있다. 즉, 서로 다른 체제 속에서 반백 년을 넘게 이어온 남북한의 이질성을 극복하는 하나의 방안으로 이 두 체제의 장단점을 잘 인식하고 있는 조선족 체육인이 비정치적 분야인 체육 방면에서 중매자가 된다면 민족통일기반을 조성하는 과정에서 발생 가능한 많은 혼란과 시행착오를 줄일 수 있을 것이라고 기대된다.

한반도의 통일은 정치, 경제와 같은 구조적인 통일도 중요하지만 문화와 체육영역에서의 통합도 매우 중요하다.

사실 소수민족으로 하여금 독자적인 정치조직이나 정치활동을 할 수 없도록 하고 있는 중국의 현실에서 조선족의 역할에는 한계와 제약이 있다. 그러나 비정치적 영역, 즉 사회·문화적 영역에서는 중요한 역할을 수행할 수 있으며 발제자인 윤학주 교수의 논문에서도 나타나듯 500만 해외교포의 40%에 해당되는 조선족은 남북한간의 문화적인 이질성과 동질성을 쉽게 파악할 수 있는 지리적인 위치에서 그것을 감소시키고 회복할 수 있는 중립적인 역할이 가능하다고 생각된다.

조선족은 분명 중국 국민이지만 조선족으로 남기를 원했기에 중국 문화에 동화되기를 거부하고 자민족의 문화를 보존 발전시켜오고 있다. 그러므로 조선족은 분단된 조국의 통일, 즉 통합을 위한 역할에서 명분과 실리를 찾을 수만 있다면, 그 일을 충실히 수행할 것이며 평화통일에 그들의 역량을 충분히 발휘할 수 있다고 본다.

이러한 점에서 본다면 민족통일기반 조성을 위한 재중 조선족 체육인의 역할 또한 갈수록 커지리라 본다. 남북 분단의 현실 하에 재중 조선족 체육인이 해야 할 역할과 과제에 대해 솔직하고 담담한 어조로 현실적인 방안을 제시하신 중국 연변대학 체육학원의 윤학주 교수의 글은 우리 한국의 학자와 체육인들에게 많은 시사점을 제공한다고 생각한다.

발제자는 재중 체육인이 평화적인 통일 실현을 위해 교량적 역할을 담당할 수 있다고 언급했는데 구체적으로 어떠한 행사나 프로젝트가 필요한지, 그리고 이를 위해서 한국 체육인들은 어떠한 지원과 역할이 요구되는지에 대해 고견을 부탁한다. 아울러 현재 적지 않은 중국 조선족 동포는 한국인에 대해 부정적인 생각을 가지고 있으며, 한국인 또한 조선족에 대한 이미지가 다소 부정적인 것이 현실이다. 하지만 향후 동북아의 치열한 국제정치 역학구도 하에 평화통일을 추구해야 하는 한국의 입장에서는 200만 재중동포의 역할을 새롭게 조망할 필요성이 있다고 생각하는데 발표자는 한국과 재중 조선족 체육인이 이러한 오해와 편견을 해소하기 위해 어떠한 역할을 해야 한다고 생각하는지 말씀해 주기 바란다.

끝으로 중국 조선족 동포는 중·장기적으로 남북한의 정치적 통일과 통일 이후 이질화된 문화를 융합하는 조정자로서의 역할을 수행할 수 있으며 나아가 한국의 중국 진출뿐 아니라 동북아경제권 형성에 적극 참여할 수 있는 교두보로서의 역할도 담당할 수 있다고 확신한다.

민족통일기반 조성과 연변대학교의 역할

손 동 식[*]

    체육은 여러 나라 민족문화의 한 부분으로서 오늘 세계화 국제교류의 가장 유력한 매체로 되고 있다. 지난날을 돌이켜 보면 서로 다른 체제와 문화를 가진 나라들 간의 교류는 흔히 체육교류로부터 시작되였다. 우리 중국을 보면 대외개방 전 학구운동교류가 먼저 시작되다. 오늘 현시대에서는 부동한 정체의 나라와 민족지간, 심지어는 적아(敵我) 나라 간에도 체육교류는 끊어지지 않고 있으며 그 교류는 날따라 빈번해지고 있다. 체육교류의 뒤에는 민족의 화해, 나라간의 신입, 세계 평화공존의 미래가 숨쉬고 있다. 그러므로 이번 체육학술대회는 한반도의 남북 민족통일기반 조성에서 역사적 의의가 깊은 모임이라 생각된다.

    연변대학교는 중국 조선족 민족대학으로서 중국 정부의 정확한 민족정책의 배려 속에서 급속히 발전하고 있다. 지금 연변대학교는 중국 100개 중점 건설대학의 하나(211工程大學)로서 종합성, 민족성, 지

---

[*] 전 중국 연변대 총장

역성, 개방성 등의 특성을 갖고 있다. 현재 체육학원을 포함한 15개의 단과대학에 65개의 학과가 설치되어 있고 재학생은 1만 8000명, 교수는 1500명, 외국 유학생이 400명으로서 상당한 규모의 종합대학이다. 재학생의 반수가 조선족이고 재직 교수의 80%가 조선족이며 중국의 2000여 개소의 대학 중 조선족과 관련되어 있는 학과와 연구기구가 제일 많이 설치되어 있는 대학이다.

연변대학교는 세계 동북아시아 중심에 위치하고 백두산 기슭에 자리잡은 대학으로서 조선과 한국을 포함한 한반도와 국경이 직접 인접되어 있다. 대외개방과 국제교류를 활발히 전개하여 이미 세계 각국 60여 개소의 대학과 자매결연 관계를 맺었으며 한국 학생을 위주로 한 400여 외국 유학생들이 학교에서 공부하고 있는 동시에 연변대학교의 400여 젊은 교직원들도 외국대학에서 석·박사학위 공부를 하고 있다. 그리고 해마다 10여 차의 국제학술세미나가 조직되고 있으며 많은 협력연구도 진행하고 있다. 특히 그 민족성과 지역성의 특성으로 하여 한국, 조선과의 교류가 어느 나라보다 더욱 활발히 진행되고 있다. 체육학과의 교류는 다른 학과에 비하여 좀 뒤지고 있지만 근간에 와서는 새로운 활기를 보이고 있다. 발제자인 윤학주 교수가 소개한 외에 태권도, 검도, 대형체육표현 등 여러 면의 교류가 진행되고 있다.

이상 소개한 바와 같이 연변대학교는 중국의 대학으로서 한반도 남북 민족통일기반 조성에 특이한 역할을 할 수 있다고 생각된다. 물론 중국 정부의 정책 허락 범위 내에서 남북 두 나라의 실제 현황에 비추어 대학교의 특성과 우세를 발휘하여 남북통일사업에 유조한 일들을 해야 할 것이다.

첫째로 인적왕래와 인재 양성을 하여야 한다. 연변대학교 체육학원은 새로 건립된 학원으로서 아직 그 수준이 높지 못하다. 때문에 먼저 남북의 우수한 체육계 교수들을 초빙하여 체육학원의 수준을 제고시키고 그 뒤로 남북 유학생을 양성하면서 그들 서로의 갈등과 오해를 점차 해소시키고 서로간의 관계를 소통시켜야 한다. 현재 조선화교 학생들이 유학하고 있으나 체육학과 학생은 없다. 앞으로 더욱 빈번한 남북 인적 왕래를 가지면서 더 많은 남북의 젊은이들이 연변대학교에 유학 공부하는 사업을 추진시켜야 한다.

둘째로 더욱 빈번한 학술교류를 하여야 한다. 연변대학교에서 주최하는 국제학술세미나에는 학과에 따라 조선 학자들도 참가한다. 몇 해 전, 국제태권도시합에는 한국 충청대학교팀과 조선 국가태권도팀도 참가하여 태권도 기술교류와 남북 선수간의 민족감정 교류도 있었다. 그러나 지금까지 연변대학교에서 주최하는 체육학과의 국제학술세미나는 아직 없었다. 앞으로 체육학원에서는 학교의 다른 학과들과 마찬가지로 국제학술세미나를 많이 조직하여 자기의 수준을 제고하는 동시에 남북 학자들이 서로 만날 수 있는 자리를 만들어야 한다.

셋째로 도서정보 교류를 하여야 한다. 도서정보자료는 학과 발전과 상호 교류의 기초이다. 연변대학교에서는 중국에서의 조선학(한국학) 연구중심과 조선학도서 정보중심을 만들고 있으며 이미 국내 대학교들의 인정을 받고 있다. 그러므로 체육학원에서도 한국과 조선의 여러 체육대학들, 체육연구기구들과 교류 협의를 맺고 체육도서, 정기체육잡지, 체육정보자료들을 수집하여 중국조선족 체육연구중심과 도서정보중심을 만들어 조선민족 체육발전과 남북체육교류에 이바지하여야 한다.

넷째로 연변대학교에서는 중국의 민족대학으로서 여러 가지 도경들을 찾아 한반도 남북 민족통일기반 조성에 의로운 기타 일들을 추진하여야 한다.

민족통일체육연구원의 사명과 역할

박 주 환[*]

아무런 준비 없이 이상만 앞세워 남북한의 통합(통일)을 추구한다면 오히려 큰 부작용만 초래할 것이 자명하다. 혼란 없는 남북한의 통일을 위해서는 사전에 철저한 준비가 필요하다. 그것이 바로 민족의 화해를 이루고 평화를 정착하는 길이다.

우리는 이미 통일을 성취한 독일의 경우에서 준비 없는 통일국가의 어려움을 간접적으로 체험한 바가 있다. 남과 북의 체제, 경제 수준 그리고 문화적 차이가 극심한 현실적 상황에서 완벽한 통합을 이루고자 하는 것은 환상이 될 수 있다. 물론 통일은 빠를수록 좋을 수도 있으나 민족의 화해와 교류·협력을 통해 이러한 차이를 극복함과 동시에 평화를 정착하기 위한 노력의 과정이 반드시 필요하다.

현재 100여 개 이상의 민간통일운동단체가 상호 협력하여 이러한 공동의 목적을 달성하고자 노력하고 있다. 민족통일체육연구원도 바로 이러한 시대적 요청에 의해 만들어진 한 단체로 규정하고 싶다. 따

---

[*] 서울여대 교수

라서 다른 단체들의 사명과 역할을 벗어나 생각할 수 없으며 단지 체육이라는 매개체적 요소와 연구 중심 그리고 체육인이 일차적 주체가 되는 것이 다를 뿐이다.

1. 민족통일체육연구원의 사명

첫째, 민족통일연구원은 통일과정에서 스포츠를 통하여 민족의 화해협력과 평화 실현을 통해 민족동질성을 증대하여 민족의 평화적 통일을 추구하는 것을 제1차적 목적으로 해야 한다. 민간통일운동단체 중에서 가장 비중 있게 활발히 활동하고 있는 '민족화해협력범국민협의회'(이하 민화협, www.kckc.or.kr)의 설립 성격을 먼저 소개하면서 생각해 보고 싶다.

○ 설립 목적
분단 반세기 동안 남과 북은 서로 대결하고 불신하면서 민족의 역량을 낭비해 왔습니다. 이제 우리는 통일을 준비해야 하는 시대에 접어들고 있습니다. 통일시대로 진입하기 위해서는 불신과 대결에서 벗어나 민족의 화해를 이루는 것이 가장 중요합니다.
민화협은 민족의 화해협력과 평화 실현을 당면한 최고의 목표로 삼고 있습니다. 남과 북의 체제, 문화, 생활의 차이가 큰 상황에서 지금 당장 완벽한 통합을 이루고자 하는 것은 환상입니다. 통일은 빠를수록 좋으나 우선 민족이 화해, 교류협력을 늘여 평화를 정착시키는 것이 가장 지혜롭게 통일로 가는 길입니다. 남북이 이미 합의한 기본합의서를 실천하는 것이 바로 민족화해를 이루는 지름길입니다.
민화협은 통일문제에 대한 국민적 합의를 도출하고 민족의 화해협력과 평화 실현을 통해 민족동질성의 회복을 목적으로 합니다. 따라서 민화협은 남남대화도 중요시합니다.

○ 사업기조

우리는 남북기본합의서(1991년 12월 채택)라는 통일을 위한 훌륭한 설계도를 가지고 있습니다. 통일은 남북이 힘을 합하여 '민족 공동의 집'을 짓고 그 집에서 이웃과 협력하면서 오순도순 평화롭게 사는 것으로 비유할 수 있습니다. 이 설계도에 따라서 공사를 시작하면 우리는 통일시대로 들어가게 되는 것입니다. 남북기본합의서는 온 겨레의 통일에 대한 뜨거운 열망을 받들어 남북 당국이 합의한 것이기에 더욱 소중합니다. 남북기본합의서에는 자주·평화·민족대단결이라는 7·4남북공동성명에서 밝힌 원칙을 확인하면서 남과 북이 통일을 추구해나갈 것을 약속하고 있습니다. 남북의 화해와 불가침 및 교류협력을 약속한 기본합의서를 실천하면 통일시대의 막이 열리게 되므로 민화협은 남북기본합의서 정신을 토대로 다양한 사업을 펼쳐나가겠습니다.

○ 통일관

아무런 준비가 없이 이상만 앞세워 완벽한 통합을 추구한다면 오히려 큰 부작용만 생길 것입니다. 혼란 없는 통일을 맞이하기 위해서는 우리의 철저한 준비가 필요합니다. 그것이 바로 민족의 화해를 이루고 평화를 정착하는 것입니다.

민화협은 무력통일이나 흡수통일과 같이 급진적인 통합을 원하지 않습니다. 우리는 통일을 긴 과정으로 바라봅니다. 통일과정의 첫 출발은 민족화해와 평화공존입니다. 민족이 화해하고 평화공존하는 것이 현 단계에서 우리가 추구해야할 통일입니다. 평화공존하는 차원에서 남북의 협력과 교류를 증대시키고 동질성을 강화해 나간다면 통일국가는 더 발전할 것입니다. 민화협은 이처럼 공존공영하는 평화통일을 추구합니다.

○ 운동방식

민화협은 통일에 대한 이상만을 앞세우거나 민족분단의 현실을 감상적으로만 바라보지 않습니다. 현실에 발을 내딛고 분단현실을 하나하나씩 바꾸는 운동을 하겠습니다. 민화협은 국민들의 생활과 동떨어진 통일운동을 하는 것이 아니라 국민들의 생활과 밀접히 결합하여 통일운동의 생활화, 일상화를 추구하겠습니다. 민화협은 통일문제에 대한 국민적 합의를 이끌어 내는 것을 통일운동의 첫출발로 삼고자 합니다. 국민들이 통일운동의 주체이기 때문입니다.

우리 국민들은 분단의 시련 속에서도 민족통일의 희망을 간직하며 우리의 역사를 창조해 왔습니다. 지난 시절 무수한 통일논의가 있었지만 이런 논의들은 대부분 소모적인 통일논쟁에 그쳤습니다. 통일에 대한 국민적 합의가 이루어진다고 한다면 그 힘으로 통일국가를 만들어갈 수 있기에 민화협은 국민적 합의를 모으는 데 온 힘을 다 기울일 것입니다.

민족통일체육연구원도 민화협이 지향하는 설립 목적, 사업기조, 통일관, 운동방식의 범주를 벗어날 수는 없을 것이다. 단지 스포츠를 매개로 한 연구 중심이라고 하는 것이 다를 뿐이다. 그러나 연구만으로는 화해협력과 평화 실현이라는 소기의 설립 목적의 달성이 대단히 어렵고 불가능할 수 있으며 실천 가능한 효율적인 연구 성과도 기대할 수 없을 것이다. 따라서 실천 기능과 교육 기능이 병행되는 것이 목적 달성에 도움이 될 수 있을 것으로 사료된다. 그리고 통일과정만 생각할 수 없다. 통일 이후에도 그 사명과 역할이 더욱 가치 있게 부각되는 조직이 될 수 있어야 한다.

둘째로 민족통일체육연구원은 통일 이후 스포츠를 통하여 ①건강하고 활력이 넘치는 아름다운 민족 ②국가, 지역, 계층, 세대간 상호 협력하는 정감이 있는 민족 ③자연, 사회적 환경을 극복하고 발전시키는 민족 ④스포츠를 즐기는 향유와 만족을 추구하는 민족 ⑤공동체 속에서 도의가 있는 민족을 형성하는데 기여하고 나아가서는 우리

민족 고유의 운동을 개발 보급하고 이를 통하여 민족동질의식의 추구
는 물론 우리 민족의 우수성을 세계에 알리는 것을 2차적 목적으로
한다. 즉, 체육을 통하여 민족의식 고취와 민족의 진정한 통합, 민족문
제 해결, 그리고 민족의 우수성 부각을 기본적 사명으로 한다.

2. 민족통일체육연구원의 역할

첫째로 통일과정에서는 정부의 역할도 중요하지만 민간의 역할도
매우 중요하다. 즉, 정부당국이 해야 할 일이 있고 각 정당과 민간단
체들이 해야 할 일이 있다. 그러므로 민족통일체육연구원은 체육을
기반으로 한 민간 차원의 통일운동단체의 성격을 지니고 있기 때문에
민간통일운동단체의 한 구성원이 되어 통일운동을 활성화 시켜가야
한다.

둘째로 연구기능을 핵심적 기능으로 하지만 궁극적 목적이 민족의
평화적 통일에 있기 때문에 연구기능을 축으로 하여 실천 기능과 교
육 기능을 병행하여 추진하는 것이 체육을 통하여 민족통일을 추구하
는데 기여하게 될 것이다. 이 셋은 분리되어 생각할 수 없는 하나의
시스템이다. 따라서 <그림 1> <그림 2>와 같은 구성체계를 가지게
될 것이 바람직하다.

여기서 '일반교류협력'은 체육 외 인도적 차원의 지원을 의미한다.
이를 위하여 민족통일체육연구원의 부설기관으로 가칭 '북한 돕기 범
체육인연합회'를 만들어 운영할 필요성이 있다. 이러한 교류의 시도는
상호간 신뢰를 조성하여 체육교류의 활성화에 기여할 수 있을 것이다.

'체육학술교류'는 상호 연구결과의 교류와 공동연구 실천으로 차후
연구할 과제와 연구에 필요한 다양한 지식과 정보를 제공받을 수 있
을 것이다. 다양한 교류 목적에 따라 구체적 교류모델을 개발하며 남

북한이 상호 이해가 되고 유익을 주는 분야부터 실천을 목적으로 한 교류를 시작으로 하여 점차 그 범위를 확대해 간다. 박주한(2002)은 실천을 목적으로 한 연구는 수익 창출을 위한 교류모델, 민족동질성 회복을 위한 교류모델, 자연과학 중심의 교류모델, 가치론적 교류모델 등으로 제시한 바 있다. 바로 이러한 교류모델을 개발하여 공동연구와 상호 발표의 장(단독, 공동)을 마련하는 것이 민족통일체육연구원의 역할이 되어야 할 것이다.

(1) 수익창출을 위한 교류모델

① 남북 스포츠용품 공동브랜드 연구

② 태권도 국제화(산업화)방안 연구

③ 남북한 스포츠산업 육성방안 연구

④ 여가·관광문화 교류방안 연구(체육교류와 병행)

⑤ 남북 예술(무용 등)공연 교류방안 연구

⑥ 사이버스포츠(게임) 공동개발 연구

(2) 민족동질성 회복을 위한 교류모델

① 민속놀이 공동연구

② 체육인의 항일운동사 공동연구

③ 민속무용 공동연구

④ 민족통일체조 개발

⑤ 스포츠를 통한 민족 자긍심 형성방안 연구

⑥ 태권도 남북 통합방안 연구

⑦ 스포츠용어 통일방안 연구

⑧ 남북 공동응원가, 응원동작 개발

⑨ 전국체육대회 통합방안 연구

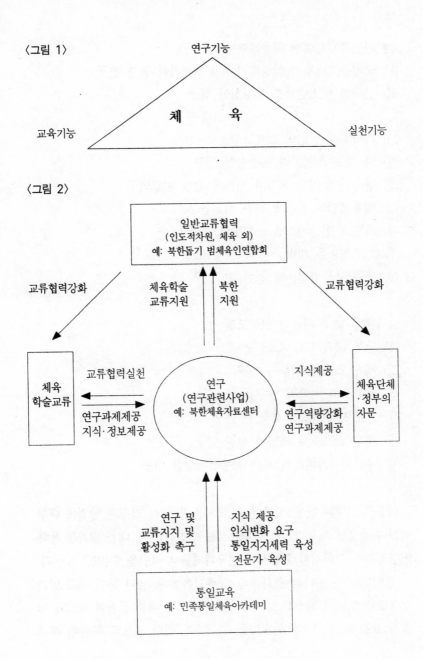

〈그림 1〉

연구기능

체 육

교육기능　　　　　　　　　　　　　실천기능

〈그림 2〉

일반교류협력
(인도적차원, 체육 외)
예: 북한돕기 범체육인연합회

교류협력강화　　　체육학술
　　　　　　　　　교류지원　　북한
　　　　　　　　　　　　　　　지원　　　교류협력강화

체육
학술교류　　교류협력실천　　　　연구
　　　　　　　　　　　　　　　(연구관련사업)　　지식제공　　체육단체
　　　　　　　연구과제제공　　예: 북한체육자료센터　　　　　　·정부의
　　　　　　　지식·정보제공　　　　　　　　연구역량강화　　자문
　　　　　　　　　　　　　　　　　　　　　연구과제제공

연구 및　　　지식 제공
교류지지 및　　인식변화 요구
활성화 촉구　　통일지지세력 육성
　　　　　　　전문가 육성

통일교육
예: 민족통일체육아카데미

427

⑩ 한민족체육대회 공동개최방안 연구
⑪ 국제스포츠경기·학술행사의 공동개최에 관한 연구
⑫ 남북한 청소년캠프 운영방안 연구

(3) 과학기술 중심의 교류모델
① 각 종목의 경기력 향상방안 연구
② 남북한 주민의 체격과 체력에 관한 비교연구
③ 체육시설의 설치에 관한 비교연구
④ 스포츠 전산시스템 운영방안 연구
⑤ 스포츠용품 개발
⑥ 트레이닝 방법론에 관한 연구

(4) 본질 및 가치론적 교류모델
① 남북 체육목표 비교연구
② 체육·스포츠 인물사 연구
③ 스포츠의 미학적 연구
④ 스포츠의 윤리성에 관한 연구
⑤ 체육·스포츠의 개념에 관한 연구
⑥ 올림픽아카데미 남북한 공동실천방안 연구

다음으로 '체육단체·정부의 교류 자문'은 교류 방향과 방법에 대한 지식과 정보를 제공하지만 한편으로는 추진 전반에 대한 평가를 통해 연구능력을 강화시킴과 동시에 연구과제를 부여받을 수 있을 것이다.
'통일교육'은 하나의 평화교육, 공존교육이다. 남과 북이 서로 있는 그대로를 보고서 인정하고 이해하면서 서로를 배워 동질적 요소와 이질적 요소를 찾아내어 동질화를 추구하기 위한 것으로 북한에 대한 지식을 제공하여 북한을 정확히 알게 하고, 필요시에는 인식의 변화도 추구하고, 통일지지세력과 전문가의 육성을 위하여 필요하다. 이러한 교육은 연구 및 교류의 지지와 활성화를 촉구할 것이다. 이를 위하여 부설기관으로 가칭 '민족통일체육아카데미'를 만들어 운영할 필요성이 있다.

셋째로 민족통일체육연구원은 통일운동을 추구하는 체육단체를 하나로 결집시켜 의사소통의 창구가 되어 민간체육단체의 입장을 대변함은 물론 통일지향적 사고를 가지도록 촉구하는 대표적 단체가 됨과 동시에 다른 학문과 운동단체와의 상호 교류를 긴밀하게 수행하는 것이 바람직한 운영방향이 될 수 있을 것이다.

넷째로 민족통일체육연구원 구성원의 역량강화를 위해 정부, KOC, 민간단체 주관의 다양한 남북교류협력사업의 체험을 할 수 있도록 조직의 차원에서 노력, 배려하여 후진의 양성과 동시에 우수한 연구결과를 창출할 수 있도록 한다.

다섯째로 민족통일체육연구원은 부속으로 가칭 '북한체육자료센타'를 운영하여 남북한 관련 자료를 한곳으로 모아 연구자들에게 온·오프라인 상으로 제공하고 동시에 사이버 공간에서의 남남, 남북한간의 의견 교환과 토론의 장을 마련하는 역할이 필요하다고 사료된다.

여섯째로 일정한 공간이 주어진다면 체육과 관련된 남북한 유물을 한곳으로 모아 관리하는 박물관을 만들어 우리의 생생한 역사를 후대에 전함과 동시에 수익사업으로 활용할 수도 있을 것이다.

끝으로 이 모든 것이 구성원들이 공유 속에서 점진적으로 이루어져 우리 민족에게 평화와 행복을 주는 스포츠 문화가 되기를 기대한다.

남북체육정보망 구축과 공동학술연구의 필요성

박 진 경[*]

최근 들어 북핵 문제를 둘러쌓고 한반도 내에 긴장이 고조되고 있음에도 불구하고 남북체육교류만큼은 역대 그 어느 때보다도 활발하게 진행되어 오고 있다. 지난 2000년 시드니올림픽에서 분단 사상 처음으로 개·폐회식 남북한 동시입장이 이루어진 이후 국내에서 개최된 부산아시안게임과 대구유니버시아드 대회에 대규모 북한선수단과 응원단이 연이어 참가함으로써 남북체육교류의 새로운 전기를 마련했을 뿐만 아니라 향후 민족통일 과정에 있어서 체육 분야의 역할과 기능이 다른 어떤 분야보다도 의미 있고 효과적임을 단적으로 증명하는 계기가 되었다.

그럼에도 불구하고 남북체육교류를 바라보는 학계의 입장은 진한 아쉬움과 함께 한편으로는 소외감까지 드는 것이 솔직한 속내이다. 그 동안 남북간에 수많은 체육교류와 협력이 이루어져 왔으나 체육학술교류는 단 한 건의 가시적인 성과도 내지 못하고 미답의 상태에 빠

---

* 관동대 교수

져 있기 때문이다. 이와 같은 시점에서 박영옥 박사가 발표한 '한민족 통합을 위한 체육단체 및 체육학술기관의 역할'은 그 동안 남북체육 교류의 사각지대로 여겨져 왔던 체육학술 분야의 교류 활성화에 새로 운 단초를 제공할 수 있을 것으로 평가된다.

박영옥 박사는 남북체육교류의 연대기적 설명과 아울러 남북합의 서 내용을 중심으로 남북체육교류의 범위와 역할에 대해 규정하면서 향후 남북체육교류가 사회통합 차원을 넘어 '남북한 체육의 통일적이 고 균형적 발전'을 목표로 하는 기능적 통합을 지향하여야 한다고 강 조하고 있다. 이와 함께 대한체육회를 비롯한 올림픽위원회, 종목별 가맹단체, 기업 등의 역할을 구체적으로 지적하면서 체육단체 주도의 남북체육교류를 강력하게 주장하고 있다. 특히 향후 남북체육교류를 활성화시킬 수 있는 또 다른 축으로 체육학술단체와 학자들의 역할을 강조하면서 남북체육교류의 이념 및 목표에 대한 설파와 함께 남북간 체육발전을 위한 정보와 지식의 교환 및 집적 활동에 체육학술단체와 학자들의 적극적인 참여를 촉구하고 있다.

본인은 박영옥 박사가 지적한 문제 제기에 원칙적으로 동의할 뿐만 아니라 한민족 체육통합을 위한 체육단체 및 체육학술단체의 역할에 대하여 대체로 의견을 같이하고 있다. 그러나 본 세미나의 본래 주제 와 관련하여 민족통일체육연구원의 역할에 대한 논의가 미진하여 이 에 대해 보충하는 것으로 토론을 대신하고자 한다.

민족통일체육연구원은 북한체육 전반에 관한 기초연구 수행, 남북 한스포츠교류의 활성화를 위한 이론적 토대 제공, 통일 이후의 민족 동일성 회복을 위한 체육정책자료 개발 등을 목적으로 하여 설립된 남북체육연구 전문학술단체이다. 기존의 북한관계 연구단체와 연구들 은 대부분 북한의 정치, 외교, 경제, 국방 등에만 치우쳐 있는 반면, 민족통일체육연구원은 사회·문화교류·협력의 차원에서 남북한 체육

현실에 바탕을 둔 새로운 체육교류의 방향과 내용을 연구함으로써, 올바른 남북체육교류 및 민족통일체육을 실현할 수 있는 종합적이고 구체적인 정책모형 개발에 기여하고자 함에 설립 취지와 목적을 두고 있다.

그 동안 민족통일체육연구원에서는 2010동계올림픽 유치와 성공적 개최를 위한 세미나, 4회를 맞이하고 있는 민족통일체육기반 조성을 위한 세미나, 2002년 월드컵·아시안게임 성공 기원 해맞이, 남북체육 관련서적 편찬사업, 남북체육 관련 연구용역사업 등을 지속적이고 의욕적으로 추진하여 옴으로써 통일체육을 위한 학술적 기반을 조성하는 데 중추적 역할을 담당하고 있을 뿐만 아니라 남북체육 학술전문기관으로서 그 위상을 공고히 하고 있다.

박영옥 박사가 말미에서 지적한 바와 같이 최근 진전된 체육교류는 체육인이나 체육단체, 체육학술단체의 주체적 노력의 성과물이기보다는 정부가 추구해 온 대북 포용정책의 복합적 성과라 할 수 있다. 이와 같은 정부 주도의 성과 위주 남북체육교류 정책 때문에 정치적으로 의미 없는 남북체육학술교류 분야가 활성화되지 못하고 미답 상태로 남아있다고 해도 과언이 아니다. 따라서 향후 남북간 체육정보 및 지식의 교류와 더불어 남북 체육학자간의 인적·학문적 교류 증진을 통한 남북체육학술교류의 활성화를 도모하기 위해서는 남북체육 전문학술단체를 중심으로 한 민간 차원의 자율적 교류를 적극 권장하고 지원해야 할 것이다.

이러한 측면에서 볼 때 남북 체육관련 전문학자의 자발적 결사체인 민족통일체육연구원은 향후 전개될 남북체육학술교류에 대비하여 다음과 같은 측면에서 기능과 역할을 보다 강화해야 할 것이다.

첫째로 현재 진행하고 있는 민족통일체육기반 조성을 위한 한민족 체육학술대회를 정례화하여 남북통일체육에 대한 이론적·실무적 기반을 구축하고 한민족체육교류의 중·단기적 정책 추진방안을 제시함으로써 남북체육학술교류를 통한 남북관계의 '지속 가능한 발전'을 도모해야 할 것이다. 이와 같은 학술세미나를 통해 남북체육학자간 남북체육교류의 당위성에 대한 이해를 증진시킬 수 있을 뿐만 아니라 체육학술교류의 활성화를 위한 인적·학문적 네트워크 구축에 크게 기여할 수 있을 것이다.

둘째로 체육정보 및 자료 공유를 위한 남북체육정보망을 공동으로 구축해야 할 것이다. 기본적으로 남북간 공동체육학술정보망의 구축은 민족통일체육연구원 단독으로 추진하기에는 너무 막대한 예산과 시간이 소요되는 대규모 사업이다. 그러나 국내의 경우 이미 정부의 정보화사업계획에 의거, 체육과학연구원의 책임 하에 추진되고 있는 체육정보망 구축이 완료 단계에 와 있다. 따라서 정부의 승인 하에 민족통일체육연구원과 체육과학연구원이 협상 주체가 되어 북한체육지도위원회 산하 '체육과학연구소'와 체육정보망 구축에 관한 협정을 체결하도록 해야 할 것이다.

셋째로 남북간의 한민족의 동질성을 회복하고 상호 이해를 증진시킬 수 있도록 남북체육학자가 공동으로 참여하는 학술연구를 적극적으로 추진해야 할 것이다. 보다 구체적으로는 남북간에 이질적으로 사용되고 있는 체육용어를 이해하고 통일할 수 있도록 『남북체육용어집』을 공동 발간하고 한민족의 체육역사를 올바르게 조망할 수 있는 『민족체육사』를 공동 편찬하도록 하며 양국간의 스포츠과학 이론 및 정보를 공유할 수 있도록 「남북체육학술 논문집」을 정기적으로 발간해야 할 것이다.

넷째로 북한의 체육 관련 대학이나 학술단체와의 자매결연을 적극 추진함으로써 체육학술단체간 교류를 활성화해야 할 것이다. 북한체육학술단체와의 자매결연이나 교류협정이 이루어지면 남북이 공동으로 주최하는 국제학술대회의 공동개최 및 참가가 용이해질 뿐만 아니라 체육인적교류 및 학술정보교류를 촉진시키는데 크게 기여할 수 있을 것이다.

민족통일체육연구총서 Ⅳ

남북통일기반 조성과 민족전통체육

발행 2004년 11월 25일

엮은이 • 민족통일체육연구원
펴낸이 • 김성호
펴낸곳 • 도서출판 사람과 사람
주소 • 서울시 마포구 망원동 458-84(2F)
전화 • (02)335-3905, 6
팩스 • (02)335-3919
E-mail • P91529@chollian.net

값 20,000원

ISBN 89-85541-83-8   93690
※ 잘못된 책은 바꿔드립니다